HTML 4

Das bhv Taschenbuch

D1666221

Uwe Hess
Günther Karl

HTML 4

Das bhv Taschenbuch

Copyright © 1999-2001 by verlag moderne industrie Buch AG & Co. KG, Landsberg Novesiastraße 60 D – 41564 Kaarst www.vmi-buch.de

2., überarbeitete Auflage

03 02 01
10 9 8 7 6 5 4

ISBN 3-8266-8008-2

Printed in Germany

Inhaltsverzeichnis

Vorwort

Das Thema HTML gewinnt von Jahr zu Jahr für eine stetig wachsende Anzahl von Menschen an Bedeutung. Und das nicht nur in Zusammenhang mit dem World Wide Web, sondern auch mit der zunehmenden Verbreitung von Intranets. Und seitdem in zeitgemäßen Office-Anwendungen die Integration von HTML-Dokumenten zum Standard wird, gewinnt das Arbeiten mit HTML für viele Benutzer auch im beruflichen Bereich eine völlig neue Bedeutung.

Das Buch wendet sich in erster Linie an Leser, die bereits grundlegende Kenntnisse in HTML erworben haben und diese nun vertiefen wollen sowie an weiteren Möglichkeiten zum Gestalten von HTML-Dokumenten interessiert sind. Demzufolge soll das Buch keine reine Referenz des aktuellen Stands von HTML 4.0 darstellen. Hier finden Sie vielmehr weitere Themen, mit denen Sie ein HTML-Dokument je nach dessen Anforderungen erweitern und einen aktiven Dialog mit dem Besucher der HTML-Seite ermöglichen können. Außerdem enthält der Abschnitt *Tips und Tricks* eine gebrauchsfertige Sammlung von Beispielen für alle möglichen Anwendungsfälle beim Gestalten von HTML-Dokumenten.

Sie finden alle Programmbeispiele als ausführbare HTML-Datei auf der CD zum Buch. Den Code der Beispiele können Sie direkt in Ihre HTML-Dateien übernehmen und frei weiterverwenden. Die CD zum Buch enthält ebenfalls verschiedene Programme aus dem Free- und Sharewarebereich zum Bearbeiten von Grafiken und zum Verwalten von HTML-Projekten. So z.B. FTP- und Packprogramme sowie Programme zum Bearbeiten von Grafiken für HTML-Dateien.

Die Autoren des Buches wünschen Ihnen viel Erfolg beim Arbeiten mit HTML.

Uwe Hess, Günther Karl

TEIL

Installation und erste Schritte

Im ersten Teil des Buches werden eine
Einleitung zur Geschichte von HTML,
Werkzeuge zum Bearbeiten und
Verwalten von HTML-Projekten sowie
erste Grundlagen zu HTML im
Vordergrund stehen.

I

KAPITEL

Der Weg zu HTML

Alle Wege in das World Wide Web
führen über den Browser. Deshalb ist
es für Sie besonders wichtig, das für
diesen Zweck richtige Produkt zu
finden. Hier erhalten Sie eine kurze
Einführung über die Neuerungen
der Version 5.0 des Internet
Explorers von Microsoft.

1

Der Weg zu HTML

Um mit HTML arbeiten zu können, benötigen Sie bekanntermaßen einen Browser. Dieser übernimmt die Interpretation der HTML-Befehle. Die Grundlage zum Arbeiten mit der neuesten Version von HTML (HTML 4.0) ist ein aktueller Browser. Die bisherige Vormachtstellung des Netscape Navigators wird immer mehr vom Internet Explorer abgelöst. Mit der neuesten Version 5.0 des Internet Explorers dürfte Netscape weitere Einbußen seiner bisherigen marktbeherrschenden Position hinnehmen. Allein der Umstand seiner Integration in das Betriebssystem Windows 95/98/2000, das Zusammenspiel mit Office-Produkten sowie die erweiterten Möglichkeiten der Version 5.0 haben den Internet Explorer zur ersten Wahl gemacht. Im folgenden Abschnitt können Sie sich von den Neuerungen und Vorzügen des Internet Explorer 5.0 ein Bild machen.

Vorgeschichte

Der Microsoft Internet Explorer ist mittlerweile in seiner fünften Version verfügbar. An seiner Benutzerführung hat sich prinzipiell nicht viel geändert. Die Änderungen in der neuesten Version beziehen sich vielmehr auf viele Detailverbesserungen, die das Surfen im Netz angenehmer machen. Optisch ist am Internet Explorer 5.0 nicht viel verändert worden. Microsoft versucht, mit dieser Version eine bessere Integration in Windows und in Office-Produkte zu erlangen.

Neuerungen gegenüber den bisherigen Versionen

✓ Neue Schaltfläche

Rein vom Aussehen her kann man die letzte Version des Internet Explorer 5.0 nicht als solche erkennen. Erst beim zweiten Betrachten der Symbolleisten fällt auf, daß sich eine neue Schaltfläche neben dem Eingabefeld für Webadressen befindet. Mit dieser Schaltfläche *Wechseln zu* hat Microsoft auf die Anwender reagiert, die Probleme beim Laden einer neuen Seite hatten. Es wurde nämlich von manchen Benutzern der früheren Microsoft Internet Explorer vergessen, daß sie nach der Eingabe einer Webadresse auch die ⏎-Taste betätigen müssen, um auf diese Seite zu gelangen. Jetzt wird dies eben durch besagte neue Schaltfläche erledigt. Nach getätigter Eingabe reicht nun ein Klick auf die neue Schaltfläche, und schon wird auf die eingegebene Seite gewechselt.

Abbildung 1.1: Die neue Schaltfläche *Wechseln zu* in der oberen rechten Ecke

✔ Schnellerer Seitenaufbau

Der Seitenaufbau wurde gegenüber den älteren Internet-Explorer-Versionen noch einmal verbessert. Da nach wie vor die Übertragungsrate vom Provider zu Ihnen nach Hause die Geschwindigkeit angibt, wird sich diese Neuerung in der Praxis kaum bemerkbar machen.

✔ Radiofunktionen

Im Internet Explorer 5.0 ist nun eine Internet-Radio-Funktion eingebaut (nur bei Vollinstallation vorhanden). Diese Funktion greift auf den Media Player von Microsoft zurück, um den Benutzer in den Genuß von Internet-Radio kommen zu lassen. Der Radioempfänger arbeitet mit einem eigenen Audio-Streaming-Format. Für die bessere Bedienbarkeit wurde eine eigene Browserleiste geschaffen, in der sich die wichtigsten Bedientasten befinden. Um einen einzelnen Sender anwählen zu können, brauchen Sie nur aus den Sendern, die in der Liste enthalten sind, einen anzuklicken. Diese Liste können Sie nach Belieben mit Radiosendern Ihrer Wahl ergänzen.

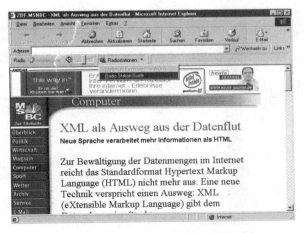

Abbildung 1.2: Neue Browserleiste mit Radiofunktionen

Wenn Sie die Radiostationen, die Ihnen Microsoft zur Verfügung stellt, anwählen wollen, müssen Sie als erstes die Browser-Leiste sichtbar machen. Dies geschieht, indem Sie mit dem Mauszeiger auf die Browser-Leiste *Adresse* fahren und die rechte Maustaste betätigen. Nun können Sie die Radio-Browser-Leiste aktivieren. Nach dem Anwählen des Menüs *Radiostationen* wählen Sie den Unterpunkt *Radio Station Guide* aus. Jetzt führt Sie der Internet Explorer 5.0 auf die Microsoft-Seite mit einer Reihe von Radiostationen, die Sie über das Internet hören können. Die Datenmenge, die von den einzelnen Radiosendern gesendet wird, ist für ein analoges 56K-Modem optimiert. Benutzer schnellerer Modems oder von ISDN-Karten empfangen in der gleichen Qualität.

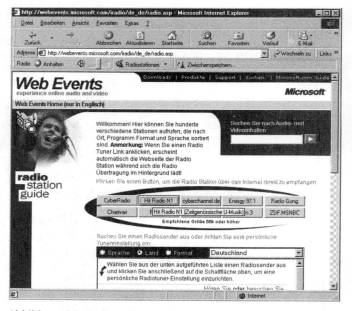

Abbildung 1.3: Radiostationen, die Microsoft zur Auswahl anbietet

✔ Vereinfachte Suchfunktionen

Die Suchfunktionen wurden verbessert, indem Microsoft Suchmaschinen in den Browser integriert hat. Auf diese Weise ist die Online- wie auch die Offline-Suche effizienter geworden. Um bestimmte Einträge im Internet zu finden, kann nun der Typ der gesuchten Information angegeben werden. Die Suchkriterien können auf diese Art besser eingeschränkt werden, und die Ergebnisse werden nun genauer. Es stehen die *Datentypen Adressen, Landkarten, Unternehmen, Newsgroups* und *Webseiten* zur Auswahl.

✔ Webseiten für das Offline-Lesen speichern

Wenn man eine Webseite im Offline-Modus betrachten wollte, hatte man bis jetzt das Problem, daß alle zugehörigen Grafiken, zweite Fenster usw. nicht mehr angezeigt wurden. Im neuen Internet Explorer 5.0 haben Sie nun die Möglichkeit, alle zugehörigen Grafiken und Elemente auf der lokalen Festplatte abzuspeichern. Wird nun die Seite im Offline-Modus betrachtet, wird die Seite genau so dargestellt, wie Sie sie aus dem Online-Betrieb kennen. Um eine Internet-Seite vollständig auf der Festplatte zu speichern, steht Ihnen im Menü *Speichern unter* der Eintrag *Webseite komplett* zur Verfügung. Eine so abgelegte Webseite befindet sich mit ihren vollständigen Grafiken, zweiten Fenstern usw. auf der Festplatte. Die auf diese Weise gespeicherten Seiten können auch mit anderen Browsern betrachtet werden (siehe Abbildung 1.4).

✔ Veränderungen beim Verwalten von Favoriten

Die Channels, die im Internet Explorer 4.0 enthalten waren, sind fast alle verschwunden. Das Verwalten von Favoriten wurde nun verständlicher und einfacher gestaltet. Die Links, die früher als Channels behandelt wurden, sind mittlerweile zu den Favoriten hinzugefügt worden. Sie können nun auch Ihre Favoriten offline verfügbar machen. Dazu müssen Sie nur ein Kontrollkästchen namens *Offline* anwählen, und schon wird Ihr Favorit auf der lokalen Festplatte abgelegt.

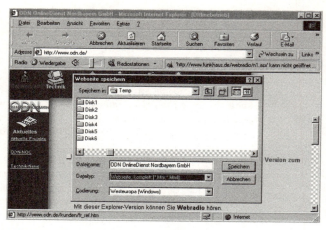

Abbildung 1.4: Webseite komplett speichern

✔ Verbessertes Eingabeverhalten im Eingabefeld

Im Eingabefeld wurde erstmals eine Korrektur mit eingebaut. Wird nun beim Schreiben einer Adresse ein Flüchtigkeitsfehler gemacht, so wird dieser vom Browser ausgebessert. Geben Sie zum Beispiel ein Semikolon statt eines Doppelpunktes ein, wird das falsch eingegebene Zeichen vom Browser umgewandelt, und die Adresse ist korrekt eingetragen.

Im neuen Internet Explorer 5.0 ist auch das Komplettieren beim Eintragen von Adressen weggefallen. Statt dessen klappt nun eine Liste mit allen passenden Adressen herunter. Daraufhin haben Sie die Möglichkeit, die richtige Adresse direkt aus der Liste auszuwählen.

✔ Neuerungen in der *Verlauf*-Funktion

Sie haben nun die Möglichkeit, alle zuletzt aufgerufenen Webseiten nach dem aktuellen Tag oder nach der Reihenfolge sortieren zu lassen. Sie können die Sortierreihenfolge auch nach Datum, Webseite oder der Häufigkeit der Besuche ordnen lassen. Suchen Sie ein bestimmtes Thema, so steht Ihnen hierfür eine Suchfunktion zur Verfügung. Sie sehen also, eine rundum gelungene Lösung der *Verlauf-*Funktion wurde erstellt.

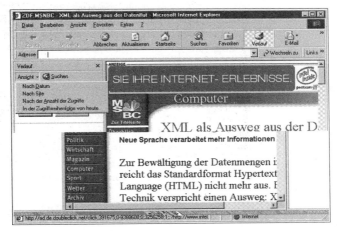

Abbildung 1.5: Sortierreihenfolge von schon besuchten Seiten einstellen

✔ Installation nach Bedarf

Bei der Installation des Internet Explorer 5.0 können Sie die Minimalkonfiguration wählen. Bei der minimalen Installation werden sieben Megabyte an Daten auf der lokalen Festplatte gespeichert. Wird im späteren Gebrauch des Browsers festgestellt, daß doch noch Funktionen benötigt werden, können diese zu einem späteren Zeitpunkt nachträglich installiert werden. Falls sie dann nicht auf der lokalen Festplatte zu finden ist, lädt der Internet Explorer 5.0 die fehlenden Installationsdateien direkt von einer Microsoft-Webseite herunter.

✔ Visual Basic Scripting Support

Wie in den vorangegangenen Internet-Explorer-Versionen von Microsoft so ist auch in dieser Version die Programmiersprache

VBScript implementiert. Der Browser ist also in der Lage, VBScript-Funktionen, -eigenschaften und -anweisungen auszuführen.

✔ Die Eigenschaften des Browsers abfragen

Über Scripts ist es möglich, abzufragen, ob der Anwender Sicherheitsoptionen eingestellt hat oder nicht. So kann festgestellt werden, ob ActiveX, JavaScript oder VBScript zugelassen sind oder ob sie abgeschaltet wurden. Nun kann die Darstellung der jeweiligen Webseite auf diese Vorgaben hin optimiert werden.

✔ Detaillierte Fehlermeldungen

Die Fehlermeldungen der früheren Versionen der Microsoft Browser waren unpräzise und sagten wenig aus. Dies ist mit der Version 5 verbessert worden. Anstatt einer nichtssagenden Fehlernummer wird dem Anwender nun ein Hilfetext angeboten, in dem Maßnahmen zur Fehlerbehebung enthalten sind.

✔ Kein Desktop-Update mehr

Wer nach den Veränderungen des Desktops im Internet Explorer 5.0 sucht, wird nicht fündig werden. Mit der Installation des neuen Internet Explorers ändert sich das Aussehen des Desktops nicht mehr. Verantwortlich hierfür ist die US-Kartellbehörde, die es Microsoft untersagt hat, den Desktop des Betriebsystems mit dem Internet Explorers zu verändern.

✔ Automatische Verbindung erstellen, wenn gewünscht

Da in der alten Version des Internet Explorers 4.0 ein automatisches Einwählen auf eine Seite nur mit Zusatzprogrammen möglich war, ist diese Funktion nun bereits implementiert. So kann jetzt von jedem Benutzer des Internet Explorer 5.0 festgelegt werden, welche Seiten beim Aufruf eine Online-Verbindung herstellen.

✔ Sicherheitslücken im Internet Explorer 5.0

Wie in den vorangegangenen Browsern ist auch der Benutzer des Internet Explorer 5.0 nicht sicher vor Angriffen aus dem Netz. Durch das Einsetzen von Scriptsprachen ist es immer noch möglich, Dateien, die bekannt sind, auf einem Rechner auszuspionieren oder zu löschen. Microsoft hat bereits ein Update angekündigt, die diese Sicherheitsmängel beheben soll.

✓ Java Virtual Machine

Die neue Java Virtual Machine wurde von Microsoft nach den Vorgaben von Sun in den Browser eingebunden.

✓ Veränderungen an Outlook Express

Die Veränderungen von Microsoft haben auch nicht vor dem mitgelieferten E-Mail-Programm Outlook Express haltgemacht. Neben einem neu gestalteten Willkommensbildschirm ist auch ein neues Fenster mit Kontakten entstanden. Hier werden Ihre E-Mail-Empfänger eingetragen. Wird nun eine neue Nachricht erstellt, kann aus dieser Liste der Empfänger ausgewählt werden, der dann bereits als Adressat in der zu erstellenden Nachricht eingetragen ist.

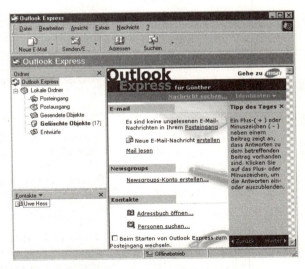

Abbildung 1.6: Neue Kontaktliste in Outlook Express

KAPITEL

Arbeiten mit Webprojekten

Zum effektiven Arbeiten mit Webprojekten gehört nicht nur das Erstellen und Veröffentlichen einer oder mehrerer Webseiten. Neben der Anwendung von effektiven Werkzeugen zum Bearbeiten von Webprojekten benötigen Sie auch Kenntnisse zum Auswerten der in E-Mails enthaltenen Informationen.

Arbeiten mit Webprojekten

Werkzeuge für HTML

Der Einstieg zum Erstellen und Bearbeiten von Webdokumenten ist denkbar einfach. Sie benötigen dazu weder einen speziellen Compiler noch andere komplizierte Entwicklungssoftware ein einfacher Texteditor reicht dazu bereits aus. So können Sie in einem solchen Editor zuerst das Grundgerüst einer HTML-Datei erstellen und anschließend die benötigten Befehle sowie den Dokumententext eingeben.

Zum Testen Ihrer Arbeit ist es lediglich notwendig, die erstellte Datei mit der Endung *.HTM* oder *.HTML* abzuspeichern. Anschließend wechseln Sie in den Windows-Explorer. Wenn Sie unter Windows arbeiten, dann werden Sie bemerken, daß der Datei mit der Endung *.HTM* automatisch auch das Icon für HTML-Dateien zugeordnet wurde. Führen Sie einen Doppelklick auf die eben erstellte Datei aus, und Ihr aktueller Browser wird die Datei öffnen und (hoffentlich richtig) anzeigen.

Da der erzeugte Code nach seiner Bearbeitung im Editor weder kompiliert noch anderweitig auf seine Funktion überprüft werden muß, ist die Wahrscheinlichkeit der Fehlerhäufigkeit natürlich sehr hoch. Dies und natürlich auch die sehr mühselige Art und Weise der Eingabe der Befehle ist ein Grund, sich nach einem komfortableren Editor zum Bearbeiten von Webdokumenten umzusehen.

Hier bietet sich dem ambitionierten HTML-Programmierer eine unglaubliche Anzahl von verschiedenen Lösungen an. Im Internet finden Sie viele HTML-Editoren, die als Freeware oder Shareware verfügbar sind. Diese Programme sind von sehr unterschiedlicher Funktionalität und auch Qualität. Fast alle dieser Programme arbeiten als textorientierte Editoren und verfügen über eine Vorschaufunktion sowie über zahlreiche Assistenten oder eine ausgefeilte Menüsteuerung zum automatischen Erzeugen von HTML-

Code. Viele dieser Programme finden Sie auch auf den zahlreichen Begleit-CDs diverser Computerzeitungen als Zugabe.

Ein besonderes Highlight ist meiner Meinung nach das Programm *Frontpage*. Eine sogenannte *Light-Version* gehört zum Lieferumfang des kostenlosen Internet Explorer 4.0/5.0 von Microsoft. Das Programm präsentiert sich dem Benutzer als echte WYSIWYG (What You See Is What You Get), Software d.h., die Webseite wird mit Hilfe zahlreicher Assistenten in der Endansicht bearbeitet, also so wie die Seite später im Browser erscheint. Hier ist auch eine Bearbeitung der Seite im Textmodus möglich, und dort erfolgt sogar noch eine farbige Auszeichnung von Textabschnitten und Befehlen.

Mit FrontPage kann jeder, der schon einmal mit Word oder einer anderen Textverarbeitung gearbeitet hat, sofort umgehen. Sie können den gewünschten Text direkt in die HTML-Datei eingeben und mit den üblichen Menübefehlen formatieren. Wer nicht so recht weiß, wie er anfangen soll, der kann sich beim Anlegen einer neuen Datei von einem Assistenten unterstützen lassen. Zum Erstellen von Tabellen und Formularfeldern stehen ebenfalls gute Assistenten bereit. Um Text, Tabellen, Grafiken oder andere Elemente im nachhinein zu formatieren, markieren Sie das gewünschte Element mit dem Mauszeiger. Anschließend rufen Sie mit der rechten Maustaste das Kontextmenü auf, in dem sich der Menüpunkt *Eigenschaften* befindet. In dem dann erscheinenden Dialogfeld können Sie alle notwendigen Einstellungen vornehmen.

Obwohl Sie Ihr Werk bereits in der Originalansicht sehen, sollten Sie sich doch hin und wieder die erstellte HTML-Datei mit der integrierten Vorschaufunktion anzeigen lassen. Ab und zu kommt es leider doch zu leichten Abweichungen in der Interpretation des automatisch eingefügten Codes, doch diese kleinen Probleme lassen sich schnell beheben.

Dazu kommt, daß die verschiedenen Browser die HTML-Dateien nicht immer in der gleichen Art und Weise anzeigen bzw. einige Tags nicht oder sehr unterschiedlich interpretieren. Aus diesem Grund empfiehlt es sich, die erstellten HTML-Dateien zusätzlich in verschiedenen Browsern zu testen.

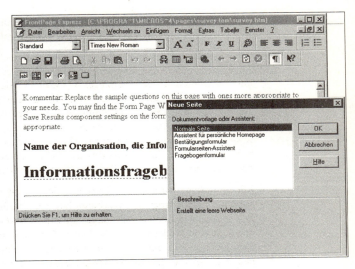

Abbildung 2.1: Der HTML-Editor *Frontpage*

Alles in allem finden Sie in Frontpage Light einen wirklich gelungenen HTML-Editor, der auch in HTML ungeübten Benutzern das
schnelle und unkomplizierte Erstellen einer Webseite ermöglicht.

Und noch eine Bemerkung zum Schluß: So komfortabel solche
Programme wie Frontpage auch sein mögen, ohne HTML-Kenntnisse werden Sie damit niemals perfekte Ergebnisse erzielen. Sie
werden immer wieder an einen Punkt gelangen, an dem ein manu-
eller Eingriff in den HTML-Code notwendig ist. Und wer sich in
HTML nicht oder nur wenig auskennt, der wird sich in dem automatisch erstellten Codegerüst niemals zurechtfinden, geschweige
denn, diesen Code optimieren oder Fehler finden können.

Produkt	Verfügbar als	Adresse
Frontpage Light	Bestandteil des IE 4.0/5.0	*http://www.microsoft.de*
Ulli.Meybohm's HTML-Edior	Freeware	*http://www.thoha.de/meybohm*
Arachnophilia	Freeware	*http://www.arachnoid.com/ arachnophilia*

Tabelle 2.1: Einige empfehlenswerte HTML-Editoren

Webseiten veröffentlichen

Bereits vor dem Erstellen der eigenen Homepage stellt sich die Frage, wie denn nun die eigene Webseite ins Internet kommt. Um eine Webseite auf den Server Ihres Providers zu überspielen, benötigen Sie eine FTP-Verbindung. Damit ist es möglich, Dateien verschiedenen Typs in beide Richtungen zu übertragen. Dabei sind Ihre Möglichkeiten nicht nur auf HTML-Dateien beschränkt. Ihr Projekt kann z.B. auch Dateien im ZIP-Format beinhalten, die der Besucher Ihrer Seite downloaden kann.

In der Regel stellen die meisten Provider zu diesem Zweck ein entsprechendes FTP-Programm zum Verwalten der eigenen Homepage bereit. Deren Ausstattung hält in den meisten Fällen leider nur die notwendigsten Funktionen zum Überspielen der Seiten auf den Server bereit. Zudem besteht bei den wenigsten großen Providern die Möglichkeit, eigene Unterverzeichnisse zu erstellen. Um ein Webprojekt vernünftig zu verwalten, sollten Sie aber diese Möglichkeit zur Verfügung haben.

Auf dem Free- und Shareware-Markt finden Sie viele brauchbare FTP-Programme, die Ihnen alle erforderlichen Funktionen bieten. Seit einiger Zeit sind auf den Begleit-CDs von guten PC-Zeitschriften regelmäßig solche Programme enthalten. An dieser Stelle wollen wir Ihnen zwei dieser Programme vorstellen.

Vor dem Einsatz eines FTP-Programms sollten Sie sich bei Ihrem Provider erkundigen, ob dessen Anwendung überhaupt möglich ist. So ist z.B. bei CompuServe nur der Einsatz eines vom Provider bereitgestellten FTP-Programms möglich. Dieses Programm läßt jeglichen Komfort vermissen, zumal CompuServe nicht die Erstellung von Unterverzeichnissen ermöglicht. Lassen Sie sich von solchen eingeschränkten Möglichkeiten nicht abschrecken. Inzwischen existieren genügend Anbieter, die Ihnen einige Megabyte kostenfreien Speicherplatz und die Verwendung eines beliebigen FTP-Programms ermöglichen. Diese Provider finanzieren sich meist ausschließlich über Werbung, die dann gemeinsam mit Ihrer Webseite erscheint. Ihren bisherigen Provider brauchen Sie deswegen nicht zu wechseln. Ihn benötigen Sie nach wie vor zum Aufbau der Internet-Verbindung. Ihre Homepage können Sie dann auf einen beliebigen Server Ihrer Wahl ablegen.

FTP Voyager

An dieser Stelle wollen wir eines der wenigen wirklich guten FTP-Programme vorstellen. Das deutschsprachige FTP-Programm zeichnet sich durch seine an den Windows-Explorer angelehnte Oberfläche aus. Im oberen Bereich sehen Sie die auf dem Server befindlichen Dateien und im unteren Bereich die Dateien der lokalen Festplatte. Das Verschieben der Dateien kann entweder über das Kontextmenü, spezielle Schaltflächen oder per Drag&Drop erfolgen. Die Einrichtung der Verbindungseinstellungen erfolgt vorbildlich einfach und übersichtlich. Über den Menüpunkt *Datei / Neu... / Session* können Sie alle erforderlichen Angaben vornehmen. In dem erscheinenden Dialogfeld brauchen Sie lediglich das Startverzeichnis, den Benutzernamen und das Paßwort anzugeben. Hier können Sie gegebenenfalls auch erweiterte Angaben vornehmen oder mehrere Profile anlegen. Alle Angaben können dauerhaft gespeichert werden. Anschließend können Sie aus diesem Dialogfeld heraus die Verbindung zum Server aufbauen (siehe Abbildung 2.2).

Das Erstellen eigener Verzeichnisse auf dem Server ist ebenfalls über entsprechende Menüpunkte möglich. Alles in allem gibt das leicht zu bedienende Programm ein gutes Bild ab und ist immer eine Empfehlung wert. Das Programm ist Shareware und wird nach dem Ablauf einer Testphase kostenpflichtig. Die Hersteller des Programms erreichen Sie unter der Adresse *http://www.ftpvoyager.com*.

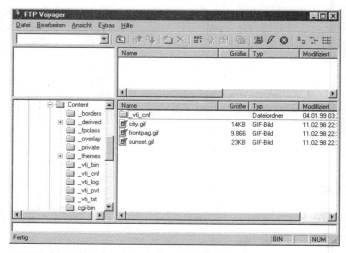

Abbildung 2.2: Das FTP-Programm FTPVoyager

Produkt	Verfügbar als	Adresse
Cute FTP	Shareware	*http://www.cuteftp.com*
FTP Explorer	Freeware	*http://www.ftpx.com*
FTP Voyager	Shareware	*http://www.FTPVoyager.com*
WS_FTP Pro 5.01	Shareware	*http://www.ipswitch.com*

Tabelle 2.2: Einige empfehlenswerte FTP-Programme

WinZip

Ein umfangreiches Webprojekt kann schnell große Mengen Speicherplatz belegen. Allein eine größere Anzahl von eingebundenen
Grafiken kann schnell mehrere MB beanspruchen. Damit wird es
zunehmend schwieriger, ein vollständiges Projekt auf Disketten zu
sichern. Wenn Sie noch dazu dem Besucher Ihrer Seite das Down-

loaden von Programmen oder Archiven erlauben wollen, dann benötigen Sie eine Möglichkeit, Dateien zu komprimieren und in einem Archiv zusammenzufassen.

Zu diesem Zweck existiert eine größere Anzahl von Packprogrammen. Diese Programme sind in der Regel als Free- oder Shareware erhältlich. Unter allen erhältlichen Packprogrammen ist momentan das Programm WinZip besonders verbreitet. Es zeichnet sich durch eine besonders gute und übersichtliche Bedienung aus. Mit diesem Programm können Sie Dateien komprimieren und zu Archiven packen sowie selbst extrahierende Archive erstellen. Zusätzlich können Sie die erstellten Archive mit einem Kennwort versehen. Nach der Installation des Programms erfolgt ein Eintrag in das Kontextmenü. Darüber können Sie aus einer markierten Datei sofort ein neues Archiv erstellen. Außerdem können Dateien per Drag&Drop in ein Archiv verschoben sowie aus einem Archiv extrahiert werden.

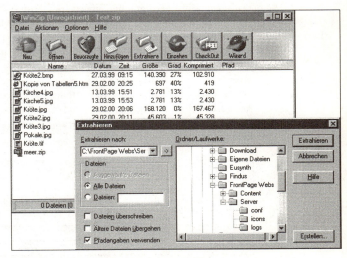

Abbildung 2.3: Das Packprogramm WinZip

Nach der vollständigen Installation von WinZip können Sie zum Komprimieren einer Datei oder eines Verzeichnisses folgendermaßen vorgehen: Markieren Sie im Explorer die entsprechende Datei oder das Verzeichnis mit der linken Maustaste. Wählen Sie im erscheinenden Kontextmenü den Menüpunkt *Zu Zip-Archiv hinzufügen*. Anschließend erscheint ein Dialogfeld, in dem Sie ein bestehendes Archiv öffnen oder mit der Schaltfläche *Neu* ein neues Archiv anlegen können. Nach dem Öffnen oder dem Anlegen eines neuen Archivs wird die Datei oder das Verzeichnis mit der Schaltfläche *Hinzufügen* dem Archiv hinzugefügt. In diesem Dialogfeld können Sie auch ein Kennwort festlegen oder weitere Optionen einstellen. Zum Extrahieren einer Datei öffnen Sie ein Archiv, markieren die Datei und wählen die Schaltfläche *Extrahieren*. Alternativ dazu können Sie eine Datei oder ein Verzeichnis auch nach dem Markieren mit dem Mauszeiger aus dem Explorer in ein Archiv ziehen oder umgekehrt (Drag&Drop).

Das Programm verfügt über ein eigenes Hilfesystem, in dem der Benutzer alles über das Anlegen von Archiven erfährt. Nach dem Ablauf der Testzeit von 30 Tagen ist allerdings der relativ hohe Preis von ca. 100 DM zu entrichten. Wem das zu teuer ist, aber trotzdem ein Packprogramm legal anwenden möchte, der kann auch auf ein preiswerteres Packprogramm oder gar auf Freeware zurückgreifen. WinZip hat allerdings die Meßlatte in der Sparte Bedienungsfreundlichkeit sehr hoch gehängt und die meisten Alternativen erreichen diese nicht. Sie sollten sich einen Test des Programms auf keinen Fall entgehen lassen.

Produkt	Verfügbar als	Adresse
BKZip	Freeware	*http://www.bksoft.net*
Squeez	Shareware	*http://www.flexform.de*
Turbo Zip	Shareware	*http://www.turbozip.com*
WinZip	Shareware	*http://www.winzip.de*
Zip Genie	Shareware	*http://www.databecker.de*

Tabelle 2.3: Einige gute deutschsprachige Packprogramme

E-Mail mit HTML aufwerten

Die Zeiten in denen nur Textnachrichten und Dateien verschickt wurden, sind vorbei. Spätestens seit die Webseiten multimedial gestaltet werden, möchte man auch E-Mails optisch aufwerten. Was auf Internet-Seiten mit HTML und DHTML erreicht wird, ist nun auch für E-Mails Realität geworden. Es ist also möglich, auch die Nachrichten, die per E-Mail verschickt werden, durch HTML aufzuwerten. Sie können auch in E-Mails verschiedene Schriftarten, Formatierungen usw. anwenden. Das Einbinden von Bildern kann genauso erfolgen, wie die Verwendung von Eingabefeldern. So ist es für Firmen jetzt ein leichtes, ansprechende Werbe-Mails zu gestalten und an ihre Kunden zu schicken. Mit dem Auswerten des E-Mail-Headers können Sie ermitteln, ob das E-Mail-Programm des Absenders HTML-fähig ist. Wenn dies der Fall ist, dann können Sie dem Empfänger ab sofort E-Mails auch als HTML-Dateien zusenden und damit die Vorteile von HTML auch in diesem Bereich nutzen.

Sollte der E-Mail-Client Ihres Mail-Partners kein HTML verstehen, so vermeiden Sie HTML, da Ihre E-Mails sonst nur schwer/kaum zu entziffern sind.

E-Mails verstehen

Die ersten Nachrichten, die mit E-Mails übertragen wurden, bestanden nur aus reinen Textnachrichten. Nach einiger Zeit wurden E-Mails auch zur Datenübertragung verwendet. Um dies zu ermöglichen, mußte man ein entsprechendes Protokoll entwickeln. Der Name dieses Protokolls lautet MIME-Protokoll mitdessen Hilfe es nun möglich ist Dateien an eine E-Mail anzuhängen. Mit der neuen Browsergeneration sind jetzt sogar E-Mails möglich, die mit HTML-Tags aufgewertet wurden. Wie Sie herausfinden können, ob der E-Mail-Client Ihres Mail-Partners HTML versteht, wird Ihnen nun anhand eines Beispiels erklärt.

Versteckte Nachrichten interpretieren

Anhand der Informationen, die im Header einer E-Mail gespeichert sind, können Sie herausfinden, ob der E-Mail-Client des Absenders HTML versteht oder nicht. Diese Informationen sind aber nicht bei jedem E-Mail-Programm gleich vorhanden. Die verschiedenen Einträge im Header einer E-Mail haben verschiedene Bedeutungen. Welche dies sind entnehmen Sie nachfolgender Tabelle.

Wort	Erläuterung
BCC:	BCC heißt Blind Carbon Copy und gibt an, wer eine Kopie dieser Nachricht erhalten soll. Diese Nachricht wird nicht an die einzelnen Empfänger übermittelt.
CC:	CC heißt Carbon Copy und enthält die E-Mail-Adressen der Empfänger, die noch eine Kopie der E-Mail erhalten haben.
Content:	Gibt der Kodierung an, nach der das E-Mail-Programm kodiert wurde. Das heißt, es wird der verwendete Zeichensatz usw. angegeben.
Errors to	*Errors to* wird bei Mailing-Listen eingesetzt und gibt die Adresse an, wo Sie sich bei Problemen hinwenden können.
From:	Der Eintrag *From* gibt den Verfasser der Nachricht an. Besser gesagt seinen Kurznamen und sein E-Mail-Adresse.
Date:	Dieser Header-Eintrag verrät, wann die E-Mail abgeschickt wurde.
In Reply To:	Wurde auf eine Nachricht geantwortet, enthält dieses Feld die Message-ID der ersten Nachricht.
Message ID:	Jede E-Mail bekommt eine eigene Nummer zugewiesen, die Message-ID. Sie ist für jede Nachricht eindeutig.
Newsgroups:	Für Newsgroups gibt es einen eigenen Eintrag, in dem alle Diskussionsforen aufgeführt sind, die diese Mail erhalten.
Received:	Jeder Server, über den eine Nachricht gelaufen ist, hinterläßt seine Spuren. Diese Informationen werden mit dem Header-Eintrag *Received* begonnen.
Resent:	Mit *Resent* können Sie feststellen, daß diese Nachricht an Sie umgeleitet wurde.
Subject:	Hier wird der Betreff der Nachricht angezeigt.
X-Priority:	*X-Priority* gibt die Dringlichkeit einer Nachricht an. Diese Angabe wird vom Absender eingetragen und hat nur einen informativen Zweck für den Empfänger.

Wort	Erläuterung
X-Mailer:	Die Daten, die sich hinter dem *X-Mailer* verstecken, geben Auskunft darüber, mit welchem E-Mail-Programm die Nachricht erstellt wurde.
X-Sender:	Hier wird der Absender einer Nachricht nochmals angegeben. Unterscheidet sich dieser Eintrag von dem Eintrag im From-Header, kann dies ein Indiz für eine gefälschte Nachricht sein.

Tabelle 2.4: Header-Informationen kurz erklärt

Wenn Sie diese Nachrichten, die sich im Header befinden, sehen wollen, müssen Sie diese erst sichtbar machen. Bei Outlook Express gelingt Ihnen das folgendermaßen: Sie wählen einen Eintrag aus Ihrem Posteingangsordner aus und drücken die rechte Maustaste. In dem erscheinenden Kontextmenü wählen Sie den untersten Eintrag aus, nämlich *Eigenschaften*. Jetzt öffnet sich ein Fenster, in dem sich im oberen Abschnitt zwei Register befinden. Klicken Sie nun auf das rechte davon, welches mit *Details* beschriftet ist, und die Header-Informationen werden am Bildschirm ausgegeben.

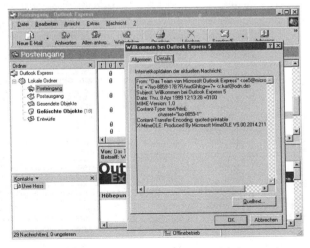

Abbildung 2.4: Die Header-Informationen sichtbar machen

Beispiel:

Anhand einer E-Mail werden nun die wichtigsten Informationen daraus ermittelt. In der ersten Zeile wird mit `Return-Path` angegeben, wohin die E-Mail zurückgesendet werden soll, falls sie nicht übermittelt werden kann. Danach werden die Mail-Server angegeben, die am Transport der Nachricht beteiligt waren. Diese Nachricht hat sechs Mail-Server durchlaufen, bevor sie den Empfänger erreicht hat. Das ist daraus zu ersehen, daß der Eintrag `Received` sechsmal enthalten ist. Jeder einzelne Mail-Server hat seinen Zeitstempel hinterlassen.

Nach der Aufzählung der Mail-Server erfahren Sie, welche `Message ID` der E-Mail-Nachricht zugewiesen wurde. Jetzt wird mit `To` die Empfängeradresse angegeben, bevor Sie durch den Eintrag `Subject` auf den Betreff der Nachricht stoßen. Das Absendedatum ist hinter `Date` zu finden, daß die genaue Uhrzeit und das Datum des Absendetages beinhaltet. In der `Mime-Version` wird Ihnen mitgeteilt, welche Version des Transportprotokolls MIME verwendet wird. Nun wird angegeben, mit welchem Zeichensatz die E-Mail verfaßt wurde. Diese Information dient dazu, daß die Darstellung und Formatierung der Zeichen korrekt ausgeführt wird. Als nächstes wird die Priorität der Nachricht angegeben, und es wird Ihnen mitgeteilt, mit welchem Programm die Mail erstellt wurde. Jetzt können Sie anhand dieser Information herausfinden, ob der E-Mail-Client HTML-fähig ist oder nicht. Nach den Daten des Absenders wird nun noch die Art der Mail angegeben. Im Anschluß an diese Informationen kommt nun die eigentliche Nachricht.

```
Return-Path: <KMtest@t-online.de>
Received: (from daemon@localhost)
   by mail2.odn.de (8.8.8/8.8.8) id JAA19072
   for <test@odn.de>; Fri, 16 Apr 1999 09:08:08 +0200 (MET DST)
Received: from mail.odn.de(194.231.117.9)
   via SMTP by mail2.odn.de, id smtpdAAAOZcJLw; Fri Apr 16
09:07:59 1999
Received: (from daemon@localhost)
   by mail.odn.de (8.8.8/8.8.8) id JAA18353
   for <test@odn.de>; Fri, 16 Apr 1999 09:07:59 +0200 (MET DST)
```

```
Received: from mailout03.btx.dtag.de(194.25.2.151)
    via SMTP by mail.odn.de, id smtpdAAAa004UT; Fri Apr 16
09:07:49 1999
Received: from fwd13.btx.dtag.de (fwd13.btx.dtag.de
[194.25.2.173])
    by mailout03.btx.dtag.de with smtp
    id 1OY2YB-0000Qt-00; Fri, 16 Apr 1999 08:56:31 +0200
Received: from sekretariat (071599430-
0022(btxid)@[193.159.29.52])
    by fwd13.btx.dtag.de with smtp
    id <m1OY2Xt-0003LUC>; Fri, 16 Apr 1999 08:56:13 +0200
Message-ID: <001401be87d6$36633d20$341d9fc1@sekretariat>
To: <test@odn.de>
Subject: Servicemail von K+M test
Date: Fri, 16 Apr 1999 08:54:14 +0200
MIME-Version: 1.0
Content-Type: multipart/alternative;
    boundary="----=_NextPart_000_00C2_01BE87E6.B3D71E00"
X-Priority: 3
X-MSMail-Priority: Normal
X-Mailer: Microsoft Outlook Express 4.72.2106.4
X-MimeOLE: Produced By Microsoft MimeOLE V4.72.2106.4
X-Sender: 071599430-0022@t-online.de
From: KMtest@t-online.de (KMtest@T-Online.de)
Status:

This is a multi-part message in MIME format.

------=_NextPart_000_00C2_01BE87E6.B3D71E00
Content-Type: text/plain;
    charset="iso-8859-1"
Content-Transfer-Encoding: quoted-printable
```

All diese Informationen und Eintragungen wurden natürlich von einem Gremium festgelegt. Nur dadurch ist gewährleistet, daß E-Mails auch international austauschbar sind.

Für diese Richtlinien, die für E-Mails eingehalten werden müssen, ist das Internet-Mail Konsortium zuständig. Wenn Sie noch weitere Informationen zum Thema E-Mails benötigen, können Sie diese unter der URL *http: //www.imc.org abrufen.*

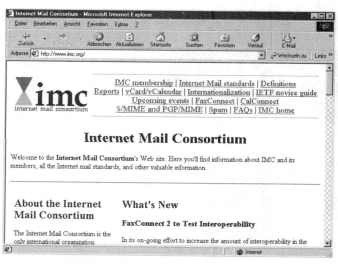

Abbildung 2.5: Die Webseite des Mail-Konsortiums

KAPITEL

Der Einstieg in HTML

Hier erfahren Sie alles über die ersten Schritte in HTML. Dabei wird vor allem auch auf die im Grundgerüst einer HTML-Datei enthaltenen Informationen über die Webseite eingegangen.

3

Der Einstieg in HTML

Was ist HTML?

Die exakte Bezeichnung für HTML lautet *Hypertext Markup Language*. Hin und wieder fällt im Zusammenhang mit HTML der Begriff »programmieren«. Das ist nur bedingt richtig, denn HTML hat mit einer Programmiersprache wenig Gemeinsamkeiten. HTML ist eher als Auszeichnungssprache (Markup Language) zu verstehen, d.h., die verwendeten Befehle beschreiben lediglich die Art und Weise der Darstellung des Dokuments im Browser. Dabei arbeitet HTML unabhängig vom eingesetzten Betriebssystem. Ob Sie ein Webdokument nun auf Windows oder Linux betrachten – letztendlich obliegt dessen Interpretation dem Browser.

Der Ursprung von HTML liegt in SGML. Das ist die Abkürzung für *Standard Generalized Markup Language*. Diese Sprache wurde 1978 von der Firma IBM als eine einheitliche Sprache zur Darstellung von Dokumenten entwickelt. Das Ziel dabei war, einen ASCII-Text mit unterschiedlichen Formaten zu versehen. Dabei wurden, wie später bei HTML auch, den gewünschten Textpassagen die entsprechenden Befehle zugeordnet.

Später wurde diese Sprache als HTML weiterentwickelt und wird momentan als Standard im WWW eingesetzt.

Das Prinzip von HTML

Doch wie funktioniert nun eigentlich HTML? Dem ganzen liegt folgendes Konzept zugrunde: Der HTML-Code liegt nicht, wie bei den meisten Programmiersprachen, in kompilierter Form als ausführbare Datei vor, sondern er befindet sich in dem anzuzeigenden Dokument selbst. Der Browser lädt das Dokument, erkennt den enthaltenen Code und interpretiert die Befehle zum Darstellen des Dokumentinhaltes.

Doch was geschieht nun, wenn Sie einen Befehl falsch geschrieben haben oder ein Browser aufgrund seiner veralteten Version diesen Befehl nicht erkennt? Ganz einfach – nichts. Dann werden diese falschen oder unbekannten Befehle ignoriert und der folgende Text mit dem in diesem Abschnitt gültigen Format angezeigt.

Das bedeutet aber auch, daß der Browser sich technisch gesehen mindestens auf dem gleichen Stand befinden sollte wie die in dem Dokument verwendete Version von HTML. Sollte dies bei Ihnen nicht immer der Fall sein, dann ist das noch immer kein Grund zur Beunruhigung. Solange es lediglich um anzuzeigenden Text geht, wird dieser schlimmstenfalls falsch formatiert angezeigt.

Hier wird sogleich einer der Vorteile von HTML deutlich sichtbar, und zwar die Fähigkeit, Syntaxfehler zu ignorieren und die Anzeige des restlichen Dokuments nicht durch Laufzeitfehler zu stören.

Anwendung der HTML-Befehle

Die HTML-Befehle werden während des Entwurfs des Webdokuments genauso wie normale Textabschnitte auch eingegeben. Damit der Browser die Befehle jedoch von dem darzustellenden Text unterscheiden kann, werden sie in sogenannte *Tags* eingefaßt. Diese Tags sind ganz normale ASCII-Zeichen, und zwar eine geöffnete und eine geschlossene spitze Klammer. Alle zwischen diesen beiden Zeichen stehenden Textabschnitte versucht der Browser als HTML-Befehle zu interpretieren. Das heißt zugleich auch, daß alle außerhalb dieser Klammern befindlichen Textabschnitte wie normaler darzustellender Text behandelt und auch angezeigt werden.

Und wie erkennt der Browser auf welche Textabschnitte die Befehle angewendet werden sollen? Hier existieren jetzt zwei Möglichkeiten. In der Regel werden die auf eine bestimmte Art und Weise darzustellenden Textabschnitte zwischen einen eröffnenden und einen abschließenden Tag gesetzt. Das bedeutet, daß der Befehl nur in einem bestimmten Abschnitt gültig ist.

Im folgenden Beispiel sehen Sie, wie ein Befehlsabschnitt von dem Tag <b> am Anfang eröffnet und mit dem Tag </b> wieder geschlossen wird.

Beispiel:

```
<b> Dieser Text wird fett dargestellt </b>
```

Der in diesem Beispiel verwendete Befehl bewirkt, daß der eingeschlossene Text fett hervorgehoben dargestellt wird. Nach dem Abschluß eines Befehls ist dieser nicht mehr gültig, und nachfolgender Text wird, falls kein anderer entsprechender Befehl folgt, wieder im Standardformat dargestellt. Man spricht in diesem Fall von einem einleitenden (<..>) und einem abschließenden (</..>) Tag.

Abweichend von dieser Regel existieren allerdings auch einige Befehle, die keinen abschließenden Tag benötigen. Der mit Sicherheit am meisten genutzte Tag dieser Art ist wohl das Tag <br>, welches einen Zeilenumbruch bewirkt.

Beispiel:

```
Jetzt folgt ein Zeilenumbruch <BR>
```

In diesem Buch werden Sie sehen, daß alle Befehle in Kleinbuchstaben verfaßt sind. Das hat an sich keine Bedeutung, in HTML erfolgt keine Unterscheidung zwischen Groß- und Kleinschreibung. Der einzige Hintergrund für die hier angewendete Schreibweise ist der, daß sich die Befehle in Kleinbuchstaben besser von dem übrigen Text eines Dokuments abheben und die Dokumentstruktur damit transparenter wird.

Grundgerüst einer HTML-Datei

Das Grundgerüst einer HTML-Datei ist schnell erstellt. Es besteht aus mindestens zwei Teilen, dem *Header* (Kopf) und dem *Body* (Körper). Das Erstellen des Headers erfolgt mit dem Tag <head> und enthält Angaben zur Datei selbst. Der Body enthält den eigentlichen HTML-Code sowie den darzustellenden Text des Dokuments und wird mit dem Tag body erstellt.

Syntax:

```
<html>
<head>
   <title>Hier wird der Titel eingetragen</title>
</head>
<body>
   In diesem Bereich befindet sich der Code
</body>
</html>
```

Bereits an diesem Beispiel sehen Sie, daß die einzelnen Bereiche der Webseite von öffnenden und abschließenden Tags eingefaßt werden. Mit diesem Grundgerüst können Sie nun bereits arbeiten. Es enthält alle wichtigen Bestandteile einer HTML-Datei und ist voll funktionsfähig.

SGML-konforme HTML-Dokumente

Auch HTML unterliegt bekanntermaßen einer ständigen Überarbeitung und Aktualisierung. Momentan ist für die Browser die verwendete HTML-Version noch nicht von Bedeutung. Sie zeigen alle Befehle zu deren Interpretation sie in der Lage sind. Doch vor der Zukunft ist niemand sicher, und deshalb kann es durchaus sinnvoll sein, in der HTML-Datei Informationen über die verwendete HTML-Version abzulegen. Diese Informationen werden am Anfang der HTML-Datei vor der Deklaration des Tags <html> festgehalten. Das Festhalten von Informationen über die verwendete Sprachversion entspricht den SGML-Vorgaben und ist im Hinblick auf die Zukunft durchaus empfehlenswert.

Die Grundstruktur einer solchen SGML-konformen HTML-Datei sieht dann folgendermaßen aus:

Syntax:

```
<!doctype html public "-//w3c//dtd html 4.0//en">
<html>
<head>
<title>Hier wird der Titel eingetragen</title>
```

```
</head>
<body>
    In diesem Bereich befindet sich der Code
</body>
</html>
```

> Wer mit einem einfachen Texteditor arbeitet oder stets auf eine bestimmte Grundstruktur zurückgreifen will, der sollte eine solche Datei als Vorlage in einem eigenen Verzeichnis abspeichern. Er kann dann bequem auf diese Vorlage zugreifen und erspart sich damit das Erstellen eines Grundgerüstes.

Head (Kopf)

Innerhalb des Kopfes erfolgt mit dem Tag `<title>` die Angabe eines Titel für die HTML-Datei. Diesen Bereich können Sie genaugenommen auch weglassen, die Anzeige der Seite würde auch ohne ihn korrekt arbeiten. Der Titel wird jedoch automatisch in der Titelzeile Ihres Browsers angezeigt und zugleich in die Liste der angezeigten Seiten (*History*) eingetragen. Außerdem wird der Titel oft zur Suche von Suchmaschinen genutzt – das alles sind Gründe, diesem Bereich auf alle Fälle einiges an Beachtung zu schenken. Sie müssen als Titel nicht unbedingt eine umfangreiche Beschreibung des Seiteninhalts angeben – hier reicht ein Titel im Stil einer kurzen Anmerkung.

Body (Körper)

Der Körper (body) der HTML-Datei enthält den gesamten Code sowie den darzustellenden Inhalt. Dieser kann aus Text sowie auch aus Grafiken oder etwa Multimedia-Objekten wie z.B. Sounds oder Animationen bestehen. Im Gegensatz zu Text werden alle anderen Dokumentinhalte nicht direkt in der HTML-Datei untergebracht, sondern lediglich ein Verweis auf deren Quelldatei eingetragen. Zusätzlich enthält der Körper einer HTML-Datei auch zentrale Informationen über die Hintergrundfarbe und Hintergrundbilder.

Tags	Beschreibung
<head></head>	Beinhaltet inhaltliche Informationen
<body></body>	Beinhaltet den Code der HTML-Datei

Tabelle 3.1: Grundlegende Tags für eine HTML-Datei

Weitere Angaben in der Datei

Inhaltliche Informationen

Zu einem guten Konzept einer Webseite gehört nicht nur ein durchdachter und strukturierter Aufbau, sondern auch die Bereitstellung von Informationen über den Inhalt der Seite. Allein die Angabe eines Titels reicht für diesen Zweck nicht aus. Statt dessen bietet sich zu diesem Zweck die Verwendung des Tags <meta> an. Seine Aufgabe ist die Aufnahme von verschiedenen Informationen über den Seiteninhalt, die von Suchmaschinen gezielt abgefragt werden. Das Tag wird im Bereich des Tags <head>...</head> plaziert und verfügt über verschiedene optionale Attribute. Ein Attribut dabei ist das Attribut name, welches verschiedene inhaltliche Informationen aufnehmen kann.

Attribut/Werte	Beschreibung
name	Nimmt verschiedene Inhaltliche Informationen auf
author="..."	Der Name des Autors der Seite
description="..."	Eine aussagekräftige Inhaltsangabe
date="..."	Das Erstellungsdatum der Seite
keywords="..."	Schlüsselwörter, die mit den Suchbegriffen einer Suchmaschine verglichen werden
audience="..."	Die Zielgruppe für den dargestellten Seiteninhalt

Tabelle 3.2: Mögliche Werte für das Attribut name

Beispiel:

In dem Beispiel sehen Sie einen Vorschlag für Meta-Angaben für eine Webseite, die sich Inhaltlich mit der Gliederung von HTML-Dateien befaßt. Die hier aufgeführten Angaben werden vollständig in dem Bereich von <head>...</head> eingefügt.

```
<head>
  <meta name="author" content="Max Müller">
  <meta name="description" content="Aufbau und
  Struktur einer Webseite">
  <meta name="keywords" content="HTML,
  Dateistruktur">
  <meta name="date" content="1999-19-02">
  <meta name="audience" content="HTML Programmierer">
</head>
```

Die Meta-Angaben sollten aber auf alle Fälle mit dem Seiteninhalt übereinstimmen und eine korrekte Beschreibung wiedergeben. Sicher ist es möglich, an dieser Stelle etwas zu übertreiben und damit eine große Anzahl von Besuchern anzulocken. Letztendlich werden die Besucher der Seite dann aber recht schnell von dem tatsächlichen Inhalt der Seite enttäuscht sein und einen weiteren Besuch mit Sicherheit vermeiden.

Tag/Attribut	Beschreibung
<meta>	Erzeugt Informationen über die HTML-Datei
content="..."	Enthält die Information
name="..."	Bezeichnung der Art von Information

Tabelle 3.3: Das Tag <meta>

Kommentare

Um bei nachträglichen Änderungen den Code einer HTML-Datei leichter interpretieren zu können, empfiehlt es sich, diesen während seiner Erstellung regelmäßig zu beschreiben oder zu kommentieren. Um diese Kommentare von der Interpretation durch den Browser auszuschließen, steht Ihnen das Tag <!--> zur Verfügung.

Beispiel:

```
<!-- Das ist ein Kommentar>
```

Derart gekennzeichnete Texte werden vom Browser ignoriert und sind somit für den Benutzer Ihres Dokuments nicht sichtbar. Allerdings können Sie diese Kommentare lediglich zur eigenen Dokumentation des Code o.ä. nutzen, weder der Browser noch eine Suchmaschine verwenden diese Textstellen zur Auswertung. Wo und in welchen Umfang diese Kommentare stehen, bleibt ganz und gar Ihnen überlassen, dafür ist kein bestimmter Platz in der HTML-Datei reserviert.

TEIL

Techniken und Praxis

In diesem Teil des Buches finden Sie alle notwendigen Grundlagen über HTML, um eine Webseite zu erstellen. Der Teil beginnt mit dem einfachen Darstellen von Text, bis schließlich am Ende des Teils das notwendige Wissen zum Erstellen eines funktionsfähigen HTML-Formulars vermittelt wird.

II

Arbeiten mit Text

Allein mit der einfachen Darstellung
von geschriebenem Text innerhalb
einer Webseite läßt sich kaum ein
Thema wirkungsvoll wiedergeben.
In diesem Kapitel finden Sie die
notwendigen Elemente zum
Gestalten von Textabschnitten.

4

Arbeiten mit Text

Textumbrüche

Fangen wir also bei einem ganz normalen und unbedeutenden Satz an. Rein theoretisch ist es lediglich notwendig, den darzustellenden Text Satz für Satz mit dem Editor in der HTML-Datei zu plazieren. Das funktioniert praktisch natürlich auch ganz gut, doch dann wird der Textfluß in Ihrem Dokument lediglich von der im Browser angezeigten Seitenbreite bestimmt Um zur Gliederung des Textes an einer bestimmten Textstelle einen Zeilenumbruch zu erzwingen, steht Ihnen deshalb das Tag <br> zur Verfügung. Jetzt erfolgt aber immer noch am Ende jeder Zeile ein automatischer Zeilenumbruch. Um nun genau das Gegenteil zu erreichen, also einen automatischen Zeilenumbruch durch eine zu kleine Seite im Browser zu verhindern, fügen Sie den gewünschten Text zwischen das Tag <nobr> ... </nobr> ein. Falls der so eingefaßte Text länger ist, als es der Browser zuläßt, so erscheint am unteren Rand der Seite ein Rollbalken, mit dem der Leser die Seite im Browser horizontal bewegen kann.

Mit der Verwendung von Zeilenumbrüchen sind Sie in der Lage, Text wesentlich übersichtlicher darzustellen und seine Aufteilung im Dokument zu kontrollieren. Wer jedoch Text in Absätzen Gliedern will, für den hält HTML das Tag <p> bereit.

Beispiel:

Das folgende Beispiel zeigt die Verwendung das Tags <br> und <p>. Dabei ist deutlich der Unterschied zwischen der Wirkung eines Zeilenumbruchs mit dem Tag <br> gegenüber eines neuen Absatzes mit dem Tag <p> zu sehen.

Das Beispiel ist auf der CD zum Buch enthalten.

```
<!doctype html public "-//w3c//dtd html 4.0//en">
<html>
<head>
<title>Zeilenumbruch</title>
</head>
<body>
    Dieser Satz wird in der nächsten  <br>
    Zeile fortgesetzt.   <br>
    Nach diesem Satz folgt ein Absatz.  <p>
    Stimmt.
</body>
</html>
```

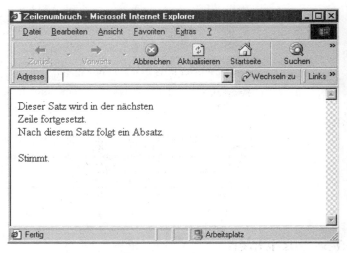

Abbildung 4.1: Einfache Gestaltung von Sätzen mit den Tags <br> und <p>

Das Tag <p> fügt einen Zeilenumbruch ein und läßt den folgenden Text als neuen Absatz beginnen. Bei der Anwendung dieses Tags ist Ihnen freigestellt, ob Sie <p> alleinstehend verwenden oder ob Sie mit `</p>` einen Abschnitt wieder schließen wollen. Das hat dann natürlich auch die Konsequenz, daß alle in diesem Absatz genannten Attribute und Formatierungen auch nur dort ihre Gültigkeit besitzen, z. B. die Ausrichtung eines Textes mit dem Attribut `align`.

Abschließend folgt noch eine Besonderheit, mit der Sie die Trennung einzelner Wörter ebenfalls gut kontrollieren können. Mit dem Sonderzeichen ` ` lassen sich Wörter unabhängig von einem Zeilenumbruch miteinander verbinden. Das kann besonders dann notwendig sein, wenn die Trennung zweier Wörter deren gemeinsame Bedeutung verändern würde.

Beispiel:

Im Falle eines automatischen Zeilenumbruchs zwischen der Zahl *25* und dem Wort *Jahren* würde deren Zusammenhang mit ihrer Darstellung über zwei Zeilen nicht deutlich werden lassen. Mit der Verwendung des Sonderzeichens ` ` erfolgt die Darstellung der beiden Wörter stets zusammenhängend.

Beispiel:

```
Im Alter von 25   Jahren wurde er zum Kaiser...
```

Tags	Beschreibung
` `	Fügt einen Zeilenumbruch ein
`<nobr>`	Verhindert einen Zeilenumbruch
`<p></p>`	Fügt einen Absatz ein

Tabelle 4.1: Tags zum Gestalten des Zeilenverlaufs

Text ausrichten

Mit dem Attribut `align` erzielen Sie die Ausrichtung des Seiteninhalts eines Abschnittes entweder links-/rechtsbündig oder in der Mitte des Dokuments. Nach dem Beenden des Abschnitts werden dann wieder alle Standardeinstellungen gültig.

Beispiel:

Die Ausrichtung von Textabschnitten erfolgt nicht relativ, sondern immer absolut. Dies bedeutet, daß der Text immer am Rand des aktuellen Fensters ausgerichtet wird und nicht an dem zuletzt ausgerichteten Element einer Webseite.

Das Beispiel ist auf der CD zum Buch enthalten.

```
<!doctype html public "-//w3c//dtd html 4.0//en">
<html>
<head>
<title>Text ausrichten</title>
</head>
<body>
    <p align=left>Dieser Satz steht links</p>
    <p align=center>Dieser Satz steht zentriert</p>
    <p align=right>Dieser Satz steht rechts</p>
</body>
</html>
```

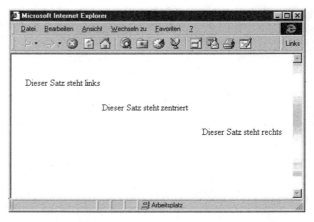

Abbildung 4.2: Die Ausrichtung von Text mit dem Attribut align

Attribut/Werte	Beschreibung
align="(left I center I right) "	Richtet einen Textabschnitt in der Zeile aus
left	Ausrichtung links
right	Ausrichtung rechts
center	Ausrichtung zentriert

Tabelle 4.2: Die Werte für das Attribut align

Schriftfarbe und -größe

Natürlich ist mit dem Ausrichten von Text allein kein ausreichendes Gestaltungsmittel für Dokumente gegeben. Was jetzt noch fehlt, ist die Zuweisung von Schriftattributen, also die individuelle Festlegung von Schriftart -größe und -farbe. Ab jetzt führen zwei verschiedene Wege weiter zum Ziel. Zum einen existieren aus Gründen der Abwärtskompatibilität immer noch die Tags <font> und <basefont>, mit denen die eben genannten Schriftattribute bearbeitet werden können. Diese Tags sind gerade für den Einsteiger recht einfach und übersichtlich. Zum anderen ist seit HTML 4 die Verwendung von CSS zum Festlegen von Schriftattributen vorgesehen.

Jetzt kommt es darauf an, welches Zielpublikum Sie mit Ihren Webseiten erreichen wollen. Arbeiten Sie z.B. in einem Intranet, wo aller Wahrscheinlichkeit nach alle Benutzer über einen einheitlichen und auch neueren Browser verfügen, dann sollten Sie auch zu den neueren Tags mit ihren entsprechenden Möglichkeiten greifen.

Da im Internet aber noch recht viele ältere Browser benutzt werden, sollten Sie im anderen Fall auch mit den bisher gebräuchlichen Tags vertraut sein.

Also, das Tag <font> ermöglicht mit einigen Attributen die einfache Veränderung aller notwendigen Schriftattribute relativ zur Standardschrift. Allein mit dem Zuweisen eines Zahlenwertes zwischen 1 und 7 an das Attribut size erreichen Sie eine Größenänderung der Schrift in einem beliebigen Abschnitt.

Beispiel:

```
<font size=6>
```

Die folgende Tabelle gibt Ihnen Auskunft darüber, welche Attribute in Zusammenhang mit dem Tag `<font>` eingesetzt werden können.

Tag/Attribute	Beschreibung
<font></font>	Leitet die Schriftdefinition ein
size="..."	Bestimmt die Schriftgröße
color="..."	Bestimmt die Schriftfarbe
face="..."	Bestimmt die Schriftart

Tabelle 4.3: Die Attribute für den Tag font

Beispiel:

Sie sehen hier die Verwendung des Tags `<font>`. Innerhalb des Tags können Sie die Größe, Farbe und Schriftfamilie beliebig einstellen. Die getroffenen Einstellungen verlieren ihre Gültigkeit mit dem Beenden des Tags.

Das Beispiel ist auf der CD zum Buch enthalten.

```
<!doctype html public "-//w3c//dtd html 4.0//en">
<html>
<head>
<title>Farbe und Größe</title>
</head>
<body>
  <font size=7>Das ist recht groß</font>
  <br>
  <font size=1>Das ist klein</font>
  <font size=4>
  <P>
  <font color="#ff0000">Noch mehr rot geht leider
  nicht</font>
```

```
<p>
<font face="ARIAL">Diese Schrift heißt Arial</font>
<p>
<font face="TIMES NEW ROMAN">Diese Schrift heißt
  Times New Roman</font>
</body>
</html>
```

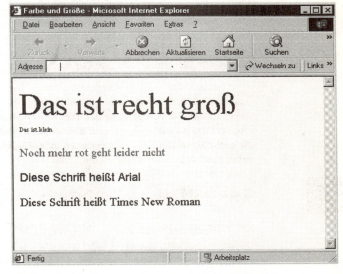

Abbildung 4.3: Text kann in beliebiger Weise formatiert werden

Wie Sie eben gesehen haben, ist es notwendig, dem Attribut face
den Namen der gewünschten Schriftart zu übergeben. Doch woher
wissen Sie nun, welche Schriften vorhanden sind und wie sie exakt
bezeichnet werden? Öffnen Sie dazu in der *Systemsteuerung* den
Ordner *Schriftarten*, dort finden Sie alle auf Ihrem System installier-

ten Schriften. Dabei sollten Sie nach Möglichkeit auf die Wahl seltener Schriften verzichten – deren Anzeige setzt ja bekanntlich deren Vorhandensein auf dem Rechner des Besuchers Ihrer Seite voraus.

Und das oben erwähnte Tag `<basefont>`? Nun, damit stellen Sie lediglich eine neue Standardschrift ein. Das Tag verfügt über die gleichen Attribute wie das Tag `<font>`, es wird im Gegensatz dazu jedoch nicht geschlossen. Dies bedeutet, daß alle hier getroffenen Einstellungen bis zu einer neuen Einstellung gültig bleiben.

Überschriften

Nach dem Lesen der beiden vorherigen Abschnitte ist es eine logische Schlußfolgerung, mit dem Ausrichten und Formatieren von Text auch Überschriften eines Webdokuments zu realisieren. Das ist jedoch nicht notwendig, da in HTML für diesen Zweck ein eigener Befehlssatz vorhanden ist. Hier sind mit den Tags `<h1>` bis `<h6>` sechs verschiedene Größenordnungen möglich, wobei das Tag `<h1>` die oberste Stufe darstellt. Um die Überschrift entsprechend plazieren zu können, ist die gemeinsame Verwendung mit dem Attribut `align` möglich.

Beispiel:

Die Wirkung des Attributs `align` beschränkt sich immer auf den aktuellen Abschnitt. Mit der Plazierung einer Überschrift erreichen Sie eine bessere Wirkung innerhalb der gesamten Gestaltung einer Webseite.

Das Beispiel ist auf der CD zum Buch enthalten.

```
<!doctype html public "-//w3c//dtd html 4.0//en">
<html>
<head>
<title>Ueberschrift</title>
</head>
```

```
<body
    <h3 align=left>Ueberschrift der 3. Stufe</h3>
    <h1 align=center>Ueberschrift der 1. Stufe</h1>
    <h6 align=right>Ueberschrift der 6. Stufe</h6>
</body>
</html>
```

Abbildung 4.4: Auch Überschriften lassen sich beliebig ausrichten

Tag/Attribute	Beschreibung
<h1></h1>, <h2></h2>, <h3></h3>, <h4></h4>, <h5></h5>, <h6></h6>	Definiert eine Überschrift bestimmter Größenordnung
align="(left I center I right I justify)"	Richtet die Überschrift in der Zeile aus

Tabelle 4.4: Die Tags für Überschriften

Text hervorheben

Eine weitere Möglichkeit zur Gestaltung eines Dokuments besteht im Hervorheben von Textpassagen. Das ist gerade bei Texten notwendig, in denen Sie auf Zitate zurückgreifen oder in denen bestimmte Passagen wegen ihrer besonderen Bedeutung besonderes Augenmerk verdienen. Nach dem Abschluß eines der nachfolgend beschriebenen Tags erhält die zuletzt definierte Schrift bzw. die aktuelle Standardschrift wieder ihre Gültigkeit. Hier sehen Sie lediglich eine kleine Auswahl der möglichen Tags zum Hervorheben von Textstellen. Eine Gesamtübersicht finden Sie im Anhang des Buches.

Tag	Beschreibung
`<em></em>`	Kursiv
`<strong></strong>`	Fett
`<code></code>`	Formatierung von Listings
`<samp></samp>`	Formatierung von Beispieltexten
`<cite></cite>`	Formatierung von Zitaten
`<big></big>`	Größerer Text
`<small></small>`	Kleinerer Text
`<sub></sub>`	Tiefergestellter Text
`<sup></sup>`	Hochgestellter Text
`<b></b>`	Fett
`<tt></tt>`	Teletype
`<i></i>`	kursiv
`<s></s>`	Durchgestrichen

Tabelle 4.5: Einige Tags zum Hervorheben von Text

Beispiel:

Da nicht alle Browser eine einheitliche Darstellung von Sonderzeichen aufweisen, erfordert die Verwendung der Attribute zum Hervorheben von Text hin und wieder etwas Geduld. Im Listing sehen Sie einige häufig verwendete Attribute, deren Einsatz in der Regel keine Probleme bereitet.

Das Beispiel ist auf der CD zum Buch enthalten.

```
<!doctype html public "-//w3c//dtd html 4.0//en">
<html>
<head>
<title>Text hervorheben</title>
</head>
<body
   <b>Fett formatiert</b><p>
   <tt>Teletype formatiert</tt><p>
   <i>Kursiv formatiert</i><p>
   <s>Durchgestrichen formatiert</s><p>
</body>
</html>
```

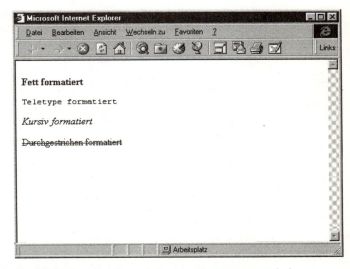

Abbildung 4.5: Das Hervorheben von Text ist ganz einfach

Text mit gleichen Absätzen wiedergeben

Wer jetzt seine große Begeisterung für HTML entdeckt hat und auf seiner Homepage eine Seite mit z.b. Tricks und Tips zu HTML anlegen möchte, der steht dann vor dem Problem, Abschnitte mit Quelltext originalgetreu, also mit allen Abständen und Einzügen, wiederzugeben. Zur Lösung dieser Aufgabe können Sie zu dem Tag <pre> greifen, der eine diktengleiche Schriftwiedergabe ermöglicht.

Wenn Ihnen das Erstellen einer kleinen Tabelle zu aufwendig ist stellt die Verwendung dieses Tag eine brauchbare Notlösung dar.

Beispiel:

Hier wird mit Hilfe des Tags <pre> ein Programmcode von Visual Basic wiedergegeben. Die Darstellung erfolgt originalgetreu mit allen Abständen und Absätzen, wie sie aus der Visual-Basic-Entwicklungsumgebung übernommen und in den HTML-Editor eingegeben wurden.

Das Beispiel ist auf der CD zum Buch enthalten.

```
<!doctype html public "-//w3c//dtd html 4.0//en">
<html>
<head>
<title>Gleiche Absaetze</title>
</head>
<body>
<pre>
    Private Sub CmdRefresh_Click()
        logEvent ("REFRESH")
        While Inet1.StillExecuting
            DoEvents
        Wend
        Inet1.Execute Text1.Text, "DIR"
    End Sub
```

```
</pre>
</body>
</html>
```

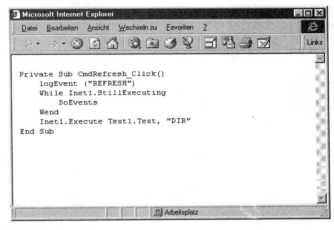

Abbildung 4.6: Dieser Tag ist gerade für Listings besonders geeignet

Arbeiten mit Listen

KAPITEL

Ein weiteres wichtiges Element zum Gestalten von Dokumenten steht Ihnen in der Verwendung von Listen zur Verfügung. Listen werden zur Darstellung von Aufzählungen o.ä. benötigt. In HTML stehen Ihnen verschiedene Listentypen zur Verfügung, deren Beschreibung Sie in diesem Kapitel finden.

5

Arbeiten mit Listen

Numerierte Listen

Der HTML-Code einer Liste besteht aus einem Listenkopf und einem Listenkörper. Im Listenkopf ist die Definition der Listenart enthalten. Hier treffen Sie die Entscheidung über die Verwendung von Aufzählungszeichen oder Zahlen bzw. Buchstaben. In HTML stehen zur Darstellung von Listen die Tags <ol> und <ul> zur Verfügung. Mit ihnen sind Sie in der Lage, numerierte Listen und Aufzählungslisten zu erstellen.

Fangen wir also erst einmal mit numerierten Listen an. Numerierte Listen verwenden statt Aufzählungszeichen eine alphabetische oder numerische Numerierung der Listeneinträge. Eine solche Liste eröffnen Sie mit dem Tag <ol>, jeder Listeneintrag beginnt mit dem Tag <li>. Damit haben Sie prinzipiell alle Vorbereitungen abgeschlossen. Standardmäßig wird nun jedem Listeneintrag automatisch eine fortlaufende Numerierung beginnend mit der Nummer 1 vorangestellt.

Beispiel:

Die Erstellung der Liste wird mit dem Tag <ol> vorgenommen. Das Ende der Liste sowie die einzelnen Listeneinträge werden jeweils mit einem abschließenden Tag beendet.

Das Beispiel ist auf der CD zum Buch enthalten.

```
<!doctype html public "-//w3c//dtd html 4.0//en">
<html>
<head>
<title>Numerierte Liste</title>
</head>
<body>
    <ol>
        <li>Das ist der 1. Listeneintrag </li>
```

```
<li>Das ist der 2. Listeneintrag </li>
<li>Das ist der 3. Listeneintrag </li>
</ol>
</body>
</html>
```

In diesem Beispiel beginnt die Numerierung mit dem Wert 1. Mit der Verwendung des Attributes start in der Eröffnung des Listen-Tags sind Sie in der Lage, einen Startwert festzulegen, ab dem die fortlaufende Numerierung beginnt. Im folgenden Beispiel erfolgt die Numerierung ab dem Wert 7.

Beispiel:

```
<ol start=7>
```

An dieser Stelle soll ergänzend auch das Attribut type Beachtung finden, mit dem statt einer numerischen Aufzählung auch eine alphabetische oder römisch-numerische Aufzählung eingestellt werden kann.

Beispiel:

```
<ol type=i>
```

Attribut/Werte	Beschreibung
type=A	Alphanumerischer Zähler A,B,C...
type=a	Alphanumerischer Zähler a,b,c...
type=I	Römische Numerierung I,II,III,IV...
type=i	Römische Numerierung i,ii,iii.iv...

Tabelle 5.1: Einstellungen für das Attribut type

Abbildung 5.1: Numerisch und alphabetisch sortierte Listen

Aufzählungslisten

Im Gegensatz zum eben beschriebenen Tag <ol>, bietet das Tag
<ul> die Möglichkeit, Listen mit drei unterschiedlichen Aufzäh-
lungszeichen (Kreis, Rechteck und Punkt) darzustellen. In der
nachstehenden Abbildung können Sie sich ein Bild von der Darstellung dieser Zeichen in den sogenannten *Aufzählungslisten* machen.
Die Aufzählungszeichen werden nicht in allen Browsern gleich dargestellt, doch die prinzipielle Funktion bereitet den Browsern keine
Schwierigkeiten.

Syntax:

```
<ul type="circle">
...
</ul>
```

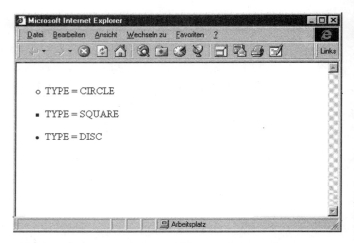

Abbildung 5.2: Das Erscheinungsbild von Aufzählungslisten

Tag/Attribute	Beschreibung
<ol></ol>	Leitet eine numerierte Liste ein
<ul></ul>	Leitet eine Aufzählungsliste ein
<li></li>	Erstellt einen Listeneintrag
type="(circle I disc I square) "	Definiert das Aufzählungszeichen
start="..."	Definiert den Startwert der Aufzählung
compact	Erzeugt eine kompakte Darstellung der Liste

Tabelle 5.2: Tags zum Erstellen von Listen

Definitionslisten

Eine Listenart, die ein besonderes Augenmerk verdient, besteht in der Definitionsliste. Diese Listen eignen sich z.B. für Stichwortverzeichnisse. Eine solche Definitionsliste enthält mehrere Listeneinträge, denen weitere Listeneinträge untergeordnet sind. Die untergeordneten Listeneinträge werden eingerückt dargestellt. Mit Hilfe der übergeordneten Listeneinträge lassen sich so verschiedene Begriffe nach Stichworten oder Anfangsbuchstaben sortiert darstellen.

Eine solche Liste wird mit dem Tag <dl> eingeleitet. Anschließend benötigen Sie zwei weitere Tags zur Anordnung der Listeneinträge entsprechend ihrer Bestimmung.

Tag	Beschreibung
<dl></dl>	Eröffnet eine Definitionsliste
<dt></dt>	Erstellt einen Listeneintrag
<dd></dd>	Erläuterung zu einem Listeneintrag

Tabelle 5.3: Die Tags zum Erstellen einer Definitionsliste

Beispiel:

Um die praktische Anwendung der eben aufgeführten Tags zu verdeutlichen, sehen Sie jetzt den Quellcode zur Erstellung einer Definitionsliste. Der eigentliche Listeneintrag wird mit dem Tag <dt> dargestellt, während die Erläuterung zu diesem Eintrag unter dem Tag dd vorgenommen wird.

Das Beispiel ist auf der CD zum Buch enthalten.

```
<!doctype html public "-//w3c//dtd html 4.0//en">
<html>
<head>
<title>Definitionsliste</title>
</head>
<body>
<dl>
<dt>BMW</dt>
    <dd>Bayrische Motorenwerke</dd>
<dt>ESA</dt>
    <dd>European Space Agency</dd>
<dt>VW</dt>
    <dd>Volkswagen</dd>
</dl>
```

```
    </body>
    </html>
```

Abbildung 5.3: Auch Glossare stellen für HTML kein Problem dar

Verschachtelte Listen

Mit einer Liste läßt sich schon eine brauchbare Datenstruktur darstellen, doch irgendwann benötigt man noch eine oder mehrere
Ebenen. Kein Problem, dann verschachteln Sie doch einfach Ihre
Liste! Dafür benötigen Sie keinen zusätzlichen Tag, Sie definieren
dazu eine Liste innerhalb einer anderen Liste. Das Besondere bei
dieser Technik ist die Möglichkeit, verschiedene Listentypen miteinander kombinieren zu können.

Beispiel:

Die erste Liste enthält eine alphanumerische Aufzählung. Nach
dem zweiten Listeneintrag erfolgt die Definition einer weiteren Liste innerhalb der ersten Liste. Als zweite Liste findet eine Aufzählungsliste Verwendung.

Das Beispiel ist auf der CD zum Buch enthalten

```
<!doctype html public "-//w3c//dtd html 4.0//en">
<html>
<head>
<title>Verschachtelte Liste</title>
</head>
<body>
    <ol>
    <li>Das ist der 1. Listeneintrag </li>
    <li>Das ist der 2. Listeneintrag </li>
        <ul>
        <li>Das ist die zweite Liste </li>
        <li>Das ist die zweite Liste </li>
        <li>Das ist die zweite Liste </li>
        </ul>
    <li>Das ist der 3. Listeneintrag </ul>
    </ol>
</body>
</html>
```

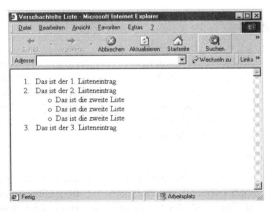

Abbildung 5.4: Verschachtelte Listen bieten viele Gestaltungs-möglichkeiten

KAPITEL

Verweise (Hyperlinks)

Verweise sind sozusagen das »A« und »O« einer jeden Webseite. Erst die Möglichkeit, Verweise zu definieren, hat das Internet mit seinen heutigen Dimensionen Wirklichkeit werden lassen. Sie können mit Verweisen ein Webdokument strukturieren und verschiedene Bereiche des Dokuments untereinander verbinden.

6

Verweise (Hyperlinks)

Definieren eines Verweises

Doch was ist denn ein Verweis nun wirklich? Mit einem Verweis verknüpfen Sie ein Element einer HTML-Seite (z. B. eine Textpassage oder eine Grafik) mit einem Ziel im Internet (z. B. einem Zieldokument oder einem anderen Abschnitt innerhalb des aktuellen Dokuments). Der als Verweis verwendete Textabschnitt wird oft auch als *Sprungmarke* und das Ziel als *Sprungziel* bezeichnet. Um den entsprechenden Textabschnitt als solchen kenntlich zu machen, wird er automatisch farbig hervorgehoben und unterstrichen, außerdem verändert sich der Mauszeiger beim Überfahren der Textstelle.

Alle Verweise haben prinzipiell den gleichen Aufbau. Dabei ist es erst einmal unerheblich, wohin der Verweis den Benutzer führen soll. Zum Eröffnen eines Verweises benutzen Sie den sogenannten *Anker-Tag*, mit dem der Verweis auch wieder geschlossen werden muß. Der Befehl enthält zwei wesentliche Bestandteile: den Namen des Sprungziels und den Text, der den Benutzer darauf aufmerksam machen soll.

Beispiel:

```
<a href="Ziel">Verweistext </a>
<a href="neueSeite.htm">bitte klicken Sie hier</a>
```

Mit der Angabe des Ziels wird eine Zeichenkette erwartet, die entweder auf eine Datei oder eine Sprungmarke verweist. Die Angabe der Zeichenkette muß mit Anführungszeichen erfolgen.

Der Verweis kann entweder ein freistehender Textabschnitt oder ein Bestandteil eines Textabschnitts sein. Um den Benutzer Ihrer Seite die Arbeit mit dem Dokument zu erleichtern, sollten Sie den Text eines Verweises in Zusammenhang mit der entsprechenden Thematik bringen.

Abbildung 6.1: Ein Verweis mitten in einer normalen Textstelle

Wenn also z.B. in einem Dokument mit dem Thema Dachausbau ein Verweis zu einer Seite mit dem Thema Wärmeschutz führen soll, dann würde sich eine Textpassage, welche das Wort *Dämmung* enthält, für einen sinnvollen Verweis eignen.

Die Server einiger Provider unterstützen keine langen Dateinamen. Wenn Ihr Provider dazu gehört und Sie das nicht beachten, werden die Verweise zu Ihren eigenen Webseiten nie funktionieren. Sie sollten sich also vor dem Anlegen eines Projekts bei Ihrem Provider erkundigen.

Verweise innerhalb einer Datei

Verweise können auf eine andere Seite innerhalb des WWW verweisen oder auf einen Abschnitt innerhalb der aktuellen Seite. Auf fast jeder Webseite haben Sie die Möglichkeit, zu verschiedenen Bereichen der Seite und oft auch vom Ende der Seite zurück an ihren Anfang zu springen. Dabei ist es unerheblich, an welcher Stelle der Webseite ein Verweis eingerichtet wird. Ein solcher Verweis benötigt außer einer Sprungmarke auch ein Sprungziel.

Setzen der Sprungmarke

Das Setzen der Sprungmarke erfolgt mit der eben beschriebenen Standardsyntax eines Verweises. Dabei ist es ohne Bedeutung, welche Stellung der Text, der auf den Verweis hinweist, im Dokument einnimmt. Hier kann es sich um einen freistehenden Text, eine Textpassage, eine Überschrift, eine Tabellenunterschrift oder auch eine Grafik handeln.

Beispiel:

```
<a href="#ende">Hier geht es zum Ende des Textes</a>
```

Setzen des Sprungziels (Anker)

Um nun zu dem eben definierten Sprungziel zu gelangen, müssen Sie diese Stelle des Dokuments mit einem sogenannten *Anker* markieren. Im Gegensatz zu der Sprungmarke ist hier die Angabe eines sichtbaren Textes nicht notwendig. Der Anker ist für den Benutzer unsichtbar, sein Name erscheint allerdings beim Überfahren des Verweises mit dem Mauszeiger in der Statusleiste. Mit dem Anklikken der Sprungmarke zeigt der Browser den Zielabschnitt des Dokuments an.

Beispiel:

```
<a name="ende"></a>
```

Verweise innerhalb des WWW

Verweise zu anderen Seiten innerhalb des WWW haben Sie sicher schon oft bemerkt. Viele Webseiten enthalten einen Bereich, in dem auf weitere interessante Seiten zu einem bestimmten oder weiterführenden Thema verwiesen wird. Eine große Sammlung von Verweisen zu anderen Seiten wertet das Thema einer Webseite weder auf, noch macht es die Seite interessanter. Diese Art von Verweisen sollten lediglich als Ergänzung verwendet werden.

Bei dieser Art von Verweisen ist die Angabe der vollständigen URL der Zielseite erforderlich. In dem folgenden Beispiel sehen Sie lediglich die Adresse eines Servers. In diesem Fall erfolgt auf dem Server die automatische Weiterleitung an eine Default-Seite, die Angabe eines Dateinamens ist somit nicht erforderlich.

Beispiel:

```
<a href="http://www.web.de">Zur Suchmaschine</a>
```

Wenn Sie einen Verweis zu einer Datei innerhalb Ihres Projekts einrichten und diese sich im gleichen Verzeichnis befindet, dann ist lediglich die Angabe des Dateinamens erforderlich.

Beispiel:

```
<a href="seite2.htm">nächste Seite</a>
```

Falls der Leser zu einem bestimmten Bereich dieser Seite geführt werden soll, definieren Sie dort einfach einen Anker. Diesen Anker brauchen Sie dann nur noch in dem Verweis direkt hinter dem Seitennamen anzugeben. In diesem Beispiel soll der entsprechende Abschnitt *Absatz3* heißen.

Beispiel:

```
<a href="seite2.htm#Absatz3">nächste Seite</a>
```

Download-Verweise

Der Verweis auf eine Datei zum Downloaden unterscheidet sich nicht von Verweisen zu anderen HTML-Dateien. Wenn der Browser die entsprechende Datei nicht öffnen kann (z.B. ZIP-Dateien), dann bietet er Ihnen in einem Dialogfeld an, diese Datei zu laden (Downloaden) und auf dem lokalen Rechner zu speichern. Nach dem Beenden des Vorgangs finden Sie diese Datei in dem zu diesem Zweck bei der Installation des Browsers eingerichteten Verzeichnis.

Beispiel:

```
<a href="archiv.zip">Projekt downloaden</a>
```

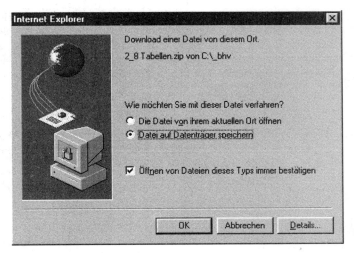

Abbildung 6.2: Mit diesem Dialogfeld entscheiden Sie über die nächste Aktion

Verweise zu FTP, Gopher, Telnet, Newsgroups

Selbstverständlich können Sie auch eine direkte FTP-Verbindung aufbauen, was aber die Unterstützung von FTP durch den entsprechenden Browser voraussetzt.

Beispiel:

```
<a href="ftp://ftp.microsoft.de/">Microsoft</a>
```

Wer sich mit Internet-Diensten wie etwa Gopher beschäftigt, der kann auch einen Verweis auf eine Gopher-Adresse einrichten. Die Syntax ist auch hier prinzipiell die gleiche wie bei einer FTP-Adresse, nur das diesmal ein Bezug zu diesem Dienst angegeben wird.

Beispiel:

```
<a href="gopher://....>Verweis zu Gopher</a>
```

Auch Verweise zu Telnet sind möglich, doch auch dabei ist es erforderlich, dass der Browser den Dienst unterstützt.

Beispiel:

```
<a href="telnet://....>Verweis zu Telnet</a>
```

Wenn Ihr Browser einen Newsreader enthält oder bei Bedarf ein solches Programm automatisch startet, dann können Sie auch einen Verweis zu einer Newsgroup einrichten.

Beispiel:

```
<a href="news://....>Verweis zu einer Newsgroup</a>
```

E-Mail-Verweise

Auf der Hitliste der Verweise dürften mit Sicherheit Verweise zu einem anderen E-Mail-Postfach stehen. Ein solcher Verweis bietet dem Leser Ihrer Seite die Möglichkeit, Ihnen eine direkte Nachricht zukommen zu lassen. Aber: Auch diesmal muß der Browser ein E-Mail-Programm unterstützen, was aber meistens der Fall sein sollte. Diesmal ist die Angabe des Ausdrucks mailto: gefolgt von der vollständigen E-Mail-Adresse des Empfängers notwendig.

Beispiel:

```
<a href="mailto: name@provider">Mail</a>
```

Verweise in neues Browserfenster

Haben Sie das auch schon erlebt? Nach dem Besuchen verschiedener Links wollen Sie zurück zu einer bestimmten Seite und müssen sich mühselig durch die bisher besuchten Seiten wühlen. Wenn nun die neuen Verweise in einem neuen Fenster geöffnet wären, dann hätten Sie ein Problem weniger. Selbstverständlich ist es möglich, einem Verweis diese Eigenschaft mit auf den Weg zu geben. Dazu ergänzen Sie den Verweis lediglich um das Attribut `target`. Dieses Attribut dient ursprünglich zum Verweisen auf einen Ziel-Frame und erwartet die Angabe dessen Namens. In diesem Fall können Sie allerdings irgendeinen beliebigen Namen angeben. Damit wird der Browser in einer neuen Instanz gestartet und die neue Seite in einem eigenen Fenster angezeigt

Beispiel:

```
<a href="seite2.htm" target="Fenster">nächste Seite</a>
```

Grafiken als Verweise

Bis jetzt wurden Sie immer mit einem hinweisenden Textabschnitt auf einen Verweis aufmerksam gemacht – war das wirklich alles? Natürlich nicht! Sie können einen Verweis auch über eine Grafik starten. Dazu geben Sie innerhalb des Anker-Tags eine Grafikquelle an und lassen dafür den beschreibenden Text aus. Jetzt verändert sich der Mauszeiger beim Überfahren der Grafik, und der Name der Zielseite erscheint wie auch bei Textverweisen in der Statuszeile des Browsers.

Beispiel:

```
<a href="seite2.htm"><img src="grafik.jpg"></a>
```

Beim Verwenden einer Grafik als Verweis wird automatisch ein Rahmen um die Grafik gezogen. Gerade bei Grafiken mit ausfließendem Rand wirkt dieser Effekt eher störend. Mit der Angabe des Attributs `border=0` wird die Anzeige des Rahmens ignoriert.

Beispiel:

```
<a href="datei.htm"><img src="bild.gif" border=0></a>
```

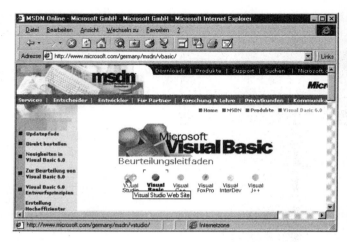

Abbildung 6.3: Die Zieladresse ist deutlich in der Statusleiste sichtbar

Tag/Attribute	Beschreibung
`<a></a>`	Leitet einen Verweis ein
`href ="..."`	Adresse der Zieldatei/Sprungmarke
`name="..."`	Name des Sprungziels
`target="..."`	Name des Ziel-Frames

Tabelle 6.1: Tags zum Erstellen eines Verweises

KAPITEL

Tabellen

Bereits seit HTML 3.0 existiert die Möglichkeit, Seiteninhalte in Tabellen darzustellen. Seitdem haben sich Tabellen zu dem am meisten genutzten Gestaltungselement entwickelt, und kaum eine anspruchsvoll gestaltete Webseite kommt heute ohne dieses Element aus.

7

Tabellen

Grundaufbau einer Tabelle

Die Gestaltung von Tabellen bietet eine Vielzahl von Möglichkeiten. So ist u.a. die Darstellung einer Tabelle mit verschiedenen Rahmenarten von stark bis transparent möglich. Des weiteren wird Ihnen die Möglichkeit der Ausrichtung von Text und Bildern innerhalb der Tabelle ebenso gegeben wie die der Gestaltung der Zellen mit verschiedenen Hintergrundfarben. Auch wenn die Definition einer Tabelle auf den ersten Blick sehr verwirrend erscheinen mag, in Wirklichkeit steckt dahinter eine klare, nachvollziehbare Logik.

Eine Tabelle eröffnen Sie mit dem Tag <table>. Innerhalb des Tabellen-Tags folgt das Attribut border, mit dem der Rahmen der Tabelle definiert wird. Mit dem Weglassen dieses Attributs erfolgt die Ausgabe einer Tabelle ohne Rahmen. Die Angabe des Attributs ohne weitere Angabe eines Zahlenwertes bewirkt die Darstellung der Tabelle mit einem Standardrahmen, die Angabe eines Zahlenwertes bewirkt die Darstellung eines entsprechend starken Tabellenrahmens. Damit eröffnet sich bereits eine der vielseitigen Gestaltungsmöglichkeiten für eine Webseite mit Hilfe von Tabellen. So können Sie mit dem geschickten Einsatz von Tabellen Seiteninhalte an beliebiger Stelle innerhalb eines Webdokuments zu plazieren bzw. anzuordnen.

Die Spalten innerhalb der Tabelle definieren Sie mit dem Tag <td> und die Zeilen mit <tr>. Das Beispiel zeigt Ihnen den Aufbau zweier einfacher Tabellen, die folgende Abbildung verdeutlicht deren Wirkung. Die Tabelle enthält zwei Spalten und nur eine Zeile.

Beispiel:

Sie sehen eine einfache Tabelle, die lediglich aus zwei Spalten und nur einer Zeile besteht. Jede Spalte wird mit dem Tag <td> eröffnet und auch wieder abgeschlossen. Die gesamte Tabelle wird von dem Tag <table>...</table> eingefaßt.

```
<!doctype html public "-//w3c//dtd html 4.0//en">
<html>
<head>
<title>Tabellen1</title>
</head>
<body>
<table border>
   <tr>
   <td>Diese Tabelle enth&auml;lt zwei Spalten</td>
   <td>und nur eine Zeile</td>
   <tr>
</table>
</body>
</html>
```

Beim Definieren einer Tabelle sollten Sie darauf achten, daß alle Spalten mit Text gefüllt werden, da diese sonst nicht angezeigt werden. Andererseits können Sie diese unfreiwillige Fehldarstellung auch als Gestaltungsmittel interpretieren.

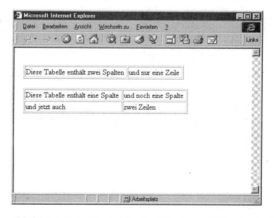

Abbildung 7.1: Zwei einfache Tabellen mit Standardrahmen

Die eben beschriebene Tabelle verfügt lediglich über eine Zeile. Um der Tabelle weitere Zeilen anzufügen, definieren Sie im Anschluß an die erste Tabellenzeile, welche mit <tr>...</tr> erstellt wurde, einen weiteren Tag <tr>...</tr>. Damit erhalten Sie eine weitere Zeile, die unter der ersten angeordnet wird. Auf diese Weise können Sie ohne allzu großen Aufwand Tabellen von beliebiger Dimension anlegen.

Beispiel:

In dieser Tabelle erfolgte die Definition einer zweiten Zeile. Mit dem Fortführen weiterer Bereiche mit <tr> würden der Tabelle ebensoviele Zeilen angefügt werden.

Das Beispiel ist auf der CD zum Buch enthalten.

```
<!doctype html public "-//w3c//dtdhtml 4.0//en">
<html>
<head>
<title>Tabellen2</title>
</head>
<body>
<table border>
    <tr>
        <td>Diese Tabelle enth&auml;lt eine Spalte</td>
        <td>und noch eine Spalte</td>
    </tr>
    <tr>
        <td>und jetzt auch</td>
        <td>zwei Zeilen</td>
    </tr>
</table>
</body>
</html>
```

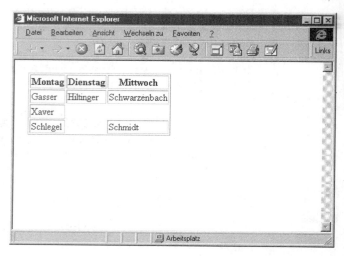

Abbildung 7.2: Nur Spalten mit Inhalt werden auch angezeigt

Tabellenbeschriftungen

Zur Erläuterung einer Tabelle können Sie diese mit einer Unter- oder Überschrift versehen. Rein theoretisch können Sie das auch mit einfachen Textabschnitten erledigen, doch HTML bietet dafür das Tag <caption> an. Wie Sie sehen, ist hier nach einem eröffnenden Tag auch ein abschließendes Tag notwendig. Das Tag kann innerhalb von <table>...</table> frei plaziert werden, hier wird Ihnen nichts vorgeschrieben. Mit dem zusätzlichen Attribut align können Sie die Tabellenbeschriftung frei ausrichten, hier sind die Einstellungen top (oben), left (links), right (rechts) und bottom (unten) möglich.

Beispiel:

Die HTML-Datei enthält lediglich das Grundgerüst einer Tabelle. Unmittelbar nach der Eröffnung der Tabelle folgt mit dem Tag `<caption>` eine am unteren Rand der Tabelle angeordnete Überschrift.

Das Beispiel ist auf der CD zum Buch enthalten.

```
<!doctype html public "-//w3c//dtd html 4.0//en">
<html>
<head>
<title>&Uuml;berschrift</title>
</head>
<body>
<table border bgcolor="#dfdfdf">
<caption align=bottom>Tabellenunterschrift</caption>
    <tr>
      <th>Fr&uuml;hst&uuml;ck </th>
      <th>Abendbrot</th>
    </tr>
<caption align=top>Tabellen&uuml;berschrift</caption>
    <tr>
      <td>Br&ouml;tchen</td>
      <td>Brot</td>
    </tr>
    <tr>
      <td>Marmelade</td>
      <td>K&auml;se</td>
    </tr>
</table>
</body>
</html>
```

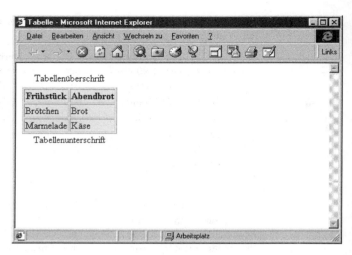

Abbildung 7.3: Eine Tabelle mit Über- und Unterschrift

Anpassen der Tabellengröße

Um eine frisch erstellte Tabelle optimal an das Layout einer Seite anzupassen, können Sie auch deren gesamte Höhe und Breite, sowie auch Höhe und Breite der einzelnen Zellen individuell einstellen. Dazu stehen Ihnen die beiden Attribute width (Breite) und height (Höhe) zur Verfügung. Beide Attribute sind universell für die gesamte Tabelle oder auch nur für einzelne Zellen einsetzbar. Deren Anwendung erweist sich ebenfalls als sehr vielseitig. Die Übergabe eines Wertes an das Attribut kann auf zweierlei Arten erfolgen.

Sie können den Attributen einen reinen Zahlenwert übergeben (width=500). Damit erfolgt in diesem Beispiel das Einstellen der Breite eines Abschnitts mit 500 Pixel. Diese Methode hat den Vorteil, daß immer eine einheitliche Darstellung der Tabelle im Bezug auf ihre Größe gewährleistet ist, unabhängig von den Bildschirm-einstellungen des Benutzers.

Um die Tabelle stets optimal an die Bildschirmverhältnisse des Be-nutzers anzupassen, können Sie auch einen Prozentwert angeben (`width="80%"`). Dann erfolgt die Einstellung der Größe, ebenfalls in Prozent, der zur Verfügung stehenden Bildschirmfläche.

Mit diesen beiden Möglichkeiten können Sie jede Tabelle optimal einsetzen. Sie müssen sich lediglich vorher ein Konzept über die zu-künftige Bedeutung der Tabelle im Bezug auf die Gestaltung der ge-samten Seite machen.

Beispiel:

Im oberen Bereich des folgenden Bildes sehen Sie eine Tabelle, de-ren gesamte Größe mit `width="75%"` und `height=120` eingestellt wurde. Bei der Tabelle im unteren Bereich wurde lediglich die mitt-lere Zeile mit der Einstellung `width=300` beeinflußt. Diese Einstel-lung ist innerhalb einer abgeschlossenen Tabellendefinition nur ein-mal für eine Zeile oder Spalte notwendig und für die gesamte Zeile oder Spalte gültig.

Das Beispiel ist auf der CD zum Buch enthalten.

```
<!doctype html public "-//w3c//dtdhtml 4.0//en">
<html>
<head>
<title>Tabellen3</title>
</head>
<body>
<table border width="75%" height=120>
    <tr>
      <th>Montag</th>
      <th>Dienstag</th>
      <th>Mittwoch</th>
    </tr>
    <tr>
      <td>M&uuml;ller</td>
```

```
      <td>Schmidt</td>
      <td>Huber</td>
    </tr>
    <tr>
      <td>Bauer</td>
      <td>H&ouml;necke</td>
      <td>Seidel</td>
    </tr>
    <caption  align=bottom>
    table border width="75%" height=120
    </captiom>
</table>
<p>

<table border>
    <tr>
      <th>Montag</th>
      <th width=300>Dienstag</th>
      <th>Mittwoch</th>
    </tr>
    <tr>
      <td>M&uuml;ller</td>
      <td>Schmidt</td>
      <td>Huber</td>
    </tr>
    <tr>
      <td>Bauer</td>
      <td>H&ouml;necke</td>
      <td>Seidel</td>
    </tr>
    <caption  align="bottom">
    th width=300
    </caption>
</table>
</body>
</html>
```

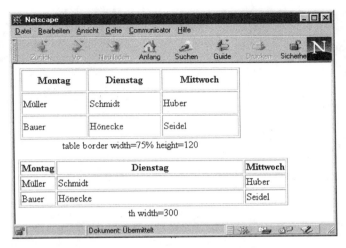

Abbildung 7.4: Zwei Beispiele für angepaßte Tabellen

Tag/Attribute	Beschreibung
`<table></table>`	Erstellt eine Tabelle
`<tr></tr>`	Definiert eine Zeile
`<th></th>`	Definiert eine Zeile mit hervorgehobenem Eintrag
`<td></td>`	Definiert einen Tabelleneintrag und somit eine Spalte
align="(left I center I right)"	Bestimmt die horizontale Ausrichtung der Tabelle oder des Inhalts
border="..."	Legt den Tabellenrahmen fest
caption="..."	Definiert die Über- oder Unterschrift einer Tabelle
heigth="..."	Bestimmt die Höhe einer Tabelle oder Zelle
valign="(top I middle I bottom I baseline)"	Bestimmt die vertikale Ausrichtung der Tabelle oder des Inhalts
width="..."	Bestimmt die Breite einer Tabelle oder Zelle

Tabelle 7.1: Die Tags zum Erstellen einer Tabelle

Arbeiten mit dem Tabellenrahmen

Im vorherigen Abschnitt haben Sie den prinzipiellen Aufbau einer Tabelle gesehen. Doch damit allein werden Sie bei der Gestaltung Ihrer Webseite auf die Dauer keine befriedigenden Ergebnisse erzielen. Zur weiteren Gestaltung enthält der HTML-Standard einige Erweiterungen, mit denen sich maßgeschneiderte Tabellen für jeden Einsatzbereich erstellen lassen.

Anpassen des Tabellenrandes

Bei der Darstellung einer Tabelle sind mit der Benutzung eines Standardrahmens noch lange nicht alle Möglichkeiten ausgeschöpft. So können Sie z.B. mit der Zuweisung eines Zahlenwertes zu dem Attribut border die Breite des Außenrahmens ganz nach Ihrem persönlichen Geschmack einstellen. Der Rahmen wird zweifarbig mit einer Schattenseite, also dreidimensional hervorgehoben, dargestellt.

Die Angabe der Breite des Rahmens erfolgt als Zahlenwert in Pixel. Ein Pixel ist eine bildschirmunabhängige Maßeinheit und stellt genau einen Bildschirmpunkt dar, was für den Laien etwas gewöhnungsbedürftig ist. Am besten Sie ermitteln den für Sie günstigsten Wert durch mehrmaliges Probieren.

Syntax:

```
<table border=12>
    ...
</table>
```

Doch jetzt stehen Sie immer noch vor dem Problem, daß der Zelleninhalt unmittelbar an dem Zellenrand anliegt. Um hier individuelle Einstellungen vorzunehmen, verwenden Sie das Attribut cellpadding. Mit der Zuweisung eines Zahlenwertes an dieses Attribut bestimmen Sie den Randabstand des Tabellenrandes zum Zelleninhalt in Pixeln.

Syntax:

```
<table border=10 cellpadding=10>
...
</table>
```

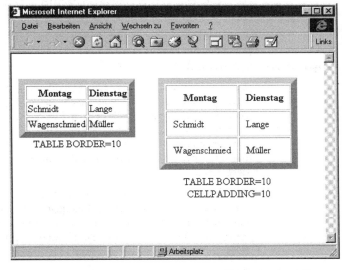

Abbildung 7.5: Rahmen und Zellen lassen sich beliebig beeinflussen

Damit sind noch nicht alle Möglichkeiten zum Gestalten von Tabellen erschöpft. So sehen Sie in der oben stehenden Abbildung, daß die Einträge im Tabellenkopf fett hervorgehoben sind. Diese Darstellung erreichen Sie mit dem Tag <th>, mit dem jeder beliebige Zelleninhalt versehen werden kann. Rein theoretisch ist die Verwendung dieses Tags für den Tabellenkopf vorgesehen. Praktisch gesehen kann Ihnen seine Verwendung natürlich niemand vorschreiben. Die so formatierten Zelleninhalte werden stets zentriert ausgerichtet Näheres dazu erfahren Sie im Abschnitt *Arbeiten mit Zelleninhalten.*

Beispiel:

```
<th>Montag</th>
```

Nachfolgend sehen Sie eine Zusammenfassung der wichtigsten Attribute, um das Layout des Tabellenrahmens individuell einzustellen. Die aufgezählten Attribute können Sie unabhängig voneinander einsetzen.

Attribut	Beschreibung
cellpadding="..."	Randabstand vom Zelleninhalt zum Zellenrand
cellspacing="..."	Dicke der Gitternetzlinien
border="..."	Bestimmt die Dicke des Außenrahmens
frame="(void | above | below | hsides | vsides | lhs | rhs | box | border) "	Bestimmt, welche der Außenseiten angezeigt wird
rules="(none | cols | rows | groups)"	Bestimmt, welche Gitternetzlinien angezeigt werden

Tabelle 7.2: Mit diesen Attributen beeinflussen Sie den Tabellenrahmen

Attribut/Werte	Beschreibung
frame	Bestimmt, welche der Außenseiten angezeigt wird
void	Keine Seite
above	Nur die obere Seite
below	Nur die untere Seite
hsides	Nur die obere und untere Seite
vsides	Nur die rechte und linke Seite
lhs	Nur die linke Seite
rhs	Nur die rechte Seite
box, border	Alle vier Seiten

Tabelle 7.3: Diese Werte sind als Angabe für das Attribut frame zulässig

Bis auf frame und rules erwarten alle anderen Attribute immer die Angabe eines Zahlenwertes. Bei der Anwendung des Attributs frame ist die genaue Kenntnis der möglichen Parameter notwendig. Mit ihnen ist es möglich, die Anzeige des Außenrahmens auf bestimmte Seiten zu beschränken. Die Verwendung dieser Angaben zur Gestaltung einer Webseite ist jedoch mit Vorsicht zu genießen, da sie nicht von allen Browsern unterstützt werden. Die Parameter für das Attribut rules finden Sie im folgenden Abschnitt.

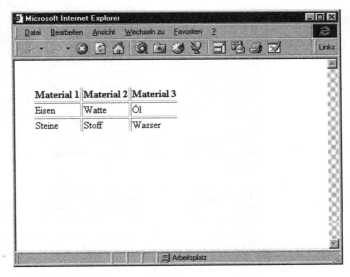

Abbildung 7.6: Eine Tabelle mit der Einstellung frame="void"

Gitternetzlinien beeinflussen

Neben dem Rahmen der Tabelle können Sie auch deren Gitternetzlinien beliebig beeinflussen. Damit erhalten Sie z. B. Tabellen, deren Daten in Spalten oder Zeilen ohne visuelle Unterbrechung angeordnet sind. Das Attribut zur Beeinflussung der Gitternetzlinien lautet rules und muß in Zusammenhang mit dem Attribut border verwendet werden.

Syntax:

```
<table border rules="rows">
...
</table>
```

Der eben dargestellte Befehl erzwingt z. B. die Darstellung einer Tabelle ohne Spaltenlinien. Je nachdem, was für Daten Sie darstellen wollen, können Sie so z. B. Zusammenhänge zwischen Datenreihen visuell besser verdeutlichen.

In der folgenden Tabelle finden Sie mögliche Parameter für dieses Attribut. Testen Sie ruhig alle möglichen Varianten durch. Sie werden von den Ergebnissen überrascht sein! Beim Einsatz der Parameter stellt groups eine Ausnahme dar. Er erfordert die Aufteilung der Tabelle in Tabellenkopf, Körper und Fuß. Die Aufteilung einer Tabelle in diese drei Bereiche folgt im nächsten Abschnitt.

Attribut/Werte	Beschreibung
rules	Bestimmt die Darstellung der Gitternetzlinien
all	Alle Gitternetzlinien werden angezeigt
cols	Keine Zeilen
groups	Nur Linien zwischen Kopf, Körper und Fuß
none	Keine Gitternetzlinien
rows	Keine Spalten

Tabelle 7.4: Die Werte für das Attribut rules

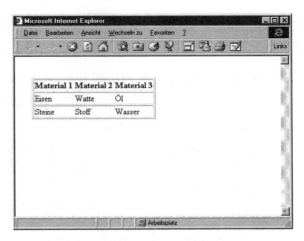

Abbildung 7.7: Eine Tabelle mit der Einstellung `rules="rows"`

Tabellen logisch aufteilen

Die einfachste Form einer Tabelle enthält einen Tabellenkopf und einen Tabellenkörper, welcher den Inhalt der Tabelle enthält. Des weiteren ist jedoch die Aufteilung einer Tabelle in Kopf, Körper und Fuß möglich. Damit erreichen Sie eine effektivere Strukturierung von komplexeren Tabelleninhalten. Um eine solche Gliederung einer Tabelle zu erzielen können Sie Gebrauch von den drei Attributen thead, tbody, tfoot machen.

Tag	Beschreibung
<thead></thead>	Tabellenkopf
<tbody></tbody>	Tabellenkörper
<tfoot></tfoot>	Tabellenfuß

Tabelle 7.5: Die Tags zum logischen Gliedern von Tabellen

Beispiel:

In der Tabelle wurden mit Hilfe der Anweisung `rules=groups`, welche eine visuelle Trennung der drei Tabellenbereiche bewirkt, die inneren Gitternetzlinien entfernt. Damit ist eine Gliederung in drei eigenständige Bereiche erfolgt, was in bestimmten Fällen die Übersicht der Tabelle erhöht.

Das Beispiel ist auf der CD zum Buch enthalten.

```
<!doctype html public "-//w3c//dtdhtml 4.0//en">
<html>
<head>
<title>Tabellen gliedern</title>
<body>
<table border  rules="groups">
<thead>
<tr>
    <td><b>Material 1</b><td><b>Material 2</b></td>
    <td><b>Material 3</b></td>
</tr>
</thead>
<tbody>
<tr>
    <td>Eisen<td>Watte<td>&ouml;l</td>
</tr><tr>
    <td>Steine<td>Stoff<td>Wasser</td>
</tr><tr>
    <td>Keramik<td>Fell<td>Milch</td>
    </tr>
</tbody>
<tfoot>
    <td><i>Hart</i><td><i>Weich</i><td><i>Fl&uuml;ssig</i></td>
</tfoot>
</table>
</body>
</html>
```

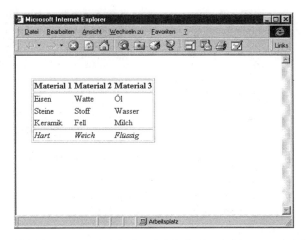

Abbildung 7.8: Ein Tabelle mit Tabellenkopf, -körper und -fuß

Arbeiten mit Zellen

Um eine Tabelle wirkungsvoll zu präsentieren, genügt es nicht, lediglich einen Rahmen anzufügen. Ebenso wichtig ist die richtige Anordnung und Darstellung der Tabelleninhalte. Und wo erfolgt die Darstellung der Tabelleninhalte? Richtig, in den Tabellenzellen. Hier öffnet sich vor Ihnen ein breites Betätigungsfeld. Beginnen wir also gleich mit dem Anordnen von Zelleninhalten.

Zelleninhalte anordnen

Prinzipiell wird bei der Anordnung von Zelleninhalten zwischen Tabellenkopf und Tabellendaten unterschieden. Im ersten Fall, also bei dem Tabellenkopf, erfolgt die Anordnung des Inhalts zentriert, während die Ausrichtung bei den Tabellendaten linksseitig erfolgt. Diese standardmäßige Anordnung ist an die Deklaration der einzelnen Tabellenbereiche mit den Tags <td> (Tabellendaten) und <th>

(Tabellenkopf) gebunden. Um nun eine andere Anordnung des Zelleninhalts zu erreichen, können Sie in Verbindung mit den Tags `<td>` oder `<th>` das Attribut `align` einsetzen. Diese Anweisung ist auf die bezeichnete Zelle beschränkt und muß demnach bei Bedarf jedesmal aufgeführt werden.

Beispiel:

In der Tabelle ist die unterschiedliche Ausrichtung der Zelleninhalte gut zu erkennen. Hier wurde eine zusätzliche Ausrichtung der Tabelleninhalte vorgenommen, so daß zusammen mit der im Zelleninhalt angegebenen Beschreibung die unterschiedliche Ausrichtung in den beiden Tabellenbereichen besser erkennbar ist.

Das Beispiel ist auf der CD zum Buch enthalten.

```
<!doctype html public "-//w3c//dtd html 4.0//en">
<html>
<head>
<title>Zelleninhalte anordnen</title>
</head>
<body>
<table border width=500>
    <tr>
        <th align="left">links ausgerichtet</th>
        <th>standard</th>
        <th align="right">rechts ausgerichtet</th>
    </tr>
    <tr>
        <td>standard</td>
        <td align="center">zentriert ausgerichtet</td>
        <td align="right">rechts ausgerichtet</td>
    </tr>
</table>
</body>
</html>
```

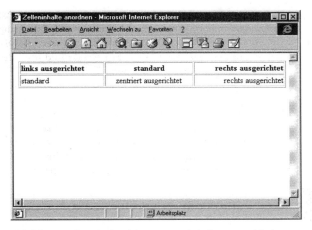

Abbildung 7.9: Die Ausrichtung von Inhalten verschiedener
Tabellenbereiche

Die Ausrichtung von Zelleninhalten in vertikaler Richtung erfolgt
mit dem Attribut valign und ebenfalls in Zusammenhang mit den
Tags <th> oder <td>. Diese Wirkung wird natürlich erst in dem
Moment sichtbar, wenn mindestens eine Zelle mehrere Zeilen Text,
oder ein größeres Schriftformat enthält als die übrigen Zellen. Insofern dürfte dieser Anwendungsfall weniger häufig auftreten. Die folgenden Codezeilen zeigen die Anweisungen zur Ausrichtung des
Zelleninhalts am oberen Rand der Zelle (valign="top") und am unteren Rand der Zelle (valign="bottom").

Syntax:

```
<td valign="top">...</td>
<td valign="bottom">...</td>
```

Verbinden von Spalten

Prinzipiell übernimmt jede erste Zeile einer Spalte die Funktion des Tabellenkopfes. Was aber, wenn mehrere Spalten eine gemeinsame Zeile als Tabellenkopf besitzen sollen? Um dies zu erreichen, können Sie die entsprechenden Spalten miteinander verbinden.

Zum Verbinden von Spalten verwenden Sie das Attribut colspan, dem die Anzahl der zu verbindenden Spalten übergeben wird. Das Attribut wird in der Definition der ersten zu verbindenden Spalten angegeben und behält seine Gültigkeit für die angegebene Anzahl von Spalten. Dieses Prinzip können Sie auch auf Spalten in der Mitte einer Tabelle anwenden. Es ist nicht auf bestimmte Bereiche begrenzt.

Beispiel:

Die Tabelle der HTML-Datei enthält zwei Spalten und zwei Zeilen. Die Spalten der ersten Zeile werden über das Attribut colspan miteinander verbunden. Da hier zwei Spalten zu einer gemeinsamen Spalte verschmelzen, ist nur die Definition der ersten Spalte notwendig.

 Das Beispiel ist auf der CD zum Buch enthalten.

```
<!doctype html public "-//w3c//dtd html 4.0//en">
<html>
<head>
<title>Spalten verbinden</title>
</head>
<body>
    <table border>
    <tr>
        <th colspan=2>Speiseplan Montag</th>
    </tr><tr>
        <td>Nudeln mit Sosse</td>
        <td>Sosse mit Nudeln</td>
    </tr>
    </table>
</body>
</html>
```

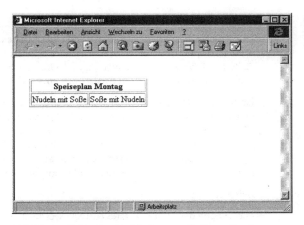

Abbildung 7.10: Das Verbinden von Zellen mit colspan

Für verbundene Zellen und Spalten können Sie auch Farbeinstellungen vergeben, oder Grafiken darin darstellen.

Verbinden von Zeilen

So, wie das Verbinden von Spalten möglich ist, können auch Zeilen miteinander verbunden werden. Das Verbinden von Zeilen erfolgt mit dem Attribut rowspan, dem die Anzahl der zu verbindenden Zeilen übergeben wird. Dabei gelten prinzipiell die gleichen Regeln wie beim Verbinden von Spalten. Das Attribut rowspan wird gemeinsam mit der ersten zu verbindenden Zeile angegeben. Damit entfällt die Definition weiterer Zeilen um die Anzahl der zu verbindenden Zeilen.

Beispiel:

In dieser Tabelle wurden die Zeilen der ersten Spalte miteinander verbunden. Da sich die obere Zeile der ersten Spalte über zwei Zellen erstreckt, ist die Definition einer zweiten Zeile in der ersten Spalte nicht notwendig.

Das Beispiel ist auf der CD zum Buch enthalten.

```
<!doctype html public "-//w3c//dtd html 4.0//en">
<html>
<head>
<title>Zeilen verbinden</title>
</head>
<body>
  <table border>
   <tr>
      <th rowspan=2>Speiseplan Montag</th>
      <td>Nudeln mit Sosse</td>
   </tr>
   <tr>
      <td>Sosse mit Nudeln</td>
   </tr>
   </table>
</body>
</html>
```

Abbildung 7.11: Mit rowspan verbundene Zellen einer Tabelle

Attribute	Beschreibung
colspan="..."	Verbindet mehrere Spalten
rowspan="..."	Verbindet mehrere Zeilen

Tabelle 7.6: Die Attribute zum Verbinden von Zellen

Tabellen farbig gestalten

Um eine Tabelle wirkungsvoll vom Hintergrund einer Webseite abzuheben oder um mit ihr das Gesamtbild der Seite zu gestalten, können Sie die gesamte Tabelle farbig darstellen. Dazu erfolgt in der Definition des Tags <table> die zusätzliche Verwendung des Attributs bgcolor, welchem ein hexadezimaler Zahlenwert übergeben wird, der die gewünschte Farbe bezeichnet.

Syntax:

```
<table border bgcolor="#ffff00">
....
</table>
```

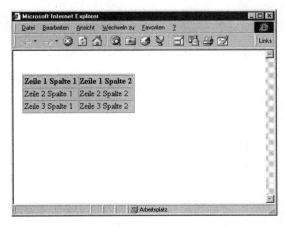

Abbildung 7.12: Farbige Tabellen heben sich gut vom Hintergrund ab

Zellen und Rahmen farbig gestalten

Vielleicht legen Sie überhaupt keinen Wert darauf, eine ganze Tabelle mit Hilfe einer durchgehenden Färbung in den Vordergrund zu rücken, sondern wollen das Augenmerk lieber auf bestimmte Zelleninhalte lenken? Dazu verzichten Sie auf eine Hintergrundfarbe für die gesamte Tabelle und setzen das Attribut bgcolor gemeinsam mit den Tags <tr> oder <td> ein. Diese Einstellung ist dann nur innerhalb der jeweiligen Spalte oder Zeile gültig und hat keinerlei Auswirkung auf die anderen Bereiche der Tabelle.

Beispiel:

In der HTML-Datei befinden sich zwei Tabellen. Die obere Tabelle wurde mit verschiedenen Farbeinstellungen für einzelne Zellen versehen. Um die Einstellung der einzelnen Zellenfarben zu verdeutlichen, wird die Farbeinstellung jeder Zelle im Zelleninhalt angezeigt. Die untere Tabelle erhielt über das Attribut bordercolor einen farbigen Tabellenrand.

Das Beispiel ist auf der CD zum Buch enthalten.

```
<!doctype html public "-//w3c//dtd html 4.0//en">
<html>
<head>
<title>Zellen farbig gestalten</title>
</head>
<body>
<table border >
    <tr bgcolor="#ff8000">
      <th>bgcolor="#ff8000"</th>
      <th>bgcolor="#ff8000"</th>
    </tr>
    <tr>
      <td bgcolor="#ffffff"> bgcolor="#ffffffF"</td>
      <td bgcolor="#c0c0c0"> bgcolor="#c0c0c0"</td>
    </tr>
```

```
</table><br>
<table border bordercolor="#800000">
    <tr>
        <th>bordercolor="#80000"</th>
        <th>bordercolor="#80000"</th>
    </tr>
    <tr>
        <td>bordercolor="#80000"</td>
        <td>bordercolor="#80000"</td>
    </tr>
</table>
</body>
</html>
```

Neben dem individuellen Einstellen der Farbe einer Zelle ist auch eine farbige Gestaltung des Tabellenrahmens möglich. Dazu verwenden Sie zusammen mit dem Tag <table> das Attribut bordercolor. Damit erfolgt die Färbung des Tabellenrahmens in der angegebenen Farbe.

Syntax:

```
<table border bordercolor="#800000">
```

Wem die damit verbundene gleichmäßige Färbung des gesamten Tabellenrahmens nicht zusagt, kann dem Rahmen auch zwei verschiedene Farben zuweisen. Mit den gemeinsam eingesetzten Attributen bordercolordark und bordercolorlight erzeugen Sie eine dunkle und eine helle Rahmenlinie. Damit entsteht ein Rahmen mit einem schattierten Effekt.

Syntax:

```
<table border bordercolordark="#004000">
    bordercolorlight="#008040">
...
</table>
```

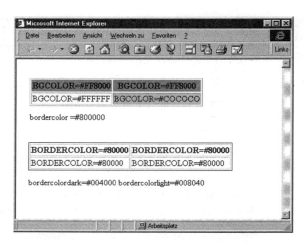

Abbildung 7.13: Sie können auch einzelne Zellen und den Rahmen mit Farben versehen

Attribute	Beschreibung
bgcolor="..."	Bestimmt die Hintergrundfarbe einer Tabelle oder Zelle
bordercolor="..."	Bestimmt die Farbe des Tabellenrandes
bordercolorlight="..."	Farbangabe für einen zweifarbigen Tabellenrand
bordercolordark="..."	Farbangabe für einen zweifarbigen Tabellenrand

Tabelle 7.7: Die Attribute zum farbigen Gestalten von Tabellen

Grafik in Tabellen einbinden

Nachdem nun die Gestaltung von Tabellen in allen erdenklichen Möglichkeiten behandelt wurde, soll auch die Verwendung von Grafiken als Tabelleninhalt nicht fehlen. Dabei wird das einzubindende Bild auf die gleiche Weise definiert wie bei seiner Darstellung innerhalb eines beliebigen Seitenabschnitts mit dem Tag <img

src="...">. Dabei behalten alle Regeln über Grafiken in Webseiten ihre Gültigkeit. Grafiken in Tabellen lassen sich darüber hinaus übrigens innerhalb der Tabelle wie auch andere Zelleninhalte mit dem Attribut align ausrichten.

Beispiel:

Das Listing zeigt die einfache Vorgehensweise beim Einbinden einer Grafik in eine Tabelle. Hier erfolgte in einer weiteren Zelle die Angabe einer kurzen Beschreibung des Bildes.

Das Beispiel ist auf der CD zum Buch enthalten.

```
<!doctype html public "-//w3c//dtd html 4.0//en">
<html>
<head>
<title>Grafik einbinden</title>
</head>
<body>
    <table border>
    <tr>
        <td><img src="Pokale2.jpg"></td>
    </tr>
    <tr>
        <th>Pokale</th>
    </tr>
    </table>
</body>
</html>
```

Mit einer Tabelle erhalten Sie einen gleichmäßigen Rahmen um eine Grafik und können in eine weitere Zeile eine Beschreibung mit einbeziehen. Damit erreichen Sie bei der Darstellung mehrerer Grafiken als Vorschau einen interessanten Präsentationseffekt.

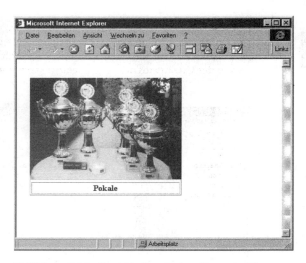

Abbildung 7.14: Eine Tabelle mit eingefügter Grafik

Mit Tabellen Seiten gestalten

Mit Tabellen lassen sich nicht nur Daten und deren Zusammenhänge darstellen, sondern sie eignen sich auch hervorragend zum
Gestalten ganzer Seiten. »Na dann viel Spaß«, wird sicher der eine
oder andere jetzt sagen und sich vorstellen, wie die zukünftige Webseite wie ein Acker von Spalten und Zeilen zerfurcht wird. Weit ge-
fehlt: Sie können auch Tabellen mit unsichtbaren Spalten erstellen.
Diese Tabellen, auch *blinde Tabellen* genannt, finden Sie auf zahllosen Webseiten. Zu den bekanntesten Seiten dieser Art dürften wohl
die Seiten von Microsoft gehören. Hier finden Sie ein mit Hilfe von
blinden Tabellen professionell gestaltetes Layout vor.

Um das Vorhandensein solcher Tabellen zu prüfen, können Sie während der Anzeige einer Webseite in der Menüleiste die Option Ansicht / Quelltext anzeigen wählen. Damit erfolgt die Anzeige des Quelltextes der Seite in einem separaten Fenster.

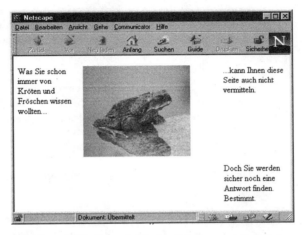

Abbildung 7.15: Eine mit blinden Tabellen gestaltete Seite

Blinde Tabellen

Das Gestalten einer Seite mit Hilfe von blinden Tabellen ist gar nicht so schwer. Im Grunde genommen erstellen Sie lediglich eine ganz normale Tabelle, nur mit dem Hintergrund, in den Spalten ganze Seiteninhalte unterzubringen. Also sollten Sie sich vorher auf alle Fälle ein Konzept über das zukünftige Layout der Seite zurechtlegen. Nachdem die Gestaltung der Seite endgültig abgeschlossen ist, entfernen Sie einfach das Attribut border aus der Tabellendeklaration. Dieser Schritt ist übrigens bereits probeweise während der Gestaltung der Seite zu empfehlen, da Sie damit ein besseres Bild von der zukünftigen Seite erhalten.

Prinzipiell können Sie ähnliche Ergebnisse auch mit der Verwendung von CSS (Cascading Style Sheets) erreichen. Falls bei Tabellen keine feste Größe definiert wurde haben sie den Nachteil, daß die Seiteninhalte erst nach dem vollständigen Laden der Tabelle an ihrem korrekten Platz angezeigt werden. Andererseits gelingt Ihnen mit Tabellen schnell und unkompliziert die Gestaltung einer Webseite. Bei dem Entwurf einer Seite müssen Sie nicht unbedingt von einer die gesamte Seite einnehmenden Tabelle ausgehen. Verwenden Sie einfach für verschiedene Bereiche der Seite mehrere Tabellen. Damit fallen Ihnen auch spätere Änderungen an der Gesamtstruktur der Seite leichter.

In der Einführung zu diesem Abschnitt sehen Sie eine Abbildung mit einer so gestalteten Seite. Nachfolgend sehen Sie den Code dieser Seite und anschließend die gleiche Seite noch einmal, nur diesmal mit dem sichtbaren Tabellenrand.

Beispiel:

Die Tabelle gliedert die Seite in drei Textbereiche und einen Bereich mit einer Grafik. Dabei ist jeder einzelne Bereich in einer eigenen Zelle untergebracht. Hier wurde auf eine feste Größenangabe der Tabelle verzichtet, so daß sich die Seitenaufteilung stets an der zur Verfügung stehenden Fenstergröße orientiert.

Das Beispiel ist auf der CD zum Buch enthalten.

```
<!doctype html public "-//w3c//dtd html 4.0//en">
<html>
<head>
<title>Blinde Tabellen</title>
</head>
<body>
<table cellpadding=8>
   <tr valign="top">
     <td>Was Sie schon immer von Kr&ouml;ten und Fr&ouml;schen
       wissen wollten...</td>
     <td><img src="Kroete3.jpg" height=174
       width=200></td>
```

```
<td>...kann Ihnen diese Seite auch nicht
  vermitteln.</td>
</tr>
<tr>
  <td></td>
  <td >Doch Sie werden sicher noch eine Antwort
  finden.<br>Bestimmt.</td>
</tr>
</table>
</body>
</html>
```

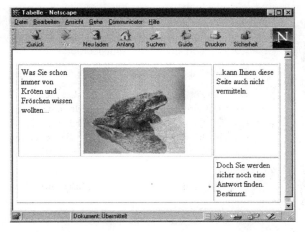

Abbildung 7.16: Diesmal ist der Rand der Tabelle noch zu sehen

Tabellen ausrichten

Was die Ausrichtung von Seiteninhalten angeht, verhalten sich Tabellen genauso wie andere Elemente einer Seite auch. Standardmäßig erfolgt deren Anordnung am linken Rand der Webseite. Ein anschließend angegebener Text folgt normalerweise nach der Tabelle, also unterhalb. Mit dem Ausrichten einer Tabelle durch das Attribut align wird diese dementsprechend plaziert und nachfolgender Text an der freien Seite der Tabelle angezeigt. Wenn dieser Text dann die Seitenkante der Tabelle voll ausfüllt, wird er automatisch links in der nächsten Zeile unter der Tabelle weitergeführt.

Auf diese Weise können Sie eine Tabelle mitten in einen Textabschnitt plazieren und diese von dem Text umfließen lassen. In diesem Fall ist es allerdings besser, zum Festlegen der Tabellenbreite mit dem Attribut width prozentuale Angaben zu verwenden, da ja die Aufteilung des umfließenden Textes ebenfalls von den jeweiligen Bildschirmverhältnissen abhängig ist.

Beispiel:

Hier sehen Sie die horizontale Ausrichtung der Tabelle. Der nächste Textabschnitt schließt dabei direkt an den Tabellenrand an.

Das Beispiel ist auf der CD zum Buch enthalten.

```
<!doctype html public "-//w3c//dtd html 4.0//en">
<html>
<head>
<title>Tabellen ausrichten</title>
</head>
<body>
  <table border width="50%" align="right">
    <tr>
      <th>September</th>
      <th>Dezember</th>
    </tr>
    <tr>
      <td>Herbstanfang</td>
      <td>Winteranfang</td>
    </tr>
  </table>
Aber sie treten mit absoluter Sicherheit immer wieder ein.
Darauf k&ouml;nnen Sie sich jedes Jahr verlassen.
</body>
</html>
```

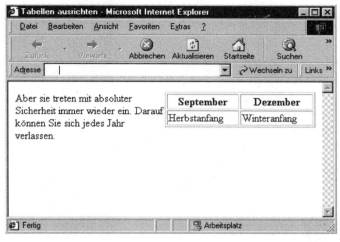

Abbildung 7.17: Mit Text kombinierte Tabellen können Sie beliebig ausrichten

KAPITEL

Grafik

»Ein Bild sagt mehr als tausend Worte«, dieser Satz wird Ihnen sicher schon mehrmals begegnet sein. Und auch hier beweist dieser Satz wieder einmal seine Richtigkeit. Mit Hilfe von Bildern lassen sich viele Themen besser veranschaulichen.

Grafik

Grafiken einbinden

Das Einbinden einer Grafik an sich gestaltet sich gar nicht so schwierig. Sie verwenden dazu den Tag <img> und das Attribut src, mit dem der Name des Bildes angegeben wird. Das Bild selbst spielt hier noch keine große Rolle, wohl aber sein Format. Hier sind die Möglichkeiten auf WWW- gerechte Bildformate beschränkt und zwar auf Grafiken der Formate *.JPG*, *.GIF* und *.PNG*.

Beispiel:

Hier sehen Sie das Einbinden einer Grafik in eine HTML-Datei.

Das Beispiel ist auf der CD zum Buch enthalten.

```
<!doctype html public "-//w3c//dtd html 4.0//en">
<html>
<head>
<title>Grafik einbinden</title>
</head>
<body>
   <img src="Flieger.jpg">
</body>
</html>
```

Dieses Beispiel geht davon aus, daß sich die Datei im gleichen Verzeichnis befindet wie die Webseite. Bei vielen Providern können Sie auch via FTP eigene Unterverzeichnisse zum Ablegen der Grafiken anlegen, was durchaus empfehlenswert ist. In diesem Fall geben Sie den Pfad der Datei beginnend mit dem Namen des Unterverzeichnisses an. Achten Sie dabei darauf, daß der Server in den seltensten Fällen unter Windows läuft, also eher unter LINUX bzw. UNIX. Diese Betriebssysteme kennen als Trennzeichen von Verzeichnisnamen keinen Backslash (\), sondern verwenden einen Slash (/).

Beispiel:

```
<img src="pictures/bild.jpg">
```

Abbildung 8.1: Das Einfügen einer Grafik stellt kein Problem dar

Wie Sie in der obigen Abbildung sehen, stellt das Einbinden einer Grafik in eine Webseite kein Problem dar. Prinzipiell könnte man es dabei belassen, doch Sie können mit den richtigen Kniffen die Anzeige der Grafik optimieren.

Größe der Grafik angeben

Beim Laden einer Webseite, in die eine Grafik so einfach wie im vorherigen Abschnitt eingebunden ist, fehlt dem Browser zur Interpretation des HTML-Code die Größe der Grafik. Also verzögert er die Anzeige der Webseite, bis ihm alle benötigten Informationen zur

Verfügung stehen. Bei dem Besucher einer Webseite hinterläßt das allerdings keinen besonders guten Eindruck.

Mit der Angabe der Größe einer Grafik mittels der Attribute width und height können Sie diesen Zustand beenden. Der Browser beginnt dann auch bei noch nicht geladener Grafik mit dem Aufbau der Seite und stellt anstelle der Grafik einen entsprechenden Leerraum zur Verfügung.

Beispiel:

```
<img src="bild.jpg" width=300 height=420>
```

Die erforderlichen Größenangaben erfolgen wie immer in Pixel. Wenn Sie Ihre Webseite lediglich mit einem einfachen Texteditor erstellen, dann können Sie die erforderlichen Angaben mit jedem beliebigen Grafikprogramm ermitteln. Laden Sie dazu die Grafik in das Programm, und lassen Sie sich anschließend die Eigenschaften des Bildes anzeigen. In der Regel ist das unter dem Menüpunkt *Datei / Eigenschaften* oder *Bild / Eigenschaften* möglich. Dort finden Sie alle erforderlichen Angaben. Wer aber mit einem HTML-Editor arbeitet, der wird in aller Regel auf diesen Schritt verzichten können. Die meisten Editoren lesen die benötigten Informationen automatisch aus der Datei aus und fügen sie dem HTML-Code hinzu.

Rahmen um Grafik

Um eine Grafik besser zur Geltung kommen zu lassen, können Sie um die Grafik herum auch einen Rahmen anfügen. Dazu verwenden Sie wieder einmal das bekannte Attribut border, das die Breite des anzuzeigenden Rahmens in Pixel erwartet. Leider erscheint dieser Rahmen standardmäßig in schwarz. In dem Kapitel *Tips und Tricks* dieses Buches erfahren Sie, wie Sie mit geringem Aufwand solche Probleme umgehen können.

Beispiel:

Die HTML-Datei enthält zwei gleiche Grafiken, die jeweils einen Rahmen mit unterschiedlicher Stärke enthalten.

Das Beispiel ist auf der CD zum Buch enthalten.

```
<!doctype html public "-//w3c//dtd html 4.0//en">
<html>
<head>
<title>Rahmen</title>
</head>
<body>
    <img src="Seestern.jpg">
    <img src="Seestern.jpg" border=8>
</body>
</html>
```

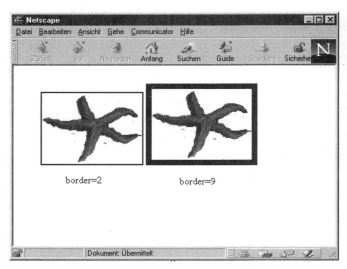

Abbildung 8.2: Zwei Grafiken mit verschieden starken Rahmen

Alternativer Text

Es existieren verschiedene Möglichkeiten, bei denen keine Grafiken in einer Webseite angezeigt werden. So wird z. B. die Seite noch geladen oder der Benutzer verzichtet auf das Anzeigen der Grafiken, um vor dem endgültigen Laden den Inhalt der Seite auf interessante Themen zu überprüfen. In beiden Fällen sollten Sie dem Benutzer trotzdem Informationen über die zu erwartenden Bilder liefern. Dazu können Sie das Attribut alt verwenden, mit dem ein alternativer Text im Bereich der nicht geladenen Grafik angezeigt wird. Die meisten Browser zeigen diesen Text auch in einem Tooltip-Fenster beim Überfahren des Bildes mit dem Cursor an.

 Die Übergabe des Textes an das Attribut alt erfolgt als eine Zeichenkette, er muß also unbedingt in Anführungszeichen gesetzt werden.

Beispiel:

Die in der HTML-Datei angegebene Grafik ist auf der CD zum Buch nicht enthalten. Beim Öffnen der Datei tritt damit der gleiche Effekt ein wie bei einer Grafik, deren Ladevorgang unterbrochen wurde. Anstelle der Grafik wird nun lediglich ein Platzhalter mit dem angegebenen Alternativtext angezeigt.

 Das Beispiel ist auf der CD zum Buch enthalten.

```
<!doctype html public "-//w3c//dtd html 4.0//en">
<html>
<head>
<title>Alternativer Text</title>
</head>
<body>
    <img src="bild.jpg" alt="Das Space Shuttle ist gelandet">
</body>
</html>
```

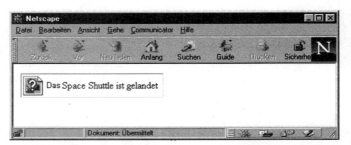

Abbildung 8.3: Der alternative Text liefert dem Benutzer Informationen über das Bild

Grafik in Textabschnitte einbinden

Um mit Grafiken das Thema einer Webseite zu untermalen, sollten diese auch entsprechend in den entsprechenden Textabschnitt integriert werden. Sie sollten also auf keinen Fall eine Grafik irgendwie in die Webseite einbinden und darauf hoffen, daß das Ganze schon einigermaßen zusammenpaßt. Das ergänzende Attribut align wird Ihnen sicher schon lange nicht mehr unbekannt sein. Mit seiner Hilfe erreichen Sie eine Plazierung der Grafik auf der linken oder rechten Seite des nachfolgenden Textes. Sobald die Textmenge den Seitenrand der Grafik überschreitet, wird er unterhalb der Grafik am linken Seitenrand fortgesetzt. Dem Attribut align können Sie drei verschiedene Einstellungen zuweisen. Mit align="left" erzielen Sie eine linksseitige Ausrichtung, mit align="center" eine mittige Ausrichtung, und schließlich gibt es noch align="right" für eine Ausrichtung an der rechten Seite.

Beispiel:

In diesem Beispiel sehen Sie, wie die Anordnung der Grafik unterhalb des ersten Textabschnitts und des folgenden Textabschnitts neben der rechts ausgerichteten Grafik erfolgt. Die Aufteilung von Text und Grafik erfolgt immer in Abhängigkeit von der zur Verfügung stehenden Bildschirmbreite.

Das Beispiel ist auf der CD zum Buch enthalten.

```
<!doctype html public "-//w3c//dtd html 4.0//en">
<html>
<head>
<title>Grafik in Textabschnitten</title>
</head>
<body>
   In diesem Beitrag wollen wir uns mit Kr&ouml;ten und
Fr&ouml;schen
   Besch&auml;ftigen
   <img src="Kroete.jpg" align=right>
   Zugleich wollen wir auch etwas &uuml;ber Grafiken lernen.
</body>
</html>
```

Abbildung 8.4: Sie können die Grafik auch von Text umfließen lassen

Grafik von Text distanzieren

Im obigen Abschnitt sehen Sie, wie eine Grafik in einen Textab-schnitt integriert werden kann. Dabei schließt der Text aber bündig an die Grafik an, was sicher nicht immer in Ihrem Sinne ist. Mit den Attributen vspace und hspace erreichen Sie, daß der die Grafik umgebende Text stets mit einem bestimmten Abstand zur Grafik angezeigt wird.

Beispiel:

```
<img src="datei.gif" hspace=20 vspace=15>
```

Das Attribut hspace erzeugt einen horizontalen Abstand zum Text und vspace einen vertikalen Abstand. Wie immer erwarten diese beiden Attribute auch hier die Angabe des Abstandes zur Grafik in Pixel.

Beispiel:

Die HTML-Datei enthält eine Grafik und einen Textabschnitt. Beide Elemente sind nebeneinander angeordnet, wobei sich die Grafik mit Hilfe des Attributs align="left" links vom Text befindet. Zusätzlich wurde mit hspace und vspace ein Abstand vom Textbe-reich definiert. Der Textfluß um die Grafik herum wird hier von der zur Verfügung stehenden Fensterbreite und der vorhandenen Text-menge bestimmt.

Das Beispiel ist auf der CD zum Buch enthalten.

```
<!doctype html public "-//w3c//dtd html 4.0//en">
<html>
<head>
<title>Grafik distanzieren</title>
</head>
<body>
    In diesem Beitrag wollen wir uns mit Kr&ouml;ten
    <img src="Kroete.jpg" align="left" hspace=25 vspace=25>
    und Fr&ouml;schen besch&auml;ftigen. Zugleich wollen wir
auch etwas
```

```
    &uuml;ber
    Grafiken lernen.
</body>
</html>
```

Abbildung 8.5: Auf diese Weise erzielen Sie eine perfekte Gestaltung

Tag/Attribut	Beschreibung
<img>	Bindet eine Grafik ein
align="(top I middle I bottom) "	Bestimmt die horizontale Ausrichtung der Grafik
alt="..."	Bezeichnet einen alternativ angezeigten Text
height="..."	Bestimmt die Höhe der Grafik
width="..."	Bestimmt die Breite der Grafik
border="..."	Definiert den Rand um die Grafik

Tabelle 8.1: Das Tag zum Einbinden einer Grafik

Grafik vergrößern und verkleinern

Eine weitere interessante Technik besteht im vergrößerten oder verkleinerten Darstellen einer Grafik. Diese Technik gehört zwar nicht zum offiziellen HTML-Standard, sie findet aber immer wieder Verwendung. Das ist besonders dann sinnvoll, wenn eine Grafik mehrmals in verschiedenen Größen angezeigt wird so z. B. in einer Übersichtsleiste als Vorschau und anschließend weiter unten in Originalgröße. Gerade wer nur über einen stark beschränkten Speicherplatz auf dem Server seines Provider verfügt, wird diese Technik gern anwenden.

Bereits am Anfang dieses Kapitels finden Sie im Abschnitt *Größe der Grafik angeben* den Hinweis, die Größe der Grafik mit den Attributen width und height anzugeben. Haben Sie schon einmal die Vergabe von anderen Werten als die Originalwerte getestet? Sie werden sich wundern. Die Grafik wird tatsächlich in horizontaler bzw. in vertikaler Richtung verzerrt dargestellt. Wenn Sie nun also die Werte für beide Richtungen um die gleiche Differenz verändern, dann wird die Grafik vergrößert bzw. verkleinert.

> Beachten Sie, daß eine stark vergrößerte Grafik eine relativ schlechte Qualität aufweist. Sie sollten daher eine zusätzliche Grafik eher verkleinert darstellen. Das Verkleinern der Grafik erfolgt allerdings durch den Browser – sie wird trotzdem in vollem Umfang geladen.

Im folgenden Bild sehen Sie als Beispiel eine Grafik, welche insgesamt dreimal in verschiedenen Größen dargestellt wird. Die Anzeige der mittleren Grafik erfolgt dabei in Originalgröße, während die beiden anderen mit Hilfe der Attribute width und height verkleinert bzw. vergrößert werden. Bereits hier sind bei etwas genaueren Hinsehen die Qualitätsunterschiede zwischen der Originalgröße und dem vergrößerten Bild sichtbar.

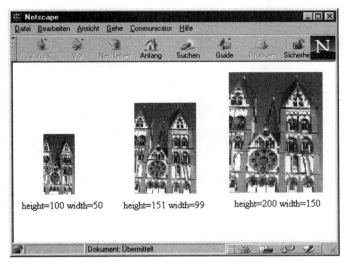

Abbildung 8.6: Eine Grafik in drei verschiedenen Größenverhältnissen

Formulare

KAPITEL

Mit Formularen sind Sie in der Lage, dem Benutzer Daten zur Auswahl anzubieten sowie von ihm eingegebe Daten zu erhalten. Dieses Kapitel soll den Bereich der Anwendung von Formularen ausreichend abdecken und Ihnen das dazu notwendige Wissen vermitteln.

Formulare

Vor der Auseinandersetzung mit Formularen ist es notwendig, Grundlagen zu diesem Thema zu besprechen. Formulare im herkömmlichen Sinne gibt es auch in HTML nicht. Tatsächlich erfolgt hier bei Formularen die Definition verschiedener Eingabeelemente innerhalb eines bestimmten Abschnitts. Um die Gestaltung dieses definierten Bereichs müssen Sie sich allerdings selbst kümmern. Daß solche Abschnitte oft das typische Erscheinungsbild eines herkömmlichen Formulars aufweisen, liegt einfach an dem mehr oder weniger regelmäßigen Umgang mit solchen Blättern. In unserem Unterbewußtsein schleicht sich das nun bei der Entwicklung einer Webseite mit ein, zumal eine entsprechende Gestaltung aus Gewohnheit praktisch erscheint. Mit Sicherheit haben Sie schon einmal mit einem Formular gearbeitet, denken Sie z.B. an die zahllosen Suchmaschinen im Internet. Dort geben Sie in ein Eingabefeld einen Suchbegriff ein, der anschließend an den Server gesendet und zur Abfrage in einer Datenbank verwendet wird. Auf einer solchen Webseite finden Sie oft nur einige wenige Eingabefelder, dahinter steckt aber trotzdem ein Formular.

Abbildung 9.1: Ein etwas ungewöhnliches Formular

Arbeiten mit Formularen

Doch wie funktioniert nun eigentlich ein Formular? Meistens erhält der Benutzer die Möglichkeit, aus einer Anzahl von Eingabeelementen verschiedene Optionen auszuwählen oder Eingaben vorzunehmen. Die Auswahl von Optionen kann z. B. in Elementen mit Checkboxen erfolgen, Eingaben dagegen in Form von Text.

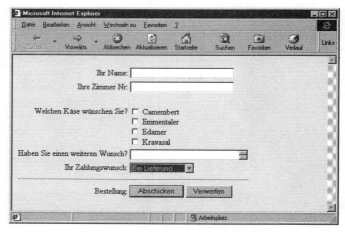

Abbildung 9.2: Ein typisches Bestellformular in gewohntem Layout

Und dann erfolgt die Übermittlung der Daten an den Server des Betreibers des Formulars, wo deren Auswertung erfolgt. Mit dem Absenden der Daten des Formulars teilt sich nun das Lager der Anwender in zwei Teile.

Zum einen können Sie diese Daten mit einem CGI-Skript (Common Gateway Interface) weiterverarbeiten lassen. Dieses setzt jedoch die Bereitstellung der Möglichkeit eines Zugriffs auf eine entsprechende Programmschnittstelle durch Ihren Provider voraus. Das dürfte bei den wenigsten Lesern dieses Buches der Fall sein, zumal der Umgang mit CGI-Skripts ein Kapitel für sich ist und entsprechende Vorkenntnisse erfordert. Zur Programmierung eines solchen Skripts findet häufig die Programmiersprache *PERL* Verwendung. In einem solchen Fall ist das Vorhandensein eines Perl-Interpreters auf dem Server des Providers notwendig. Um diesen zu nutzen, sind zusätzlich die entsprechenden Zugriffsrechte notwendig.

Der andere Weg besteht im Zusenden der Daten eines Formulars an den Betreiber in Form einer E-Mail. Diese Art der Übertragung ist relativ einfach zu bewerkstelligen und dürfte mit Sicherheit für die Mehrzahl der Leser interessant sein. Die Verwendung von Formularen ist außerdem für all diejenigen interessant, die eine Webseite mit einem Verweis auf die eigene E-Mail betreiben. Falls diese ein regelmäßiges Feedback der Leser der Seite erwarten, so wird es in der Regel eher spärlich ausfallen. Der Grund hierfür ist klar: Zum Versenden einer E-Mail muß erst ein Mail-Programm gestartet werden, und nicht jedem ist dessen Verwendung geläufig. Außerdem beansprucht das Ganze einiges an Online-Zeit und die ist teuer. Mit dem Bereitstellen eines Textfeldes zur direkten Eingabe und zum Absenden eines Textes dürfte dieser Zustand über kurz oder lang der Vergangenheit angehören.

Als einziges Hindernis bei der zuletzt beschriebenen Verwendung von Formularen könnte eventuell der benutzte Browser oder dessen veraltete Version sein. Für diesen Zweck existieren auch Hilfsprogramme zur Behebung dieses Problems. Da das Update auf eine aktuelle Browserversion einfacher und empfehlenswerter ist als die Installation eines englischsprachigen Zusatzprogramms, soll auf diesen Punkt nicht weiter eingegangen werden.

Erstellen eines Formulars

Wie bereits gesagt, die Definition eines Formulars erfolgt lediglich mit dem Festlegen eines bestimmten Abschnitts in der HTML-Datei, welcher anschließend die Elemente eines Formulars aufnehmen wird.

Die Definition eines solchen Abschnitts erfolgt mit dem Tag-Paar
`<form>...</form>`. Innerhalb dieses Abschnitts können Sie nun beliebig verschiedene Formate für Schrift und Farbe vergeben, doch
das ist letztendlich wieder eine Frage der Gestaltung des gesamten
Formulars.

Zu einem funktionstüchtigen Formular gehören außerdem die Angaben zu dessen Funktionsweise. Zum einen ist die Angabe des Attributs `action` erforderlich, mit dem festgelegt wird, wohin die Daten gesendet werden sollen. Entweder erfolgt hier die Angabe des
auf einen Server vorhandenen CGI-Programms oder schlicht und
einfach die E-Mail Adresse des Empfängers.

Damit die definierte Aktion auch ordnungsgemäß ausgeführt wird,
benötigt das Formular weiterhin die Angabe der anzuwendenden
Übertragungsmethode. Das entsprechende Attribut lautet `method`
und muß stets angegeben werden. Um die zugesendeten Formulardaten auch in einem leicht lesbaren Format zu erhalten, können Sie
zusätzlich das Attribut `enctype` mit dem Wert `"text/plain"` angeben.

Und letztendlich benötigt das Formular noch einen Namen, der,
wie sollte es anders sein, dem Attribut `name` übergeben wird. Der
Name des Formulars ist insofern von Bedeutung, als daß ein Formular darüber eindeutig angesprochen und identifiziert werden
kann. Dies ist besonders bei einer Erweiterung der HTML-Datei
mit JavaScript notwendig, wo das Formular über das *Document*-Ob-
jekt mit diesem Namen angesprochen wird.

Anschließend sehen Sie das Listing für eine vollständige Definition
eines Formulars, welches seine Daten an eine E-Mail-Adresse sendet.

Beispiel:

Die Datei enthält das Grundgerüst eines Formulars, welches seine
Daten an eine bestimmte E-Mail- Adresse sendet.

```
<!doctype html public "-//w3c//dtd html 4.0//en">
<html>
<head>
```

```
<title> Hier wird der Titel eingetragen </title>
</head>
<body>
  <form method="post" action="mailto:name@provider"
  enctype="text/plain" name="Form1">
  ...
  </form>
</body>
</html>
```

Tag/Attribut	Beschreibung
<form></form>	Erstellt ein Formular
action="..."	Zieladresse beim Absenden der Daten
method="(get I post)"	Ausführungsart beim Versenden der Formulardaten
enctype="..."	Legt die Formatierung der gesendeten Formulardaten fest
name="..."	Name des Formulars

Tabelle 9.1: Die Attribute des Tags form

Elemente zur Texteingabe (Textfelder)

Elemente zur Eingabe von Text gehören sicher zu den am meisten eingesetzten Elementen in Formularen. Das Tag zum Erstellen eines einzeiligen Textfeldes lautet <input> und erfordert keinen Abschluß, eine einfache Definition reicht also aus.

Beispiel:

Die Datei enthält ein Formular, das in seinem Erscheinungsbild einem üblichen Formular in Papierform ähnelt. Dieser Effekt wurde unter anderem mit einer entsprechenden Farbgebung über das Attribut bgcolor im Body-Bereich erzielt. Das Formular enthält zwei Eingabefelder mit den Namen Gehalt1 und Gehalt2. Beide Eingabefelder können aufgrund der Verwendung des Attributs maxlength nur eine begrenzte Anzahl von Zeichen aufnehmen.

Das Beispiel ist auf der CD zum Buch enthalten.

```
<!doctype html public "-//w3c//dtd html 4.0//en">
<html>
<head>
<title>Formular1</title>
</head>
<body bgcolor="#dcdcdc">
  <form method="post" action="mailto:name@provider">
  Ihre Gehaltsvorstellung: <input name="Gehalt1" size=25
maxlength=15>
  <br>
  Ihr momentanes Gehalt: <input name="Gehalt2" size=10
maxlength=5>
  </form>
</body>
</html>
```

Das Tag <input> erfordert einige zusätzliche Angaben. Zuerst ist die
Vergabe eines Namens für das erstellte Textfeld notwendig. Das
wird mit dem Attribut name erledigt. Hier müssen Sie auf die Syntax
achten, es sind weder Sonderzeichen noch Leerzeichen erlaubt. Die
Angabe von size ist optional und legt die Länge des Textfeldes fest.
Mit dem Weglassen dieser Angabe wird eine Standardlänge vergeben, mit der die meisten Anwendungsfälle ganz gut zurechtkom-
men. Schließlich ist, ebenfalls optional, die Angabe von maxlength
möglich. Damit erreichen Sie eine Beschränkung der maximal ein-
zugebenden Zeichenlänge. Die vorgegebene Textlänge kann dann
nicht mehr überschritten werden.

Der Benutzer soll aber in Textfelder nicht nur Text eingeben, er soll
auch eventuell vorgegebenen Text übernehmen oder ändern können. Um dem Benutzer einen bestehenden Text vorzuschlagen,
können Sie das Attribut value verwenden. Damit erscheint der diesem Attribut übergebene Text beim Anzeigen des Formulars in dem
entsprechenden Textfeld. Beachten Sie aber, daß das Attribut eine
Zeichenkette erwartet und der Text deshalb in Anführungsstriche
gesetzt werden muß.

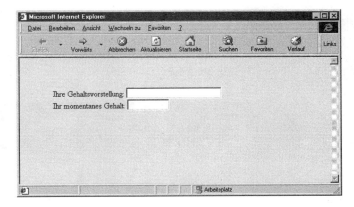

Abbildung 9.3: Zwei einfache Eingabefelder

Beispiel:

```
<input name="Gehalt1" size=25 maxlength=15 value ="65.000 DM">
```

Tag/Attribute	Beschreibung
<input>	Definiert ein Eingabefeld
maxlength="..."	Die maximale Länge des einzugebenden Textes
name="..."	Der Name des Eingabefeldes
size="..."	Legt die Länge des Eingabefeldes fest
value="..."	Legt einen vordefinierten Text fest

Tabelle 9.2: Attribute für das Tag input

Mehrzeilige Textfelder

Die eben besprochenen einzeiligen Textfelder erweisen sich bei der Eingabe von größeren Textmengen oft als zu klein. Gerade bei dem in der Einführung dieses Kapitels beschriebenen, Anwendungsfall als Eingabefeld für sogenannte *Feedbacks* will damit keine rechte Freude aufkommen. Zur einfachen Eingabe würde ein einzeiliges

Textfeld schon reichen, doch eine Kontrolle des eingegebenen Textes erweist sich als äußerst umständlich. In diesem Fall bietet sich die Verwendung eines mehrzeiligen Textfeldes an. Dessen Definition ist auch nicht wesentlich komplizierter, die zusätzlichen Angaben sind hier schnell erläutert.

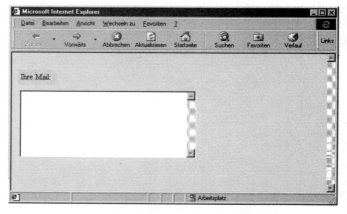

Abbildung 9.4: Hier können Sie eingegebenen Text besser überblicken

Ein mehrzeiliges Textfeld wird mit dem Tag `<textarea>` eingeleitet, und im Gegensatz zu einzeiligen Textfeldern benötigen Sie diesmal einen abschließenden Tag.

Syntax:

```
<textarea>...</textarea>
```

Ebenfalls notwendig ist die Angabe eines eindeutigen Namens für das Element. Hier gelten dafür die gleichen Regeln wie für einzeilige Textfelder. Zusätzlich geben Sie mit den Attributen `rows` und `cols` die Anzahl der Spalten und Zeilen (also Höhe und Breite) des Textfeldes an.

Beispiel:

Das Formular verfügt über ein mehrzeiliges Eingabefeld. Die Höhe des Eingabefeldes ist auf 8 Zeilen und seine Breite auf 40 Zeichen beschränkt.

Das Beispiel ist auf der CD zum Buch enthalten.

```
<!doctype html public "-//w3c//dtd html 4.0//en">
<html>
<head>
<title>Formular2</title>
</head>
<body bgcolor="#dcdcdc">
    <form method="post" action="mailto:name@provider">
    Ihre Mail:
    <P>
    <textarea name="Feedback" rows=8 cols=40></textarea>
    </form>
</body>
</html>
```

Auch bei mehrzeiligen Textfeldern ist es möglich, einen vorgegebenen Text anzugeben. Anders als bei einzeiligen Textfeldern benötigen Sie hier kein ergänzendes Attribut, sondern geben den Text innerhalb des Bereichs <textarea>...</textarea> an. Außerdem entfällt die Angabe des Textes als Zeichenkette, Sie können ihn also als ganz normalen Textabschnitt behandeln.

Beispiel:

```
<textarea name="Feedback" rows=8 cols=40>
    Bitte arbeiten Sie sorgfältiger!
</textarea>
```

Tag/Attribute	Beschreibung
<textarea></textarea>	Definiert ein mehrzeiliges Textfeld
rows="..."	Bestimmt die Höhe des Elements in Zeilen
cols="..."	Bestimmt die Breite des Elements in Zeichen

Tabelle 9.3: Attribute für das Tag textarea

Schaltflächen zum Bearbeiten von Formulardaten

Nachdem nun alle Eingaben in ein Formular getätigt sind, soll der Benutzer in der Regel die Möglichkeit erhalten, deren Weiterverarbeitung zu steuern. Darunter verstehen wir in erster Linie das Löschen und das Absenden des Formularinhalts. Um nun diese Aktionen ausführen zu können, stehen unter HTML 4 standardmäßig zwei Arten von Schaltflächen zur Verfügung.

Zum Erstellen einer Schaltfläche verwenden Sie generell das Tag <input> zusammen mit dem Attribut type. Anschließend übergeben Sie dem Attribut type den Typ der gewünschten Schaltfläche. In HTML 4 steht zum Bearbeiten von Formularen entweder der Typ submit (Absenden der Formulardaten) oder reset (Löschen aller Eingaben) zur Verfügung. Mit der Definition einer der beiden Schaltflächen innerhalb eines Formulars erfolgt automatisch die Zuordnung der Funktion der Schaltflächen zu diesem Formular.

Mit dem Attribut name ist die Vergabe eines eindeutigen Namens für die Schaltfläche möglich. Dieser Name ist für den Benutzer nicht sichtbar. Die Angabe ist nicht unbedingt notwendig, sie wird jedoch benötigt, wenn die Schaltfläche mit JavaScript-Code angesprochen werden soll.

Um die Daten des Formulars an den Empfänger zu senden, ist eine weitere Angabe für die Aktion submit nicht erforderlich. Beim Betätigen der Schaltfläche interpretiert der Browser die bereits beim Erstellen des Formulars mit dem Attribut action festgelegte Verarbeitungsart. Damit versteht es sich von selbst, daß die Definition einer solchen Schaltfläche innerhalb des Bereichs des entsprechenden Formulars erfolgen muß.

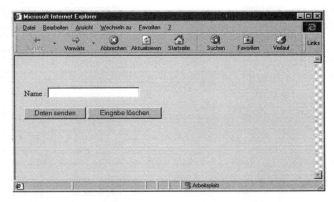

Abbildung 9.5: Dieses Formular ist bereits voll funktionsfähig

Beispiel:

Dieses Formular verfügt neben einem Eingabefeld auch über zwei Schaltflächen zum Auslösen der Aktionen des Formulars. Mit dem Betätigen der beiden Schaltflächen wird der Inhalt des Eingabefeldes an den angegebenen Empfänger gesendet bzw. gelöscht. Damit ist dieses Formular voll funktionsfähig und kann bereits zum Versenden von Daten eingesetzt werden.

Das Beispiel ist auf der CD zum Buch enthalten.

```
<!doctype html public "-//w3c//dtd html 4.0//en">
<html>
<head>
<title>Formular3</title>
</head>
<body bgcolor="#dcdcdc">
    <form method="post" action="mailto:name@provider">
        name : <input name="Gehalt1" size=25>
    <p>
    <input type="submit" value="Daten senden">
```

```
<input type="reset" value="Eingabe löschen">
</form>
</body>
</html>
```

Tag/Attribute	Beschreibung
<input>	Definiert eine Schaltfläche
type="(reset I submit I text I hidden I image I send file)"	Bestimmt den Typ der Schaltfläche
value="..."	Legt die Beschriftung der Schaltfläche fest
name="..."	Name der Schaltfläche

Tabelle 9.4: Das Tag <input> zum Erstellen einer Schaltfläche

Werte	Beschreibung
reset	Schaltfläche zum Löschen der Daten des Formulars
submit	Schaltfläche zum Absenden der Daten des Formulars

Tabelle 9.5: Die Werte für das Attribut input

Radiobutton und Checkbox

Da kaum ein Windows-Dialog ohne diese beiden Eingabeelemente auskommet, werden sie Ihnen sicher vertraut vorkommen. In der folgenden Abbildung werden Sie sehen, daß sie mit HTML im vertrauten Stil dargestellt werden und auch in gewohnter Weise auf alle Aktionen des Benutzers reagieren.

Bei der Definition eines Textfeldes und einer Schaltfläche fand jeweils das Tag <input ...> Verwendung. Spätestens hier fällt auf, daß dieses Tag allgemein für Eingabeelemente (der Name sagt es ja schon) vorgesehen ist und mit dem Attribut type lediglich das entsprechende Element bezeichnet wird. Die Bezeichnung des entsprechenden Elements ist relativ einfach, da diese mit dem Namen des Elements verwandt ist. Für Checkboxen benutzen Sie type=checkbox und für Radionbuttons type=radio. Die Bezeichnung radio ist gar nicht so fremd, wie es im ersten Moment klingen mag. Sie erinnert vielmehr an ältere Radiogeräte, bei denen zum Einstellen der Sender noch Drucktasten Verwendung fanden, von denen jeweils nur eine aktiv sein konnte.

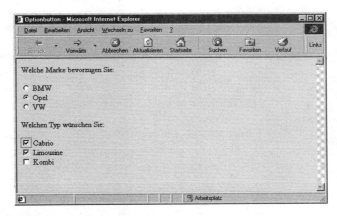

Abbildung 9.6: Radiobutton und Checkbox

Innerhalb des Tags Input ist mit dem Attribut name die Vergabe eines Namens notwendig. Mit der Vergabe eines gemeinsamen Namens für mehrere Elemente fassen Sie diese zu einer Gruppe zusammen. Während innerhalb einer Gruppe von Checkboxen eine Mehrfachauswahl möglich ist, können Sie in einer Gruppe von Radiobuttons stets nur ein Element auswählen.

Außerdem ist mit dem Attribut value die Vergabe eines Wertes für jedes Element vorgesehen. Dieser Wert wird zusammen mit den übrigen Daten des Formulars verarbeitet und an den Empfänger gesendet. Für den Benutzer ist dieser Wert unsichtbar.

Um dem Benutzer des Formulars eine Auswahl vorzuschlagen, können Sie mit dem Attribut checked eine Vorauswahl treffen. Der Benutzer kann diese Auswahl entweder übernehmen oder löschen und eine eigene Auswahl treffen.

Beispiel:

Das Formular enthält eine Gruppe von Radiobuttons und eine Gruppe Checkboxen. In der Abbildung zu diesem Abschnitt ist gut zu sehen, daß in der oberen Elementgruppe (Radiobutton) nur ein Element ausgewählt werden kann, während in der unteren Gruppe eine Mehrfachauswahl möglich ist. Beim Öffnen des Formulars wird das erste Element der oberen Gruppe mit Hilfe des Attributs checked vorselektiert.

Das Beispiel ist auf der CD zum Buch enthalten.

```
<!doctype html public "-//w3c//dtd html 4.0//en">
<html>
<head>
<title>Radiobutton</title>
</head>
<body bgcolor="#dcdcdc">
<form method="post" action="mailto:name@provider">
   Welche Marke bevorzugen Sie:
   <p>
   <input type="radio" name="Marke" value="Marke1" checked> BMW
   <br>
   <input type="radio" name="Marke" value="Marke2"> Opel
   <br>
   <input type="radio" name="Marke" value="Marke3"> VW
   <p>
   Welchen Typ w&uuml;nschen Sie:
   </p>
   <input type="checkbox" name="Typ" value="Typ1"> Cabrio<br>
   <input type="checkbox" name="Typ" value="Typ2">
Limousine<br>
   <input type="checkbox" name="Typ" value="Typ3"> Kombi
</form>
</body>
</html>
```

Tag/Attribut	Beschreibung
<input>	Erstellt ein Eingabeelement
type="(checkbox | radio)"	Legt den Typ des Elements fest

Tag/Attribut	Beschreibung
name="..."	Enthält den Namen des Elements
value="..."	Der Wert des Elements bei der Übertragung der Formulardaten
checked	Selektiert ein Element

Tabelle 9.6: Attribute für Radiobuttons und Checkboxen

Auswahllisten

In der Auswahlliste werden Sie sicher auch ein bekanntes Element wiederfinden. Hier können Sie in einer vertikal angeordneten Liste aus einem oder mehreren Texteinträgen eine Auswahl treffen. Dabei können Sie für das Auswahlfenster verschiedendste Einstellungen treffen. Die Definition einer Auswahlliste erfolgt mit dem Tag-Paar <select>...</select>. Innerhalb dieses Abschnitts erfolgt die Angabe der Inhalte des Auswahlfeldes mit dem Tag option. Dieses Tag muß nicht zwingend abgeschlossen werden. Wie immer benötigt auch dieses Element mit dem Attribut name einen eindeutigen Namen. Mit dem optionalen Attribut size lassen sich zweierlei Arten von Listen erzeugen. Mit seiner Angabe gefolgt von einen Zahlenwert wird eine Liste mit der entsprechenden Anzahl von Textzeilen angezeigt. Dabei ist es unerheblich, ob alle angegebenen Zeilen genutzt werden oder nicht. Sie können dieses Attribut allerdings auch weglassen. Dann erhalten Sie ein Textfelt welches an der rechten Seite eine Schaltfläche mit einem Pfeil enthält. Diese Darstellung wird Ihnen sicher als aufklappbares Listenfeld aus zahlreichen Windows- Anwendungen bekannt vorkommen.

Beispiel:

```
<select name="Mahlzeit">
```

Wenn Sie dem Benutzer einen bestimmten Eintrag zur Auswahl vorschlagen wollen, dann können Sie dies mit dem Attribut selected bewerkstelligen. Tragen Sie es dazu in Zusammenhang mit dem Listeneintrag unmittelbar hinter dem Tag <option> ein. Beim Anzeigen des Formulars wird dieser Eintrag farbig hinterlegt dargestellt.

Beispiel:

```
<option selected> Suppe
```

Standardmäßig ist bei Auswahllisten lediglich die Auswahl eines Eintrags möglich. Mit dem Attribut `multiple` können Sie das Auswahlfeld um die Fähigkeit einer Mehrfachauswahl erweitern. Um jetzt mehrere Einträge mit der Maus zu selektieren, ist zusätzlich das Betätigen der Taste [Strg] notwendig.

Beispiel:

```
<select name="Mahlzeit" size=6 multiple>
```

Und abschließend folgt noch das ergänzende Attribut `value`. Es erwartet als Übergabewert eine Zeichenkette, Sie müssen den Text also in Anführungszeichen setzen. Ohne dieses Attribut werden beim Absenden der Formulardaten die unter `<option>` angegebenen Einträge übermittelt. Mit seiner Angabe erhalten Sie statt dessen spezielle Rückgabewerte, die für den Benutzer nicht sichtbar sind und dann an den Empfänger gesendet werden.

Beispiel:

Die in dem Formular enthaltene Auswahlliste präsentiert sich dem Benutzer als aufgeklappte Liste mit einer Höhe von sechs Zeilen (`size=6`), bei der alle Einträge sichtbar sind. Beim Öffnen des Formulars wird der zweite Eintrag automatisch selektiert, was an dem dunklen Hintergrund des Eintrages sichtbar ist.

Das Beispiel ist auf der CD zum Buch enthalten.

```
<!doctype html public "-//w3c//dtd html 4.0//en">""
<html>
<head>
<title>Auswahlliste</title>
</head>
<body bgcolor ="#dcdcdc">
<form method="post" action="mailto:name@provider">
<p>Ihre Auswahl:</p>
```

```
<select name="Mahlzeit" size=6>
   <option value="1"> Nudeln
   <option selected value="2"> Suppe
   <option value="3"> Braten
   <option value="4"> Brei
   <option value="5"> Alles
</select>
</form>
</body>
</html>
```

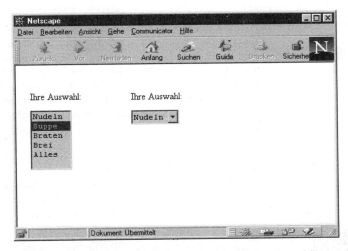

Abbildung 9.7: Eine Auswahlliste mit `size=6` und eine Auswahlliste mit `size=1`

Tag/Attribute	Beschreibung
<select></select>	Definiert eine Auswahlliste
name="..."	Name der Liste

Tag/Attribute	Beschreibung
size="..."	Anzahl der sichtbaren Einträge
multiple	Ermöglicht eine Mehrfachauswahl
<option>	Definiert einen Eintrag innerhalb der Auswahlliste
selected	Selektierter Eintrag
value="..."	Der Wert des Elements bei der Übertragung der Formulardaten

Tabelle 9.7: Attribute des Tags `select`

Tabulatorreihenfolgen und Zugriffsrechte

Wenn Sie dem Benutzer Ihres Formulars etwas mehr Komfort bieten wollen, dann können Sie Tabulatorreihenfolgen festlegen. Auf diese Weise kann sich der Benutzer mit der ⊞-Taste von Feld zu Feld bewegen. Das ist besonders dann sinnvoll, wenn sich der Cursor nach dem Ausfüllen des letzten Feldes automatisch auf die Schaltfläche zum Absenden der Daten bewegen soll. Diese Verhaltensweise realisieren Sie mit dem Attribut `tabindex`, welches glücklicherweise von den beiden am meisten verwendeten Browsern (Internet Explorer und Netscape) richtig interpretiert wird.

```
<input type maxlength=20 tabindex=4>
<input type maxlength=20 tabindex=1>
<input type="submit" value="Daten senden" tabindex=3>
```

In der Regel kann der Benutzer des Formulars vorgegebene Texte bzw. eine vorgeschlagene Auswahl übernehmen oder auch durch eigene Angaben ersetzen. Hin und wieder tritt auch der seltene Fall auf, daß bestimmte Einstellungen übernommen werden müssen und diese aber trotzdem angezeigt werden sollen. In diesem Fall können Sie das Element mit dem Attribut `readonly` versehen. Damit wird es für Eingaben und Änderungen gesperrt. Äußerlich ist dieser Zustand nicht visuell erkennbar, der Benutzer bemerkt es leider erst bei dem Versuch, einen Eintrag vorzunehmen.

Attribut	Beschreibung
readonly	Sperrt ein Element für den Benutzer
tabindex="..."	Legt die Tabulatorreihenfolge fest

Tabelle 9.8: Weitere Attribute für Formulare

Elementgruppen

Sie können die Elemente eines Formulars auch optisch zu einer Gruppe zusammenfassen. Das hat in umfangreicheren Formularen den Vorteil der höheren Übersichtlichkeit. Die Funktion der Elemente wird damit nicht beeinflußt. Das Zusammenfassen von Elementen erfolgt mit dem Tag fieldset. Alle innerhalb dieses Tags vorkommenden Elemente werden von einem Rahmen umschlossen. Zusätzlich ist mit dem ergänzenden Tag <legend> das Einfügen einer Überschrift möglich. Beide Tags benötigen einen eröffnenden und einen abschließenden Tag, sie bilden also einen abgeschlossenen Bereich. Die mit <legend> eingefügte Überschrift erscheint über der oberen Linie des Rahmens und kann zusätzlich mit dem Attribut align ausgerichtet werden.

Beispiel:

Hier wurden alle Elemente des Formulars als eine gemeinsame Elementgruppe optisch zusammengefaßt. Die Breite des damit entstandenen Rahmens richtet sich automatisch nach der zur Verfügung stehenden Fensterbreite des Browsers.

Das Beispiel ist auf der CD zum Buch enthalten.

```
<!doctype html public "-//w3c//dtd html 4.0//en">
<html>
<head>
<title>Elementgruppe</title>
</head>
<body bgcolor="#dcdcdc">
   <form method="post" action="mailto:name@provider">
   <fieldset>
```

```
        <legend align="left">Treffen Sie Ihre Auswahl</legend>
            <br>
            Feld1:<input  size=25><br>
            Feld2:<input  size=25><br>
            Feld3:<input  size=25><br>
            Feld4:<input  size=25><br>
            <p>
            <input type="submit" value="Daten senden">
            <input type="reset" value="Eingabe löschen">
            <p>
        </fieldset>
</form>
</body>
</html>
```

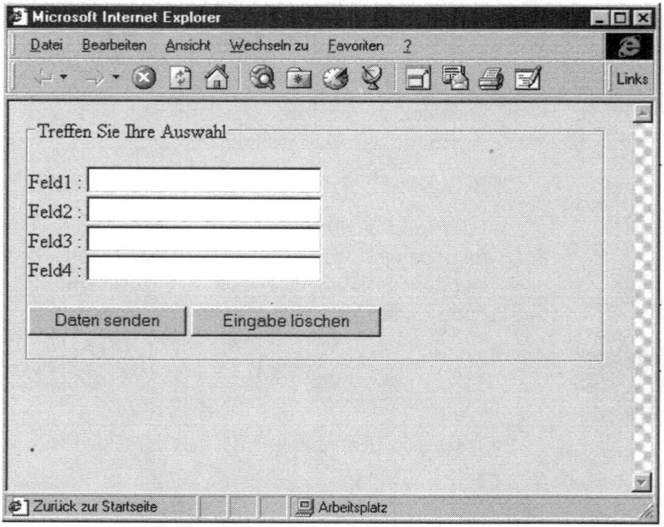

Abbildung 9.8: Zusammengefaßte Elemente eines Formulars

Tag/Attribute	Beschreibung
<fieldset></fieldset>	Erstellt eine Elementgruppe
<legend></legend>	Fügt eine Überschrift in den Rahmen der Gruppe ein
align="(left | center | right)"	Richtet die Überschrift aus

Tabelle 9.9: Die Tags zum Gruppieren von Elementen

KAPITEL

Weitere Möglichkeiten

In dem folgenden Kapitel lernen Sie weitere Möglichkeiten zum Gestalten einer Webseite kennen. Dabei findet das Thema Sonderzeichen ebenso Beachtung wie die Angabe von Farbwerten und das Gestalten von Bereichen einer Seite mit verschiedenen Stilelementen.

10

Weitere Möglichkeiten

Sonstige Gestaltungsmittel

Trennlinien

Zur Aufteilung von Dokumenten steht Ihnen mit horizontalen Trennlinien ein interessantes Stilelement zur Verfügung. Das entsprechende Tag lautet <hr> und kann mit zahlreichen Attributen ergänzt werden. Da die dargestellte Trennlinie standardmäßig schattiert dargestellt wird, können Sie mit Hilfe des Attributs noshade eine eindimensionale Darstellung erzwingen. Zusätzlich können Sie mit width die Breite in Pixel oder Prozent sowie mit size die Höhe der Linie angeben. Die Voreinstellung dieses Attributs enthält den Wert 2. Wem das immer noch zu wenig Möglichkeiten sind, für den ist sicher das Attribut color von Interesse. Damit ist die farbige Darstellung einer Trennlinie möglich.

Beispiel:

Hier sehen Sie die Verwendung von vier Trennlinien mit unterschiedlichen Formatangaben.

Das Beispiel ist auf der CD zum Buch enthalten.

```
<!doctype html public "-//w3c//dtd html 4.0//en">
<html>
<head>
<title>Trennlinien</title>
</head>
<body>
    <hr>
    <hr size=4>
    <hr noshade align=right widt=150>
    <hr color="#ff0000" width=200>
</body>
</html>
```

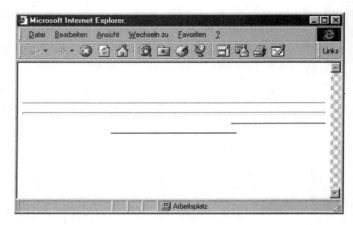

Abbildung 10.1: Mit Trennlinien teilen Sie Dokumente in verschiedene Bereiche

Tag/Attribute	Beschreibung
<hr></hr>	Definiert eine horizontale Trennlinie
align="(left | center | right)"	Richtet die Trennlinie horizontal aus
color="..."	Legt die Farbe der Trennlinie fest
noshade	Erzeugt eine eindimensionale Trennlinie
size="..."	Legt die Höhe der Trennlinie fest
width="..."	Bestimmt die Breite der Trennlinie

Tabelle 10.1: Das Tag zum Erstellen von Trennlinien

Abschnitte mit verschiedenen Elementen

In der einfachsten Form der Gestaltung einer HTML-Seite ordnen Sie deren Elemente einfach nacheinander bzw. untereinander an und gestalten auf diese Weise den Seitenaufbau. Die Elemente können verschiedener Natur sein, also z.B. Grafiken, Textabschnitte oder Listenelemente. Diese Art der Seitengestaltung birgt allerdings einen kleinen Nachteil: Sie sind gezwungen, die Elemente einzeln auszurichten und in ihrer Formatierung mühsam aufeinander abzustimmen.

Als Ausweg aus diesem Problem bietet sich die Verwendung des Tag-Paars <div>...</div> an. Dieses Tag faßt verschiedene Elemente einer HTML-Seite zu einem gemeinsamen Bereich zusammen. Innerhalb dieses Bereichs können Sie nun alle enthaltenen Elemente gemeinsam mit dem Attribut align ausrichten. Es besteht auch die Möglichkeit, innerhalb dieses Bereichs CSS- Definitionen zu verwenden. Diese haben dann für alle Elemente innerhalb des mit div definierten Bereichs Gültigkeit.

Das Beispiel ist auf der CD zum Buch enthalten.

```
<!doctype html public "-//w3c//dtd html 4.0//en">
<html>
<head>
<title>Gemeinsame Bereiche</title>
</head>
<body>
<i>Jetzt f&auml;ngt der gemeinsame Bereich an</i>
<div align="center">
    <h1>Rote Steine</h1>
    <img src="Rote Steine.JPG" align=middle>
    rot und schwarz
    <img src="Rote Steine.jpg" align="middle">
    <p>Rote Steine.JPG</p>
</div>
<i>Jetzt h&ouml;rt der gemeinsame Bereich wieder auf</i>
</body>
</html>
```

Tag/Attribute	Beschreibung
<div></div>	Legt einen gemeinsamen Bereich fest
align="(left | center | right | justify)"	Richtet den gemeinsamen Bereich innerhalb der Seite aus

Tabelle 10.2: Das Tag zum Erstellen gemeinsamer Bereiche

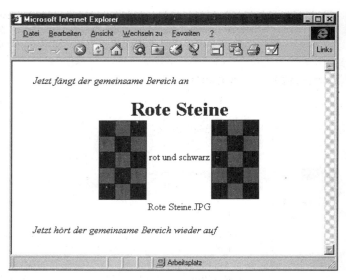

Abbildung 10.2: Gemeinsame Bereiche mit dem Tag `div`

Sonderzeichen

Prinzipiell haben die meisten Browser keine Probleme mit der Darstellung aller darzustellenden Zeichen, außer einigen älteren Browsern, die Sonderzeichen und Umlaute nicht in der originalen Form interpretieren und darstellen können. Um diese Probleme zu umgehen, steht dem HTML-Programmierer die Verwendung von *Entities* zur Verfügung. Entities, das sind Ausdrücke, mit denen bestimmte Zeichen umschrieben werden und somit eine einheitliche Darstellung dieser Zeichen gewährleistet wird. Das beste Beispiel dafür sind die immer wiederkehrenden Umlaute wie *Ä*, *Ü* und *Ö*. Ein anderes gutes Beispiel für die Nützlichkeit von Entities sind spitze Klammern (<>). Diese beiden Zeichen sind in HTML für die Darstellung von Tags reserviert und können somit theoretisch nicht mehr als Bestandteil eines Textabschnittes dargestellt werden. Mit einer Entity umschreiben Sie diese reservierten Zeichen und können sie somit wieder als darzustellende Textbestandteile verwenden.

Sonderzeichen einsetzen

Wie alle anderen Bestandteile von HTML benötigen natürlich auch Sonderzeichen eine bestimmte Form der Deklaration. Als erstes ist die Angabe eines kaufmännischen Und (&), anschließend der Name des darzustellenden Zeichens gefolgt von einem abschließenden Semikolon erforderlich. Das folgende Beispiel zeigt die Darstellung eines *Ä* als Sonderzeichen.

Beispiel:

```
&Auml;
```

Um ein solches Zeichen mitten in einem Textbereich darzustellen, wird dieser einfach unterbrochen und das Sonderzeichen anstelle des entsprechenden Zeichens gesetzt. Demzufolge geben Sie zur Darstellung des Wortes *Kälte* folgende Zeichenkette an:

Beispiel:

```
K&auml;lte
```

Beispiel:

Die HTML-Datei enthält einen Firmennamen, der insgesamt drei Sonderzeichen enthält.

Das Beispiel ist auf der CD zum Buch enthalten.

```
<!doctype html public "-//w3c//dtd html 4.0//en">
<html>
<head>
<title> Sonderzeichen</title>
</head>
<body>
    <h1>H&auml;usler &amp; M&auml;rger</h1>
```

```
<p><b>
http://www.handelundwandel.de
</body>
</html>
```

Abbildung 10.3: Sonderzeichen benötigen Sie immer wieder

Als Beispiel für die Vielfältigkeit der Darstellungsmöglichkeiten sehen Sie jetzt eine Tabelle mit einigen oft verwendeten Sonderzeichen. Alternativ zu der Angabe einer Entity können Sie auch einen Wert des Unicode angeben. Im Standard des Unicode-Systems finden Sie den gesamten verwendbaren Zeichensatz wieder. Der Unicode soll hier nicht Bestandteil des Buches sein, die Angaben dazu sind lediglich der Vollständigkeit halber aufgeführt. Außerdem sind die meisten gebräuchlichen Entities relativ einprägsam und lassen sich gut mit dem Sonderzeichen in Verbindung bringen.

Sonderzeichen	Entity	Angabe als Unicode
Ä	&Auml;	&#196;
ä	&auml;	&#228;

Sonderzeichen	Entity	Angabe als Unicode
ü	&uuml;	&#252;
ö	&ouml;	&#246;
ß	&szlig;	&#223;
Leerzeichen		
&	&amp;	&#38;

Tabelle 10.3: Einige der häufig verwendeten Sonderzeichen

Damit sind wir wieder einmal bei dem Thema »HTML und Weiterentwicklung« angelangt. Leider unterliegt auch der Bereich der auf diese Art und Weise darzustellenden Zeichen einer ständigen Veränderung. Deshalb sollten Sie bei der Verwendung solcher Zeichen stets eine gewisse Kompatibilität mit älteren Browsern beachten, sonst ist es durchaus möglich, daß Ihr Text nicht bzw. nicht richtig im Browser des Lesers Ihrer Seite erscheint. Im Anhang des Buches finden Sie eine ausführliche Auflistung aller Sonderzeichen sowie deren Darstellung im Browser.

Laufschrift

Wer kennt nicht den bekannten Bildschirmschoner von Windows mit dem Namen *Marquee*; gemeint ist die sich horizontal von der einen zur anderen Seite bewegende Laufschrift. Genau diesen Effekt können Sie auch auf Ihrer Webseite einsetzen, allerdings nur mit einem kleinen Wermutstropfen: Der Effekt ist nicht nur von Windows bekannt, sondern er funktioniert leider auch nur im Internet Explorer. Wen das aber nicht vom Einsatz dieser Art von Textgestaltung abhält, der findet in diesen Abschnitt alle notwendigen Anweisungen dazu. Die Definition einer Laufschrift erfolgt mit dem Befehl marquee. Damit erstellen Sie einen sich vom rechten zum linken Bildschirmrand bewegenden Text.

Beispiel:

In dem Beispiel sehen Sie zwei definierte Laufschriften übereinander. Da die erste Laufschrift aufgrund ihres Formats kürzer ist als die zweite, kommt es bereits nach dem ersten Durchlauf zu einer

Verschiebung der Startpunkte beider Schriften. Damit werden beide Schriften zueinander versetzt dargestellt.

Das Beispiel ist auf der CD zum Buch enthalten.

```html
<!doctype html public "-//w3c//dtd html 4.0//en">
<html>
<head>
<title>Laufschrift1</title>
</head>
<body>
    <marquee>Jetzt kommt eine Laufschrift</marquee>
    <h2><i><b>
    <marquee>Jetzt kommt eine Laufschrift</marquee>
    </h2></i></b>
</body>
</html>
```

Sie können das Textformat der Laufschrift beliebig verändern. Im obigen Listing sehen Sie zum einen den Text im Standardformat und darunter einen Text mit verschiedenen Textformaten. Es ist auch die Verwendung von farbigen Texten möglich, Ihrer Kreativität sind hier keine Grenzen gesetzt.

Abbildung 10.4: Die Laufschrift steht nur im Internet Explorer zur Verfügung

Lauftext mit Hintergrundbalken versehen

Beim Bestimmen der Hintergrundfarbe eines Textabschnitts wird der gesamte Bereich des entsprechenden Textabschnitts farbig hinterlegt. Beim näheren Betrachten der Funktion des Lauftextes wird deutlich, daß sich dessen Hintergrundbereich über die gesamte Seitenbreite erstreckt. Was liegt also näher, als diesen Umstand zu nutzen und den Lauftext in einem farbigen Hintergrundband erscheinen zu lassen? Dazu definieren Sie den Bereich `<marquee>`...`</marquee>` innerhalb eines mit dem Tag `<font>`...`</font>` formatierten Abschnitts.

Beispiel:

Hier wurde die Laufschrift mit Hilfe des Attributs `bgcolor` mit einer selbst definierten Schriftfarbe versehen. Zusammen mit dem farbigen Hintergrundbalken entsteht so ein interessanter Gestaltungseffekt.

Das Beispiel ist auf der CD zum Buch enthalten.

```
<!doctype html public "-//w3c//dtd html 4.0//en">
<html>
<head>
<title>Laufschrift2</title>
</head>
<body>
    <font color="#ffffff">
        <marquee bgcolor="#800000">
        Hier kommt die Laufschrift
        </marquee>
    </font>
</body>
</html>
```

Abbildung 10.5: Hervorgehobene Laufschrift mit farbigem Hintergrundbalken

Laufrichtung- und geschwindigkeit

Standardmäßig bewegt sich eine Laufschrift von rechts nach links – Sie können aber auch mit dem Attribut direction die Richtung ändern. Dazu geben Sie zusammen mit dem Attribut das Richtungsziel, also left oder right an

Syntax:

```
<marquee direction="right">...</marquee>
```

Die zweite angesprochene Möglichkeit besteht im wechselseitigen Hin- und Herbewegen der Schrift zwischen beiden Bildschirmrändern. Dabei bewegt sich der Text, bis er an eine der beiden Seiten seines Fensters anstößt, anschließend ändert er seine Laufrichtung. Dazu geben Sie zusätzlich das Attribut behavior an.

Syntax:

```
<marquee behavior="alternate"> ... </marquee>
```

Wem diese Möglichkeiten immer noch nicht ausreichen und wer die Geschwindigkeit des Lauftextes beschleunigen will, der kann diese mit dem Attribut scrolldelay neu bestimmen. Mit dem Attribut bestimmen Sie die Wartezeit bis zur nächsten Bewegung in Millisekunden. Sehr viel schneller als eine Millisekunde kann die Laufschrift nicht werden. Aber mit einer Erhöhung dieser Zeitspanne können Sie ein echtes Schneckentempo erzielen was einer ruhigeren Seitengestaltung zugute kommt.

Syntax:

```
<marquee scrolldelay=10> ... </marquee>
```

Abschließend folgt die Anweisung zum Verändern der Sprungweite der Laufschrift mit dem Attribut scrollamount. Unter der Sprungweite ist der Abstand in Pixeln zwischen den Bewegungen der Schrift zu verstehen. Damit können Sie der Laufschrift die Fähigkeiten eines Kängurus verleihen. (Einen kleinen Test ist dieses Attribut immer wert.)

Syntax:

```
<marquee scrollamount=30> ... </marquee>
```

Tag/Attribute	Beschreibung
<marquee></marquee>	Definiert einen Lauftext
behavior="alternate"	Legt den automatischen Wechsel der Laufrichtung fest
bgcolor="..."	Legt die Hintergrundfarbe fest
direction="(left I right)"	Legt die Laufrichtung fest
scrollamount="..."	Stellt die Sprungweite ein
scrolldelay="..."	Legt die Wartezeit zwischen den einzelnen Bewegungen fest

Tabelle 10.4: Das Tag und die Attribute zum Gestalten einer Laufschrift

Farben definieren

Grundsätzlich stehen Ihnen zwei Wege zur Angabe einer bestimmten Farbe offen. Zum einen können Sie den Namen einer Farbe als Ausdruck angeben. Das ist möglich, da in der HTML- Spezifikation mehrere Ausdrücke für Farben festgehalten sind. Leider beschränkt sich diese Auswahl auf eine geringe Anzahl von vordefinierten Farbwerten und damit bleiben Ihre Möglichkeiten relativ eingeschränkt. Prinzipiell dürften die bekannten Farbnamen für einen großen Anteil der Anwendungsfälle ausreichen, doch leider werden die Farbnamen nicht unbedingt auch von den weniger bekannten Browsern richtig interpretiert.

Der andere Weg zur Definition einer Farbe führt über die Angabe ihres Farbwertes in hexadezimaler Form. Das ist sicher nicht immer der einfachste Weg, dafür stehen Ihnen bis zu 16,7 Millionen Farben zur Verfügung. Um diese Technik zu verstehen, sind allerdings einige Erläuterungen zu deren Grundlagen notwendig.

Die Interpretation von Farben richtet sich maßgeblich nach dem sogenannten *RGB-Modell*. Nach diesem Farbmodell werden alle Farben aus nur drei Farben, Rot, Grün und Blau zusammengesetzt. Um nun entsprechend viele Farben anzuzeigen, werden diese drei Farben in verschiedenen Wertigkeiten gemischt. Dabei kann jede der drei Farben einen Wert zwischen 0 und 255 (entspricht der hexadezimalen Zahl FF) besitzen, also von 0 = nicht vorhanden bis 255 (FF) = höchster Farbanteil.

Und genau diese Werte der Anteile der drei Grundfarben werden zur Angabe einer Farbe benötigt. Zur Verdeutlichung dieser Thematik sehen Sie in der folgenden Tabelle die Art und Weise, in der eine aus sechs Ziffern bestehende hexadezimale Zahl aus den einzelnen Farbwerten zusammengesetzt wird.

	Rotanteil	Grünanteil	Blauanteil
Hexadezimaler Wert	FF	00	80
RGB-Farbanteile	255	0	128
Farbdefinition		bgcolor="#ff0080"	

Tabelle 10.5: Die Zusammensetzung eines Farbwertes

Wem die Benutzung des hexadezimalen Zahlensystems nicht geläufig ist, der findet in der folgenden Tabelle eine Gegenüberstellung der dezimalen und hexadezimalen Zahlen.

Dec	0	1	2	3	4	5	6	7
Hex	0	1	2	3	4	5	6	7

Dec	8	9	10	11	12	13	14	15
Hex	8	9	A	B	C	D	E	F

Tabelle 10.6: Umrechnungstabelle von dezimal nach hexadezimal

Anschließend sehen Sie die in HTML festgehaltenen Ausdrücke für 16 Grundfarben und ihre hexadezimalen Zahlenwerte. Dies ist dies nur eine kleine mögliche Auswahl von Farben doch dafür werden sie auch von Browsern älteren Datums richtig interpretiert.

Farbe	Hexwert	Farbe	Hexwert
black	#000000	green	#008000
silver	#cococo	lime	#00ff00
gray	#808080	olive	#808000
white	#ffffff	yellow	#ffff00
maroon	#800000	navy	#000080
red	#ff0000	blue	#0000ff
purple	#800080	teal	#008080
fuchsia	#ff00ff	aqua	#00ffff

Tabelle 10.7: Die 16 Grundfarben und ihre hexadezimalen Werte

Das Umrechnen von dezimalen in hexadezimale Werte können Sie sich als Benutzer von Windows mit einem kleinen Standardprogramm erleichtern. Damit ist der in das Betriebssystem integrierte Taschenrechner (Calc.exe) gemeint, der in der wissenschaftlichen Ansicht über alle benötigten Funktionen zum Umrechnen der Zahlensysteme verfügt.

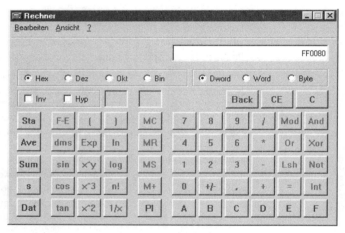

Abbildung 10.6: Der Taschenrechner in der wissenschaftlichen Ansicht

Farben in HTML festlegen

Das Festlegen einer Farbeinstellung erfolgt in HTML mit der Übergabe des hexadezimalen Wertes einer Farbe an ein entsprechendes Attribut zum Verwalten der Farbe eines Elements. Dabei kann es sich wie in dem folgenden Beispiel um den gesamten Hintergrund einer Webseite oder um die Schriftfarbe eines bestimmten Textabschnitts handeln. Nach der Angabe des entsprechenden Attributs folgt auf ein Gleichheitszeichen eine Raute, gefolgt von der hexadezimalen Angabe des Farbwertes. Alternativ dazu ist auch die Angabe eines Ausdrucks möglich, welcher eine Farbeinstellung verkörpert.

Beispiel:

```
<body bgcolor="#ff00ff">
<font color="#800000">
<font color="red">
<hr color="blue">
```

Das Ermitteln des entsprechenden Farbwertes braucht Ihnen kein Kopfzerbrechen zu bereiten. Fast jeder HTML-Editor verfügt über einen Assistenten, der Ihnen diese Arbeit abnimmt.

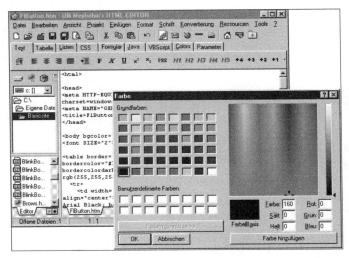

Abbildung 10.7: Ein typisches Dialogfeld zum Auswählen einer Farbe

Benutzerdefinierte Schaltflächen

In HTML ist es möglich, benutzerdefinierte Schaltflächen zu verwenden. Um solche Schaltflächen erfolgreich einzusetzen, müssen diese von Ihnen mit entsprechenden Funktionen versehen werden. Das sind in der Regel Funktionen einer Scriptsprache, die in die HTML-Datei eingebunden wurde. Die hier vorgestellten Beispiele verwenden beide JavaScript und sollen einige Möglichkeiten zum Erweitern von HTML-Dateien zeigen.

Um eine Schaltfläche mit einer eigenen Funktion einzusetzen, definieren Sie mit dem Attribut button eine allgemeine Schaltfläche. Anschließend ist die Angabe einer Funktion oder eines Ereignisses notwendig, dem eine auszuführende Funktion zugeordnet wird. Um diesen Typ von Schaltfläche erfolgreich einzusetzen sind Kenntnisse in JavaScript notwendig. Im Anhang des Buches finden Sie eine komplette Liste der verfügbaren Ereignisse sowie im Abschnitt *JavaScript* einige Beispiele zu diesem Thema.

Mit dem History-Objekt von JavaScript können Sie den Benutzer mit in das Formular integrierten Schaltflächen vorwärts und rückwärts navigieren lassen. Verwenden Sie dazu die Befehle »history.back()« und »history.forward()«. Die Beschreibung des History-Objekts finden Sie im Kapitel zu JavaScript.

Beispiel:

Hier sehen Sie die Verwendung eines Ereignisses in Zusammenhang mit einer allgemeinen Schaltfläche. Die HTML-Datei enthält eine Schaltfläche mit der Aufschrift *Browser schließen*. Dieser Schaltfläche ist das Ereignis onClick zugeordnet, welches beim Betätigen der Schaltfläche ausgelöst wird. Mit Hilfe des *Window*-Objekts und der Methode close erfolgt nach einer Sicherheitsabfrage das Schließen des aktuellen Fensters.

Das Beispiel ist auf der CD zum Buch enthalten.

```
<!doctype html public "-//w3c//dtd html 4.0//en">
<html>
<head>
<title>Allgemeine Schaltflächen</title>
</head>
<body>
<form>
    <h1>Bitte schlie&szlig;en Sie den Browser</h1>
    <input type=button value="Browser schlie&szlig;en"
onClick="window.close()">
</form>
</body>
</html>
```

Abbildung 10.8: Ein Formular mit eigener Schaltfläche

Grafische Schaltflächen

Eine allgemeine Schaltfläche hat den Vorteil der Verwendung eigener Funktionen und den Nachteil, daß sie eben nur grau ist. Mit dem Einsatz von grafischen Schaltflächen kommt endlich Farbe ins Spiel – aber leider nur mit dem Internet Explorer von Microsoft. Trotz alledem soll diese Erweiterung nicht übergangen werden, immerhin bietet sie eine echte Alternative zu den Standardschaltflächen.

Anders als bei den bisher besprochenen Schaltflächen erfolgt hier die Definition mit einem einleitenden und einem abschließenden Button-Tag. Innerhalb des angelegten Bereichs können Sie eine Grafik sowie die Beschriftung der Schaltfläche als Textabschnitt angeben. Das bedeutet auch, daß hier die Verwendung des Attributs value zur Angabe der Beschriftung entfällt.

Innerhalb des Button-Bereichs ist die Verwendung von Textformaten möglich. So können Sie z.B. eine Schrift der Größe <h2> oder auch eine bestimmte Schriftfamilie angeben.

Beispiel:

Das angelegte Formular enthält eine Schaltfläche mit einer eingefügten Grafik. Die Zuordnung einer Funktion oder eines Ereignisses erfolgt hier auf die gleiche Weise wie bei herkömmlichen Schaltflächen. Um die Beschriftung der Schaltfläche von der Grafik abzuheben, wurde mit dem Tag p ein Absatz eingefügt.

Das Beispiel ist auf der CD zum Buch enthalten.

```
<!doctype html public "-//w3c//dtd html 4.0//en">
<html>
<head>
<title>Grafische Schaltflaechen</title>
</head>
<body>
```

```
<form>
    <h1>Zur letzten Seite</h1>
    <button type="button" onClick="history.back()">
    <img src="Kroete.gif" >
    <p>jump back</p>
    </button>
</form>
</body>
</html>
```

Abbildung 10.9: Eine Schaltfläche mit Grafik

KAPITEL

Dateiweite Einstellungen

Im abschließenden Kapitel dieses Teils finden Sie Informationen über dateiweite Einstellungen, die ihre Gültigkeit im gesamten Dokument behalten. Mit solchen Einstellungen können Sie auf die ständige Wiederholung von bestimmten gleichen einzelnen Einstellungen verzichten.

11

Dateiweite Einstellungen

Mit dem Tag <body> eröffnen Sie nicht nur den Hauptteil der
HTML-Seite, sondern Sie haben zugleich die Möglichkeit, Voreinstellungen für das gesamte Dokument zu treffen. Die im Zusammenhang mit dem Tag verwendbaren Attribute sind optional und
können teilweise oder auch alle miteinander aufgeführt werden. Mit
ihnen können Sie an dieser Stelle Voreinstellungen für das gesamte
Erscheinungsbild der Webseite treffen. Sie können natürlich unabhängig davon in der HTML-Datei weitere Formate und Einstellungen definieren. Nach dem Abschluß der einzelnen Abschnitte in der
HTML-Datei erlangen aber wieder die hier vergebenen Einstellungen ihre Gültigkeit.

Hintergrundfarbe

Nach dem Erstellen des Grundgerüstes erscheint die Webseite im
Browser meistens mit weißem oder grauem Hintergrund. Dabei
muß es aber nicht bleiben: verwenden Sie zum Bestimmen einer da-
teiweiten Hintergrundfarbe das optionale Attribut bgcolor in Zusammenhang mit dem Tag <body>. Die hier eingestellte Farbe ist
dann für den gesamten Hintergrund der Webseite gültig. Sie beeinflußt jedoch nicht die explizite Vergabe von Farben für z. B. Tabel-
lenspalten oder anderen Elementen der Seite.

Syntax:

```
<body bgcolor="#00ffff">
```

Hintergrundbilder

Wem es nicht ausreicht, das Erscheinungsbild seiner Webseite mit
einer selbst definierten Hintergrundfarbe zu verbessern, der sollte
sich mit dem Einbinden eines Hintergrundbildes vertraut machen.
Dies ist mit dem Attribut background möglich. Sie benötigen dazu
lediglich eine kleine Grafik im GIF- oder JPG-Format. Dabei ist

keineswegs eine die Seite füllende Grafik notwendig. Die mit dem Tag background eingebundene Grafik wird automatisch immer wieder neben – und übereinander angeordnet. Damit entsteht ein sogenannter *Tapeteneffekt* (Wallpaper), der sich über die gesamte Seite auswirkt. Der Trick dabei ist der, daß die Grafik nurein mal geladen wird und somit die Ladezeit der Webseite nicht negativ beeinflußt wird.

Beispiel:

Im Body-Tag der HTML-Datei wurde eine Grafik eingebunden. Die Grafik wird über den gesamten sichtbaren Bereich wiederholt und liegt immer unter den in diesem Bereich <body>...</body> befindlichen Elementen.

Das Beispiel ist auf der CD zum Buch enthalten.

```
<!doctype html public "-//w3c//dtd html 4.0//en">
<html>
<head>
<title>Hintergrundbild</title>
</head>
<body background="Strand.jpg">
   <h1> Mein Hintergrundbild </h1>
</body>
</html>
```

Abbildung 11.1: Dieses kleine Bild wird unser Hintergrund ...

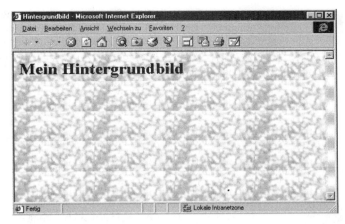

Abbildung 11.2: ... und so sieht das Ergebnis aus

Die im obigen Beispiel beschriebene Technik bewirkt allerdings auch, daß sich das Hintergrundbild beim vertikalen Rollen der Seite mit bewegt. Zumindest im Internet Explorer von Microsoft können Sie auch ein unbewegliches Hintergrundbild (Wasserzeichen) erzeugen. Um diesen Effekt zu erreichen, geben Sie zusätzlich das Attribut bgproperties an. Damit wird das Hintergrundbild fixiert, während der Inhalt der Seite bei Bedarf vertikal und horizontal bewegt werden kann.

Beispiel:

```
<body background="myLogo.gif" bgproperties="fixed">
```

Verweise

Ein typisches Merkmal von Webseiten ist das Vorhandensein von Verweisen. Das Auffällige an ihnen ist die Tatsache, daß sie ihre aktuelle Farbe je nach ihrem Status ändern. Damit können Sie jederzeit zwischen bereits besuchten und noch nicht besuchten Adressen unterscheiden.

Natürlich besteht auch hier die Möglichkeit, die entsprechenden Farbeinstellungen zu beeinflussen. Insgesamt stehen Ihnen dazu drei verschiedene Attribute zur Verfügung. Diese Attribute können einzeln oder nur teilweise aufgeführt werden, je nachdem, wie weit Sie die Standardeinstellungen verändern wollen.

Attribut	Beschreibung
link="..."	Generelle Standardfarbe
vlink="..."	Farbe für bereits besuchte Verweise
alink="..."	Farbe während des Markierens eines Verweises

Tabelle 11.1: Die Attribute für Farben von Verweisen

Beispiel:

```
<body link="#00ff00" vlink="#0000ff" alink="#ff00ff">
```

Mit der hier vorgeschlagenen zentralen Formatierung von Verweisen ersparen Sie sich bei nachträglichen Änderungen dieser Einstellungen später viel Arbeit. Da sich Verweise in der Regel im gesamten Dokument verteilt befinden, erweist sich das Bearbeiten einzelner Einstellungen in der Regel als sehr zeitaufwendig.

Tag/Attribut	Beschreibung
<body></body>	Der Codekörper
background="..."	Definiert ein Hintergrundbild
bgcolor="..."	Definiert die dateiweite Hintergrundfarbe
bgproperties="..."	Fixiert das Hintergrundbild
link="..." vlink="..." alink="..."	Definiert die dateiweiten Textfarben für Verweise
text="..."	Definiert die dateiweite Textfarbe

Tabelle 11.2: Das Tag <body> und mögliche Attribute

Dateiweite Textfarben

Standardmäßig erscheint der Text Ihrer Seite in schwarz. Mit dem Festlegen einer bestimmten Hintergrundfarbe kann sich das schnell als Handicap erweisen, da der Text dann unter Umständen schwer lesbar wird. Um dieses Problem zu umgehen, können Sie innerhalb des eröffnenden Tags <body> mit dem Attribut text eine neue Standardfarbe für den Text festlegen. Diese Farbe ist dann innerhalb der gesamten Seite gültig. Ungeachtet dessen ist es jedoch möglich, für einzelne Textabschnitte eine andere Farbe anzugeben. Nach dem Beenden eines solchen Abschnitts erhält dann wieder die Standardfarbe Gültigkeit.

Beispiel:

Im eröffnenden Body-Tag wurde mit dem Attribut text eine neue Standardfarbe für den Text definiert. Diese Textfarbe ist jetzt für das gesamte Dokument gültig.

Das Beispiel ist auf der CD zum Buch enthalten.

```
<!doctype html public "-//w3c//dtd html 4.0//en">
<html>
<head>
<title>Dateiweite Textfarben</title>
</head>
<body text="#800080">
  <font size=7>Das ist die neue Standardtextfarbe</font>
</body>
</html>
```

TEIL

Know-how für Fortgeschrittene

Nach einer allgemeinen Einführung in HTML finden Sie im dritten Teil des Buches weitere Möglichkeiten, um ein HTML-Projekt professionell zu erweitern. Angefangen bei weiteren Möglichkeiten zu HTML finden Sie hier auch Abschnitte zu JavaScript sowie DHTML. Zum Arbeiten mit diesen Abschnitten werden grundlegende Kenntnisse in HTML vorausgesetzt.

III

KAPITEL

Frames

Mit Frames sind Sie in der Lage, den Bildschirm in mehrere, voneinander unabhängige Bereiche aufzuteilen. Hier finden Sie das notwendige Wissen, um diese Technik erfolgreich in Ihrem Web- projekt einzusetzen.

12

Frames

Frames, was ist das denn nun schon wieder? Frames, das ist für HTML-Programmierer Segen und Fluch zugleich. Frames haben erreicht, was kaum ein Gestaltungsmittel so gründlich nachmachen könnte. Sie haben das Lager der HTML-Programmierer in zwei Teile gespalten. Während die einen leidenschaftliche Verfechter dieser Technik sind, neigen andere dazu, beim Anblick von Frames in eine Art Erstarrung zu verfallen. Was beide Gruppen auch immer zu ihrer Haltung bewegen mag, für alle Parteien existieren reichlich Argumente.

Frames ermöglichen die Aufteilung des Browserfensters in verschiedene, voneinander unabhängige Bereiche. Jeder dieser Bereiche (Frames) fungiert dabei als eigenständige Webseite. Meistens wird dabei der linke Frame als Übersichtsseite benutzt, während sich im rechten Bereich die eigentliche Hauptseite befindet.

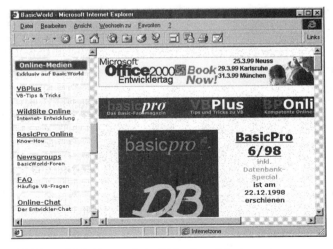

Abbildung 12.1: Eine typische Webseite mit Frames

Und wo stecken dabei die Vorteile? Zum einen ermöglichen Frames eine übersichtliche Navigation durch tief verzweigte Seitenstrukturen. Mit dem Bereitstellen eines Bereichs ausschließlich zum Navigieren hat der Benutzer nie das Gefühl, irgendwo in der Seitenstruktur verlorenzugehen.

Zum anderen sind Frames eine sehr fehleranfällige Technik, und leider können vor allem ältere Browser nicht viel damit anfangen. Davon abgesehen verfügt nicht jeder Benutzer über einen ausreichend großen Bildschirm, um eine sinnvolle Darstellung der Seiteninhalte zu erzielen. Wenn Sie sich vorstellen, daß der ohnehin schon knapp bemessene Bildschirmplatz in zwei oder gar drei Bereiche aufgeteilt wird, dann ist eine sinnvolle Darstellung erst ab einem 17''-Bildschirm möglich.

Auch wenn Sie es mir nicht glauben wollen, Sie sind auch ohne Frames in der Lage, gut und übersichtlich gegliederte Webprojekte zu erstellen. Dafür gibt es genügend gute Beispiele, deren Realisierung mit einfachsten Mitteln erfolgt. Aber wie gesagt, das ist letztendlich eine Geschmacks- und vor allem auch eine Glaubensfrage.

Aufbau von Frames

Eine Webseite, die aus Frames besteht, werden Sie nie zu Gesicht bekommen. Warum? Weil jeder Frame aus einer eigenen Webseite besteht. Die Startseite selbst wird vom Browser nicht angezeigt. Der Browser benötigt lediglich die in dieser Seite enthaltenen Informationen über alle anzuzeigenden Frame-Seiten. Und aus wieviel HTML-Seiten besteht nun ein Projekt mit Frames genau? Mindestens aus so vielen HTML-Seiten, wie Bereiche mit Frames angezeigt werden plus der nicht sichtbaren Startseite. Ist also der sichtbare Bereich des Browsers in zwei Bereiche mit Frames aufgeteilt, benötigen Sie insgesamt drei HTML-Dateien.

Die Startseite

Die Startseite ist die Seite, welche alle Informationen über die Aufteilung des Bildschirms und die darin anzuzeigenden Seiten enthält. Die Definition dieser Informationen erfolgt zwischen den Tags </head> und <body>. Die Definition selbst wird mit dem Tag-Paar <frameset>...</frameset> durchgeführt und enthält alle relevanten Angaben zu den Frames. Mit dem ersten Aufruf dieser Seite interpretiert der Browser diese Informationen und teilt die Bildschirmfläche in die angegebenen Bereiche auf. Anschließend lädt er die angegebenen Webseiten und zeigt diese in den definierten Bereichen an. Wenn eine dieser Seiten nicht verfügbar ist, bleibt der entsprechende Bereich leer und wird nicht genutzt.

```
<!doctype html public "-//w3c//dtd html 4.0//en">
<html>
<head>        ,
<title>Titel</title>
</head>
    <frameset ...>
        ...
    </frameset>
</html>
```

Um nun den weiteren Aufbau des Tags <frameset> zu verstehen, müssen Sie sich zuerst mit den verschiedenen Grundkonzepten von Frames vertraut machen.

Die Einteilung in Frames kann in horizontaler (rows) und in vertikaler Richtung (cols) erfolgen. Selbstverständlich können Sie auch beide Richtungen miteinander mischen, also Definitionen mit frameset untereinander verschachteln.

Gehen wir also vom einfachsten Fall, einem vertikal zweigeteilten Fenster, aus. In der Definition von <frameset> erfolgt wie gesagt die Angabe über die Größenverhältnisse der Fenster in Form von Zahlenwerten. Hier sehen Sie, wie mit dem Attribut cols durch die Angabe von zwei Größenangaben der Bildschirm in zwei Bereiche unterteilt wird.

Syntax:

```
<frameset cols="20%,80%">
  ...
</frameset>
```

Im obigen Beispiel erfolgt also die Aufteilung in ein vertikal geteiltes Fenster zu 20% und ein zweites zu 80% der zur Verfügung stehenden Bildschirmbreite. Statt Prozentangaben sind auch absolute Zahlenangaben in Pixel möglich. So können Sie z.B. auch folgende Definition angeben:

Syntax:

```
<frameset cols="100,*">
  ...
</frameset>
```

Damit erfolgt die Aufteilung in ein linkes Fenster zu 100 Pixel und ein rechtes Fenster, welches aufgrund der Verwendung eines Platzhalters den restlichen Platz ausfüllt.

Tag/Attribute	Beschreibung
<frameset></frameset>	Definiert einen Frame-Bereich
<noframes></noframes>	Ermöglicht alternative Angaben
<frame>	Definiert einen Frame
name="..."	Bestimmt den Namen eines Frames
src="..."	Definiert die Adresse der Seite
rows="..."	Legt die Anzahl der horizontalen Elemente fest
cols="..."	Legt die Anzahl der vertikalen Elemente fest

Tabelle 12.1: Das Tag zum Erstellen von Frames

Aufteilung in vertikale Frames

Nachdem der Browser diese Informationen verarbeitet hat, benötigt er noch die Namen der Seiten, welche in den neuen Frames angezeigt werden sollen. Diese Angaben erfolgen in dem Raum zwischen <frameset>...</frameset> mit dem Tag Frame und dem ergänzenden Attribut src. Hier werden die gewünschten Seitendefinitionen untereinander aufgelistet. Dabei wird die zuerst genannte Seite in das linke Fenster, die zweite in das rechts folgende Fenster usw. geladen.

Beispiel:

In der Startseite erfolgt die Aufteilung des Fensters in zwei Bereiche. Der erste Bereich mit dem Namen *index* befindet sich auf der linken Hälfte, während sich der zweite Bereich auf der rechten Seite befindet.

Das Beispiel ist auf der CD zum Buch enthalten.

```
<!doctype html public "-//w3c//dtd html 4.0//en">
<html>
<head>
<title>Vertikale Frames</title>
</head>
    <frameset cols="200,*">
        <frame src="Frame1.htm" name="index">
        <frame src="Frame2.htm" name="uebersicht">
    </frameset>
</html>
```

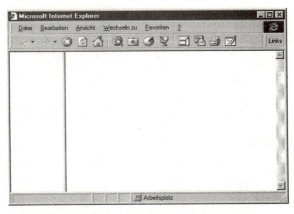

Abbildung 12.2: Die wohl am meisten verbreitete Darstellungsart mit Frames

In dem obigen Listing sehen Sie, daß in der Definition des Tags `<frame>` mit dem Attribut `name` ein Name für jedes Fenster vergeben wurde. Dies ist insofern wichtig, als daß über diesen Namen die einzelnen Fenster über Verweise angesprochen werden können. In der Definition der Hauptseite wurde die Breite der Frames bereits festgelegt. Bewegen Sie doch einmal den Mauszeiger über den schmalen Rand zwischen den beiden Fenstern. Sie werden feststellen, daß dieser sich zu einem Doppelpfeil verändert. Versuchen Sie ruhig, die Größe der beiden Fenster zu verändern. Diese Funktionalität wird von allen Browsern unterstützt und dürfte kein Problem darstellen.

Aufteilung in horizontale Frames

Als nächstes wollen wir uns der Unterteilung des Browserfensters in horizontal getrennte Fenster widmen. Dieses Prinzip unterscheidet sich nicht sonderlich vom vorhergehenden Anwendungsfall. Hier müssen Sie lediglich das Attribut `cols` gegen `rows` Austauschen, alles andere lassen Sie unverändert. Auch in diesem Fall gelten für die Größenangaben der Fenster die gleichen Regeln.

Beispiel:

In diesem Beispiel sehen Sie die Aufteilung in drei Frames. Die Aufteilung erfolgt auch hier wieder in der Reihenfolge der Aufzählung, also oben ein Fenster mit 20 Prozent, in der Mitte eines mit 55 Prozent und schließlich unten ein Fenster, welches den zur Verfügung stehenden Rest nutzt.

Das Beispiel ist auf der CD zum Buch enthalten.

```
<!doctype html public "-//w3c//dtd html 4.0//en">
<html>
<head>
<title>Horizontale Frames</title>
</head>
<frameset rows="20%,55%,*">
```

```
<frame src="Frame1.htm" name="oben">
<frame src="frame2.htm" name="mitte">
<frame src="frame3.htm" name="unten">
</frameset>
</html>
```

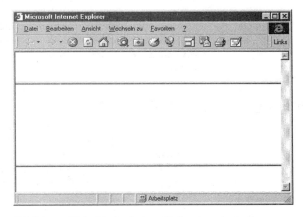

Abbildung 12.3: Ein in drei vertikal angeordnete Frames
unterteilter Bildschirmbereich

Verschachteln von Frames

Abschließend soll noch eine dritte und häufig genutzte Variante zur
Sprache kommen. Diese Variante stellt eine Kombination aus den
beiden vorherigen Möglichkeiten dar. Im folgenden Beispiel wird
der Bildschirmbereich zuerst mit <frameset cols="20%,*"> vertikal
aufgeteilt. Anschließend erfolgt eine weitere Definition mit <frame-
set rows="80%,*"> und damit die horizontale Aufteilung der rechten Hälfte. Eine solche Verschachtelung können Sie beliebig wiederholen, prinzipiell sind Ihnen da keinerlei Grenzen gesetzt. Doch
immerhin müssen Sie die Verschachtelungen auch verwalten und irgendwann wirkt ein solches Projekt auf den Benutzer eher unübersichtlich als strukturiert. Ein großes Problem bei solchen Ver-

schachtelungen ist auch die mangelnde Offline-Fähigkeit solcher Seiten. Viele Benutzer laden erst ganze Projekte in den Cache, um anschließend die Verbindung zu trennen und die Webseiten offline in aller Ruhe zu lesen. Dann aber hat der Browser oft Schwierigkeiten, das Projekt korrekt anzuzeigen, und das liegt dann meistens an den vielen Frames.

Das Beispiel ist auf der CD zum Buch enthalten.

```
<!doctype html public "-//w3c//dtd html 4.0//en">
<html>
<head>
<title>Verschachtelte Frames</title>
</head>
<frameset cols="20%,*">
   <frame src="Frame1.htm" name="index">
   <frameset rows="80%,*">
      <frame src="Frame2.htm" name="oben">
      <frame src="Frame3.htm" name="unten">
   </frameset>
</frameset>
</html>
```

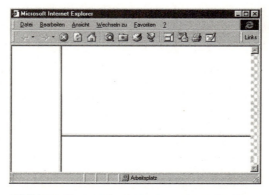

Abbildung 12.4: Mehr als drei Bereiche sollten Sie nicht verwenden

Framefreie Zonen

Wie gesagt, nicht alle Browser unterstützen Frames. Deshalb sollten Sie den Benutzern von älteren Browsern die Möglichkeit geben, trotzdem einige Informationen über die Seiten zu erlangen. Für diesen Zweck wird der Bereich <noframe> verwendet. Damit erzeugen Sie eine framefreie Zone, die in älteren Browsern statt der Frames angezeigt wird.

Beispiel:

Hier sehen Sie die Anordnung des Bereichs noframe mit einem Textabschnitt. Der Bereich befindet sich in einen freiem Bereich der HTML-Datei.

```
<!doctype html public "-//w3c//dtd html 4.0//en">
<html>
<head>
<title>Titel</title>
</head>
    <frameset>
        ...
    </frameset>
    <noframes>
        Ihr Browser kann leider keine Frames anzeigen.
    </noframe>
</html>
```

Beeinflussen des Frame-Randes

Zum Glück erfolgt bei den neueren Versionen der Browser eine einheitliche Darstellung des Randes. Doch trotzdem kann sich dieser als störend erweisen, und zwar genau dann, wenn beide Bereiche lediglich durch einen Farbübergang getrennt werden sollen. Oder wenn z.B. die funktionale Trennung der beiden Bereiche gegenüber der Gestaltung in den Hintergrund treten soll. Zum Entfernen des Rahmens verwenden Sie das Attribut frameborder und übergeben ihm den Wert 0.

Beispiel:

```
Frameborder=0
```

Sie können den Rand des Frames auch so beeinflussen, daß der Benutzer seine Größe nicht mehr verändern kann. Mit dem Attribut noresize muß dieser sich dann mit der Fenstereinteilung ein für allemal abfinden und hat darauf keinerlei Einfluß mehr.

Beispiel:

```
<frame src="Frame1.htm" name="index" noresize>
```

Und letztendlich können Sie den Rahmen auch noch farbig darstellen. Dazu ergänzen Sie die Definition des Bereichs <frameset> in der Startdatei um das Attribut bordercolor und übergeben ihm einen Zahlenwert, welcher eine gültige Farbe repräsentiert. Hier gelten übrigens wie immer die allgemeinen Angaben zur Verwendung von Farben in HTML.

Beispiel:

Die HTML-Datei enthält zwei vertikale Frames, die mit einem farbigen Rand angezeigt werden. Die Angabe des Attributs noresize erfolgt in der zweiten Definition eines Frames was jedoch keine Bedingung darstellt. Die Angabe des Attributs in der ersten Definition würde die gleiche Wirkung erzielen.

Das Beispiel ist auf der CD zum Buch enthalten.

```
<!doctype html public "-//w3c//dtd html 4.0//en">
<html>
<head>
<title>Rahmen beeinflussen</title>
</head>
<frameset cols="200,*" bordercolor="#00ff00">
    <frame src="Frame1.htm" name="index">
    <frame src="Frame2.htm" name="uebersicht" noresize >
</frameset>
</html>
```

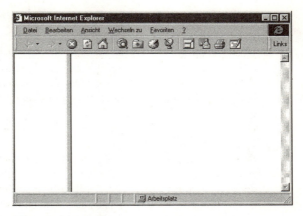

Abbildung 12.5: Ein Seite mit farbigem Rahmen

Abstände innerhalb der Frames

Wie Sie im vorherigen Abschnitt gesehen haben, können Sie in der Startdatei einige Einstellungen für Frames zentral vornehmen. Jetzt folgt noch eine weitere Einstellung, von der man normalerweise nicht annehmen würde, daß sie ebenfalls zentral erfolgt. Dabei handelt es sich um die Abstände zwischen dem Seiteninhalt und dem Frame-Rand. Die entsprechenden Attribute lauten `marginheight` (horizontaler Abstand) und `marginwidth` (vertikaler Abstand) und erwarten die Angabe eines absoluten Zahlenwertes oder eines relativen Prozentualwertes. Diese Einstellung gilt für alle Elemente, welche zu der in diesem Frame angezeigten Webseite gehören. Dieses Vorgehen birgt Vorteile, aber auch Nachteile in sich. Mit der zentralen Einstellung der Abstände vom Seiteninhalt zum Rand erreichen Sie zum einen eine einheitliche Darstellung und ersparen sich das Ausrichten einzelner Elemente der verschiedenen Webseiten. Zum anderen müssen Sie diese Einstellungen während der Gestaltung jeder einzelnen Seite beachten und diesen Umstand in das Gesamtkonzept einbeziehen.

Beispiel:

Hier wurden für die Anzeige der Seiteninhalte des oberen Frames
Abstände zum Rand angegeben. Die Anzeige der Inhalte des unteren Frames erfolgt in herkömmlicher Weise.

Das Beispiel ist auf der CD zum Buch enthalten.

```
<!doctype html public "-//w3c//dtd html 4.0//en">
<html>
<head>
<title>Abstände in Frames</title>
</head>
<frameset cols="20%,*">
        <frame src="Frame1.htm" name="index">
            <frameset rows="80%,*">
                <frame src="Frame2.htm" name="uebersicht"
                marginwidth=100 marginheight=100>
                    <frame src="frame3.htm" name="unten">
    </frameset>
</frameset>
</html>
```

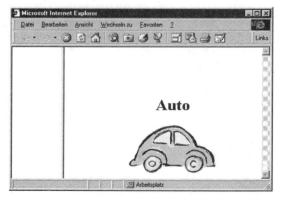

Abbildung 12.6: Abstände können bereits zentral festgelegt werden

Verweise in Frames

Was würde wohl geschehen, wenn Sie innerhalb einer Seite mit Frames einen ganz normalen Verweis zu einer weiterführenden Seite Ihres Projekts aktivieren würden? Richtig, die Zielseite erscheint im Browser, aber oh Schreck, von den Frames ist nichts mehr zu sehen. Das ist auch kein Wunder, schließlich müssen Sie dem Browser mitteilen, daß er die Zielseite in einem der Frame- Fenster darstellen soll. Das kann das gleiche Frame-Fenster oder auch ein anderes sein. So können Sie z.B. das linke Fenster permanent als Seite mit allen Links anzeigen, während im rechten Hauptfenster die Hauptseiten des Projekts angezeigt werden.

Um dem Browser das Zielfenster des Verweises anzugeben, benutzen Sie in der Deklaration des Verweises das Attribut `target` und übergeben ihm den Namen des Zielframes. Dessen Name wurde bereits in der Startseite zusammen mit `<frame src="..." name="...">` angegeben. Alternativ dazu sind für das Attribut verschiedene Voreinstellungen möglich, die Sie in der Tabelle am Ende dieses Abschnitts finden.

Beispiel:

Der hier definierte Verweis lädt eine HTML-Datei in das Fenster mit dem Namen *Übersicht*. In dem Beispiel auf der CD zum Buch wurde dieser Name für das Fenster vergeben, in dem auch diese HTML-Datei angezeigt wird. Die neue HTML-Datei wird also im gleichen Frame angezeigt.

Das Beispiel ist auf der CD zum Buch enthalten.

```
<!doctype html public "-//w3c//dtd html 4.0//en">
<html>
<head>
<title>Verweise in Frames</title>
</head>
<body>
    <a href="Frame2.htm" target="uebersicht">neues Projekt</a>
```

```
</body>
</html>
```

Diese Technik bewährt sich allerdings nicht, wenn Sie einen externen Verweis in das WWW aktivieren wollen. Schließlich gehört dieser zu einem eigenständigen Projekt, welches auf fremdem Gedankengut beruht. Mit dessen Darstellung innerhalb Ihres Projekts würden Sie diesem Umstand ungenügend Rechnung tragen, und es würde der Eindruck des Ideenraubes aufkommen. Deshalb sollte aus Respekt vor der Arbeit anderer jeder Link zu einem fremden Projekt auch als solcher erkennbar in einem neuen Fenster angezeigt und nicht als Bestandteil des eigenen Projekts dargestellt werden.

Zur Übersicht können Sie aus der folgenden Tabelle die verschiedenen Einstellungen für Verweise und deren Zielfenster entnehmen.

Attribut/Werte	Beschreibung
target	Legt ein Zielfenster fest
_blank	Die Zielseite erscheint in einem neuen Fenster
_self	Die Zielseite erscheint im gleichen Frame
_parent	Die Zielseite erscheint in einem übergeordneten Frame
_top	Die Zielseite erscheint in einem Fenster über dem Frame

Tabelle 12.2: Verschiedene Werte für das Attribut `target`

Eingebettete Frames

Am Ende dieses Abschnitts soll noch eine besondere Neuerung zu Frames erwähnt werden. Dabei handelt es sich um *Inline-Frames*. Sie ermöglichen das Einbinden einer anderen Webseite in eine bestehende Seite oder eine bestehende Frame-Seite. Damit können Sie z. B. dem Besucher Ihrer Seite einen schnellen Ausblick auf eine weitere eigene Seite verschaffen oder auch eine andere Seite mit weiterführenden Themen zu Ihrer Seite anzeigen. Es versteht sich von selbst, daß im letzteren Fall die Urheberrechte der anderen Seite gewahrt bleiben müssen und deren Inhalt nicht ohne weiteres als Bestandteil der eigenen Seite ausgegeben werden kann. Das

Ganze hat allerdings auch den Nachteil, daß sich zum einen die Downloadzeit der gesamten Seite erhöht und zum anderen der Netscape Navigator diese Technik leider (noch) nicht unterstützt. Das ist aber noch lange kein Grund, darauf zu verzichten. Sie können für diesen Fall auch einen Alternativtext angeben und vielleicht schon mit der nächsten verbesserten Version des Netscape Navigator rechnen. Das Einbinden eines Inline-Frames erfolgt mit dem Tag <iframe>, anschließend folgen die für Frames üblichen Angaben. Da die eingebundene Frame-Seite mit Sicherheit das Fassungsvermögen Ihres Fensters übersteigt können Sie mit dem ergänzenden Attribut scrolling die Anzeige von Rollbalken steuern.

Attribut/Werte	Beschreibung
scrolling	Legt fest, ob ein Frame Rollbalken enthält
auto	Die Anzeige der Rollbalken erfolgt automatisch
yes	Es werden Rollbalken angezeigt
no	Es werden keine Rollbalken angezeigt

Tabelle 12.3: Die Werte für das Attribut scrolling

Beispiel:

Die HTML-Seite enthält einen Inline-Frames dessen Fenster mit Rollbalken versehen wurde. Innerhalb des Bereichs <iframe> befindet sich ebenfalls ein Alternativtext, der vom Netscape Navigator statt des Inline-Frames angezeigt wird.

Das Beispiel ist auf der CD zum Buch enthalten.

```
<!doctype html public "-//w3c//dtd html 4.0//en">
<html>
<head>
<title>iframe</title>
</head>
<body>
<h2>Das W3C und Inline-Frames</h2><p>
    <iframe src="Frame2.htm" width="400" height="150"
```

```
scrolling="auto"
    frameborder="1">
  Leider kann Ihr Browser keine Inline-Frames anzeigen
  </iframe><p>
</body>
</html>
```

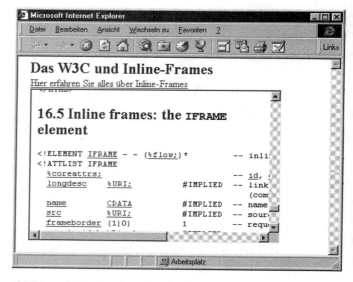

Abbildung 12.7: Eine Seite mit Inline-Frame zu einer Seite des W3-Konsortiums

Tag/Attribute	Beschreibung
<iframe></iframe>	Definiert einen eingebetteten Frame
scrolling	Legt fest, ob Rollbalken verwendet werden

Tabelle 12.4: Das Tag iframe für eingebettete Frames

KAPITEL

Multimedia und Applets einbinden

Mit dem Einbinden von Applets oder Multimedia-Dateien zeigt sich Ihre Webseite von einer bisher unbekannten Seite. Mit der Einführung höherer Übertragungsraten findet auch diese Technik eine immer größere Verbreitung.

13

Multimedia und Applets einbinden

Videos abspielen

Mit dem Abspielen von Videos wird Ihre Webseite zur Kinoleinwand. Sie können Präsentationen in Echtzeit ablaufen lassen oder auch Ihr Urlaubsvideo zeigen, kein Problem mit Multimedia. Mit dem Tag <embed>, welcher ausnahmsweise einmal von beiden großen Browsern gleich interpretiert wird, ist eine fast sorgenfreie Programmierung gewährleistet. Dieses Tag gehört momentan noch nicht zum derzeitigen offiziellen Standard von HTML 4, es findet aber bereits vielfach Verwendung. Das Tag unterstützt die meisten Videoformate, also auch AVIs, die üblichen Grafikformate und Klangdateien (*.*WAV*). Voraussetzung für den erfolgreichen Einsatz des Tags ist das Vorhandensein der erforderlichen Programme zum Abspielen der Multimedia-Dateien auf dem entsprechenden Rechner. Wenn dies der Fall ist, bedient sich der Browser im Hintergrund über OLE (Object Linking and Embedding) der Programme und spielt die Dateien im eigenen Fenster ab. Manche Browser stellen zum Abspielen der Dateien auch ein eiges Plug-In zur Verfügung.

Beispiel:

```
<embed src="Welcome1.avi">
```

Ganz so einfach wie in dem obigen Beispiel ist das Ganze natürlich nicht. Während der Browser von Microsoft sich mit dieser einen Zeile zufriedengibt, benötigt Netscape zusätzlich die Angabe der Größe des Objekts mit den Attributen hight und width. Leider wird das Tag <embed> von älteren Browsern nicht interpretiert. Um in diesem Fall eine korrekte Anzeige der restlichen Seite zu gewährleisten, können Sie auf den Tag noembed zurückgreifen und gegebenenfalls einen Alternativtext anzeigen lassen.

Beispiel:

In der HTML-Datei wurde mit dem Tag <embed> eine Videodatei eingebettet. Falls die Datei aufgrund einer älteren Browserversion nicht angezeigt werden kann, wird statt dessen ein Alternativtext angezeigt.

```
<!doctype html public "-//w3c//dtd html 4.0//en">
<html>
<head>
<title>Titel</title>
</head>
<body>
    <embed src="hurricane.avi">
    <noembed> Wenn Sie diesen Text lesen, dann kann Ihr Browser
dieses
      Video nicht anzeigen.</noembed>
</body>
</html>
```

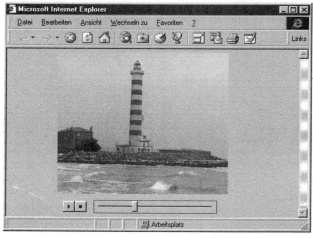

Abbildung 13.1: So stellt der Internet Explorer eine AVI-Datei dar

Das Tag <embed> ist ein echter Alleskönner. Mit seiner Hilfe können Sie auch Klangdateien abspielen lassen. Dazu ist keine weitere Angabe eines Attributs oder einer Ergänzung notwendig. Der Browser sucht auf dem Rechner des Benutzer selbständig das passende Programm zum Abspielen der Datei und spricht dieses dann im Hintergrund an.

Sounds einbinden

Alternativ zu dem Tag <embed> können Sie zum Abspielen einer Sounddatei auch den Tag bgsound verwenden. Die Ausgabe erfolgt mit dem Attribut src, dem der Name der Sounddatei übergeben wird.

Beispiel:

```
<bgsound src="sounddatei.wav">
```

Eine Sounddatei ist in der Regel etwas größer als nur einige Kilobyte. Das Laden einer umfangreichen Sounddatei würde allerdings aufgrund der benötigten Ladezeit so einigen Besuchern den Spaß an dem Sound verderben. Ein Ausweg bietet sich hier mit dem zusätzlichen Attribut loop an, das die Anzahl der Wiederholungen angibt. Damit können Sie dann eine kleine, wenig Ladezeit beanspruchende Datei laden und diese immer wieder wiederholen, was bei dem Besucher Ihrer Seite schon einen wesentlich besseren Eindruck hinterläßt.

Beispiel:

In die Webseite wurde eine Klangdatei eingebunden, die mit Hilfe des Attributs loop 20 mal wiederholt wird.

```
<!doctype html public "-//w3c//dtd html 4.0//en">
<html>
<head>
<title>Titel</title>
</head>
<body>
    Viel Spaß beim Lauschen der Musik.
    <bgsound src="Hund.wav" loop=20>
```

```
</body>
</html>
```

Tag /Attribute	Beschreibung
<embed>	Definiert eine eingebundene Multimedia-Datei
	Legt einen alternativen Bereich für die Multimedia-Datei fest
<bgsound>	Definiert eine eingebundene Multimedia-Datei
loop="..."	Legt die Anzahl der Wiederholungen der Datei fest
src="..."	Definiert den Pfad einer Quelldatei

Tabelle 13.1: Dazugehörige Tags

Einbinden von Applets

Mit dem Einbinden von Applets können Sie Ihrer Webseite ebenfalls mehr Leben einhauchen. Neben Kenntnissen in Java, das weitgehend an der Syntax von C++ orientiert ist, benötigen Sie eine spezielle Entwicklungsumgebung, um fertige Applets erstellen zu können. Dafür können Sie dann aber auch wesentlich komplexere Programme als mit JavaScript erstellen. Davon abgesehen, daß Sie mit Java einen großen Bereich der Möglichkeiten von anderen Programmiersprachen abdecken können. Am verbreitetsten sind sicher Anwendungen wie News-Ticker, Animationen und Spiele. Um ein Java-Applet in Ihre Webseite einzubinden, müssen Sie aber nicht erst Java erlernen. Im Internet sind auf unzähligen Seiten Java-Applets zur freien Benutzung im Angebot. Wenn Sie sich entschieden haben, ein solches Applet einzusetzen, müssen Sie dieses nur noch in den Code Ihrer Seite einbinden.

Das Einbinden des Applets erfolgt mit dem Tag <applet>. Anschließend folgt das Attribut code, dem der Name der Datei, welche das Applet enthält, übergeben wird. Mit dem zusätzlichen Attribut alt können Sie, falls das Applet nicht ausführbar ist, einen Alternativtext anzeigen lassen. Sie können auch auf ein Applet zugreifen, das sich auf einem anderen Server oder Verzeichnis befindet. Dazu geben Sie zusätzlich mit dem Attribut codebase den Namen des Verzeichnisses an.

Beispiel:

```
<!doctype html public "-//w3c//dtd html 4.0//en">
<html>
<head>
<title>Titel</title>
</head>
<body>
    <applet code="aplet.class" codebase="../" alt="Text">
    </applet>
</body>
</html>
```

Tag /Attribute	Beschreibung
<applet></applet>	
alt="..."	Stellt einen Alternativtext zur Verfügung
class="..."	Der Name der Applet-Datei
codebase="..."	Der Name eines Verzeichnisses, in dem sich die Datei befindet

Tabelle 13.2: Das Tag zum Einbinden eines Applets

KAPITEL

Grafik in HTML und Techniken

Im zweiten Teil des Buches wurde das Einbinden von Grafiken in HTML-Dateien erläutert. Hier finden Sie das notwendige Know-how, um mit Grafiken eine anspruchsvolle Gestaltung von Webseiten zu erzielen.

14

Grafik in HTML und Techniken

Grafiken für's WWW

Wenn von Grafiken für das Internet die Rede ist, dann ist das erst einmal mit einer Reihe von Einschränkungen verbunden. Und zwar insofern, als nicht jede Grafik für das Internet geeignet ist, diese also zuerst eine Reihe von Bedingungen erfüllen muß. Am Anfang dieser Bedingungen steht auf alle Fälle das Grafikformat. Im Laufe der Zeit haben sich zwei verschiedene Grafikformate etabliert, die beide spezielle Eigenschaften aufweisen.

Das JPG-Format

Dieses Format dürfte mit Sicherheit das am meisten verwendete Format im Internet sein. Der Grund dafür ist seine mögliche hohe Kompressionsrate, mit der die Ladezeiten einer Webseite weitgehend optimiert werden können. Trotz seiner hohen Kompressionsrate können die Bilder im True Color Modus (16 Millionen Farben) vorliegen. Das Format ist plattformunabhängig und kann auf verschiedenen Betriebssystemen eingesetzt werden. Wegen seiner Kompressionsmöglichkeit eignet sich das Format vor allem für größere Grafiken. Die Kompressionsrate kann beim Speichern der Grafik in einem erweiterten Dialogfeld eingestellt werden und genau da verbirgt sich auch die Schattenseite dieses Formats. In dem Maße wie die Komprimierung ansteigt, verschlechtert sich auch die Bildqualität – und zwar beachtlich. Das Format arbeitet also nicht verlustfrei. Dementsprechend muß hier sorgfältig zwischen Nutzen und Notwendigkeit abgewogen werden – notfalls müssen Sie so lange probieren, bis Sie die für Ihre Zwecke günstigste Lösung gefunden haben.

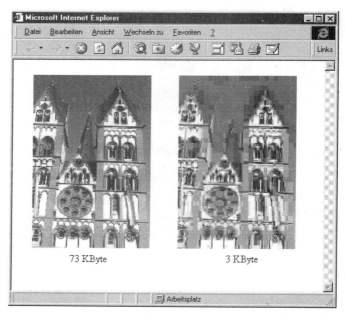

Abbildung 14.1: Eine JPG-Grafik in verschiedenen Kompressionsraten

In der obigen Abbildung sehen Sie eine JPG-Grafik in zwei verschiedenen Kompressionsraten. Dort werden die Qualitätsverluste zwischen zwei unterschiedlich komprimierten Grafiken deutlich sichtbar. Während das linke Bild ohne Komprimierung relativ viel Speicherbedarf in Anspruch nimmt, eignet sich das rechte Bild in der höchsten Komprimierungsrate höchstens als Grafik für eine Vorschaufunktion.

Das GIF-Format

Das GIF-Format erreicht ebenfalls eine brauchbare Kompressionsrate und arbeitet weitgehend verlustfrei. Das Ganze hat natürlich auch seinen Preis – hier sind leider nur 256 Farben möglich. Damit eignet sich das Format in erster Linie für großflächige Logos oder Schaltflächen, die dafür bei einer brauchbaren Komprimierung in sauberen Farben dargestellt werden können. Zusätzlich lassen sich in dem Format transparente Hintergründe definieren – solche freigestellten Grafiken finden Sie auf vielen Webseiten. Mit dieser Technik werden z. B. Grafiken mit unregelmäßigen Formen oder ovale Schaltflächen dargestellt.

Ein weiteres Merkmal ist die Möglichkeit, Grafiken *interlaced* abzuspeichern. Damit erfolgt das Einlesen der Grafik während des Ladevorgangs nicht zeilenweise, sondern Schichtweise. Dadurch kann der Benutzer bereits während des Ladevorgangs zuerst die Umrisse und anschließend die genauer werdenden Konturen des Bildes erkennen, was ihm eine brauchbare Vorschau auf das zu erwartende Bild liefert.

Abschließend soll noch eine weitere Eigenart dieses Formats Beachtung finden: animierte Grafiken. Solche kleinen Grafiken, welche meist aus zwei bis fünf Bewegungsabläufen bestehen, sind nur in diesem Format realisierbar. Dabei sollte nicht vergessen werden, daß sich damit der Speicherbedarf einer Grafik um die Anzahl der enthaltenen Bilder vermehrt.

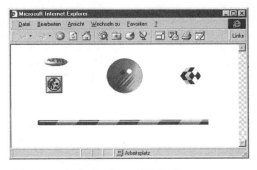

Abbildung 14.2: Typische GIF-Grafiken

Vorbereiten von Grafiken

Im letzten Abschnitt haben Sie eine ganze Menge über Grafiken und ihre Formate gelesen, doch wie erhalten Sie nun eine Grafik in diesem Format? Wenn Ihnen eine Grafik bereits in einem anderen Format vorliegt, dann ist dies kein großes Problem. In diesem Fall brauchen Sie lediglich mit irgendeinem Bildbearbeitungsprogramm zu laden und dann anschließend unter dem Menüpunkt *Speichern unter...* in dem gewünschten Format abzuspeichern. Zu diesem Zweck eignen sich alle Programme, die die gewünschten Formate unterstützen. Alle Besitzer des Office-Paketes verfügen bereits automatisch über ein geeignetes Programm. Während des Setup wählen Sie dazu im Dialogfeld zur Auswahl der einzelnen Office-Komponenten den Punkt *Office-Tools* und klicken auf die Schaltfläche *Option ändern*.

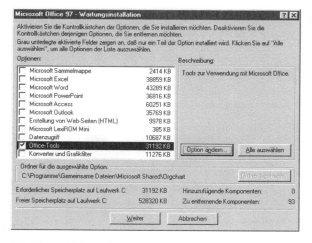

Abbildung 14.3: Während des Office-Setups

Im erscheinenden Dialogfeld kreuzen Sie den Punkt *Microsoft Photo Editor* an und führen das Setup weiter aus. Das Installierte Programm zeichnet sich nicht gerade durch üppige Bearbeitungsmöglichkeiten aus, für unseren Zweck zum Konvertieren von Bildformaten reicht es aber völlig aus.

Das Einstellen der Komprimierungsrate erfolgt in fast jedem Programm auf eine andere Art und Weise. Entweder wird im Dialogfeld unter dem Menüpunkt *Speichern unter...* oder in einem anderen Menüpunkt, welcher meistens den Namen *Eigenschaften, Erweitert...* oder *Einstellungen* trägt, die Einstellung der Komprimierungsrate angeboten.

Client Side ImageMaps

Hin und wieder begegnen Sie einer Webseite mit einer relativ großen Grafik. Das an sich ist noch lange nichts Besonderes, doch einige Grafiken bestehen aus mehreren Bereichen. Mit einem Klick auf einen solchen Bereich innerhalb dieser Grafik gelangen Sie plötzlich zu einer weiteren Seite. In diesem Moment haben Sie Bekanntschaft mit einer *Client Side ImageMap* gemacht. Und meistens erweist sich deren Bekanntschaft als äußerst praktisch. Im nächsten Bild sehen Sie z. B. ein solches Bild, welches als Einstieg in die Webseiten einer gesamten Region fungiert. Statt mit langweiligen Schaltflächen oder gar Textlinks kann der Benutzer in einer Landkarte einen Ort wählen und erhält damit sogleich einen Eindruck über die geographische Lage seines Ziels.

Abbildung 14.4: Eine Landkarte als ImageMap

Was steckt nun eigentlich hinter einer ImageMap? Nun, dahinter verbirgt sich eine Grafik, die in mehrere Bereiche, sogenannte *Zonen*, aufgeteilt wurde. Natürlich nicht richtig aufgeteilt, die Grafik ist schon noch zusammenhängend vorhanden. Es wurden lediglich mit einem geeigneten Programm mehrere dieser Bereiche in Form von Koordinaten ermittelt und diese dann im Code der HTML-Datei hinterlegt. Sobald nun der Benutzer über einem dieser Bereiche einen Mausklick ausführt, erkennt der Browser diese Aktion und führt den dazugehörigen Verweis aus.

Definition einer ImageMap

Die Definition einer ImageMap erfolgt mit dem Tag <map>. Zusätzlich wird zu Beginn der Definition der Name der entsprechenden Grafik angegeben. Schließlich muß der Browser wissen, wo er die hier definierten Bereiche später überprüfen soll. Anschließend erfolgt die Bezeichnung der einzelnen Bereiche der ImageMap mit dem Tag <area>. Hier übergeben Sie dem Attribut shape die Art der Figuren, welche von den ermittelten Koordinaten dargestellt werden. Anschließend folgen die Koordinaten sowie mit href das Ziel des entsprechenden Verweises. Nach dem Abschluß des Bereichs map wird die eigentliche Grafik zusammen mit dem Attribut usemap angegeben, welches wieder den im Bereich von <map> angegebenen Namen enthält.

Figur	Beschreibung	Koordinaten
rect	Rechteck	x1,y1,x2,y2 (oben links, rechts / unten links, rechts)
circle	Kreis	x1,y1, Radius (Mittelpunkt, Radius)
polygon	Vieleck	x1,y1,x2,y2,x3,y3,x4,y4,....

Tabelle 14.1: Die möglichen Figuren und ihre Koordinaten

Beispiel:

In die HTML-Datei wurde eine Grafik eingebunden, die über drei Bereiche aufgeteilt wurde. Der erste Bereich verweist auf ein Sprungziel innerhalb der eigenen Seite, während die beiden anderen Bereiche auf eine separate HTML-Datei verweisen.

```
<!doctype html public "-//w3c//dtd html 4.0//en">
<html>
<head>
<title>Titel</title>
</head>
<body>
    <map name="bild1">
    <area shape=rect coords="20,30,150,145" href="#Anker">
    <area shape=circle coords="50,50,130" href="Datei1.htm">
    <area shape=polygon coords="1,1,60,15,75,17"
href="Datei2.htm">
    </map>
    <img src="landkarte.gif" usemap="#bild1" border=0>
</body>
</html>
```

Tag/Attribute	Beschreibung
<map></map>	Definiert eine ImageMap
name="..."	Enthält den Namen des Bereichs
<area>	Definiert einen Bereich der Grafik
shape="(circle | polygon | rect)"	Bezeichnet die Figur, die den Bereich erstellt
coords="..."	Bezeichnet die Koordinaten einer Figur
href="..."	Enthält die Adresse des Sprungziels
<img>	Definiert die Grafik für eine ImageMap
src="..."	Enthält den Pfad der verwendeten Grafik
usemap="..."	Verknüpft die Grafik mit den Angaben zur ImageMap

Tabelle 14.2: Das Tag zum Definieren einer ImageMap

Techniken zum Bearbeiten von ImageMaps

So einfach wie sich das Arbeiten mit ImageMaps auch anhören mag, es steckt doch eine ganze Menge Arbeit dahinter. Immerhin müssen Sie die Koordinaten der entsprechenden Bereiche ermitteln, was je nach Arbeitsumfang eine recht knifflige Aufgabe sein kann. Die meisten Leser werden unter Umständen auf verschiedene Grafikprogramme zurückgreifen, mit denen sich die erforderlichen Angaben über Umwege ermitteln lassen. Wer sich das Arbeiten mit einem englischsprachigen Programm zutraut, wird sich sicher mit einem speziellen Programm anfreunden können.

MapEdit

Alle, die schnell und komfortabel ImageMaps erstellen wollen, kommen einfach nicht an dem Programm *MapEdit* vorbei. Das kleine Programm setzt Maßstäbe in Komfort und Handhabung – hier lassen sich beim besten Willen keine negativen Punkte finden. Mit ihm bearbeiten Sie die Grafik direkt aus der fertigen HTML-Datei heraus, anschließend speichert es den gesamten zusätzlichen Code in der HTML-Datei direkt unterhalb der Grafik ab.

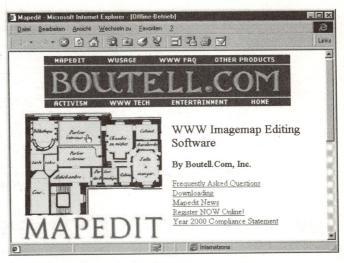

Abbildung 14.5: Die Einstiegsseite der Firma Boutell

Das Programm finden Sie auf der Webseite der Firma Boutell zum Download unter *http://www.boutell.com/mapedit* vor. Dort finden Sie eine 30-Tage-Testversion, die ohne Einschränkungen voll funktionsfähig ist. Außer Versionen für Windows liegen dort ebenfalls Versionen für Mac und Linux bereit. Nach dem Ablauf der Testphase müssen Sie allerdings den Preis von $25 bezahlen. Auch wenn Ihnen das zu teuer erscheint – einen kostenlosen Test dieses Programmes sollten Sie sich auf keinen Fall entgehen lassen. Übrigens: Die gepackte Online Version des Programms ist lediglich 278 Kilobyte klein, was auch bei einer langsamen Internet-Verbindung kein Problem darstellen dürfte.

Nach dem Start des Programms werden Sie mit einem Auswahlfenster aufgefordert, die HTML-Datei zu öffnen, welche die zu bearbeitende Grafik enthält,. Anschließend prüft MapEdit die HTML-Datei erst einmal auf ihren korrekten Syntax. Ist diese Hürde genommen, steht der weiteren Arbeit mit dem Programm nichts mehr im Wege. In einem jetzt erscheinenden Auswahlfenster werden alle in der HTML-Datei eingebundenen Grafiken aufgelistet. Nach dem Auswählen einer Grafik erscheint diese im Bearbeitungsfenster und kann mit Kreisen, Rechtecken oder Polygonen versehen werden. Sind in der HTML-Datei schon Abschnitte mit <map> vorhanden, so werden diese Abschnitte auf der Grafik sichtbar dargestellt. Nach dem Beenden der Arbeit können Sie die neu ermittelten Koordinaten als vollständigen Code in der HTML-Datei abspeichern lassen.

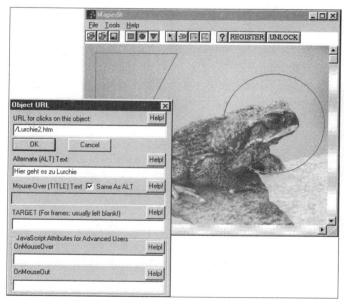

Abbildung 14.6: Die Definition von Koordinaten mit MapEdit

Paint Shop Pro

Das Ermitteln von Koordinaten für Figuren von ImageMaps können Sie auch mit fast jedem beliebigen Grafikprogramm erledigen. Dazu laden Sie die Grafik in das Programm und zeichnen anschließend eine entsprechende Figur mit einem der dazu vorhandenen Werkzeuge. In der Regel werden dabei die entsprechenden Koordinaten in der Statusleiste des Programms angezeigt. Etwas einfacher ist in diesen Zusammenhang die Benutzung von CorelDraw. Hier können Sie ein vertikales und ein horizontales Lineal einblenden und an diesen die entsprechenden Koordinaten ablesen.

Abbildung 14.7: In der Statusleiste werden die benötigten Koordinaten angezeigt

Weitere Techniken

Bisher wurde das Einbinden von Grafiken für verschiedene Zwecke in HTML-Seiten behandelt. Auf vielen HTML-Seiten werden Sie jedoch Grafiken finden, die vorher bearbeitet wurden, so daß der gesamte Eindruck der HTML-Seite wesentlich verbessert wurde. Im folgenden Abschnitt weichen wir deshalb etwas vom Thema HTML ab und widmen uns kurz verschiedenen Techniken zum Bearbeiten und Vorbereiten von Grafiken für HTML-Seiten.

Animierte Grafiken

Animierte Grafiken finden sich immer mal wieder auf den verschiedensten Webseiten an. Natürlich müssen sich hinter den kleinen bewegten Bildchen nicht immer animierte GIFs verbergen, mit JavaScript können Sie diesen Effekt ebenfalls erzeugen. Aber gerade die einfache Zusammenstellung von animierten GIFs mit einem entsprechenden Programm läßt den Benutzer kaum an dieser Technik vorbeigehen.

Das Prinzip dieser Technik ist relativ einfach. Es werden mehrere Grafiken gemeinsam in einer GIF-Datei gespeichert. Zusätzlich erfolgt in dieser Datei die Ablage von Informationen über den zeitlichen Verlauf der Bewegungen. Selbstverständlich können die Bilder und Informationen nicht irgendwie mit irgendeinem kleinen Trick in der Datei abgespeichert werden, vielmehr gehört dazu ein entsprechendes Programm. Zu den zwei mit Sicherheit bekanntesten Programmen zählen zum einen der *GIF Animator* von Microsoft und zum anderen das *GIF Construction Set* von *Alchemy Mindworks*. Der GIF Animator ist inzwischen Bestandteil von Frontpage und somit relativ weit verbreitet. Im Gegensatz dazu ist das GIF Construction Set zwar auf vielen CDs von Computerzeitschriften als Shareware vertreten, doch viele Benutzer wissen mit dem englischsprachigen Programm nichts anzufangen. Aus diesem Grund finden Sie hier einen kleinen Schnelleinstieg in dieses nützliche Programm.

Das Programm können Sie auch direkt unter *http://www.mindwork-shop.com* downloaden. Es ist als Shareware frei erhältlich und kostet nach Ablauf der Testphase $20. Ansonst ist es voll funktionsfähig und kann ohne Bedenken eingesetzt werden.

Bevor Sie eine animierte GIF-Grafik erstellen, benötigen Sie die einzelnen Bestandteile dieser Grafik. In den meisten Fällen dürften für eine Animation zwei bis drei kleine Grafiken völlig ausreichen. Die Grafiken können Sie mit einem geeigneten Programm wie CorelDraw oder Paint Shop Pro selbst erstellen. Wer sich das nicht zutraut, der findet auf zahlreichen CDs frei verfügbare Grafiken als Free- oder Shareware, die sich sicher für diesen Zweck eignen.

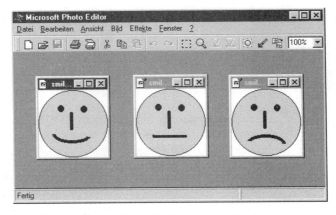

Abbildung 14.8: Drei kleine Grafiken reichen für eine Animation völlig aus

Die Vorbereitungen zur Erstellung einer solchen Grafik sind relativ einfach. Als erstes benötigen Sie wie gesagt die einzelnen Grafiken im GIF-Format. Starten Sie als nächstes das GIF Construction Set, und wählen Sie den Menüpunkt *File / New*. Damit wird eine leere Bilddatei erstellt, die bereits mit einem Header versehen ist. Fügen

Sie anschließend über den Menüpunkt *Insert* und im erscheinenden
Dialogfeld mit *Image* die erste Grafik ein. Danach erscheint ein
Dialogfeld, in dem Sie zu verschiedenen Optionen zur Farbpalette
befragt werden. Sie können die vorgegebenen Einstellungen übernehmen, vermeiden Sie aber auf alle Fälle die Option einer lokalen
Palette. Mit deren Erzeugung vergrößert sich die Bilddatei unnötig,
was sich negativ auf die Ladezeit des Bildes auswirkt. Anschließend
können Sie über den Menüpunkt *Insert* ein *Control* einfügen. Mit einem Control können Sie die Wartezeit zwischen der Anzeige der
nächsten Grafik und damit die Ablaufgeschwindigkeit der Animation beeinflussen. Um die Zeitverzögerung einzustellen, wählen Sie
nach dem Einfügen des Controls den Menüpunkt *Edit*. Im anschließend erscheinenden Dialogfeld können Sie schließlich die gewünschten Einstellungen vornehmen.

Diese Schritte wiederholen Sie so oft, bis alle benötigten Grafiken
in die Datei eingebunden sind. Jetzt können Sie einmal probeweise
den Menüpunkt *View* betätigen. Damit starten Sie die Testanzeige
der Animation, die Sie jederzeit mit der Taste Esc oder der primären
Maustaste beenden können. Doch leider werden Sie lediglich eine
sehr kurze Animation erleben, da diese nach der Anzeige des letzten
Bildes stehenbleibt. Was hier noch fehlt, ist ein Element, welches
die ständige Wiederholung der Animation steuert. Dazu betätigen
Sie erneut den Menüpunkt *Insert* und fügen das Element *Loop* ein,
mit dem die Erstellung einer animierten Grafik abgeschlossen wird.
Betätigen Sie jetzt abermals den Menüpunkt *View* und überprüfen
Sie damit das Ergebnis Ihrer Arbeit. Falls Ihnen der zeitliche Ablauf
der Animation nicht hundertprozentig zusagt, können Sie das immer noch in der eben beschriebenen Art und Weise verbessern. Abschließend speichern Sie die Datei unter einem passenden Namen
ab und können sie in Ihr Web-Projekt einbinden.

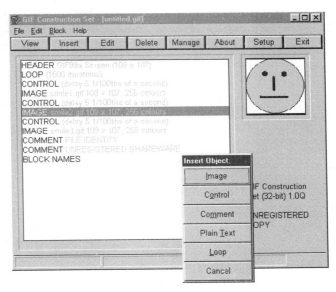

Abbildung 14.9: Eine fertige animierte Grafik im Construction Set

Transparente Hintergründe

Transparente Hintergründe sind sozusagen das »A« und »O« von WWW-gerechten Grafiken. Diese Technik wird sicher öfter angewendet, als mancher Benutzer glauben mag. Ob nun für kleine Symbole, Schaltflächen oder auch für ganze Grafiken – freigestellte Hintergründe finden Sie auf fast jeder Webseite. Manch einer, der sich runde Schaltflächen oder Symbole erstellt und diese mit einem weißen Hintergrund versehen hat, denkt sicher, damit eine brauchbare Lösung gefunden zu haben. Ein Test der Webseite in verschiedenen Browsern wird ihn eines Besseren belehren. Viele Browser und vor allem auch ältere Versionen zeigen standardmäßig einen grauen Hintergrund an falls dieser nicht explizit festgelegt wurde.

Spätestens jetzt werden einige als Schaltfläche verwendete Grafiken ein recht merkwürdiges Erscheinungsbild abgeben.

Das Definieren einer transparenten Hintergrundfarbe kann leider nur bei einer Grafik im GIF- Format vorgenommen werden. Diese Technik wird allerdings nicht von allen gängigen Bildbearbeitungsprogrammen unterstützt, so daß Sie unter Umständen erst nach einem geeigneten Programm suchen müssen.

Übliche Standardprogramme wie z.B. CorelDraw unterstützen diese Funktionalität, doch hier soll wieder einmal die Verwendung des Shareware-Programms Paint Shop Pro Beachtung finden.

Um das Prinzip einer transparenten Hintergrundfarbe zu verstehen, ist folgendes Hintergrundwissen notwendig:

Eine GIF-Grafik kann höchstens 256 verschiedene Farben beinhalten, und als transparente Hintergrundfarbe kann maximal eine Farbe verwendet werden. Also eignet sich für diesen Zweck nur eine Grafik mit einem entsprechend einfarbigen Hintergrund. Wenn Sie also z.B. ein hochauflösendes Foto aus einem anderen Bildformat nach GIF konvertieren, dann müssen Sie unter Umständen mit erheblichen Qualitätsverlusten rechnen. Gegebenenfalls müssen Sie auch den Hintergrund der gewünschten Grafik nachbearbeiten.

Sind die Vorarbeiten endlich abgeschlossen und liegt die Grafik im richtigen Format vor, dann laden Sie diese mit dem Programm Paint Shop Pro. Wählen Sie aus der Werkzeugleiste die Pipette, und überfahren Sie die geladene Grafik mit dem Mauszeiger. Dabei erfolgt unterhalb der Farbpalette die Anzeige der RGB-Werte der entsprechenden Farbe sowie deren Indexnummer. Diese Nummer stellt einen eindeutigen Index einer der 256 möglichen Farben der Grafik dar.

Merken Sie sich diese Nummer. Wählen Sie jetzt den Menüpunkt *Save As...* und aus dem erscheinenden Dialogfeld den Menüpunkt *Options*. Wählen Sie in dem folgenden Dialogfeld im Register *GIF* den Menüpunkt *Set the transparency value to palette entry,* und geben

Sie in dem Auswahlfeld die Indexnummer der als transparent darzustellenden Farbe an.

Nach dem Speichern der Grafik wird die ausgewählte Farbe immer transparent dargestellt.

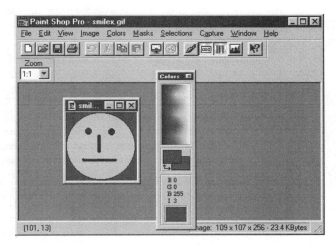

Abbildung 14.10: Die Auswahl einer transparenten Hintergrundfarbe mit Paint Shop Pro

Grafische Schaltflächen erstellen

Daß sich statt Schrift auch eine Grafik wunderbar als Verweis zu einer anderen Seite verwenden läßt, ist an sich schon eine tolle Angelegenheit. Doch wer hat für diesen Zweck schon immer die richtige Grafik zur Hand – immerhin soll sie auch zum Thema passen. Anders sieht es da schon mit einer farbigen Schaltfläche aus oder einem entsprechend bearbeiteten Bildausschnitt. Rein theoretisch können Sie je einfach einen rechteckigen farbigen Bildausschnitt als

Schaltfläche verwenden, doch dessen Optik läßt sehr zu wünschen übrig. Mit etwas Geschick und dem richtigen Hintergrundwissen lassen sich im Handumdrehen dreidimensionale Schaltflächen für jeden Einsatzzweck erstellen.

Zum Erstellen einer Schaltfläche greifen wir wieder auf das bewährte Programm Paint Shop Pro zurück, die ersten Schritte können Sie aber auch mit einem einfacheren Programm wie z.B. Paint erledigen.

Erstellen Sie nach dem Start des Programms mit dem Menüpunkt *Datei / Neu* eine neue Datei. In dem erscheinenden Dialogfeld müssen Sie die Größe der zukünftigen Grafik angeben. Anschließend markieren Sie über den Menüpunkt *Auswahl* der Werkzeugleiste die gesamte Grafik und färben sie über den Menüpunkt *Füllfarbe* in einer beliebigen Farbe ein. Zum Auswählen einer neuen Farbe klikken Sie einfach auf den entsprechenden Bereich des Farbspektrums im Farbdialog.

Die Schaltfläche soll unter Umständen auch eine Beschriftung erhalten. Wählen Sie dazu den Menüpunkt *Text*. Markieren Sie anschließend einen Punkt auf der neuen Grafik. Damit erscheint ein Dialogfeld, in dem Sie die gewünschte Schriftart auswählen können. Den gewünschten Text geben Sie im unteren Bereich des Dialogfeldes ein. Mit dem Bestätigen des Dialogfeldes wird der Text in die Grafik eingefügt, gegebenenfalls müssen Sie ihn markieren und an die gewünschte Stelle verschieben.

Erst jetzt kommt der Zeitpunkt, wo Sie wirklich auf Paint Shop Pro angewiesen sind. Alle bisherigen Schritte können Sie auch mit einem anderen Grafikprogramm ausführen oder eine bereits vorhandene Grafik übernehmen. Nachdem also die Grafik entsprechend vorbereitet wurde, folgt der wichtigste Schritt zum Erstellen der Schaltfläche. Öffnen Sie den Menüpunkt *Bild / Effekte ... / Taste*. In dem erscheinenden Dialogfeld sehen Sie sofort eine Vorschau der zukünftigen Schaltfläche. Mit *Farbiger Rand / Transparenter Rand* können Sie die Kanten beeinflussen sowie mit den Schiebereglern Verlauf der Kanten einstellen. Jetzt müssen Sie die Grafik nur noch

im richtigen Bildformat abspeichern und können die Schaltfläche
sofort in Ihre Webseite einbinden.

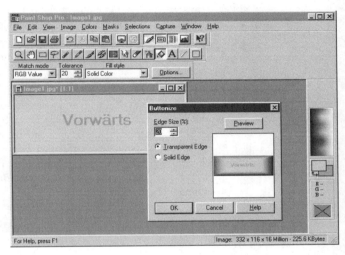

Abbildung 14.11: Das Dialogfeld zum Erstellen einer Schaltfläche

AnmanieSMP – Verzerren von Grafiken

Eines der wenigen wirklich guten und dazu noch kostenfreien Programme ist das Bildbearbeitungsprogramm *AnmanieSMP* von
Christoph Walter. Das Programm ist als Freeware erhältlich, weitere Programme des Autors finden Sie auf seiner Homepage unter
http://home.t-online.de/home/walter_hbs/. Mit dem kleinen Programm
können Sie schnell und unkompliziert Bilder verzerren. Solche Effekte sind vor allem von dem Programm *Kais Power Goo* bekannt.
Die Installation besteht lediglich im Entpacken des Programms aus
einem selbst extrahierenden Archiv, anschließend können Sie sofort
mit der Arbeit beginnen. Die einzige Voraussetzung zum Beginn
der Arbeit ist das Vorliegen einer Grafik im BMP-Format.

Als Beispiel zum Bearbeiten einer Grafik nehmen wir die Erstellung einer ovalen Schaltfläche mit einer leicht verzerrten Beschriftung. Dazu erstellen Sie in einem beliebigen Grafikprogramm eine Grafik mit einfarbigem Hintergrund auf dem ein Text enthalten ist.

Abbildung 14.12: Die zukünftige Schaltfläche in dem Programm AnmanieSMP

Nach dem Start von AnmanieSMP öffnen Sie die Grafik über den Menüpunkt *Datei / Öffnen*, die Menüleiste zum Bearbeiten der Grafik öffnen Sie über *Ansicht / Werkzeugpalette*. Die Schrift soll, wie die gesamte Schaltfläche auch eine ovale Form erhalten. Dazu klicken Sie mit der rechten Maustaste in der Werkzeugleiste auf den Menüpunkt *Wachsen*. Jetzt verwandelt sich der Mauszeiger beim Überfahren der Grafik in einen Kreis, dessen Mittelpunkt ein Kreuz bildet. Nach dem Positionieren des Kreuzes auf einen Punkt der Grafik, in unserem Fall ist das die Beschriftung, und dem Betätigen der Maustaste erfolgt nun eine ellipsenförmige Verzerrung des Bereiches um den Mauszeiger herum. Dieser Effekt wird solange fortgesetzt, wie Sie die Maustaste betätigen. Zum Erzielen einer ovalen Verzerrung müssen Sie diesen Schritt gegebenenfalls an mehreren nebeneinander liegenden Stellen der Grafik wiederholen.

Anschließend speichern Sie das Ergebnis Ihrer Arbeit und können die Grafik wieder in ein Standardprogramm laden. Dort zeichnen Sie um die Schrift herum eine Ellipse und färben den freistehenden Bereich in der Hintergrundfarbe, auf der sich die Schaltfläche später befinden soll. Unter Umständen ist es ratsam, den freien Bereich als transparenten Bereich zu definieren, doch das hängt ganz von Ihren Anforderungen an die Grafik ab.

Abbildung 14.13: Die fertige Schaltfläche

Wasserzeichen für den Hintergrund

Die Gestaltung einer Webseite mit einer Hintergrundgrafik verlangt manchmal schon einiges an Geduld. Der Programmierer steht dann vor allem vor dem Problem, die Hintergrundgrafik nicht zu sehr in den Vordergrund treten zu lassen. Diesem Problem kann mit der Verwendung einer Grafik im Stil eines Wasserzeichens begegnet werden. Unter einem Wasserzeichen versteht man eine Grafik mit stark ausgebleichtem Erscheinungsbild, wie eben ein Wasserzeichen auf einem Briefpapier der höheren Preisklasse (siehe Abbildung 14.14).

Das Erstellen eines solchen Wasserzeichens stellt wieder einige Anforderungen an das verwendete Grafikprogramm. Das wären insbesondere die Bereitstellung eines Spezialfilters sowie die Möglichkeit, die Helligkeit und den Kontrast zu beeinflussen. Als Beispiel soll die Erstellung einer Signatur wie in der obigen Abbildung dienen. Das Grafikprogramm soll wieder das bewährte Shareware-Programm Paint Shop Pro zum Einsatz kommen, da es alle benötigten Funktionen enthält.

Abbildung 14.14: Eine Grafik als Wasserzeichen für den Hintergrund

Als erstes erstellen Sie eine Grafik mit der benötigten Signatur, die Sie als schwarze Schrift auf weißem Hintergrund einfügen. Anschließend betätigen Sie den Menüpunkt *Bild / Filter-Browser* und wählen erscheinenden Dialogfeld den Filter *Flachrelief*. Der damit erzielte Effekt entspricht der ersten Grafik in der folgenden Abbildung. Anschließend verändern Sie über den Menüpunkt *Farben / Farbeinstellungen / Gammakorrektur* die Gammawerte der Grafik, bis Sie ein Ergebnis wie in der zweiten Grafik der Abbildung erreichen. Jetzt verändern Sie noch über den Menüpunkt *Farben / Farbeinstellungen / Helligkeit-Kontrast* die Helligkeit und den Kontrast, bis die Grafik den gewünschten Effekt eines Wasserzeichens aufweist. Nun können Sie die fertige Hintergrundgrafik im gewünschten Format abspeichern und in Ihre Webseite einbinden.

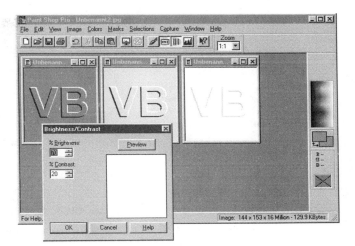

Abbildung 14.15: Der Enstehungsprozeß eines Wasserzeichens

KAPITEL

Counter verwenden (Zugriffszähler)

Vor dem endgültigen Veröffentlichen Ihrer Webseite sollten Sie sich unbedingt dieses Kapitel durchlesen. Nur durch Anwendung der hier beschriebenen Technik erfahren Sie, ob Ihre Seite auch wirklich das erhoffte Interesse findet oder in dem unendlichen Angebot des WWW untergeht.

15

Counter verwenden

Wer ein Webprojekt erstellt und veröffentlicht hat, der interessiert sich sicher auch dafür wie viele Besucher sich auf seinen Seiten einfinden. Um darüber Erkenntnisse zu gewinnen, wäre rein theoretisch ein Eingabefeld für eine E-Mail des Besuchers möglich. Doch praktisch läßt diese Variante stark zu wünschen übrig, da nur der geringste Teil der Besucher sich diese Mühe macht. Darüber sollten Sie auch froh sein, stellen Sie sich vor, was für eine Anzahl von Post Sie empfangen und auswerten müßten! Ganz anders sieht es da schon mit einem Counter (Zugriffszähler) aus. Dieser zeigt ständig die Anzahl der Besucher an und erhöht sich mit jedem weiteren Besuch. So ohne weiteres ist ein Counter allerdings nicht für jedermann realisierbar. Zur Einrichtung eines eigenen Counters benötigen Sie den Zugriff auf ein CGI-Programm. Da dies von besonderen Kenntnissen und vor allem auch Zugriffsrechten abhängig ist, soll diese Möglichkeit hier keine Beachtung finden. Statt dessen sollten Sie Ihr Augenmerk auf sogenannte *freie Counter* richten, die von verschiedenen Diensten oft auch umsonst angeboten werden.

Abbildung 15.1: Ein Counter in Aktion

Mit der Anmeldung und Registrierung bei einem solchen Service können Sie einen Verweis zu diesem Counter einbinden. Mit jedem Aufruf Ihrer Webseite ruft dann der Counter den aktuellen Zählerstand ab und zeigt ihn in der Webseite an. Doch auch hier gilt es, zwischen zwei Möglichkeiten zu unterscheiden.

Der eine Fall ist die Registrierung bei einem Counter eines anderen Anbieters. Dieser befindet sich in der Regel auf einen anderen Server als Ihre Homepage, was den Aufbau einer Verbindung bei jedem Start erfordert. Dies erfolgt zwar automatisch, aber dauert eben doch einige Sekunden. Und wenn der andere Server gerade mal nicht erreichbar ist, dann erscheint an der Stelle des Counters leider nur ein freier Platz. Wenn Ihnen das nicht zusagt, dann können Sie sich auch nach einem Provider umsehen, der Ihnen (natürlich möglichst kostenlos) Speicherplatz für eine Homepage und einen Counter zur Verfügung stellt. Die sind zwar rar gesät, aber mit etwas Geduld finden Sie bestimmt einen passenden Anbieter.

Um einen solchen Provider zu finden, gehen Sie auf die Webseite einer Suchmaschine (z. B. *Web.de*) und geben den Suchbegriff *Counter* ein. Sie werden staunen, was für eine große Anzahl von Suchergebnissen da präsentiert wird, probieren Sie es aus! Nachfolgend sehen Sie einige Adressen, bei denen Sie sich für einen Counter registrieren lassen können.

http://www.freepage.de
http://www.tentacle.de/counters
http://webcounter.goweb.de

Einbinden eines Counters

Nach der Registrierung eines Counters müssen Sie einen entsprechenden Verweis in Ihre Webseite einbinden. Das fällt von Provider zu Provider immer etwas unterschiedlich aus.

Beispiel:

```
<img src="/cgi-bin/Count.cgi?df=username.dat">
```

Mit dieser Zeile erfolgt das Einbinden eines Counters der sich auf dem gleichen Server befindet wie die Webseite. In der Regel können Sie in dem Verweis zusätzliche Attribute angeben, die das Aussehen des Counters beeinflussen. In der Regel können Sie mit einen zusätzlichen Parameter das Aussehen des Counters beeinflussen. Die möglichen Angaben dafür erhalten Sie dann auf einer entsprechenden Seite des Anbieters. In der nächsten Abbildung sehen Sie eine solche Auswahl an verschiedenen Darstellungsmöglichkeiten eines freien Counters.

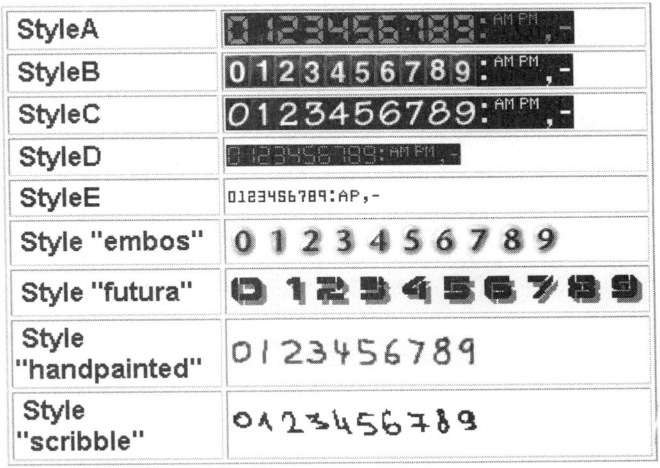

Abbildung 15.2: Beispiel für verschiedene Counter

KAPITEL

Style Sheets

Mit CSS (Cascading Style Sheets) können Sie erreichen, was Ihnen in HTML verwehrt blieb. Jetzt sind Sie endlich in der Lage, Seiteninhalte auf den Millimeter genau auszurichten und ohne Beschränkungen zu formatieren. Dieses Kapitel ist zugleich ein Grundstein für das Arbeiten mit DHTML.

16

Style Sheets

Wer im Laufe der Zeit mit HTML vertraut ist, der wird sicher schon einmal den Begriff *Cascading Style Sheets* (CSS) gehört oder gelesen haben. Und sicher auch, daß damit vieles realisierbar ist, was mit HTML beim besten Willen nicht zu bewerkstelligen ist. Da werden in HTML mit einigen Befehlen Tabellen, Formulare, Grafiken und einiges mehr erstellt, doch zum Fein-Tuning muß man schon armtief in die Trickkiste greifen. Und eben an genau dieser Stelle beginnt das Konzept von CSS. Wo bisher mit Bagger und Kran gebaut wurde, arbeitet jetzt der Feinmechaniker weiter und beginnt stückweise an den kleinen Schrauben zu drehen.

Doch was ist nun eigentlich unter CSS zu verstehen? CSS (zu deutsch auch staffelbare Formatvorlagen) sind eine direkte Erweiterung vom HTML, welche die bisherigen Unzulänglichkeiten von HTML beseitigen und eine exaktere Gestaltung einer Webseite ermöglichen sollen. Die Entstehung von CSS begann 1996 mit der Version 1.0 und wurde vom W3-Konsortium verabschiedet. Die Weiterentwicklung von CSS wurde dynamisch vorangetrieben, und bereits 1998 erschien die Version 2.0.

Mit CSS können Sie endlich Elemente wie z.B. Überschriften beliebig skalieren, sind in der Lage, Einrückungen und Abstände nach Belieben zu verwirklichen und können mit Vorlagen für Webseiten arbeiten. Das ist sicher noch lange nicht das Ende der Aufzählung aller Möglichkeiten, aber es gibt Ihnen einen kleinen Vorgeschmack auf das folgende Kapitel.

Abbildung 16.1: Die Style-Sheets-Seite des W3-Konsortiums

Arbeiten mit Style Sheets

Wie bereits gesagt sind CSS eine direkte Erweiterung von HTML, um mit ihnen zu arbeiten ist also keine zusätzliche Implementation oder Definition notwendig. Sie können in der gewohnten HTML-Syntax weiterarbeiten, aber jetzt mit einer Reihe von zusätzlichen Befehlen. Die neuen Befehle können Sie an den entsprechenden Stellen nahtlos in der HTML-Syntax integrieren, und inzwischen unterstützen auch zahlreiche HTML-Editoren die Erweiterungen.

Style Sheets definieren

Die Definition von CSS erfolgt stets an zentraler Stelle im Kopf einer HTML-Datei, also innerhalb des Bereichs <head>...</head>. Jede Definition beginnt mit dem eröffnenden Tag <style> und muß mit dem abschließenden Tag </style> auch wieder beendet werden. Zusammen mit dem Tag style ist die Angabe des Attributs type notwendig. Hiermit erfährt der Browser, um welchen Dialekt von CSS-Sprache es sich hier handelt. In unserem Fall ist die Angabe von type="text/css" erforderlich. Anschließend erfolgt die Definition der gewünschten CSS-Angaben.

Syntax:

```
<!doctype html public "-//w3c//dtd html 4.0//en">
<html>
<head>
<title>Titel</title>
<style type="text/css">
    ...
</style>
</head>
<body>
...
</body>
</html>
```

Tags zentral formatieren

In diesem Abschnitt wird einer der Vorteile von CSS deutlich sichtbar. Sie können nicht nur Elemente einer HTML-Datei beliebig positionieren und formatieren, sondern auch Tags zentral mit bestimmten Formaten versehen. Beim Aufrufen das Tags werden diese dann mit dem angegebenen Format ausgeführt, welches innerhalb der gesamten Datei gültig ist, ausgeführt. Keine Angst, damit ist das Tag noch lange nicht für immer und ewig für weitere Formatierungen verloren. Warum diese Einstellung nicht unbedingt endgültig ist, erfahren Sie im nächsten Abschnitt.

Zum Erstellen eines neuen Formats gehen Sie folgendermaßen vor: geben Sie innerhalb der CSS-Definition zuerst den Namen des zu formatierenden Tags ohne die gewohnte spitze Klammer an. Anschließend folgen in geschweiften Klammern die Formatangaben, bestehend aus dem Format, einem Doppelpunkt mit dem entsprechenden Formatwert und einem Semikolon. Dabei sollten Sie die genannten Tags auch sinnvoll formatieren. Es ist zwar ohne weiteres möglich, eine Überschrift der 3. Größe (<h3>) so weit zu vergrößern, daß diese eher einer Überschrift der ersten Größe (<h1>) entspricht, aber letztendlich ergibt das keinen Sinn.

Beispiel:

```
h3 {color: blue;font-size:36pt}
```

Sie können für einen Tag auch mehrere Formatierungsmöglichkeiten verwenden. Dazu werden diese wie im obigen Beispiel innerhalb der Formatdefinition nacheinander aufgezählt und die einzelnen Formate untereinander mit einem Semikolon getrennt.

Beispiel:

Im Beispiel sehen Sie die zentrale Formatierung des Tags <h3>. Ihm wird die Schriftfarbe blue sowie die Schriftgröße 36pt zugewiesen. Mit jedem Aufruf dieses Tags wird nun automatisch das neue Format darauf angewendet.

Das Beispiel ist auf der CD zum Buch enthalten.

```
<!doctype html public "-//w3c//dtd html 4.0//en">
<html>
<head>
<title>Zentrale Formate</title>
    <style type="text/css">
    h3 {color: blue;font-size:36pt}
    </style>
</head>
<body>
```

```
    <h3>Die formatierte &Uuml;berschrift</h3>
</body>
</html>
```

Sie können auch dem Tag body ein Format zuweisen. Diese für das Tag body festgelegten Schrift- und Textformate gelten dann für das gesamte Dokument als Standardeinstellung.

Beispiel:

```
<style type="text/css">
body {font-size:12pt; text-indent:3em}
</style>
```

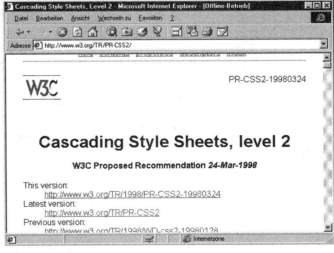

Abbildung 16.2: Hier finden Sie stets aktuelle Informationen zu CSS

Tags direkt formatieren

Neben dem Anlegen zentraler Formate besteht auch die Möglichkeit, Formatierungen direkt, also sozusagen an Ort und Stelle vorzunehmen. Das ist besonders dann notwendig, wenn ein zentral formatierter Tag doch mit einem anderen Format angewendet werden soll. Theoretisch entsteht damit erst einmal ein Konflikt zwischen dem bestehenden, zentral angelegten Format und dem momentan gewünschten Format. In diesem Fall hat allerdings immer das direkt angewendete Format den Vorrang.

Bei dieser Art der Formatierung erfolgt die Angabe des Arguments style unmittelbar nach dem zu formatierenden Tag. Die Formatangaben werden in Anführungszeichen gesetzt angegeben, wobei auch hier die Verwendung mehrerer Formate möglich ist. Nach der Angabe des gewünschten Formates folgt auch hier ein Doppelpunkt mit dem Formatwert und einem abschließenden Semikolon. Diese Art der Formatierung verliert mit dem Abschluß des Tags ihre Gültigkeit, und ein für dieses Tag zentral vergebenes Format ist für diesen Tag wieder bestimmend.

Beispiel:

Unmittelbar nach dem Tag <body> wird eine Überschrift der Größe <h3> direkt formatiert. Ihr wird neben einer Schriftfarbe ein neuer Schriftstil sowie die relative Größe x-large zugewiesen.

> Das Beispiel ist auf der CD zum Buch enthalten.

```
<!doctype html public "-//w3c//dtd html 4.0//en">
<html>
<head>
<title>Direkte Formatierung</title>
</head>
<body>
    <h3 style="color:#FF00FF;font-style:italic;font-size:
x-large">
    Die formatierte &Uuml;berschrift
```

```
   </h3>
 </body>
</html>
```

CSS-Angaben in externen Dateien

Alternativ zu den beiden genannten Möglichkeiten können Sie CSS-Definitionen auch in einer externen Datei ablegen. Dies hat den Vorteil, daß innerhalb eines größeren Projekts die Änderung von allgemeinen Formatvorlagen zentral vorgenommen werden kann. Die externe Datei können Sie mit einem Standardeditor erstellen und abspeichern, die einzige Bedingung ist die Dateiendung *.css. Anschließend geben Sie im Kopf der HTML-Datei den Tag <link> mit dem Attribut href an und übergeben den Namen der Vorlagendatei.

Beispiel:

```
<link rel="stylesheet" type="text/css" href=»myformat.css">
```

Hier gelten wie immer die allgemeinen Regeln für Verweise. Liegt die Datei im gleichen Verzeichnis, ist lediglich die Angabe des Dateinamens erforderlich. Befindet sich die Datei auf einem anderen Server oder in einem anderen Verzeichnis, ist die Angabe der URL oder des Pfades notwendig. Eine weitere Angabe der in der anderen Datei definierten Formate ist nicht mehr erforderlich.

Syntax:

```
<!doctype html public "-//w3c//dtd html 4.0//en">
<html>
<head>
<title>Titel</title>
<link rel="stylesheet" type="text/css" href="myformat.css">
<style type="text/css">
   ...
</style>
```

```
</head>
<body>
  . . .
</body>
</html>
```

Tags/Attribute	Beschreibung
<style></style>	Definition von Style Sheets
<link>	Definition einer externen Datei
type="..."	Beschreibung des Style-Sheet-Typs
href="..."	Verweis auf eine externe Datei
class="..."	Definition einer CSS-Klasse

Tabelle 16.1: Das Tag zum Definieren von Style Sheets

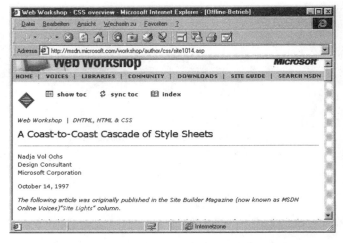

Abbildung 16.3: Auch bei Microsoft finden Sie Informationen über CSS

Klassen verwenden

Beim Erstellen eines zentralen Formats für einen Tag ist dieser rein theoretisch fest mit einem bestimmten Format belegt. Praktisch ist das aber falsch. Sie können für einen Tag mehrere Formate definieren, indem Sie mehrere Klassen für diesen Tag anlegen. Dann können Sie unter der Angabe der Klassennamen in beliebiger Reihenfolge verschiedene Formate für ein und denselben Tag aufrufen.

Zum Definieren von Klassen müssen Sie kein Profi für objektorientierte Entwicklungsumgebungen sein, Sie werden sehen wie leicht dies zu bewerkstelligen ist. Prinzipiell erfolgt das Erstellen einer Klasse auf die gleiche Weise wie eine zentrale Formatdefinition, nur daß diesmal nach der Angabe des zu formatierenden Tags ein Punkt mit der Angabe des Namens der Klasse folgt.

Beispiel:

```
i.klein {font-size:7pt; color:red}
```

Auf diese definierte Klasse greifen Sie später zu, indem Sie nach der Angabe des Tags <i> das Attribut class mit dem Namen der definierten Klasse angeben.

Beispiel:

```
<i class="klein">kleine rote Kursivschrift</i>
```

Bis jetzt können Sie eine definierte Klasse immer nur in Verbindung mit einem bestimmten Tag verwenden. Wie wäre es denn mit einer universell einsetzbaren Klasse, einer Klasse, die an keinen Tag gebunden und von verschiedenen Tags nutzbar ist? Kein Problem, dann setzen Sie vor den Klassennamen das Wort all. Damit ist diese Klasse in Zusammenhang mit jedem Tag einsetzbar und kann beliebig verwendet werden.

Beispiel:

```
all.mittel {font-size:10pt; color:red}
```

Die Vergabe von Namen unterliegt den üblichen Beschränkungen. Es dürfen also keine Leerzeichen und keine Umlaute Verwendung finden. Hin und wieder funktioniert das auch ohne diese Beschränkungen, aber Sie wissen ja, die verschiedenen Browser ...

Beispiel:

Im folgenden Listing werden innerhalb des Bereichs <style>...</style> drei zentrale Formate als Klassen angelegt. Die Klassen klein und groß sind an die Verwendung des Tags <i> gebunden, während die Klasse mittel in Verbindung mit verschiedenen Tags angewendet werden kann.

Das Beispiel ist auf der CD zum Buch enthalten.

```
<!doctype html public "-//w3c//dtd html 4.0//en">
<html>
<head>
<title>Klassen verwenden</title>
   <style type="text/css">
   i.klein { font-size:15pt; color:red }
   i.gross { font-size:20pt; color:red }
   all.mittel { font-size:20pt; color:black }
   </style>
</head>
<body>
   <i class="klein">kleine rote Kursivschrift</i><p>
   <i class="gross">gro&szlig;e rote Kursivschrift</i><p>
   <u class="mittel">das gilt f&uuml;r alle Tags</i><p>
   <i class="mittel">das gilt f&uuml;r alle Tags</i><p>
</body>
</html>
```

Farbangaben

Die Angabe von Farben für CSS kann auf drei verschiedenen Wegen erfolgen. Die ersten beiden Möglichkeiten sind Ihnen ja bereits von HTML bekannt, also entweder als hexadezimaler Zahlenwert mit einer vorangestellten Raute (body {color:"#FF0000"}; /* rot */) oder über die Angabe des Farbnamens. Mit CSS ist eine dritte Möglichkeit hinzugekommen: Jetzt können Sie den Ausdruck rgb verwenden, dem Sie die einzelnen RGB-Farbwerte übergeben.

Beispiel:

Hier wird für den Bereich <div> jeweils eine Hintergrundfarbe in Prozentwerten und in absoluten Zahlenwerten zugewiesen.

```
div {background-color: rgb(100%, 100%, 20%)}
div {background-color: rgb(255, 255, 51)}
```

Die Reihenfolge der einzelnen Werte entspricht dabei den Farbanteilen von Rot, Grün und Gelb. Die einzelnen Werte können wahlweise als absoluter Zahlenwert oder auch als prozentualer Wert angegeben werden. Die Ermittlung dieser einzelnen Werte kann sich als recht umständlich erweisen. Um diese Arbeit zu erleichtern, ist die Benutzung verschiedener Programme möglich. Näheres dazu erfahren Sie im zweiten Teil des Buches bei der Thematik *Farben in HTML*.

Ermitteln von Farbwerten mit Paint

Die einfachste Lösung zum Ermitteln der RGB-Farbwerte wäre der Griff zu dem im Lieferumfang von Windows enthaltenen Zeichenprogramm Paint. Nach dem Start des Zeichenprogramms sehen Sie am unteren Rand die momentan verfügbare Farbpalette. Sollte dies nicht der Fall sein, dann rufen Sie den Menüpunkt *Ansicht / Farbpalette* auf. Führen Sie in dem erscheinenden Dialogfeld auf einer beliebigen Farbe einen Doppelklick mit der primären Maustaste aus. Anschließend erscheint der Dialog *Farben bearbeiten*. Betätigen Sie in diesem Dialog die Schaltfläche *Farben definieren>>*. In der erscheinenden Erweiterung des Dialogfeldes sehen Sie rechts unten in drei übereinanderstehenden Textfeldern die Angaben zu den Rot-, Grün- und Blauwerten der jeweils ausgewählten Farbe. Die Verwendung dieser Farbwerte ist allerdings nur dann sinnvoll, wenn auf dem Zielrechner auch 255^3 Farben unterstützt werden, ansonsten können die Farben im ungünstigen Fall anders dargestellt werden.

Im Kapitel zu JavaScript wird beschrieben, wie Sie die auf dem Zielrechner unterstützten Farben ermitteln können. Damit können Sie den Besucher Ihrer Seite auf die eventuell abweichende Darstellung der Farben hinweisen.

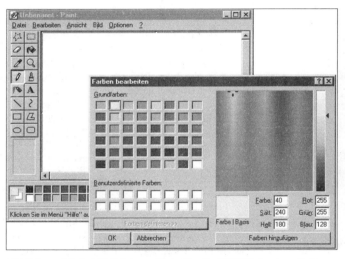

Abbildung 16.4: Mit Paint ermitteln Sie die RGB-Werte einer Farbe

Maßeinheiten

Ein weiteres Merkmal bei CSS sind die in HTML bisher nicht möglichen Angaben von Größen in verschiedenen Maßeinheiten. Mit der Verwendung genauer Maßeinheiten ist endlich eine exakte Positionierung der Elemente einer Webseite möglich.

Außerdem: Sie sind nicht mehr an eine kleine Auswahl vorgegebener Standardgrößen gebunden, sondern können auch auf beliebige Größenverhältnisse zurückgreifen. Diese neu gewonnenen Freiheiten erfordern natürlich ihren Preis und der ist die notwendige Auseinandersetzung mit den möglichen Maßeinheiten und deren Anwendung. Hier müssen Sie jetzt zwischen relativen und absoluten Angaben unterscheiden.

Relative Angaben ermöglichen eine Größenänderung im Verhältnis zur typischen Größe des Elements bzw. relativ zur vorhandenen Bildschirmgröße. So paßt sich z.B. mit der Verwendung der Maßeinheit *px* (Pixel) die Darstellung der Größenverhältnisse der Elemente an den zur Verfügung stehenden Bildschirm an.

Maßeinheit	Beschreibung
%	In Prozent zur Elementgröße
em	Bezogen auf die Höhe der Schriftart
ex	Bezogen auf die halbe Höhe der Schriftart
px	In Pixel der Bildschirmgröße

Tabelle 16.2: Relative Maßeinheiten

Nun sind Sie aber nicht unbedingt an die starre Welt der Zahlen gebunden, sondern können statt dessen auch Ausdrücke für Größenverhältnisse verwenden. Mit Ausdrücken erzielen Sie eine Größenänderung relativ zu einer Standardgröße oder Standardposition. Die Verwendung von Ausdrücken setzt etwas Gefühl für deren spätere Wirkung voraus, aber dies ist wie immer Geschmackssache.

Ausdruck	Beschreibung
lighter	Dünner als die typische Elementstärke
smaller	Kleiner als die typische Elementgröße
bolder	Dicker als die typische Elementstärke
larger	Größer als die typische Elementgröße

Tabelle 16.3: Relative Ausdrücke

Absolute Angaben dagegen erzwingen stets eine gleich große und vom Ausgabegerät unabhängige Darstellung der Elemente.

Maßeinheit	Beschreibung
cm	Zentimeter
in	Inch
mm	Millimeter
pc	Pica
pt	Punkt

Tabelle 16.4: Absolute Maßeinheiten

Und auch bei relativen Angaben ist wieder die alternative Verwendung von Ausdrücken möglich. Hier ändert sich die Größe der Elemente in bezug auf ihre ursprünglichen Größenverhältnisse.

Maßeinheit	Beschreibung
xx-small	Extrem klein
x-small	Sehr klein
small	Klein
thin	Dünn
medium	Normal
thick	Dick
large	Groß

Maßeinheit	Beschreibung
x-large	Sehr groß
xx-large	Extrem groß

Tabelle 16.5: Weitere relative Ausdrücke

Abbildung 16.5: Erst mit exakten Angaben werden solche Ergebnisse möglich

Kommentare

Um Ihre eigenen HTML-Dateien im nachhinein besser bearbeiten zu können, sollten Sie Kommentare verwenden. Da sich gerade bei CSS die verschiedenen Formatdefinitionen schnell zu einer überlangen Zeichenkette ansammeln können, erleichtert Ihnen ein Kommentar spätere Änderungen oder Erweiterungen. Wenn Sie in-

nerhalb einer separaten CSS-Datei oder innerhalb des Tags `<style>`
Kommentare einfügen wollen dann gilt dafür folgender Syntax:

```
/* hier steht Ihr Kommentar */
```

Der gesamte so gekennzeichnete Text wird beim Anzeigen der Seite
nicht interpretiert und ist für den Benutzer nicht sichtbar.

Schriftarten

Schriftfamilie

Sie können mit CSS ohne großen Aufwand die Anzeige von verschiedenen Schriftfamilien erzwingen. Das Einstellen einer Schriftfamilie erfolgt mit dem Attribut `font-family`, dem der Name der zu
verwendeten Schrift übergeben wird. Wenn Sie eine Schrift angeben, die auf dem Rechner des Benutzers nicht installiert ist, dann
erfolgt die Anzeige des entsprechenden Textabschnitts lediglich in
einer Standardschrift oder in einer vom Benutzer eingestellten alternativen Schriftart. Deshalb ist es ratsam mehrere Schriftfamilien
anzugeben. Ist die erste angegebene Schrift nicht vorhanden, wird
die zweite angezeigt und so weiter. Neben den beliebig einsetzbaren
Schriften existieren auch einige fest vordefinierte Schriftfamilien.
Diese sollten zumindest auf Windows-Rechnern immer verfügbar
sein und können bedenkenlos verwendet werden. Die entsprechenden Bezeichnungen lauten `serif`, `sans-serif`, `cursive`, `monospace`
und `fantasy`.

Ein Problem besteht oft darin, zu wissen, welche Schriftarten denn nun verfügbar sind. Sehen Sie dazu im Menüpunkt *System-steuerung / Schriftarten* nach – dort werden alle für Ihr System verfügbaren Schriften aufgelistet. Sie müssen lediglich darauf achten, den Namen der Schrift inklusive eventueller Leerzeichen korrekt zu übernehmen.

Beispiel:

Hier werden den Tags <h2>, <h3> und <p> verschiedene Schriftfamilien zugewiesen. Während die beiden letzten Tags mit einer Schriftfamilie verknüpft sind, ist bei dem Tag <h2> die alternative Verwendung einer zweiten Schriftfamilie möglich.

Das Beispiel ist auf der CD zum Buch enthalten.

```
<!doctype html public "-//w3c//dtd html 4.0//en">
<html>
<head>
<title>Schriftfamilien</title>
    <style type="text/css">
    h2 {font-family: cursive,arial}
    h3 {font-family: arial}
    p {font-family: helvetica}
    </style>
</head>
<body>
    <h2> &Uuml;berschrift h2</h2><p>
    <h3> &Uuml;berschrift h3</h3><p>
    <p>Und das ist der Text im letzten Format</p>
</body>
</html>
```

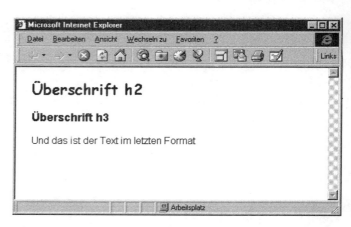

Abbildung 16.6: Unterschiedliche Schriftfamilien

Schriftgewicht

Jetzt kommt es dick: Mit dem Schriftgewicht ist schlicht und einfach die Schriftdicke gemeint. Deren Einstellung erfolgt mit font-weight und erfordert die Angabe eines Zahlenwertes. Alternativ ist auch die Angabe eines Ausdrucks möglich, allerdings erzielen Sie damit nur relative Größenänderungen. Gerade um Überschriften oder farbigen Texten die entsprechende Geltung zu verschaffen, ist die Einstellung einer individuellen Schriftdicke notwendig. Oder können Sie sich eine dünne, sandfarbene Schrift auf einem relativ hellen Untergrund vorstellen?

Beispiel:

```
<style>
blockquote {font-weight: bold}
h1 {font-weight: lighter}
h2 {font-weight: 600}
</style>
```

Schriftstil und Schriftgröße

Unter dem Schriftstil versteht man den Grad der Neigung einer Schrift. Von einer Textverarbeitung her werden Sie dies als kursive Schrift kennen. Hier geben Sie lediglich mit dem Attribut font-style entweder normal (gerade) oder italic (geneigt) an.

Beispiel:

```
<style>
h1 {font-style: italic}
</style>
```

Die Schriftgröße stellen Sie mit dem Attribut font-size ein. Hier ist entweder die Angabe eines numerischen Wertes oder eines Ausdrucks möglich. Die Schriftgröße wird sicher zu den Faktoren gehören, die Sie am häufigsten beeinflussen werden, denn gerade hier wurde Ihnen in HTML nur ein geringer Spielraum gelassen. Insbesondere mit der Möglichkeit der Einstellung einer Größe in Pixel oder auch in Zentimetern dürfte jetzt kaum ein Gestaltungswunsch offen bleiben.

Beispiel:

Mit der Erstellung von drei unterschiedlich formatierten Klassen für den Tag <p> ist eine unkomplizierte Formatierung von Textabschnitten innerhalb der HTML-Datei möglich. In diesem Beispiel wurden neben Formaten für die Schriftfamilie auch Formate für die Textfarbe und den Schriftstil eingesetzt.

Das Beispiel ist auf der CD zum Buch enthalten.

```
<!doctype html public "-//w3c//dtd html 4.0//en">
<html>
<head>
<title>Schriftstil</title>
    <style type="text/css">
    p.1 {font-family:cursive;font-size:60px}
    p.2 {font-family:arial black;font-size:20pt;color:yellow}
```

```
    p.3 {font-family:hw jeff;font-size:200%;font-style:italic}
    </style>
</head>
<body>
    <p class="1">Mit Style Sheets</p>
    <p class="2">ist das alles</p>
    <p class="3">&uuml;berhaupt kein Problem</p>
</body>
</html>
```

Abbildung 16.7: Schriften stellen für Style Sheets kein Problem dar

Attribut	Beschreibung
font-weight:"..."	Legt das Schriftgewicht fest
font-style:"..."	Legt den Schriftstil fest
font-family:"..."	Legt die Schriftfamilie fest

Tabelle 16.6: Attribute für Schriften

Textgestaltung

Textdekoration

Das Attribut `text-decoration` hat seinen Namen wirklich nicht zu Unrecht erhalten. Mit seiner Hilfe können Sie Text in unterschiedlichster Art und Weise dekorieren – nein, nicht mit Girlanden, sondern mit Linien. Und das wäre unterstrichen (`underline`), durchgestrichen (`line-through`), überstrichen (`overline`) und blinkend (`blink`). Wobei uns wieder einmal die verschiedenen Browser einen Strich durch die Rechnung machen, weil jeder nur etwas davon darstellt. So kann der Internet Explorer zur Zeit noch nicht das Attribut `blink` darstellen, und Netscape kann mit `overline` nichts anfangen. Das Attribut `text-decoration` bezieht sich in seiner Wirkung leider auch nicht nur auf die Dekoration, sondern wirkt auch auf den entsprechenden Text. Folglich ist es hier nicht möglich, lediglich eine farbig abgehobene Linie einzufügen, denn das zusätzliche Attribut `color` färbt Text und Dekoration gleichermaßen ein.

Beispiel:

In der HTML-Datei befinden sich drei Textbereiche mit jeweils eigenen Textformaten. Hier ist gut zu sehen, daß das Attribut `text-decoration` ohne Probleme mit weiteren Formaten kombinierbar ist.

Das Beispiel ist auf der CD zum Buch enthalten.

```
<!doctype html public "-//w3c//dtd html 4.0//en">
<html>
<head>
<title>Textdekoration</title>
</head>
<body>
```

```
<p style="text-decoration:underline;fontsize:180%">
        Beispieltext</p>
<p style="text-decoration:line-through;font-size:50px">
        Text</p>
<p style="text-decoration:overline;font-
size:30pt">Beispieltext</p>
</body>
</html>
```

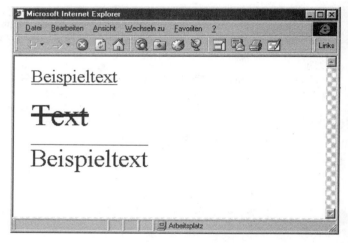

Abbildung 16.8: Leider interpretieren die Browser nicht alle Attribute

Text einrücken

Eines der großen Probleme in HTML besteht im Einrücken von Text. Sicher, es gibt einige Tricks, mit denen es auch dafür eine Lösung gibt, aber CSS können das einfach besser. Das erforderliche Attribut heißt text-indent und erwartet einen numerischen Wert, der die Tiefe der Einrückung gegenüber dem restlichen linksseitig ausgerichteten Text erwartet. Wer statt mit absoluten Angaben lieber mit relativen Angaben arbeitet, dem steht auch die Verwendung einer prozentualen Angabe frei, was in diesem Fall auch durchaus sinnvoll wäre. Hier wäre auch die Erstellung von Klassen zum Arbeiten mit verschiedenen Abständen zum Einrücken der Textbestandteile zu überlegen.

Beispiel:

Das Einrücken von Text erfolgt nur in dem gekennzeichneten Abschnitt. In diesem Fall erfolgt das Einrücken eines Textabschnitts innerhalb des Bereiches <p>...</p>.

Das Beispiel ist auf der CD zum Buch enthalten.

```
<!doctype html public "-//w3c//dtd html 4.0//en">
<html>
<head>
<title>Text einr&uuml;cken</title>
</head>
<body>
    <p style="text-indent:60px">einger&uuml;ckter Text Text
    Text Text Text Text Text Text Text Text Text Text Text
    Text Text Text Text Text Text Text Text Text Text </p>
</body>
</html>
```

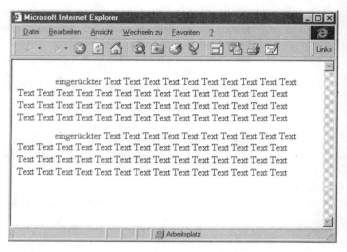

Abbildung 16.9: Endlich können Sie Text beliebig einrücken

Hintergrundfarben für Text

Mit CSS die Hintergrundfarbe für Text einzustellen, ist wirklich ein Kinderspiel. Mit dem Attribut background-color erstellen Sie eine beliebige Hintergrundfarbe für eine Zeile. Die Höhe dieses damit erzeugten farbigen Balkens entspricht dabei der aktuellen Zeilenhöhe.

Beispiel:

```
<h1 style="background-color:#c0c0c0;">Text</h1>
```

Alternativ zu Text können Sie auch eine Grafik mit einem farbigen Hintergrundbalken versehen. Eine eingebunde Grafik wird in diesem Fall prinzipiell wie ein Textabschnitt behandelt. Damit ist es zu erklären, daß die Hintergrundfarbe ebenfalls die gesamte Zeile ausfüllt. Mit diesem Trick erhalten Sie einen interessanten Effekt, mit dem sich Seiten gut in einzelne Abschnitte gliedern lassen.

Wenn die Grafik große Bereiche mit leerem Hintergrund aufweist, kann sich das störend auf das gesamte Erscheinungsbild auswirken. In dem Fall ist es besser, die Grafik vorher mit Hilfe eines geeigneten Grafikprogramms mit einem transparenten Hintergrund zu versehen.

Beispiel:

Hier sehen Sie die Verwendung einer Hintergrundfarbe für eine Überschrift der Größenordnung <h1>. In der dazugehörigen Abbildung ist gut zu erkennen, daß sich die Hintergrundfarbe über die gesamte Zeilenhöhe und -breite erstreckt. Anschließend wird eine Grafik mit einer Hintergrundfarbe versehen.

Das Beispiel ist auf der CD zum Buch enthalten.

```
<!doctype html public "-//w3c//dtd html 4.0//en">
<html>
<head>
<title>Hintergrundfarbe</title>
</head>
<body>
<h1 style="background-color:#c0c0c0;color:#ffffff">Test</h1>
<p style="background-color:#c0c0c0"><img src="Auge.gif"></p>
</body>
</html>
```

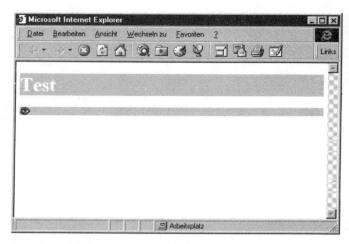

Abbildung 16.10: Gestaltung mit farbigem Hintergrund

Text mit Hintergrundbild

Die Verwendung eines Hintergrundbildes bietet in HTML wenig
variable Möglichkeiten. Mit CSS können Sie endlich verschiedene
Varianten zum Gestalten der Seite anwenden. Sie können z.B. ein
Hintergrundbild für eine Zeile oder einen ganzen Abschnitt definieren. Dann wird der entsprechende Text mit dem Bild hinterlegt,
was eine interessante Gestaltungsmöglichkeit darstellt. Zum Einbinden eines Hintergrundbildes verwenden Sie das Attribut background-image und übergeben ihm den Namen und die Adresse des
Bildes. Wenn sich das Bild im gleichen Verzeichnis wie die HTML-

Datei befindet, ist lediglich die Angabe des Bildes notwendig. Das Bild wird automatisch über die gesamte Zeilenlänge bzw. die Länge des Abschnitts wiederholt, so daß der Eindruck eines endlosen Bildes entsteht.

Bei der Verwendung eines Hintergrundbildes sollten Sie beachten, daß sich der Text genügend vom Hintergrund abhebt und ein zu unruhiges Hintergrundbild das Lesen des Textes eher behindert.

Beispiel:

In der Abbildung ist ohne Schwierigkeiten zu erkennen, daß sich das Motiv der Grafik ständig wiederholt. Hier wurde lediglich eine kleine Grafik eingebunden. Der sogenannte *Wallpaper- Effekt* entsteht mit der automatischen Wiederholung der Grafik über die gesamte Zeilenlänge.

Das Beispiel ist auf der CD zum Buch enthalten.

```
<!doctype html public "-//w3c//dtd html 4.0//en">
<html>
<head>
<title>Text mit Hintergrund</title>
</head>
<body>
    <h1 style="background-image:url(Strand.jpg)">Strand</h1>
</body>
</html>
```

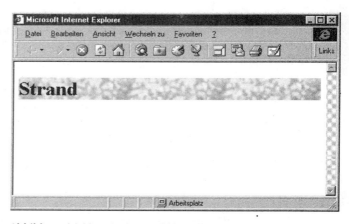

Abbildung 16.11: Mit einem Bild hinterlegter Text

Attribute	Beschreibung
text-decoration:"..."	Bestimmt die Gestaltung von Text
text-indent:"..."	Legt den Abstand zum Einrücken von Text fest
background-image:"..."	Definiert ein Hintergrundbild
background-color:"..."	Bestimmt die Hintergrundfarbe

Tabelle 16.7: Attribute zum Gestalten von Text

Abstände

Abstände zu Rand oder Absatz

Sie können innerhalb eines Dokuments ganze Textblöcke beliebig plazieren, indem Sie mit dem Attribut margin einen Abstand zum Rand oder dem nächsten Absatz definieren. Dabei sind alle vier Seitenkanten eines Dokuments nutzbar, also oben (top), links (left), unten (bottom) und rechts (right). Und last but not least lassen sich alle Angaben auch noch gemeinsam einsetzen, d.h., mit einer Kombination aus `margin-left` und `margin-top` können Sie einen Textabschnitt gezielt in der Mitte einer Webseite anordnen.

Mit dieser Technik lassen sich auch Texte beliebig miteinander verschachteln oder zeilenweise versetzt darstellen. Beim Einsatz des Attributs `margin` ist allerdings besondere Vorsicht angebracht. Wenn Sie eine einigermaßen gleiche Darstellung in beiden Browsern, also Netscape und Microsoft, erreichen wollen, so kommen Sie um zeitaufwendige Tests des Dokuments mit den verschiedenen Browsern nicht herum. Da die Angaben von Fall zu Fall sehr unterschiedlich interpretiert werden, ist es relativ schwierig, einen gemeinsam Nenner für beide Lösungen zu finden.

Beispiel:

Jeder einzelne Textabschnitt benötigt eine separate Angabe über die Größenordnung der Einrückung. Sie können dabei zwischen absoluten Zahlenwerten und relativen Prozentangaben wählen.

> Das Beispiel ist auf der CD zum Buch enthalten.

```
<!doctype html public "-//w3c//dtd html 4.0//en">
<html>
<head>
<title>Abst&auml;nde</title>
</head>
<body>
    <p style="margin-
left:10pt">TextTextTextTextTextTextTextText</p>
    <p style="margin-left:2cm;margin-top:10%">
    TextTextTextTextTextTextTextText</p>
    <p style="margin-left:20%;margin-top:15%">
    TextTextTextTextTextTextTextText</p>
</body>
</html>
```

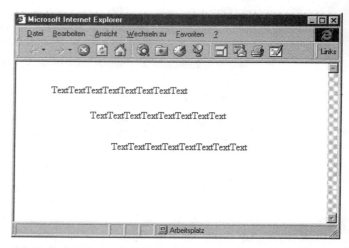

Abbildung 16.12: Auch diese Einstellungen interpretieren die Browser unterschiedlich

Zeichenabstand

Um Text wirkungsvoll in Szene zu setzen, reicht oft der normale Abstand zwischen den einzelnen Zeichen nicht aus. Und gerade wenn der Text eine beschreibende oder gestaltende Funktion einnimmt, ist normal zusammenstehender Text absolut unbrauchbar. Zum Glück steht bei CSS das Attribut letter-spacing zur Verfügung, mit dem der Abstand zwischen den einzelnen Buchstaben ganz nach eigenem Belieben eingestellt werden kann. Hier ist eine numerische Angabe des Abstands notwendig, was ein absoluter oder auch ein relativer Wert in Prozent sein kann.

Beispiel:

Zur Demonstration der Wirkung des Attributs letter-spacing reichen zwei verschiedene Einstellungen aus. Zur Unterstützung der

Wirkung des unteren Textes wurde die zusätzliche Angabe einer Schriftfamilie verwendet.

Das Beispiel ist auf der CD zum Buch enthalten.

```
<!doctype html public "-//w3c//dtd html 4.0//en">
<html>
<head>
<title>Zeichenabstand</title>
</head>
<body>
    <p style="letter-spacing:15px">Text mit Abst&auml;nden</p>
    <p style="letter-spacing:40pt;font-family:arial black;
    font-size:63pt">Text</p>
</body>
</html>
```

Abbildung 16.13: Leider interpretiert Netscape dieses Attribut nicht

> Bei der Verwendung von Textabständen eignen sich relative Größenangaben besser als absolute Angaben. Wenn Sie das nicht beachten, wird das Layout Ihrer Webseite auf unterschiedlichen Bildschirm- und Fenstergrößen nicht einheitlich wiedergegeben.

Zeilenhöhe

Nachdem nun der Abstand von Buchstaben leider nur vom Internet Explorer verändert dargestellt werden kann, wollen wir uns mal wieder mit einer für beide Browser gemeinsamen Lösung beschäftigen. Mit dem individuellen Einstellen der Zeilenhöhe können Sie Textabschnitte besonders hervorheben oder die Gliederung eines Dokuments besonders betonen. Das Festlegen der Zeilenhöhe erfolgt mit dem Attribut `line-height`.

Beispiel:

Die Darstellung von selbst definierten Zeilenhöhen ist auf den angegebenen Bereich begrenzt. In diesem Beispiel ist die Verwendung von eigenen Zeilenhöhen auf den Bereich <p>...</p> beschränkt.

```
<!doctype html public "-//w3c//dtd html 4.0//en">
<html>
<head>
<title>Titel</title>
</head>
<body>
<p style="line-height:18pt">
TextTextTextTextTextTextTextTextTextTextTextTextTextText
TextTextTextTextTextTextTextTextTextTextTextTextTextText
</p>
</body>
</html>
```

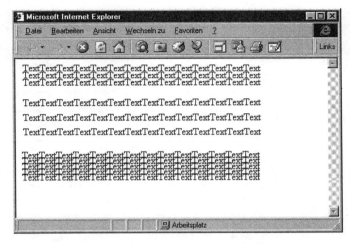

Abbildung 16.14: Zeilenhöhen sind beliebig einstellbar

Attribute	Beschreibung
margin:"(top I left I bottom I right)"	Richtet Text aus
letter-spacing:"..."	Legt die Zeichenhöhe fest
line-height:"..."	Legt die Zeilenhöhe fest

Tabelle 16.8: Attribute zum Festlegen von Abständen

Sonstiges

Rahmen

In HTML besteht die Möglichkeit, ein Dokument mit Hilfe von Linien zu gliedern. CSS schlagen dagegen HTML um Längen, denn hier ist der Einsatz von Rahmen und Linien an allen Ecken und Enden von Textelementen möglich. Zum Definieren eines Rahmens verwenden Sie das Attribut border zusammen mit der Bezeichnung der zu benutzenden Seite, also top, left, bottom oder right. Zusätzlich ist noch die Angabe der Rahmendicke mit width notwendig, immerhin trägt sie wesentlich zur Gestaltung der Seite bei. Um den Rahmen auch darstellen zu können, wird außerdem noch die Angabe des Rahmenstils mit border-style benötigt.

Attribut/Werte	Beschreibung
border-style	Bestimmt den Stil des Randes
dashed	Gestrichelt
dotted	Gepunktet
double	Doppelt durchgezogen
groove	3D
inset	3D
none	Kein Rahmen
outset	3D
ridge	3D
solid	durchgezogen

Tabelle 16.9: Verschiedene Möglichkeiten für border-style

Um einen Rahmen um das gesamte Element zu zeichnen, verwenden Sie das Attribut border ohne die Angabe einer darzustellenden Seite zusammen mit den entsprechenden Erweiterungen wie width und style. Bei dreidimensionalen Rahmen ist zudem die Angabe einer Farbe (außer schwarz) notwendig.

Beispiel:

```
style="border-width:1cm;border-style:dotted"
```

Sie können auch statt eines Rahmens lediglich einen Balken an nur einer Seite des entsprechenden Elements darstellen. Dazu ergänzen Sie das Attribut border um den Bezeichner der entsprechenden Seite. Im folgenden Listing erfolgt die Darstellung eines ein Zentimeter breiten Balkens an der linken Seite eines Elements.

Beispiel:

```
style="border-left-width:1cm"
```

Mit diesen Möglichkeiten erhalten Sie sehr vielseitige Gestaltungsvarianten. Um ein Gefühl für den Umgang mit allen Möglichkeiten zu erhalten, sollten Sie ruhig ein wenig mit den verschiedenen Anweisungen experimentieren.

Bei der Verwendung von Rahmen müssen Sie leider immer wieder einmal an die verschiedenen Browser denken, die zum Teil nicht alle Möglichkeiten zum Darstellen der Rahmen unterstützen. Letztendlich bleibt auch wieder einmal der bittere Nachgeschmack, daß der Programmierer einer Webseite mehr Zeit mit dem Testen der Darstellung der Rahmenarten verbringt als mit dem eigentlichen Gestalten der Seite.

Beispiel:

Im ersten definierten Textabschnitt sehen Sie die Verwendung eines Balkens an der linken Seite. Bei allen verwendeten Rahmen erfolgt die Angabe der Rahmenbreite in absoluten Zahlenwerten, was hier letztendlich immer zu empfehlen ist. Die Darstellung des zweiten Rahmens ist leider an die Darstellungsart der verschiedenen Browser gebunden. Zur Verwendung des dritten Rahmens ist die Angabe einer sich von schwarz unterscheidenden Farbe notwendig.

Das Beispiel ist auf der CD zum Buch enthalten.

```
<!doctype html public "-//w3c//dtd html 4.0//en">
<html>
<head>
<title>Rahmen</title>
</head>
<body>
  <p style="border-left-width:1cm; border-left-style:inset">
  TextTextTextTextTextTextTextTextTextTextTextTextTextText
  TextTextTextTextTextTextTextTextTextTextTextTextTextText
  TextTextTextTextTextTextTextTextTextTextTextTextTextText
  </p>
  <p style="border-width:0.2cm; border-style:solid">
```

```
TextTextTextTextTextTextTextTextTextTextTextTextTextText
</p>
<p style="border-width:0.8cm;border-style:outset;border-
color:gray">
TextTextTextTextTextTextTextTextTextTextTextTextTextText
</p>
</body>
</html>
```

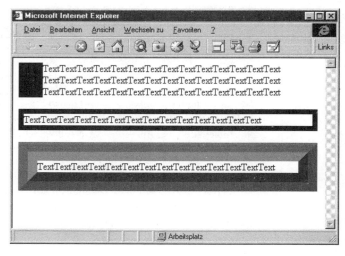

Abbildung 16.15: Endlich Rahmen ohne Grenzen

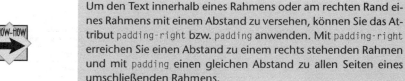

Um den Text innerhalb eines Rahmens oder am rechten Rand eines Rahmens mit einem Abstand zu versehen, können Sie das Attribut `padding-right` bzw. `padding` anwenden. Mit `padding-right` erreichen Sie einen Abstand zu einem rechts stehenden Rahmen und mit `padding` einen gleichen Abstand zu allen Seiten eines umschließenden Rahmens.

Beispiel:

```
<p style="border-left-width:1cm; border-left-style:inset;
   padding-right:8mm">
```

Verweise

Daß Verweise das »A« und »O« einer Webseite sind, ist schon in HTML bekannt. Da erscheint es nur allzu logisch, daß Verweisen in einem Webdokument ebenfalls die entsprechende Aufmerksamkeit zukommen sollte. Style Sheets tragen dem Rechnung und geben dem Programmierer die Möglichkeit, Verweise entsprechend ihres Status zu gestalten. Sie können zwischen der Gestaltung eines unbenutzten Verweises (link), einem besuchten Verweis (visited) und einem gerade angeklickten Verweis (active) unterscheiden. Bei der Gestaltung von Verweisen ist eine zentrale Anlage eines Formats zu empfehlen, da gerade diese Einstellungen meist im gesamten Dokument gleich bleiben. Außerdem sind Verweise aufgrund ihrer Verteilung über das gesamte Dokument bei einer Änderung entsprechend schwer aufzufinden.

Beispiel:

Hier sehen Sie die Definition von drei zentralen Formaten. Dabei werden die Verweise je nach ihrem Status nicht nur in verschiedenen Farben, sondern auch mit unterschiedlichem Schriftbild dargestellt.

```
<style type="text/css">
a:link {color:#FF0000; font-style:arial}
a:visited {color:#770000}
a:active {color:#0000FF; font-weight:bold}
</style>
```

Attribute	Beschreibung
a:link	Kennzeichnet einen unbenutzten Verweis
a:visited	Kennzeichnet einen besuchten Verweis
a:active	Kennzeichnet einen aktivierten Verweis

Tabelle 16.10: Attribute zur Kennzeichnung von Verweisen

Listen

Der Darstellung von Listen mit CSS gegenüber HTML kann durchaus der Vorzug gegeben werden, immerhin ist auch etwas mehr Fein-Tuning möglich. Während in HTML lediglich verschiedene Aufzählungszeichen zur Verfügung stehen, wird die Darstellung von Listen in CSS um das Einbinden von Grafiken erweitert.

Listenzeichen	Listentyp	Beschreibung
none		Keine Numerierung
alpha	ol	Alphabetische Numerierung
decimal	ol	Dezimale Numerierung
roman	ol	Römische Numerierung
circle	ul	Kreis
disc	ul	Disc
square	ul	Rechteck

Tabelle 16.11: Die Werte für das Attribut `list-style-type`

Im Prinzip unterscheidet sich die Definition einer Liste nicht sehr von der Definition in HTML. Einleitend ist mit <ul> oder <ol> die Angabe der Listenart erforderlich. Dabei entspricht wie in HTML <ul> einer Aufzählungsliste und <ol> einer numerierten Liste. Anschließend erfolgt die Angabe der verwendeten Numerierungs- oder Aufzählungszeichen sowie eventueller weiterer Formatierungen. Sie können für das Attribut `list-style` auch den Wert none angeben. In dem Fall erhalten Sie eine Liste ohne Aufzählungszeichen.

Die Verwendung des Aufzählungszeichens `disc` sollte vorher genau geprüft werden, da dieses Zeichen nicht von allen Browsern unterstützt wird.

Beispiel:

Die hier dargestellte Liste verwendet als Aufzählungszeichen einen Kreis. Diese Darstellung erfolgt in den meisten Browsern einheitlich.

Das Beispiel ist auf der CD zum Buch enthalten.

```
<!doctype html public "-//w3c//dtd html 4.0//en">
<html>
<head>
<title>Listen</title>
</head>
<body>
    Auch heute gibt es wieder viel zu tun:
    <ul style="list-style:circle; color:blue">
    <li>Fr&uuml;hst&uuml;ck
    <li>Mittagessen
    <li>Abendbrot
    </ul>
</body>
</html>
```

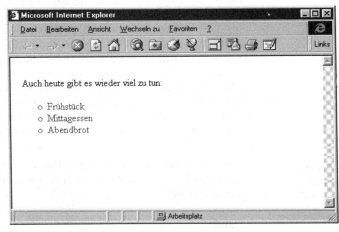

Abbildung 16.16: Listen sind auch mit Style Sheets möglich

Als besonderes Highlight bei der Gestaltung von Listen mit CSS ist das Einbinden eigener Grafiken als Aufzählungszeichen zu erwähnen. Dazu geben Sie lediglich zusammen mit der Adresse der zu verwendeten Grafik das Argument list-style-image an. Die Grafik kann sich auch in einem anderen Pfad oder auf einem anderen Server befinden. Es versteht sich von selbst, daß in diesem Fall die Angabe des gesamten Pfades erforderlich ist. Leider wird diese Möglichkeit von Netscape ignoriert und statt dessen das Aufzählungszeichen circle angezeigt.

Beispiel:

Mit dem Attribut list-style-image wird in dieser Liste eine Grafik als Aufzählungszeichen verwendet. Wenn sich die Grafik in einem anderen Verzeichnis befindet, so ist zusätzlich die Angabe des Dateipfades erforderlich.

```
<!doctype html public "-//w3c//dtd html 4.0//en">
<html>
<head>
<title>Titel</title>
</head>
<body>
    Es gibt &uuml;berall etwas zu sehen:
    <ul style="list-style-image:url(Auge.gif)">
    <li>links
    <li>rechts
    <li>vorn
    <li>hinten
    </ul>
</body>
</html>
```

Attribute	Beschreibung
list-style:"(circle I rect I square)"	Beschreibt die verwendeten Aufzählungszeichen
list-style-image:"..."	Definiert eine Grafik als Aufzählungszeichen

Tabelle 16.12: Die Attribute zum Gestalten von Listen

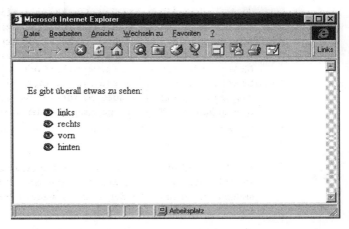

Abbildung 16.17: Eigene Aufzählungszeichen sind ein echter Hinguk-ker

Hintergrundbilder

Zum Gestalten eines Hintergrundes gehört selbstverständlich auch ein Hintergrundbild. Das Einbinden eines solchen Bildes erfolgt mit dem Attribut background-image, welches den Namen und das Verzeichnis eines Bildes erwartet. Das Bild kann sich dabei auch auf einem anderen Server befinden, es ist also auch die Angabe einer URL möglich. Wenn sich das Bild im gleichen Verzeichnis wie die HTML-Datei befindet, dann ist lediglich der Name des Bildes erforderlich. Die Definition des Hintergrundbildes erfolgt gemeinsam mit dem Tag <body>. Standardmäßig wird dabei das Bild so oft aneinandergereiht, bis der gesamte Hintergrund der Seite ausgefüllt ist. Der damit erreichte Effekt ist auch unter dem Name *Wallpaper* bekannt.

Beispiel:

```
<body style="background-image:url(Strand.gif);">
```

Mit dem zusätzlichen Attribut background-repeat können Sie das Wiederholungsverhalten des Hintergrundbildes beeinflussen. Die Einstellung repeat-y erzwingt z.B. die Wiederholung des Bildes in der Y-Achse während repeat-x die Wiederholung in der X-Achse erzeugt.

Beispiel:

In diesem Beispiel wird mit der Verwendung von repeat-y ein vertikaler Bildrand erzeugt. Das Bild selbst ist nur ein bis zwei Zentimeter hoch und wird lediglich wiederholt unten angefügt.

Das Beispiel ist auf der CD zum Buch enthalten.

```
<!doctype html public "-//w3c//dtd html 4.0//en">
<html>
<head>
<title>Hintergrundbild</title>
</head>
<body style="background-image:url(Strand.jpg)"
    background-repeat:repeat-y">
</body>
</html>
```

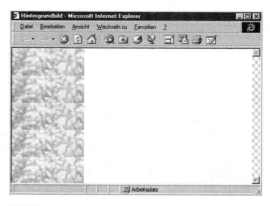

Abbildung 16.18: Ein einfacher Befehl mit großer Wirkung

Erstellen von Bereichen mit div und span

Um dieses Kapitel abzurunden, folgt nun eine der für CSS charakteristischen Fähigkeiten. Sie sind bei der Verwendung entsprechender Attribute in der Lage, Elemente innerhalb einer Webseite beliebig zu positionieren. Das können Sie ruhig wörtlich nehmen: Ob unter, neben oder übereinander, Sie haben wirklich die freie Auswahl.

Um ein oder mehrere Elemente innerhalb einer Webseite zu positionieren, müssen Sie zuerst einen Bereich erstellen der diese Elemente aufnimmt. Dazu können Sie die Tags <div> und <span> verwenden. Mit <div> erstellen Sie einen Bereich der mehrere unterschiedliche Elemente enthalten kann. Innerhalb dieses Bereichs können nun verschiedene CSS-Formate für alle enthaltenen Elemente gültig sein.

Beim Arbeiten mit DHTML und JavaScript benötigen Sie eine Möglichkeit, um mit <div> auf erstellte Bereiche zuzugreifen. Um einen solchen Bereich für einen Zugriff eindeutig identifizieren zu können, verwenden Sie das zusätzliche Attribut id. Ihm übergeben Sie einen Namen in Form einer Zeichenkette. Mit diesen Namen können Sie dann mit JavaScript auf den Bereich zugreifen.

Festlegen der Position

Mit den Attributen top, left, right und bottom können Sie eine beliebige Position eines Bereichs festlegen. Der Bereich kann Elemente beliebiger Art enthalten, also aus Schrift, Grafiken oder auch Tabellen bestehen. Außerdem können Sie relative oder auch absolute Angaben verwenden. Diese Art der Positionierung ist vor allem für die Verwendung von DHTML wichtig. Diesem Thema ist in dem Buch ebenfalls ein Kapitel gewidmet. Dort werden Sie sehen, wie auf die in diesem Abschnitt besprochene Technik zurückgegriffen wird. Sie können auch mit dem Attribut width die Breite eines Bereichs festlegen. Wenn der in diesem Bereich enthaltene Text die Breite überschreitet, dann wird er in der nächsten Zeile weitergeführt. In dem Tag <div> kommt zusätzlich das Attribut absolute vor, mit dem Sie die Positionierung des Bereichs innerhalb des Fensters bestimmen.

Beispiel:

Hier sind drei mit <div> zusammengefaßte Bereiche vorhanden. Jeder Bereich verfügt über unterschiedliche Textformate und Positionsangaben, wobei sich beide Bereiche verdecken. Dabei sehen Sie, daß sie sich in der Reihenfolge ihrer Aufzählung überdecken und über einen transparenten Hintergrund verfügen. Zusätzlich wurde der Bereich mit der Grafik mit dem Attribut id versehen, so daß mit JavaScript darauf zugegriffen werden kann.

Das Beispiel ist auf der CD zum Buch enthalten.

```
<!doctype html public "-//w3c//dtd html 4.0//en">
<html>
<head>
<title>Position festlegen</title>
</head>
<body>
    <div id="Ebene1" style="position:absolute; left:140;
top:160">
        <img src="Kroete.gif">
    </div>
    <div style="position:absolute; left:140; top:190; font-
size:35pt;
    color:red">nichts ist unm&ouml;glich...
    </div>
    <div style="position:absolute; font-family:Impact;
left:300;
    top:200; font-size:60pt">CSS
    </div>
</body>
</html>
```

Abbildung 16.19: Drei mit CSS übereinander gelegte Bereiche

Attribut/Werte	Beschreibung
position	Legt die Position eines Bereichs fest
absolute	Ermöglicht eine absolute Position, die beim Scrollen der Seite erhalten bleibt
fixed	Erzwingt eine absolute Position, die beim Scrollen nicht beeinflußt wird
relative	Ermöglicht die Positionierung relativ zum vorhergehenden Element
static	Keine bestimmte Positionierung

Tabelle 16.13: Die Werte für das Attribut position

Wert	Beschreibung
top:"..."	Legt die obere Position des Bereichs fest
left:"..."	Legt die linke Position des Bereichs fest
bottom:"..."	Legt die untere Position des Bereichs fest
right:"..."	Legt die rechte Position des Bereichs fest

Tabelle 16.14: Die Attribute zum Positionieren von Bereichen

Text- und Grafikfilter

Um mit einer Grafik eine Webseite zu gestalten, muß diese oft mit einem speziellen Grafikprogramm bearbeitet werden. Genau genommen ist diese Tatsache in gewisser Weise unlogisch. Auf der einen Seite sind Sie in der Lage, den Text eines Webdokuments mit einen simplen Texteditor zu gestalten, doch bei der Gestaltung des Dokuments mit Grafiken benötigen Sie oft ein zusätzliches Programm. Dazu kommt, daß der Umgang mit diesen Programmen nicht jedem geläufig ist und diese in der Regel auch noch finanziert werden müssen.

An dieser Stelle kommen die Spezialfilter von Microsoft ins Spiel. Mit ihnen ist es möglich, Text und Grafik mit einer großen Anzahl von verschiedenen Effekten zu gestalten. Mit deren Verwendung sind Sie von der Benutzung spezieller Zusatzprogramme unabhängig und sparen außerdem die Zeit, sich mit den Funktionen des Programms vertraut zu machen.

Die von Microsoft eingeführten Spezialfilter gehören momentan noch nicht zum Standard von CSS, Benutzer des Netscape Navigator müssen also derzeit noch auf deren Anblick verzichten. Wenn man sich den Nutzen der Technik vor Augen hält, dann stellt man sich leicht die Frage, warum das noch lange so bleiben sollte. Nutzen Sie also ruhig diese Möglichkeiten, denn die nächste CSS-Version kommt bestimmt und damit hoffentlich auch die offizielle Implementierung der Filter in CSS. Die Informationen über den aktuellen Stand zu den Filterangaben finden Sie wie immer auf den entsprechenden Webseiten von Microsoft unter:

http://msdn.microsoft.com/workshop/author/filter/reference

Laut Microsoft sind die CSS-Filter auf folgende Elemente einer Webseite anwendbar:

body/ button/ div/ img/ input type=button, checkbox, image, password, radio, reset, submit, text/ marquee/ runtimeStyle/ span/ style/ table/ td/ textarea/ th

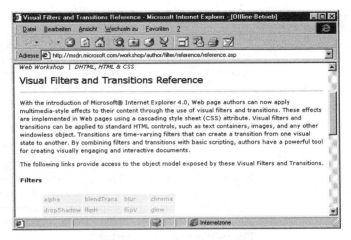

Abbildung 16.20: Hier finden Sie stets eine aktuelle Referenz und viele Beispiele

Außer auf einzelne Textabschnitte und Grafiken können Sie die Filter auch auf andere Objekte anwenden. Dazu gehören unter anderem auch Eingabefelder, Schaltflächen sowie Lauftext. Dabei sind übrigens auch Kombinationen aus mehreren Filtern möglich. Dazu geben Sie einfach die jeweiligen Filtertypen mit ihren Attributen ohne ein Trennzeichen hintereinander an. Die damit erreichten Effekte sind fast ausschließlich statisch. Eine Ausnahme unter den sonst statischen Filtern bilden die Filter revalTrans und blendTrans, mit denen auf einfache Art und Weise anspruchsvolle Überblendungen von Objekten realisierbar sind.

Die Anwendung der Filter erhält eine weitere Bedeutung, wenn Sie ein dynamisches Verändern der Parameterwerte mit Hilfe von JavaScript in Betracht ziehen. So können Sie z.B. mit Hilfe einer einfachen Zählerschleife den Verlauf und die Richtung einer Schattierung ändern. Diese Technik fällt dann aber eher in den komplexeren Bereich von DHTML, wo sich dafür ein weites Betätigungsfeld öffnet.

alpha

Der Filter alpha ist in der Lage, ein Objekt mit seinem Hintergrund visuell zu verschmelzen. Dabei erhält das Objekt ausgehend von einem Mittelpunkt eine zunehmende Transparenz, so daß es mehr und mehr mit seinem Hintergrund verschmilzt.

Der Hintergrund kann dabei aus einem anderen Objekt oder auch nur aus einer Hintergrundfarbe bestehen. Mit den Attributen startX, startY, finishX und finishY können Sie die Start- und Endpunkte der Verschmelzung genau festlegen, was sich jedoch nur bei größeren Objekten lohnt. Zur individuellen Einstellung des Filters ist dagegen der Parameter style interessant. Hiermit können Sie unter drei verschiedenen Einstellungen wählen, wobei 0 = gleichmäßig, 1 = linear, 2 = kreisförmig und 3 = rechteckig bedeutet.

Um die Intensität der Verschmelzung festzulegen, verwenden Sie das Attribut opacity (vom Startpunkt) und finishOpacity (am Endpunkt). Mit diesen Einstellungsmöglichkeiten ausgerüstet, sind Sie jetzt in der Lage, Gestaltungseffekte zu erreichen, die sonst nur mit speziellen Grafikprogrammen realisierbar sind.

Beispiel:

In der HTML-Datei befinden sich eine Grafik und zwei Schaltflächen. Da die Grafik bereits über einen weißen Hintergrund verfügt, bewirkt der Filter eine langsame Auflösung des Bildes mit dem Hintergrund (Nebel-Effekt). Bei der Schaltfläche hingegen bewirkt die Einstellung style=2 eine Darstellung als ovales Objekt mit verschwommenen Rändern.

Das Beispiel ist auf der CD zum Buch enthalten.

```
<!doctype html public "-//w3c//dtd html 4.0//en">
<html>
<head>
<title>alpha</title>
<body>
    <img src="Leuchtturm.jpg"
```

```
style="filter:alpha(opacity=100,finishopacity=9,style=2)">
<p>
<input type="button" value="Schaltfläche"
style="filter: alpha(opacity=100,style=2)">
<p>
<input type="button" value="Schaltfläche"
style="filter: alpha(opacity=40)">
</body>
</html>
```

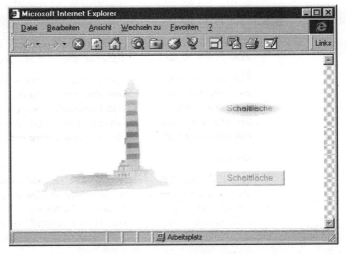

Abbildung 16.21: Diese Effekte sind auf herkömmlichem Weg schwer erreichbar

blendTrans

Mit dem Filter blendTrans können Sie ein Objekt stetig ausblenden lassen, bis es nicht mehr sichtbar ist. Im Gegensatz zu anderen Filtern werden hier als Parameter nicht nur Eigenschaften erwartet, sondern auch der Einsatz von Methoden. Mit der Methode apply verknüpfen Sie die Überblendung mit einem Objekt, play startet den Vorgang und mit stop können Sie, der Name sagt es schon, den Vorgang anhalten. Der Einsatz der Methode stop ist durchaus sinnvoll. Da das Objekt nach dem Starten der Überblendung allmählich völlig verschwindet können Sie diesen Vorgang an einen bestimmten Punkt stoppen und den Vorgang schlagartig beenden. Die notwendigen Informationen über den Zustand des Vorgangs liefert Ihnen dazu die Eigenschaft status.

Anhand der kurzen Beschreibung der Methoden sehen Sie bereits, daß dieser Filter dynamisch angewendet wird. Für seinen Einsatz sind also Kenntnisse in JavaScript notwendig. Anschließend sehen Sie ein Beispiel, in dem der Filter gemeinsam mit JavaScript angewendet wird.

Beispiel:

Hier sehen Sie eine HTML-Datei, in der nach dem Öffnen ein Objekt erst nach und nach sichtbar wird. Der mit <div> angelegte Bereich ist wegen der Verwendung der Angabe von visibility:hidden unmittelbar nach dem Öffnen der Seite noch nicht sichtbar. Erst mit dem Aufruf der Funktion Einblenden, der unmittelbar nach dem Beenden des Ladevorgangs erfolgt, wird dem Bereich der Filter blendTrans zugewiesen. Mit der Einstellung duration=20 wird hier erreicht, daß der Bereich für den Besucher nur sehr langsam sichtbar wird.

Das Beispiel ist auf der CD zum Buch enthalten.

```
<!doctype html public "-//w3c//dtd html 4.0//en">
<html>
<head>
<title>blendTrans</title>
</head>
<script language="JavaScript">
function Einblenden()
{    ebene1.style.filter="blendTrans(duration=20)";
     ebene1.filters.blendTrans.apply();
```

```
        ebene1.style.visibility="visible";
        ebene1.filters.blendTrans.play();
    }
</script>
<body onLoad="Einblenden()">
    <div id="ebene1" style="position:absolute;
visibility:hidden;
        width:340pt;font-family:KL Antiqua2; font-size:50pt;
        color:white;background-color:darkred">
        Es war einmal...
    </div>
</body>
</html>
```

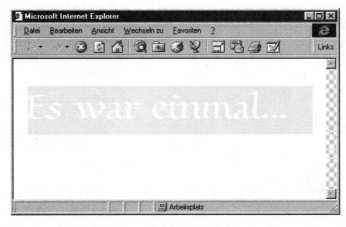

Abbildung 16.22: Langsam beginnt die Märchenstunde ...

blur

Stellen Sie sich vor, ein Objekt fliegt und steht doch still. Das ist durchaus möglich – zumindest mit dem Filter blur. Er versieht ein Objekt mit einem Bewegungsschatten, den Sie in seiner Intensität und Richtung fast beliebig einstellen können. Dieser Filter kann auch auf Textabschnitte angewendet werden, doch das erweist sich in der Praxis als weniger sinnvoll. Die Intensität des Schattens können Sie mit der Angabe von strength steuern, während mit direction die Angabe der Bewegungsrichtung in Grad möglich ist. Leider können Sie hier keine individuellen Werte verwenden, sondern müssen unter einer von acht Voreinstellungen wählen.

Richtung in Grad	Beschreibung
0	oben
45	oben rechts
90	unten
135	unten rechts
180	unten
225	oben rechts
270	links
315	oben links

Tabelle 16.15: Die möglichen Werte für direction

Beispiel:

Die in dem definierten Bereich enthaltene Grafik erhält einen Schatten mittlerer Stärke mit einer Bewegungsrichtung von oben links.

Das Beispiel ist auf der CD zum Buch enthalten.

```
<!doctype html public "-//w3c//dtd html 4.0//en">
<html>
<head>
<title>blur</title>
</head>
<body>
    <div style="width:200;font-size:64pt;
    filter: blur(Strength=50,Direction=315)">
```

```
        <img src="Flieger.jpg"></DIV>
     <div>
   </body>
   </html>
```

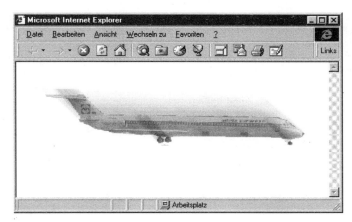

Abbildung 16.23: Der Bewegungsschatten mit `blur`

dropShadow

Im Gegensatz zu dem Filter `blur` können Sie mit `dropShadow` einen gleichmäßigen Schatten (Schlagschatten) von allen Konturen eines Objekts aus anfügen. Der Schatten ist, wie sollte es anders sein, in Richtung und Stärke auf verschiedene Weise regulierbar. Zusätzlich ist es noch möglich, die Farbe des Schattens frei einzustellen. Der Filter eignet sich in erster Linie zur Anwendung bei Textabschnitten. Bei Grafiken bewirkt er einen Schatten um die Außenkanten des Objekts. Mit den Parametern `offx` und `offy` geben Sie die horizontale und vertikale Richtung des Schattens an. Mit positiven Werten erreichen Sie einen Schatten nach rechts, mit negativen Werten einen Schatten nach links bzw. oben und unten.

Beispiel:

Der Beispieltext der HTML-Datei erhält einen Schatten, der sich farblich abhebt. Durch die Angabe von positiven Werten für offx und offy verläuft der Schatten nach rechts bzw. unten.

Das Beispiel ist auf der CD zum Buch enthalten.

```
<!doctype html public "-//w3c//dtd html 4.0//en">
<html>
<head>
<title>dropShadow</title>
</head>
<body>
    <div style="width:100%; font-size:64pt;color:darkblue;
        filter:DropShadow(color=cornflowerblue,offx=5,offy=7)">
    Schatten
    </div>
</body>
</html>
```

Abbildung 16.24: Die Farbe des Schattens ist frei wählbar

flipH, flipV

Diese beiden Filter lassen sich nicht so vielseitig einsetzen wie die anderen Filter. Sie erwarten weder irgendwelche Parameter noch irgendwelche anderen zusätzlichen Angaben. Mit ihnen können Sie ein Objekt horizontal bzw. vertikal spiegeln. Wenn Sie eine Grafik gespiegelt und normal darstellen wollen, dann ersparen Ihnen diese beiden Filter immerhin das Laden einer der beiden Grafiken. Beim Spiegeln von Schrift erreichen Sie ebenfalls gute gestalterische Effekte, so daß die beiden Filter letztendlich doch öfter Verwendung finden werden.

Beispiel:

Die Grafik wurde in die HTML-Datei zweimal nebeneinander eingefügt und mit Hilfe des Filters flipH horizontal gespiegelt.

Das Beispiel ist auf der CD zum Buch enthalten.

```
<!doctype html public "-//w3c//dtd html 4.0//en">
<html>
<head>
<title>fliph</title>
    </head>
<body>
    <img src="Kroete.jpg">
    <img src="Kroete.jpg" style="filter:flipH()">
</body>
</html>
```

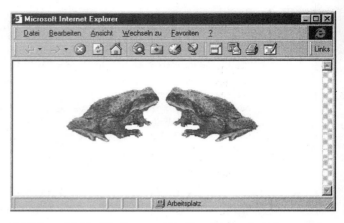

Abbildung 16.25: Für diese zwei Grafiken ist nur ein Ladevorgang
notwendig

glow

Sind Sie mit den bisherigen Möglichkeiten der Filter für Schatten
unzufrieden? Dann sollten Sie einmal den Filter glow testen. Hiermit versehen Sie ein Objekt mit einem Schatten, der an eine Flam-
menwand erinnert. Der Schatten wird auf alle Seiten des Objekts
verteilt, die Möglichkeit eine Richtung vorzugeben, besteht hier
nicht. Dafür können Sie mit dem Parameter color die Farbe des
Schattens sowie mit strength seine Intensität bestimmen. Der Filter
eignet sich mehr für Schrift, da er bei einer Grafik lediglich die
Konturen des gesamten Objekts umschließt.

Beispiel:

Der Text erhielt mit dem Filter glow einen sogenannten *glühenden
Schatten*. Bei diesem Filter sollten Sie auf eine Schrift mit gleichmä-
ßigen Konturen und möglichst wenig Kanten achten, da sonst der
Schatten an den Eckpunkten aufgebrochen wird.

Das Beispiel ist auf der CD zum Buch enthalten.

```
<!doctype html public "-//w3c//dtd html 4.0//en">
<html>
<head>
<title>glow</title>
</head>
<body>
    <div style="width:100%; font-size:100pt;font-family:HW
Jeff;
      color:firebrick;filter:glow(color= firebrick ,
strength=15)">
      Feuer
    </div>
</body>
</html>
```

Abbildung 16.26: Glühende Schatten mit `glow`

Sie können den Parameterwert für color und strength auch in einer JavaScript-Zählerschleife dynamisch verändern. Damit erhalten Sie einen sich auf und nieder bewegenden Schatten, was einen wirklich glühenden Effekt ergibt.

wave

Mit diesem Filter erzielen Sie eine wellenartige Unterbrechung eines Objekts. Um die Wirkung des Filters individuell beeinflussen zu können, stehen Ihnen verschiedene Parameter zur Verfügung. Wie bei den meisten Filtern können Sie mit dem Parameter strength die Stärke des Effekts beeinflussen. Die Anzahl der Wellen bestimmen Sie mit dem Parameter freq. Dabei müssen Sie beachten, daß diese mit zunehmender Wellenzahl auch kleiner werden und umgekehrt. In den eingefügten Wellen können Sie auch eine Lichtquelle definieren. Die Stärke des Lichteffekts definieren Sie mit light, dazu sind Werte zwischen 0 und 100 möglich.

Beispiel:

Hier wurde in beiden Textabschnitten der Filter wave mit sehr unterschiedlicher Wirkung angewendet. Während im ersten Fall aufgrund des Parameters strength=1 die Schrift lediglich mit Streifen unterbrochen wurde, erfolgt bei der Verwendung von strength=7 eine ausgeprägte Unterbrechung durch Wellen.

Das Beispiel ist auf der CD zum Buch enthalten.

```
<!doctype html public "-//w3c//dtd html 4.0//en">
<html>
<head>
<title>wave</title>
</head>
<body>
    <div style="width:100%; font-size:70pt; color:#FF7F50;
    filter:Wave(freq=8, light=20, phase=50, strength=1)">
    Wellen
```

```
    </div>
    <br>
    <div style="width:100%; font-size:70pt; color:#FF7F50;
    filter:Wave(freq=5, light=20, phase=20, strength=7)">
    Wellen
    </div>
    </body>
</html>
```

Abbildung 16.27: Der Effekt kann sehr unterschiedlich ausfallen

revalTrans

Der Filter revalTrans ist mit Sicherheit der vielfältigste zur Verfügung stehende Filter. Mit ihm können Sie Objekte mit Hilfe von
insgesamt 23 Animationseffekten ein- und ausblenden oder auch
gegenseitig überblenden. Die Vorgehensweise zum Verwenden des
Filters ist die gleiche wie bei dem Filter blendTrans. Zuerst ist es
notwendig, mit apply den Vorgang mit dem Zielobjekt zu verbin-

den. Anschließend geben Sie an, was während des Vorgangs geschehen soll, und schließlich starten Sie den Vorgang mit play. Die Wirkung des Filters können Sie mit dem Parameter transition bestimmen. Dazu geben Sie einen Zahlenwert an, der einer bestimmten Wirkung zugeordnet ist.

Wert	Beschreibung	Wert	Beschreibung
0	Box innen	12	Zufällige Punkte
1	Box außen	13	Vertikaler Zoom nach außen
2	Kreis innen	14	Vertikaler Zoom nach innen
3	Kreis außen	15	Horizontaler Zoom nach innen
4	Aufwärts rollen	16	Horizontaler Zoom nach außen
5	Abwärts rollen	17	Streifen links unten
6	Rechts rollen	18	Streifen links oben
7	Links rollen	19	Streifen rechts unten
8	Vertikale Balken	20	Streifen rechts oben
9	Horizontale Balken	21	Zufällige Balken horizontal
10	Schachbrett seitlich	22	Zufällige Balken vertikal
11	Schachbrett abwärts	23	Zufall

Tabelle 16.16: Die möglichen Werte für transition

Um die Dauer des Vorgangs zu bestimmen, verwenden Sie den Parameter duration der einen Zahlenwert für die Zeit in Sekunden erwartet. Mit status können Sie den aktuellen Zustand des Vorgangs ermitteln sowie mit stop den Vorgang anhalten. Auch dieser Filter erfordert den Einsatz von JavaScript. In dem folgenden Beispiel erfolgt beim Öffnen der HTML-Datei der Aufruf einer JavaScript-Funktion, mit der die zum Einsatz des Filters notwendigen Methoden aufgerufen werden.

Beispiel:

Die HTML-Datei enthält eine Grafik, die nach dem Öffnen der Datei nach und nach sichtbar wird. Hier wurde dazu der Effekt mit dem Wert 12 (zufällige Punkte) gewählt. Dabei setzt sich das Bild langsam aus in zufälliger Reihenfolge erscheinenden Punkten zusammen.

Das Beispiel ist auf der CD zum Buch enthalten.

```
<!doctype html public "-//w3c//dtd html 4.0//en">
<html>
<head>
<title>revealTrans</title>
</head>
<script language="JavaScript">
function zeigen()
{
    Ebene1.filters[0].Apply();
    Ebene1.style.visibility = "visible";
    Ebene1.filters.revealTrans.transition=12;
    Ebene1.filters[0].Play();
}
</script>
<body onLoad="zeigen()">
<div id="Ebene1" style="position:absolute;width:200pt;
  visibility:hidden;Filter:revealTrans(duration=10)">
  <img src="Esel2.jpg">
</div>
</body>
</html>
```

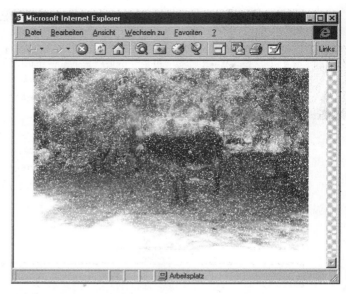

Abbildung 16.28: Das Bild verdichtet sich langsam

Sie können mit der Funktion zeigen auch nach und nach weitere Ebenen anzeigen lassen, die anschließend wieder versteckt werden. Diese Ebenen können z. B. informative Inhalte zu einem bestimmten Thema enthalten. Wenn Sie die Funktion zeigen dann über das Ereignis einer Schaltfläche aufrufen, kann der Benutzer Seite für Seite eines Themas mit einer animierten Seitenanzeige »durchblättern«.

KAPITEL

JavaScript

Mit JavaScript kommt endlich Leben in die starre Welt der Webseiten. Dieses Kapitel wird Ihnen zeigen, daß JavaScript eine einfach zu erlernende Programmiersprache ist. Jeder Befehl und jeder beschriebene Anwendungsfall wird von einem sofort einsetzbaren Anwendungsbeispiel begleitet.

17

JavaScript

Was ist JavaScript?

Entgegen allen Vermutungen hat JavaScript nichts mit der Programmiersprache Java gemeinsam. JavaScript wurde mit dem Erscheinen des Netscape Navigator 2.0 von der Firma Netscape ins Leben gerufen. Das Neue an dieser Sprache war die Tatsache, dass eine objektorientierte Sprache auf einem lokalen Rechner mit einem Interpreter ausgeführt werden konnte. Der Programmcode kann wahlweise direkt in einem HTML-Dokument oder in einer externen Datei enthalten sein. Die Sprache selbst ist relativ einfach strukturiert und erfordert von einem zukünftigen JavaScript- Autor nur geringe Programmierkenntnisse.

Ziel und Zweck der Sprache ist es, die Fähigkeiten von Webseiten zu verbessern und dynamische Dokumente zu ermöglichen. Dazu wurde mit dem Tag <script> die Möglichkeit geschaffen, den Programmcode direkt in den HTML-Code zu integrieren. Ein weiterer Vorteil von JavaScript liegt in der einfachen Erstellung des Programmcodes. Hierzu ist keine spezielle Programmierumgebung notwendig. Statt dessen reicht ein einfacher Texteditor aus, da der erstellte Code im Browser getestet werden kann. Selbstverständlich existieren auch für JavaScript spezielle visuelle Programmierumgebungen, die den Umgang mit der Sprache erheblich vereinfachen.

Die Funktionsweise von JavaScript

Der normale Weg bei der Entwicklung eines Programms führt über den Entwurf des Programmcodes innerhalb einer Entwicklungsumgebung und dem Testen des Codes bis hin zum Kompilieren des Codes und damit der Übersetzung des Codes in ein ausführbares Programm. Anschließend erfolgt das Linken des Programms und damit die Erstellung einer selbständig ausführbaren Anwendung. Ganz so weit gehen die Möglichkeiten von JavaScript nicht, doch das ist auch nicht der Sinn und Zweck dieser Sprache. Der Code von JavaScript wird lediglich im Editor erstellt und in dieser Form in den HTML-Code der zukünftigen Webseite eingebunden. Beim Öffnen der Webseite interpretiert der Browser den Code mit einem integrierten Interpreter und führt ihn direkt aus. Da die Ausführung der Sprachelemente immer von dem interpretierenden Browser abhängig ist, können auch nur Befehle der Sprachversion ausgeführt werden, die von der Version des Browsers unterstützt wird.

Während allerdings die Arbeit mit HTML in bezug auf korrekten Code vom Programmierer weniger Genauigkeit erfordert, ist bei JavaScript ein absolut genaues Vorgehen vonnöten. Fehlerhafter Code bewirkt sofort das Auslösen eines Fehlers, welchen der Browser mindestens mit einer für den Benutzer sichtbaren Meldung anzeigt. Schlimmstenfalls kann der Browser sogar seine Dienste ganz einstellen – die Rede ist hier von einem Programmabsturz.

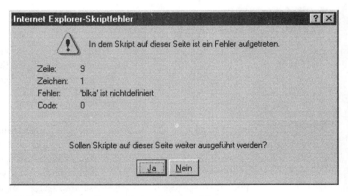

Abbildung 17.1: Eine typische Fehlermeldung

Was die Sicherheit des auf Ihrem Rechner ausgeführten Codes betrifft, brauchen Sie sich keine Gedanken zu machen. Während die Ausführung von z.B. VBScript jede Festplatte gründlich ruinieren kann, sind mit JavaScript keinerlei Datenzugriffe möglich.

Da der Code von JavaScript weder kompiliert noch in irgendeiner anderen Weise verändert wird und sozusagen 1:1 in der HTML-Datei enthalten ist, ist dieser auch nicht vor fremden Blicken geschützt. Mit dem Öffnen der HTML-Datei in der Quellcodeansicht kann er von jedem Benutzer kopiert und weiter verwendetwerden. Dabei ist aber auch zu beachten, daß einige Scripts dem Copyright ihrer Autoren unterliegen – in diesem Fall befindet sich in der HTML-Datei ein entsprechender Kommentar. Aufgrund des offenen Codes hat JavaScript relativ schnell eine große Verbreitung gefunden, und jeder, der neuen Code in seine Webseite integriert und diesen damit der Allgemeinheit zur Verfügung stellt, trägt zur weiteren Verbreitung der Sprache bei.

Werkzeuge für JavaScript

Wie gesagt führt der einfachste Weg zum Entwickeln einer Java-Script-Anwendung über einen einfachen Texteditor. Hier müssen Sie den Code allerdings nach und nach einzeln eingeben und erhalten leider keinerlei Unterstützung in Form einer Hilfedatei oder gar eines Assistenten.

Seit 1997 ist von Netscape die visuelle Entwicklungsumgebung *Visual JavaScript* erhältlich. Das Problem liegt allerdings in der englischen Sprachversion und der etwas umständlichen Bedienung. Die Software eignet sich leider nicht zum Erstellen von Code »on the fly«, also mal eben schnell zwischendurch. Um damit JavaScript-Code zu bearbeiten, ist jedesmal die Eröffnung eines Projekts notwendig, was die kontinuierliche Bearbeitung eines Projekts voraussetzt.

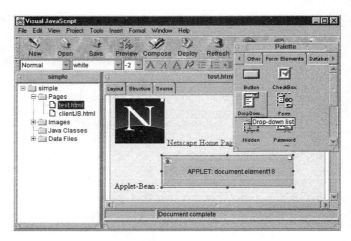

Abbildung 17.2: Visual JavaScript von Netscape

JavaScript einbinden

Das Einbinden von JavaScript-Bereichen in eine HTML-Datei ist
relativ einfach und erfolgt mit dem Tag `<script>...</script>`. Zusätzlich ist noch die Angabe der verwendeten Scriptsprache mit
dem Attribut `language` notwendig. Die Deklaration von Scriptberei-
chen kann prinzipiell überall im Code einer HTML-Datei erfolgen,
hier werden Ihnen keinerlei Vorschriften gemacht. Eine Ausnahme
dabei bildet JavaScript-Code in HTML-Dateien mit Formularen.
Hier muß sich der Scriptbereich unterhalb des Formulars befinden,
da beim Zugriff auf die Elemente des Formulars mit JavaScript
diese vor dem JavaScript-Code eingelesen werden müssen. Innerhalb des definierten Bereichs befindet sich der Programmcode.
Dieser kann aus einzelnen Anweisungen oder auch aus Funktionen
bestehen. Code, der sich in Funktionen befindet, wird erst mit dem
Aufrufen der Funktion ausgeführt. Das Aufrufen einer Funktion
kann aus einer anderen Funktion heraus, aus JavaScript-Code oder

auch aus dem HTML-Code erfolgen. JavaScript-Code, der als Anweisung innerhalb des Scriptbereichs aufgeführt ist, wird mit dem Öffnen der Datei automatisch ausgeführt. Dabei erfolgt das Ausführen des Programmcodes linear, also in der eingetragenen Reihenfolge von oben nach unten.

```
<html>
<head>
<title>Titel</title>
   <script language="JavaScript">
      ...
   </script>
</head>
<body>
</body>
</html>
```

JavaScript verwenden

Die Sprache JavaScript besteht wie alle anderen Programmiersprachen auch aus bestimmten reservierten Wörtern. Diese Wörter können Sie im Gegensatz zu HTML nicht mal groß und mal klein niederschreiben, sondern Sie müssen sich streng an bestimmte Regeln halten. Zum einen unterscheidet der Browser bei JavaScript Groß- und Kleinschreibung. Zum anderen besteht der Code aus einer Reihe von Befehlen, die zusammen eine Anweisung ergeben. Das Ende jeder Anweisung sollte gekennzeichnet werden, in JavaScript erfolgt dies mit einem abschließenden Semikolon. Im folgenden Beispiel wird der Variablen String eine Zeichenkette zugewiesen.

Beispiel:

```
String="Das ist der Anfang";
```

Ein kleines Beispiel

Bevor wir Sie nun in der Einführung zu JavaScript mit Variablen, Sprachelementen usw. bedrängen, sollen Sie eine kleine Vorschau auf JavaScript erhalten. Sozusagen als kleinen Vorschuß für Ihre Mühe, und um Ihnen den Weg zu JavaScript zu ebnen.

Beispiel:

In dem folgenden Beispiel wird nach dem Definieren des Scriptbereichs mit der Methode write des Objekts document auf dem Bildschirm der Text *JavaScript* ausgegeben. Das ist möglich, da das Objekt document einen direkten Zugriff auf das im Browser angezeigte Dokument ermöglicht. Anschließend erfolgt mit dem Befehl alert die Ausgabe eines Meldungsfensters (MessageBox) mit dem gleichen Text.

Das Beispiel ist auf der CD zum Buch enthalten.

```
<!doctype html public "-//w3c//dtd html 4.0//en">
<html>
<head>
<title>erste Schritte</title>
</head>
<body>
   <script language="JavaScript">
      document.write("JavaScript");
      alert("JavaScript");
   </script>
</body>
</html>
```

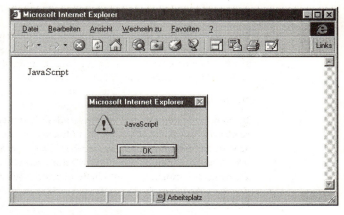

Abbildung 17.3: Ein erstes Beispiel

Wenn Sie dieses Beispiel erfolgreich auf Ihrem Rechner ausgeführt haben, dann steht schon mal fest, daß Sie keine veraltete Version Ihres Browsers installiert haben. Doch was ist mit den Benutzern, die noch mit einer älteren Software arbeiten? Logischerweise wird deren Browser die Bereiche mit JavaScript irrtümlich als Text interpretieren und auch als solchen Anzeigen. Daß dies ein recht merkwürdiges Erscheinungsbild ergeben wird, können Sie sich sicher gut vorstellen. Deshalb ist für ältere Browser mit den Zeichen <!- ... //--> die Kennzeichnung dieses Bereichs möglich. Ältere Browser werden dann ihn als Kommentar behandeln und folglich nicht anzeigen.

```
<script language="JavaScript">
  <!-- alert("JavaScript ");//-->
</script>
```

JavaScript in externen Dateien

Im vorherigen Abschnitt haben Sie das Einbinden von JavaScript in eine HTML-Datei gesehen. Wenn Sie ein umfangreicheres Projekt mit JavaScript unterstützen, kann die entsprechende HTML- Datei dabei sehr groß und damit auch unübersichtlich werden. Hinzu kommt, daß Sie unter Umständen verschiedene Funktionen in mehreren HTML-Dateien nutzen wollen, so daß sich nachträgliche Erweiterungen des Projektes im Laufe der Zeit als sehr unübersichtlich erweisen. Deshalb ist es sinnvoll, den JavaScript-Code in externe Dateien auszulagern. Das hat zudem den Vorteil, daß Sie am Code Ihrer JavaScript-Funktionen arbeiten können, ohne das gesamte Projekt auf dem Server erneuern zu müssen.

Um die externe Datei einzubinden, müssen Sie lediglich im Tag `<script>` mit dem Attribut `src` den Namen der Datei sowie mit `type` die Angabe `text/javascript` vornehmen. Der Name der externen Datei sollte die Endung *.JS* aufweisen. Für die Angabe der Datei bzw. des Dateipfades gelten die gleichen Regeln wie bei der Angabe von Dateinamen in HTML. Um über Ihr Projekt eine größtmögliche Übersicht zu behalten, sollten Sie die externen Scriptdateien, sofern Ihr Provider das Anlegen von eigenen Verzeichnissen unterstützt, in einem externen Verzeichnis anlegen.

Beispiel:

Innerhalb eines Formulars wird mit `input type=button` eine Schaltfläche definiert. Mit deren Betätigung (`onClick="Meldung()"`) erfolgt der Aufruf der externen Funktion `Meldung`. Innerhalb der aufgerufenen Funktion wird mit dem Befehl `alert` ein Meldungsfenster mit einem entsprechenden Text ausgegeben.

Das Beispiel ist auf der CD zum Buch enthalten.

```
<!doctype html public "-//w3c//dtd html 4.0//en">
<html>
<head>
<title>Externe Datei</title>
<script language="JavaScript" src="extern.js" type="text/
javascript">
</script>
</head>
<body>
<form>
    <input type="button" value=" Funktion aus externer Datei
aufrufen"
        onClick="Meldung()">
</form>
</body>
</html>
```

Anschließend sehen Sie den Quellcode der dazugehörigen JavaS-cript-Datei. Die Datei sollte nichts anderes enthalten als den reinen Quellcode und eventuelle gekennzeichnete Kommentare. Das folgende Listing stellt den gesamten Inhalt der Datei dar.

Das Beispiel ist auf der CD zum Buch enthalten.

```
function Meldung()
{
    alert("Ich verstecke mich in der Datei 'extern.js'");
}
```

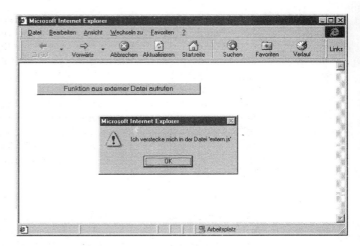

Abbildung 17.4: Die Meldung kommt aus einer externen Datei

JavaScript verstehen

Objekte, Methoden und Eigenschaften

JavaScript ist eine objektorientierte Sprache. Diese Tatsache soll in Programmiersprachen ungeübte Leser nicht dazu verleiten, gleich das Handtuch zu werfen-das Arbeiten mit einer objektorientierten Sprache ist einfacher, als manch einer denkt. Um dem Einsteiger den Anfang zu erleichtern, ist erst einmal eine möglichst einfache Erläuterung solcher Begriffe wie *Objekte*, *Methoden* und *Eigenschaften* notwendig.

✓ Objekte

Objekte verkörpern verschiedene Elemente einer Webseite und ermöglichen dem Benutzer den Zugriff auf diese Elemente. So ermöglicht z. B. das *Window*-Objekt den Zugriff auf das aktuelle Fenster, welches ein Webdokument anzeigt. Über dieses Objekt können Sie in dem Fenster Dokumente anzeigen lassen, seine Größe verändern oder gar das Fenster schließen lassen. Ein Objekt übernimmt also auf sehr komplexe Art und Weise die Verwaltung eines Elements. Ein Objekt enthält eine Anzahl von Schnittstellen zum Zugriff auf das von ihm verwaltete Element. Mit Hilfe dieser Schnittstellen sind Sie in der Lage, das betreffende Element zu beeinflussen. Diese Schnittstellen werden als *Methoden* und *Eigenschaften* bezeichnet. Der Zugriff auf die Methoden und Eigenschaften eines Objekts erfolgt mit der Angabe des Objekts, gefolgt von einem Punkt und dem Namen der gewünschten Methode oder Eigenschaft.

✔ Methoden

Methoden stellen eine aktive Schnittstelle eines Objekts dar und ermöglichen die Ausführung von Aktionen mit dem verwalteten Element. Hinter einer Methode steckt also letztendlich nichts anderes als eine Funktion. Warum erfolgt dann der Aufruf der Funktion als Methode eines Objekts, die Funktion könnte ihre Aufgabe doch sicher auch allein erfüllen, oder? Rein theoretisch stimmt das schon, doch dahinter steckt die Logik der objektorientierten Programmierung. Viele dieser Methoden und Eigenschaften sind in der Lage, ihre Aufgabe in Abhängigkeit von einem bestimmten Objekt auszuführen und passen sich dabei den Erfordernissen des entsprechenden Objekts an. Nehmen Sie z.B. die Methode close. Die Aufgabe dieser Methode ist es, ein aktives Objekt zu schließen. Mit dem folgenden Befehl erfolgt der Aufruf von close als Methode des Objekts document.

```
document.close();
```

Mit dem Aufruf der Methode close zusammen mit dem Objekt document erreichen Sie das Schließen des aktuellen Dokuments. Wenn Sie nun die gleiche Methode in Zusammenhang mit dem *Window*-Objekt aufrufen, dann schließt die gleiche Methode das aktuelle Fenster und damit die komplette Anwendung.

```
window.close();
```

An diesem Beispiel sehen Sie, daß ein und dieselbe Methode ihre Aufgabe auf unterschiedliche Weise erfüllen kann.

✓ Eigenschaften (Properties)

Eigenschaften stellen eine passive Schnittstelle dar und verkörpern Merkmale eines Objekts. Über sie kann der Benutzer Informationen über verschiedene Zustände eines Elements erhalten, die er zur weiteren Arbeit benötigt. Einige Eigenschaften können lediglich Informationen liefern, während andere Eigenschaften die Inhalte oder Zustände eines Elements ändern können. Eine solche Eigenschaft eines Elements ist z.B. die Eigenschaft bgColor des *Document*-Objektes. Sie enthält und speichert die aktuelle Hintergrundfarbe einer Webseite.

Beispiel:

Das folgende Beispiel demonstriert den Umgang mit einer Eigenschaft. In der ersten Zeile wird der Variablen der Wert der aktuellen Hintergrundfarbe übergeben. In der zweiten Zeile erfolgt die Zuweisung einer Hintergrundfarbe an das aktuelle Dokument.

```
Farbe=document.bgColor;
document.bgColor="ff00ff";
```

Funktionen

Eine Funktion besteht aus einem abgeschlossenen Block, der eine Anzahl von Anweisungen enthält. Bei der Benutzung einer bereits in JavaScript enthaltenen Funktion werden Sie nicht bemerken, daß sich hinter dem Namen der Funktion mehrere Befehle verbergen. Das ist auch kein Wunder, mit dem Aufruf einer Funktion werden die in ihr enthaltenen Befehle für den Benutzer unsichtbar abgearbeitet. Die Quelle dieser aufgerufenen Funktion ist im Quellcode des Interpreters versteckt, welcher wiederum vom Browser verwaltet wird.

Ein typisches Beispiel ist die Funktion alert(). Mit Hilfe dieser Funktion erfolgt die Ausgabe eines Meldungsfensters auf dem Bildschirm.

Der in dem erzeugten Meldungsfenster angezeigte Text wird der Funktion in der angehängten Klammer als Zeichenkette übergeben.

```
alert("Die Funktion wurde ausgeführt!");
```

Mit dem Aufruf der Funktion geschieht wesentlich mehr als nur die Ausführung einer Anweisung. Im Hintergrund erfolgt die Erzeugung des Meldungsfensters, daß Anzeigen der Meldung und nach dem Beenden der Meldung wird schließlich der von dem Meldungsfenster überdeckte Bildschirmhintergrund wiederhergestellt. Dafür ist eine ansehnliche Anzahl von Anweisungen notwendig, die sich alle hinter dem Aufruf der Funktion verbergen.

Eigene Funktionen erstellen

Selbstverständlich erhalten Sie auch die Möglichkeit, eigene Funktionen zu erstellen. Diese Funktionen enthalten dann Programmcode, der nur bei einem Aufruf der Funktion ausgeführt wird. Erst mit dem Erstellen eigener Funktionen erhalten Sie die endgültige Kontrolle über das Programm. Da der gesamte Programmcode linear abgearbeitet wird, würde rein theoretisch jede Anweisung mindestens einmal ausgeführt werden. Ausnahmen sind hier z.B. bedingte Anweisungen, Fallunterscheidungen und eben Funktionen, die nur bei ihrem Aufruf ausgeführt werden. Mit dem Erstellen einer eigenen Funktion kapseln Sie Bestandteile des Programms vom linearen Programmablauf ab und können damit den Zeitpunkt deren Ausführung selbst bestimmen.

Prinzipiell sieht der Grundaufbau aller Funktionen gleich aus:

```
function Funktionsname()
{
Anweisungen
}
```

Wenn Sie Ihre Funktionen am Anfang mit einem Kommentar versehen, dann brauchen Sie sich bei nachträglichen Arbeiten am Code deren Bedeutung nicht erst neu zu erarbeiten.

```
/*Diese Funktion berechnet einen... */
```

An welcher Stelle im Programmcode die Definition der Funktion erfolgt, bleibt Ihnen überlassen. Am übersichtlichsten ist auf alle Fälle die generelle Deklaration aller Funktionen am Anfang oder Ende des Scriptbereichs. Sie sind damit schneller auffindbar, was die Arbeit am Programmcode erleichtert. Der Aufruf der eigenen Funktion kann an jeder beliebigen Stelle des Programmes erfolgen. Das trifft auch für Bereiche mit HTML-Code zu, von denen aus jede JavaScript- Funktion ansprechbar ist.

Parameter und Rückgabewerte von Funktionen

Innerhalb einer Funktion können Sie beliebigen Code ausführen lassen. Die Funktion kann zur Erfüllung ihrer Aufgabe auf die in ihr definierten Variablen oder auch auf globale Variablen zurückgreifen. Sie können einer Funktion bei deren Aufruf auch die Inhalte von Variablen übergeben. Dazu verwenden Sie einen oder mehrere Parameter, die in der Klammer hinter dem Namen der Funktion untergebracht werden.

Um eine Funktion zusammen mit Parametern aufrufen zu können, müssen Sie gleichzeitig in der Deklaration der Funktion die entsprechende Anzahl von Variablen in der Klammer angeben. Die Funktion verwendet bei ihrem Aufruf die Werte dieser Variablen in der gleichen Weise wie bei anderen Variablen auch.

```
function Funktionsname(Variable1, Variable2,...)
{ Anweisungen
}
```

Der Vorteil dieser Technik liegt darin, daß die Werte der Parameter mit dem Aufruf der Funktion immer bekannt sind und der Speicherplatz für die Parameter nur temporär belegt wird. Alternativ wäre sicher auch die Verwendung von globalen Variablen möglich. Doch dann müßten Sie ständig den Zustand oder den Wert der Variablen überprüfen, ganz davon abgesehen, daß viele globale Variablen ein Programm unübersichtlich machen und unnötig Speicherplatz belegen.

Beispiel:

Am Anfang des Scriptbereichs befindet sich die Funktion Multipliziere. Nachdem der Benutzer in das erscheinende Eingabefenster eine Zahl eingegeben hat, erfolgt mit Multipliziere (input); der Aufruf dieser Funktion mit der eingegebenen Zahl als Parameter. Die Funktion behandelt den Parameter wie eine Variable und führt mit deren Inhalt eine Berechnung durch. Am Ende der Funktion wird das Ergebnis der Berechnung auf dem Bildschirm ausgegeben.

Das Beispiel ist auf der CD zum Buch enthalten.

```
<!doctype html public "-//w3c//dtd html 4.0//en">
<html>
<head>
<title>Funktion1</title>
<script language="JavaScript">
<!--
var input;
    function Multipliziere (Faktor)
    {    var Ergebnis=0;
        input=Faktor*5;
        document.write (Ergebnis);
    }
    input= window.prompt("Welche Zahl soll mit 5 multipliziert
    werden?","");
    Multipliziere (input);
// -->
</script>
</head>
<body>
</body>
</html>
```

Abbildung 17.5: Die Funktion kann ihr Ergebnis auf verschiedene Weise übermitteln

Eine Funktion kann nicht nur Werte entgegennehmen, sondern auch Werte zurückgeben. Mit der Anweisung return weisen Sie der Funktion einen entsprechenden Rückgabewert zu. Am vorherigen Beispiel betrachtet, könnten Sie auch das Ergebnis der Berechnung zurückgeben lassen. Damit wäre die Ausgabe des Ergebnisses innerhalb der Funktion nicht mehr notwendig, sondern kann auch nach dem Verlassen der Funktion erfolgen.

```
function Funktionsname(Variable1, Variable2,...)
{ Anweisungen
   return Wert;
}
```

Nachdem das Programm die Funktion verlassen hat, können Sie dann den Namen der Funktion wie eine Variable behandeln und diesen Wert abfragen.

```
Wert_neu=Funktionsname(Variable1, Variable2);
```

Beispiel:

Dieses Programm erfüllt genau die gleiche Aufgabe wie das vorhergehende Beispiel. Der Unterschied liegt hier im Aufruf der Funktion und der Ausgabe des Ergebnisses. Dabei erfolgt mit Hilfe der Anweisung return die Übergabe des Ergebnisses (return Ergebnis;) an die Funktion als Rückgabewert. Da der Name der Funktion jetzt das Ergebnis enthält, erfolgt der Aufruf der Funktion (Ergebnis=Multipliziere(input);) in der gleichen Weise wie die Abfrage des Wertes einer Variablen.

Das Beispiel ist auf der CD zum Buch enthalten.

```
<!doctype html public "-//w3c//dtd html 4.0//en">
<html>
<head>
<title>Funktion2</title>
<script language="JavaScript">
<!--
var Ergebnis;
    function Multipliziere (Faktor)
    {   var Ergebnis=0;
        Ergebnis=Faktor*5;
        return Ergebnis;
    }
    Ergebnis=window.prompt("Welche Zahl soll mit 5 multipliziert
    werden?","");
    Ergebnis=Multipliziere(Ergebnis);
    document.write(Ergebnis);
// -->
</script>
</head>
<body>
</body>
</html>
```

Ereignisse (Events)

Mit dem Öffnen einer HTML-Datei durch den Browser wird der in dem Scriptbereich befindliche Code, außer wenn er sich innerhalb einer benutzerdefinierten Funktion befindet, automatisch abgearbeitet. Zusätzlich können JavaScript-Funktionen auch innerhalb des HTML-Bereichs aufgerufen werden. Da HTML-Dateien statische Dokumente darstellen, wird zum Aufrufen von JavaScript-Code aus HTML-Code heraus eine Verbindung zwischen dem Dokument und JavaScript benötigt. Diese Verbindung wird von Ereignissen dargestellt.

Jede Aktion des Benutzers, also z.B. Mausbewegungen und Tastenanschläge, werden von dem Browser erkannt und mit einem entsprechenden Ereignis verknüpft. In HTML und JavaScript können Sie dieses Ereignis erwarten und angeben, welcher Code beim Eintreffen des Ereignisses ausgeführt werden soll.

Beispiel:

Hier erfolgt für den Bereich <p>...</p> die Angabe des Ereignisses onMousemove. Dieses Ereignis wird vom Browser in dem Moment ausgelöst, in dem der Benutzer den Mauszeiger über ein Element der Webseite bewegt. Hier besteht dieses Element aus einem Textabschnitt. Das angegebene Ereignis tritt ein, sobald der Benutzer den Mauszeiger über den definierten Bereich bewegt.

Da in Zusammenhang mit der Definition des Textabschnitts ein Ereignis angegeben wurde, kann beim Eintreten des Ereignisses der dazu angegebene Programmcode aufgerufen werden. Dabei handelt es sich hier um die Anweisung alert zur Ausgabe eines Meldungsfensters.

Das Beispiel ist auf der CD zum Buch enthalten.

```
<!doctype html public "-//w3c//dtd html 4.0//en">
<html>
<head>
```

```
<title>Ereignisse1</title>
<script language="JavaScript">
</script>
</head>
<body>
 <p onMousemove=alert("aha!")>Nicht mit dem Mauszeiger
    &uuml;berfahren!</p>
</body>
</html>
```

Variablen und Datentypen

Ohne Variablen wird kaum ein Programm auskommen, ja ohne sie ist ein Programm regelrecht undenkbar. Was sind denn eigentlich Variablen? Unter einer Variablen können Sie sozusagen eine Zwischenablage verstehen, in der z.B. Zahlenwerte zur späteren Verwendung abgelegt werden. Grob gesagt, so wie früher der Kaufmann den Preis der einzelnen Produkte auf einem Blatt Papier notierte, um am Schluß alles zusammenzurechnen. Nur daß in unserem Fall kein Papier Verwendung findet, sondern mit der Deklaration einer Variablen ein Bereich im Speicher des Rechners reserviert und zur weiteren Verwendung zur Verfügung gestellt wird. Der Zugriff auf diesen reservierten Bereich erfolgt über den Namen der Variablen. Sobald der Name einmal festgelegt wurde, können Sie ihn nicht mehr ändern, die Benutzung eines ähnlich klingenden Namens würde den Speicherplatz für eine weitere Variable reservieren.

Die Deklaration einer Variablen erfolgt mit ihrer ersten Aufzählung und kann auf zwei verschiedene Arten erfolgen: Zum einen können Sie den Namen einer Variablen direkt im Zusammenhang einer Wertzuweisung mitten im Programmcode aufführen.

```
i=5;
Name = "Müller";
```

In diesem Fall erfolgt die Definition der beiden Variablen i und Name ohne besonderen Hinweis auf diesen Vorgang. Um den Programmcode übersichtlicher zu gestalten, können Sie für die Deklaration der Variablen auch das reservierte Wort var verwenden. Damit erfolgt der Hinweis auf die Deklaration einer neuen Variablen. Sie können die Deklaration der Variablen mit oder auch ohne Wertzuweisung vornehmen.

```
var i=5;
var i;
```

Wenn Sie die Variablen stets am Anfang des Programms mit Hilfe des Wortes var deklarieren, dann behalten Sie immer den Überblick über die im Programm eingesetzten Variablen.

Abbildung 17.6: Unter *http://developer.netscape.com/js/* finden Sie aktuelle Informationen

Gültigkeit von Variablen

Sobald einer Variablen ein Wert zugewiesen wurde, können Sie diesen innerhalb Ihres Programms verwenden. Doch dabei sind Ihnen einige Grenzen gesetzt, die davon abhängig sind, wo die Variable deklariert wurde.

Wenn die Deklaration innerhalb einer Funktion vorgenommen wurde, dann ist diese Variable auch nur innerhalb dieser Funktion gültig. In diesem Fall spricht man von einer *lokalen Variablen*. Nach dem Verlassen der Funktion geht nicht nur der Inhalt der Variablen verloren, sondern ihr reservierter Bereich im Speicher wird wieder freigegeben. Mit einem wiederholten Aufruf der Funktion erfolgt eine erneute Reservierung des für diese Variable benötigten Speicherplatzes.

Anders hingegen sieht es bei Variablen aus, deren Deklaration außerhalb einer Variablen vorgenommen wurde. In dem Fall ist die Variable so lange gültig, wie die HTML-Datei, in der die Deklaration vorgenommen wurde, im Browser angezeigt wird. Hier wird von einer *globalen Variablen* gesprochen. Auf diese Variable und ihren Inhalt können Sie von jeder anderen Funktion aus zugreifen.

Regeln bei der Vergabe von Namen

Wie die gesamte Syntax von JavaScript unterliegt auch die Vergabe von Namen strengen Regeln. Das mag Ihnen am Anfang lästig erscheinen, doch letztendlich können Sie darin durchaus einen Vorteil sehen. Da die Vergabe von Namen für Variablen sowieso schon Regeln unterliegt, gewöhnen sich gerade Einsteiger um so schneller an eine einheitliche Schreibweise. Und indem alle Namen für Variablen nach einem einheitlichen Schema vergeben werden, ist deren Aufgabe auch in komplexeren Prozeduren schneller zu erkennen, was spätere Änderungen am Code bedeutend vereinfacht. So wäre z.B. *input* ein aussagekräftiger Name für eine Variable, die eine Eingabe des Benutzers speichert. Oder die Namen *_zahl1* und *_zahl2* für Variablen, die in einem Rechenprogramm Zwischenergebnisse aufnehmen. Hier ist bereits am Namen der Variablen deren Funktion deutlich erkennbar, was so manches Mißverständnis verhindern kann.

Unabhängig von diesen Empfehlungen stellt JavaScript klare Regeln bei der Vergabe von Namen auf:

✔ Es dürfen keine Sonderzeichen, Punkte oder Leerzeichen verwendet werden.

✔ Es dürfen Buchstaben, Unterstriche und Zahlen Verwendung finden, das erste Zeichen darf aber keine Zahl sein.

✔ Variablennamen sind *casesensitive*, Sie müssen also auf Groß- und Kleinschreibung achten. Die Variable *_zahl1* unterscheidet sich also von der Variablen *_Zahl1*.

Datentypen

Im Gegensatz zu anderen Programmiersprachen wie z. B. C++ oder Visual Basic kennt JavaScript keine der üblichen Datentypen. Und wenn man unbedingt einen Vergleich mit anderen Sprachen vornehmen will, dann käme für JavaScript als ähnlicher Datentyp am ehesten der Typ *Variant* aus Visual Basic in Frage. Während in anderen Programmiersprachen eine Variable mit ihrer Deklaration unwiderruflich für einen bestimmten Datentyp bestimmt ist, können Sie in JavaScript der Variablen beliebige Inhalte zuweisen. So ist es ohne weiteres möglich, in der Deklaration einen Zahlenwert zuzuweisen und später einen Wahrheitswert oder eine Zeichenkette zu übergeben. Sie können also mehrere der aus anderen Programmiersprachen bekannten Datentypen in JavaScript ohne explizite Deklaration verwenden.

Prinzipiell können Sie zwischen drei verschiedenen Datentypen unterscheiden:

✔ Zeichenketten

Zeichenketten sind eine Folge von alphabetischen Zeichen, wie z. B. Namen oder Textabschnitte. Bei der Übergabe einer Zeichenkette an eine Variable muß diese in Anführungszeichen gesetzt werden. Wenn Sie die Anführungszeichen weglassen, versucht der Browser den Variableninhalt als numerische Zeichen oder als reservierte Wörter zu interpretieren. Da ihm das mit Sicherheit nicht gelingen wird, kann es in dem Fall unter ungünstigen Umständen im weiteren Programmverlauf zur Ausgabe einer Fehlermeldung kommen.

```
var Name = "Müller"
```

✔ Zahlenwerte

Mit *Zahlenwerten* haben Sie es in JavaScript ebenfalls nicht besonders schwer. Während normalerweise streng zwischen Zahlenwerten verschiedener Größenordnungen sowie Ganzzahlen und Fließkommazahlen unterschieden wird, können Sie in JavaScript mit Zahlen frei umgehen. Sie können auch negative Zahlenwerte verwenden, hier sind Ihnen keine Beschränkungen auferlegt. Sie müssen lediglich beachten, daß statt eines Komma, immer ein Punkt eingesetzt werden muß.

```
var Zahl=5
var Zahl=5.3
var Zahl=-7
```

✔ Wahrheitswerte

In diesem Punkt überrascht uns JavaScript ein wenig. Obwohl sonst keine Festlegung auf einen Datentyp möglich bzw. notwendig ist, können Sie auch reservierte Ausdrücke des Datentyps *Boolean* verwenden. Die beiden Ausdrücke lauten true (wahr) und false (falsch), alternativ können Sie auch die Werte 1 und 0 einsetzen. Letzteres ergibt allerdings keinen Sinn, da der Browser den Variableninhalt dann als Zahlenwert interpretiert. Der Datentyp eignet sich besonders zum Überwachen von Programmzuständen. So wäre z.B. die Variable Ready denkbar, die, solange ein Textfeld nicht korrekt ausgefüllt ist, den Wahrheitswert false enthält.

```
var Ready=false
```

✓ Nullwerte

Mit der Deklaration einer Variablen ohne eine Wertzuweisung nimmt diese automatisch den Wert Null (0) an. Hin und wieder ist es sinnvoll, nach einer Wertzuweisung den ursprünglichen Zustand wieder herzustellen und den Inhalt der Variablen sozusagen zu entleeren. Das ist notwendig, wenn z. B. ein Variableninhalt nach seiner Verarbeitung nicht irrtümlich wiederholt zur Verfügung stehen soll. In diesem Fall übergeben Sie der Variablen das reservierte Wort `null`.

```
Name=null
```

Wenn einer Variablen, welche vorher eine Zeichenkette enthielt, der Wert `null` übergeben wird so besteht ihr Inhalt anschließend aus einer leeren Zeichenkette (""). Eine Variable mit einem Wahrheitswert enthält anschließend den Wert `false`.

Ändern von Variableninhalten

Das Ändern des Inhalts einer Variablen an sich stellt überhaupt kein Problem dar. Die Zuweisung eines Wertes erfolgt generell mit Hilfe eines Gleichheitszeichens. Dabei ist es völlig unerheblich, ob Sie einer Variablen einen neuen Wert während ihrer Deklaration oder mitten im Programmablauf zuweisen. Außerdem ist es möglich, einen zugewiesenen Wert jederzeit zu ändern oder gegen den Wert eines anderen Datentyps auszutauschen.

Beispiel:

Das folgende Beispiel zeigt anschaulich die Änderung von Variableninhalten. Im ersten Schritt wird der Variablen Test der Zahlenwert 5 zugewiesen (`var test=5;`). Anschließend erfolgt die Addition dieses Wertes mit der Zahl 3. Jetzt wird es interessant: Mit der Anweisung `test="Müller"` wird der Zahlenwert durch eine Zeichenkette ersetzt. Im nächsten Schritt wird die Zeichenkette gegen den Wahrheitswert `true` ausgetauscht. Wie gesagt paßt sich der Datentyp der Variablen stets an die entsprechende Anweisung an. Ansonsten wäre wohl wie im nächsten Schritt die Addition des Variableninhalts mit der Zahl 2 nicht möglich. Da der Wert true dem Zahlenwert 1 entspricht, wird in diesem Moment der Variableninhalt entsprechend mit dem neuen Wert addiert. Im vorletzten Schritt erfolgt erneut die Zuweisung einer Zeichenkette. Auch wenn es sich hier um die Zahlenfolge 12345 handelt, wird der Variableninhalt wegen der Benutzung von Anführungszeichen nicht als Zahl erkannt, sondern als Zeichenkette behandelt. Den Beweis dieser Behauptung sehen Sie im letzten Schritt, wo statt der vermuteten Addition mit der Zahl 2 lediglich die neue Zahl an die Zeichenkette angehängt wird.

Das Beispiel ist auf der CD zum Buch enthalten.

```
<!doctype html public "-//w3c//dtd html 4.0//en">
<html>
<head>
<title>Inhalte Ändern</title>
</head>
<body>
<script language="JavaScript">
   var test = 5;
   document.write("test:     "+test+"<br>");
   test=test+3
   document.write("test+3:    "+test+"<br>");
   test="Müller"
   document.write("test=Müller:    "+test+"<br>");
   test=true;
   document.write("test=true:    "+test+"<br>");
   test=test+2
   document.write("test+2:    "+test+"<br>");
   test="12345"
   document.write("test=12345:    "+test+"<br>");
   test=test+2
   document.write("test+2:    "+test+"<br>");
   </script>
</body>
</html>
```

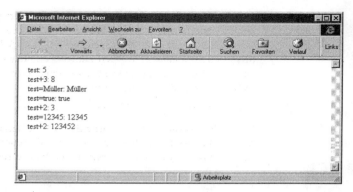

Abbildung 17.7: Die Änderung von Variablenwerten ist jederzeit möglich

Arrays

In einer Variablen können Sie jederzeit einen beliebigen Wert speichern und diesen wieder abrufen. Nehmen Sie doch einmal an, Sie müßten mehrere Werte speichern, z. B. mehrere Namen. Für diesen Fall stehen Ihnen Arrays zur Verfügung. Unter einem Array versteht man Variablen, welche aus mehreren verketteten Speicherbereichen zum Ablegen von Werten bestehen. Statt nun z. B. zum Speichern von 15 Werten ebenso viele Variablen zu deklarieren, können Sie auch ein Array zur Aufnahme von 15 Werten verwenden.

Bei der Belegung von Arrays fängt die Nummer des ersten Speicherplatzes immer mit 0 an. Bei einem Array mit zwei Speicherplätzen greifen Sie auf den ersten Wert mit `arrayname[0]` und auf den zweiten Wert mit `arrayname[1]` zu.

Um den erforderlichen Speicherplatz für ein Array bereitzustellen, müssen Sie das reservierte Wort new verwenden.

```
Kundenliste=new Array(14);
```

In dem obigen Beispiel erstellen Sie mit dem Wort new eine Instanz des Objekts Array unter dem Namen Kundenliste. Gleichzeitig erfolgt die Bereitstellung von Speicherplatz für 15 Variableninhalte (der erste Speicherplatz hat den Zähler 0 und der letzte den Zähler 14). Sie können das Array wie bei Variablen auch bereits bei seiner Definition mit Werten vorbelegen.

```
Einkaufsliste=new Array("Milch","Zucker","Mehl","Äpfel");
```

Wenn Sie allerdings zum Zeitpunkt der Deklaration des Arrays noch nicht wissen, welchen Speicherplatz Sie benötigen, dann können Sie das Array auch ohne reservierten Platz erstellen.

```
Kundenliste=new Array();
```

Um nun Werte in diesem noch leeren Array abzuspeichern, können Sie mit der Methode push des Objekts Array einen oder mehrere Werte einfügen. Beim Einfügen von mehreren Werten werden diese mit einem Komma getrennt hintereinander aufgeführt. Diese Methode wird leider nur vom Netscape Navigator unterstützt, so daß sich deren Verwendung nicht immer empfiehlt.

```
Kundenliste.push ("Müller","Schmidt","Otto");
```

Um die einseitige Unterstützung der Funktion push durch den Netscape Navigator zu umgehen, können Sie dem Array auch neue Werte direkt zuweisen, was zwar nicht ganz im Sinne der JavaScript-Spezifikation ist, aber auch ganz gut funktioniert.

Wenn Sie nun ermitteln wollen, wie viele Elemente ein Array enthält, dann können Sie auf die Eigenschaft length zurückgreifen. Mit dieser Eigenschaft des Objekts Array können Sie die Anzahl der in einem Array enthaltenen Werte ermitteln.

```
Anzahl=Kundenliste.length
```

Doch wie können Sie auf die Inhalte eines Arrays zugreifen? Nun, dazu müssen Sie wissen, was an welcher Stelle eines Arrays abgelegt wurde. Der Zugriff auf diese Stelle erfolgt mit der Angabe der entsprechenden Speicherstelle in eckigen Klammern.

```
Name=Kundenliste[1];
```

Beispiel:

In dem folgenden Beispiel wird ein Array mit dem Namen Kunden-liste und Speicherplatz für zwei Werte (0,1) erstellt. Nach der Definition einer Funktion zum Aufzählen der Inhalte des Array wird mit Hilfe dieser Funktion der Inhalt des noch leeren Arrays ausgegeben. Anschließend wird das Array mit neuen Werten gefüllt und damit um zwei weitere Speicherplätze erhöht. Dann erfolgt wiederholt die Ausgabe der Inhalte des Arrays sowie mit Hilfe der Eigenschaft length die Ausgabe der neuen Größe des Arrays.

Das Beispiel ist auf der CD zum Buch enthalten.

```
<!doctype html public "-//w3c//dtd html 4.0//en">
<html>
<head>
<title>Array ausgeben</title>
</head>
<body>
<script language="JavaScript">
   Kundenliste=new Array (1);
   function Aufzaehlen()
   {for (i=0;i<Kundenliste.length;++i)
      document.write(Kundenliste[i]+"<br>")
   }
   Aufzaehlen();
   Kundenliste[0]="Meier";
   Kundenliste[1]="Otto";
   Kundenliste[2]="Müller";
   Kundenliste[3]="Schmidt";
   Aufzaehlen();
   document.write (Kundenliste.length);
</script>
</body>
</html>
```

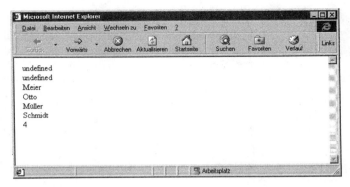

Abbildung 17.8: Die Ausgabe der Inhalte des Array

Operatoren

Operatoren sind reservierte Zeichen, die dafür sorgen, daß Sie mit den Werten von Variablen sinnvoll arbeiten können. Sicher stehen Ihnen in JavaScript wie in anderen Programmiersprachen auch zum Arbeiten mit Variablen verschiedene Funktionen zur Verfügung. Doch auch die Funktionen verlangen regelmäßig den Gebrauch von Operatoren, um z.B. Werte oder Anweisungen miteinander zu verbinden.

Prinzipiell sind für uns drei Arten von Operatoren interessant: *logische, arithmetische* und *Vergleichsoperatoren*. Logische Operatoren dienen der logischen Verknüpfung von Wahrheitswerten. Arithmetische Operatoren, der Name sagt es schon, führen mit numerischen Werten mathematische Operationen aus. Vergleichsoperatoren führen Vergleiche zwischen zwei Werten aus. Dabei kann es sich um numerische Werte oder auch um Zeichenketten handeln.

Vergleichsoperatoren

Vergleichsoperatoren werden Ihnen in erster Linie bei der Ausführung von bedingten Anweisungen und bei der Überprüfung von Bedingungen für z.B. Schleifen begegnen. Mit ihrer Hilfe erfolgt die Überprüfung einer Bedingung auf ihren Wahrheitswert. Mit dem Erfüllen der Bedingung, was dem Wahrheitswert true entspricht, kann dann die Schleife betreten werden.

Operator	Beschreibung
==	gleich
!=	ungleich
<	kleiner
<=	kleiner gleich
=>	größer gleich
>	größer

Tabelle 17.1: Vergleichsoperatoren

Die folgenden Vergleiche demonstrieren die Funktionsweise eines Vergleichs und die entsprechenden Ergebnisse.

3 == 3 ergibt true

3 > 4 ergibt false

7 <= 4 ergibt false

"Müller" == "Müller" ergibt true

"Müller" == "Schmidt" ergibt false

Die beiden folgenden Beispiele verdeutlichen die Anwendung von Vergleichsoperatoren. Im ersten Listing wird verglichen, ob der Inhalt einer Variablen einer bestimmten Zeichenkette entspricht. Ergibt der Vergleich den Wahrheitswert true, so wird eine vorgegebene Anweisung ausgeführt. Das Ergebnis des zweiten Beispiels ist ebenfalls ein Wahrheitswert. Hier erfolgt der Vergleich, ob der Inhalt einer Variablen kleiner oder gleich dem eines numerischen Wertes ist.

```
if (Name=="Müller" )
{alert("Auf Sie haben wir schon lange gewartet","");
}

if (Ergebnis <= 500)
{document.write("Bitte rechnen Sie noch einmal nach");
}
```

Logische Operatoren

Logische Operatoren finden oft bei der Überprüfung von bedingten Anweisungen oder in Schleifen Verwendung. Mit ihnen werden zu untersuchende Bedingungen miteinander verknüpft. Sie können mit logischen Operatoren auch bitweise Verknüpfungen durchführen, was aber bei den meisten Anwendungen in JavaScript eher seltener der Fall sein dürfte.

Operator	Beschreibung
&&	logisches AND (UND)
||	logisches OR (ODER)
!	logisches NOT (NICHT)

Tabelle 17.2: Logische Operatoren

Das Fallbeispiel zeigt die logische Verknüpfung zweier Bedingungen. In diesem Fall besteht die gesamte Bedingung aus zwei einzelnen Bedingungen. Die gesamte Bedingung ergibt erst dann den Wert true, wenn die Bedingung 1 (Variable1 < 25) und die Bedingung 2 (Variable2 == 10) zugleich erfüllt sind.

```
if(Variable1 < 25 && Variable2 == 10)
{ alert ("Sie können das Programm beenden");
}
```

Arithmetische Operatoren

Operator	Beschreibung
+	Addition
++	Addition des Wertes einer Variablen mit 1
-	Subtraktion
--	Subtraktion vom Wert einer Variablen mit 1
*	Multiplikation
/	Division
%	Modulo-Division

Tabelle 17.3: Arithmetische Operatoren

Mit arithmetischen Operatoren können Sie mathematische Operationen mit mehreren Variablen ausführen. Die Schreibweise der entsprechenden Anweisung entspricht dabei der üblichen Formulierung einer Rechenaufgabe.

```
Ergebnis=Variable1 * Variable2;
```

Ein Ausnahme bilden hierbei die beiden Operatoren ++ und --. Mit ihnen erfolgt die Erhöhung bzw. Reduzierung des Wertes einer Variablen um den Wert 1.

```
Variable++
```

Diese verkürzte Schreibweise findet oft in Zählschleifen Verwendung, bei denen mit jedem Durchlauf die Zählvariable um den Wert 1 erhöht wird.

```
for (i=10;i>5;i++)
   {document.writeln ("<br>i="+i);
   }
```

Kontrollstrukturen

Mit Kontrollstrukturen sind Sie in der Lage, die Ausführung von Anweisungen von der Erfüllung einer oder mehrerer Bedingungen abhängig zu machen. Eine Kontrollstruktur kann aus einer Schleife oder einer Abfrage bestehen. Es existieren in JavaScript Schleifentypen für verschiedene Aufgabengebiete. Das Funktionsprinzip einer Schleife ist folgendermaßen: Eine Schleife besteht aus einem Schleifenkopf und einem Schleifenfuß, dazwischen befinden sich eine oder mehrere Anweisungen. Der Code innerhalb der Schleife wird in Abhängigkeit von einer Bedingung ständig wiederholt. Die Schleife kann nur betreten oder verlassen werden, wenn die Schleifenbedingung erfüllt wird. Das Ergebnis der Überprüfung der Bedingung ist immer ein Wahrheitswert, die Bedingung entspricht also entweder dem Wert true (wahr) oder false (falsch). Als Bedingung wird in der Regel ein Zähler ausgewertet, der während des Durchlaufs inkrementiert oder dekrementiert wird, oder es wird ein Programmzustand überprüft und mit einem bestimmten Wert oder Zustand verglichen.

Vor dem Einsatz einer Programmschleife ist es unerläßlich, den möglichen Verlauf der Schleife genau zu überprüfen. Die Schleife kann nur verlassen werden, wenn die Bedingung der Schleife auch erfüllt werden kann. In dem Fall, daß aufgrund einer ungenügenden Programmanalyse dieser Zustand nicht erreicht wird, spricht man von einer *endlosen Schleife*. Das hat zur Folge, daß das Programm diese Schleife unendlich lange ausführt und nicht mehr ansprechbar ist, was mit dem Zustand eines Programmabsturzes gleichzusetzen ist.

Wenn der eben beschriebene Zustand bei Ihnen eintritt brauchen Sie nicht in Panik zu verfallen. Um das Programm unter Windows trotzdem beenden zu können, betätigen Sie die Tasten [Alt], [Strg] und [Entf] (»Affengriff«). Anschließend erscheint der Task-Manager, in dem der hängende Prozeß mit dem Status keine Rückmeldung gekennzeichnet wird. Mit dem Betätigen der Schaltfläche Task beenden wird der Prozeß beendet und der Browser geschlossen. Anschließend können Sie die HTML-Datei erneut im Editor öffnen und den Fehler korrigieren.

Abbildung 17.9: Der Task-Manager unter Windows NT

In JavaScript stehen Ihnen vier verschiedene Schleifenarten zur Verfügung. Jede dieser Schleifen verfügt über eine eigene Charakteristik und ist für unterschiedliche Einsatzzwecke geeignet.

Schleifenart	Beschreibung
while	Führt Anweisungen innerhalb der Schleife aus, solange eine Bedingung erfüllt ist. Die Bedingung wird vor jedem Durchlauf überprüft.
for	Führt Anweisungen in Abhängigkeit einer Zählvariablen aus. Der Zustand der Zählvariablen wird vor jedem Durchlauf überprüft.
do	Führt Anweisungen innerhalb der Schleife aus, solange eine Bedingung erfüllt ist. Die Bedingung wird nach jedem Durchlauf überprüft.

Tabelle 17.4: Schleifenarten in JavaScript

Die while-Schleife

Mit dieser Schleifenart wird eine Reihe von Anweisungen so lange wiederholt, wie die Überprüfung einer Bedingung dem Wert true entspricht. Die Überprüfung der Bedingung wird vor jedem Durchlauf der Schleife vorgenommen. Das bedeutet, daß die Schleife bei Nichterfüllung der Bedingung nicht ausgeführt wird. Nach dem Erfüllen der Bedingung wird die Schleife beendet.

Die Anzahl der Wiederholungen der Schleife kann während des Programmablaufs gesteuert werden. So ist z.B. innerhalb der Schleife die Überwachung eines Programmzustands denkbar. Dieser Zustand kann dann als Bedingung für die Wiederholung der Schleife verwendet werden.

Bei dieser Schleifenart besteht die Gefahr einer Nichterfüllung der Bedingung zum Beenden der Schleife. Eine vorherige Überprüfung aller möglichen Programmzustände kann Ihnen viel Ärger ersparen.

Syntax:

```
while (Bedingung)
{ Anweisungen, solange die Bedingung erfüllt wird
}
```

Beispiel:

Zu Beginn des Programms erfolgt die Definition der Variablen i mit dem Wert 0. Anschließend wird die Schleife so lange ausgeführt, bis die Variable i einen Wert größer als 5 erreicht. Das Inkrementieren der Variablen erfolgt nicht automatisch, sondern wird mit der Anweisung i++ erledigt. In der Schleife wird der Wert von i auf dem Bildschirm ausgegeben. Nach dem Verlassen der Schleife erscheint auf dem Bildschirm eine entsprechende Meldung.

Das Beispiel ist auf der CD zum Buch enthalten.

```
<!doctype html public "-//w3c//dtd html 4.0//en">
<html>
<head>
<title>While</title>
<script language="JavaScript">
<!--
    var i=0;
    while (i<=5)
    {document.writeln ("<br>i="+i);
    i++;
    }
    document.write ("<br>Die Schleife wurde beendet");
//-->
</script>
</head>
<body>
</body>
</html>
```

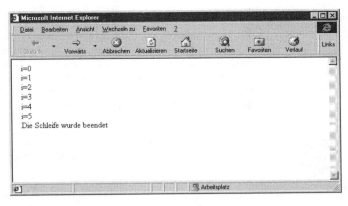

Abbildung 17.10: Das Ergebnis des eben beschriebenen Programmes

Die do-Schleife

Diese Schleife unterscheidet sich von der while-Schleife lediglich durch den Zeitpunkt der Überprüfung der Bedingung. Diesmal erfolgt die Überprüfung am Ende eines jeden Durchlaufs. Das bedeutet, daß die Schleife mindestens einmal ausgeführt wird. Damit können Sie z.B. den Benutzer der Seite so lange eine Abfrage durchlaufen lassen, bis ein gewünschtes Ergebnis erreicht wurde.

Syntax:

```
do
{ Anweisungen, solange die Bedingung erfüllt wird
}
While (Bedingung)
```

Beispiel:

Während jeder Wiederholung der Schleife erscheint ein Eingabefenster, dessen Text den Benutzer zur Eingabe des Buchstabens *y* aufgefordert. Die Schleife wird so lange wiederholt, wie die Eingabe ungleich des Buchstabens *y* ist. Durch die Überprüfung der Abbruchbedingung am Ende der Schleife wird diese mindestens einmal durchlaufen und der Benutzer ist gezwungen, mindestens eine Eingabe in das Eingabefenster zu tätigen.

Das Beispiel ist auf der CD zum Buch enthalten.

```
<!doctype html public "-//w3c//dtd html 4.0//en"
<html>
<head>
<title>Do</title>
<script language="JavaScript">
<!--
    do
    {input=window.prompt("Schreiben Sie y für yes","");
    }
    while(input!="y")
    document.write ("<br>Die Schleife wurde beendet");
//-->
</script>
</head>
<body>
</body>
</html>
```

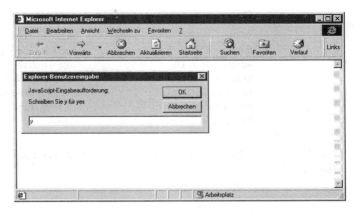

Abbildung 17.11: Mit dieser Schleife ist mindestens ein Durchlauf sichergestellt

Die for-Schleife (Zählerschleife)

Während sich die bisherigen Schleifen z.B. zum Überwachen eines Zustands eigneten und die Anzahl deren Wiederholung sich erst während des Programmablaufs ergeben kann, ist die `for-` Schleife für eine festgelegte Anzahl von Wiederholungen ausgelegt. Die Überprüfung der Bedingung erfolgt hier immer im Schleifenkopf. Als Bedingung wird das Erreichen eines bestimmten Wertes einer Zählvariablen verwendet. Die Inkrementierung oder Dekrementierung der Zählvariablen erfolgt diesmal automatisch mit jeder Wiederholung der Schleife.

Diese Schleifenart ist sehr sicher, da hier die Bedingung zum Beenden der Schleife im Schleifenkopf fest definiert wird.

Der Aufbau dieser Schleife unterscheidet sich wesentlich von den beiden bisherigen Schleifentypen. Diesmal erfolgt im Schleifenkopf die Deklaration einer Zählvariablen mit ihrem Anfangswert. Anschließend folgt die Abbruchbedingung und am Ende die Anweisung zur Aktualisierung der Zählvariablen. Die Aktualisierung der Zählervariablen kann als Dekrement (abwärtszählend) oder auch als Inkrement (aufwärtszählend) erfolgen.

Syntax:

```
for (Zählvariable;Bedingung;Zähleraktualisierung)
{ Anweisungen, solange die Bedingung erfüllt wird
}
```

Ausdruck	Beschreibung
i++	Die Variable wird um 1 erhöht
i=i+5	Die Variable wird um 5 erhöht
i--	Die Variable wird um 1 zurückgezählt
i=i-1	Die Variable wird um 1 zurückgezählt

Tabelle 17.5: Verschiedene Möglichkeiten zum Umgang mit der Zählvariablen

Beispiel:

Hier erfolgt der Aufbau einer typischen Zählerschleife mit dem Anfangswert 10. Die Schleife kann erst verlassen werden, wenn die Zählvariable einen Wert kleiner als 5 erreicht hat. Mit jeder Wiederholung der Schleife wird der Wert der Variablen um 2 zurückgezählt. In der Schleife erfolgt die Ausgabe des aktuellen Variablenwertes auf dem Bildschirm.

Das Beispiel ist auf der CD zum Buch enthalten.

```
<!doctype html public "-//w3c//dtd html 4.0//en"
<html>
<head>
<title>For</title>
<script language="JavaScript">
<!--
    for (i=10;i>5;i=i-2)
```

```
    {document.writeln ("<br>i="+i);
    }
    document.write ("<br>Die Schleife wurde beendet");
//-->
</script>
</head>
<body>
</body>
</html>
```

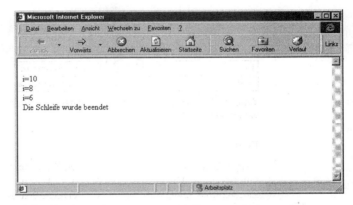

Abbildung 17.12: Der Wert der Zählvariablen wurde mit jedem Durchlauf verringert

Bedingte Anweisungen

Mit einer bedingten Anweisung wird ein Programmabschnitt nur dann ausgeführt, wenn eine bestimmte Bedingung erfüllt ist. Bedingte Anweisungen werden z.B. bei Paßwortabfragen benötigt oder wenn ein bestimmter Programmabschnitt nur dann ausgeführt werden soll, wenn der Benutzer verschiedene Aktionen, z.B. ein bestimmtes Element auszuwählen, vollständig ausgeführt hat. Die Bedingung muß dabei einen Wahrheitswert ergeben. Die Überprüfung der Bedingung findet in diesem Fall mit Hilfe eines Vergleichsoperators statt.

Das folgende Beispiel zeigt die Grundstruktur einer einfachen if-Abfrage. Bei dieser Abfrage wird bei Erfüllung der Bedingung nur der Programmcode innerhalb der geschweiften Klammern ausgeführt. Wenn nur eine Anweisung ausgeführt werden soll, dann kann die geschweifte Klammer entfallen.

```
if (Bedingung)
{ Anweisungen, wenn Bedingung wahr ist
}
```

Alternativ zum ersten Beispiel können Sie mit Hilfe des reservierten Wortes else auch Code angeben, der im Falle der Nichterfüllung der Bedingung ausgeführt wird:

```
if (Bedingung)
{Anweisungen, wenn Bedingung wahr ist
}
else
{Anweisungen, wenn Bedingung falsch ist
}
```

Beispiel:

Im folgenden Listing wird der Besucher der Seite aufgefordert, eine Zahl, die kleiner als 5 ist, in ein Eingabefenster einzugeben. Die Eingabe des Besuchers wird in der Variablen input gespeichert und anschließend mit einer Bedingung überprüft (if input<=5). Ist die eingegebene Zahl kleiner oder gleich 5, also die Bedingung wahr, wird ein Meldungsfenster mit der eingegebenen Zahl ausgegeben. Erweist sich die Bedingung bei der Überprüfung als falsch, so wird ein entsprechender Text im Dokument ausgegeben und anschließend die Hintergrundfarbe des Dokuments von Weis in Rot geändert.

Das Beispiel ist auf der CD zum Buch enthalten.

```
<!doctype html public "-//w3c//dtd html 4.0//en"
<html>
<head>
<title>If</title>
<script language="JavaScript">
<!--
   var input
   input=window.prompt("Bitte geben Sie eine Zahl kleiner als
5
   ein","");
   if(input<=5)
   { alert("Die Zahl ist " + input);
   }
   else
   {document.write ("Ihre Eingabe ist falsch");
   document.bgColor="ff0000";
}
//-->
</script>
</head>
<body>
</body>
</html>
```

Vereinfachte Abfragen

Mit einer if-Abfrage sind Sie in der Lage, alle notwendigen Abfragen zum Untersuchen einer Bedingung durchzuführen. Wer bereits Erfahrungen in einer Programmiersprache wie C++ gesammelt hat, der wird sicher eine Alternative zu dieser Abfrageart vermissen. Kein Problem, JavaScript bietet ebenfalls eine vereinfachte Schreibweise zur schnelleren Formulierung einer einfachen Abfrage an. Dabei erfolgt die direkte Übergabe des Ergebnisses eines Vergleichs an eine Variable.

Syntax:

```
Ergebnis = (Bedingung) ? Wert, wenn ja : Wert, wenn nein
```

Am Anfang einer solchen Formulierung steht immer eine Variable, die das Ergebnis einer Bedingung aufnimmt. Nach der Bedingung folgt ein Fragezeichen, anschließend der zu übergebende Wert, falls die Bedingung zutrifft, und abschließend, durch einen Doppelpunkt getrennt, ein alternativer Wert für den Fall, daß die Bedingung nicht zutrifft.

Beispiel:

Als Bedingung erfolgt der Vergleich, ob das Textfeld mit dem Namen Eingabe als Wert eine leere Zeichenkette enthält (z.B. keine Eingabe). Trifft die Bedingung zu, das Element enthält also eine leere Zeichenkette, dann erhält die Variable check den Wert false. Im anderen Fall, das Element enthält also keine leere Zeichenkette, wird der Variablen check der Wert true übergeben.

```
var check=(document.Formular1.Eingabe.value=="")?false : true;
```

Fallunterscheidungen

Im letzten Abschnitt haben Sie gelernt, mit bedingten Anweisungen den weiteren Verlauf des Programms von einer bestimmten Bedingung oder einem Zustand abhängig zu machen. Was aber, wenn es notwendig ist, mehrere Zustände oder Bedingungen auszuwerten? Rein theoretisch können Sie dies mit einer Verschachtelung einer if-Abfrage erledigen. Praktisch gesehen werden Sie dann aber bald die Übersicht verlieren. Was in dem Fall weiterhilft, ist eine Fallunterscheidung mit der Anweisung switch.

Die Fallunterscheidung wird mit der Übergabe der auszuwertenden Variablen an die Anweisung switch eingeleitet. Anschließend erfolgt mit der Anweisung case der Vergleich des Variableninhalts mit bestimmten Werten. Ergibt der Vergleich eine Übereinstimmung, so werden die nachfolgend angegebenen Anweisungen ausgeführt. Falls am Ende der Anweisungen ein weiterer Vergleich mit case aufgeführt ist, wird das Programm dort fortgesetzt. Wenn Sie nach einem erfolgreichen Vergleich und der Ausführung der dazugehörigen Anweisung die Fallunterscheidung beenden wollen, so können

Sie die Anweisung break einsetzen. Mit der Anweisung default sind Sie in der Lage, auch dann eine Anweisung ausführen zu lassen, wenn kein Vergleich ein positives Ergebnis ergab.

Syntax:

```
switch (Variable)
{
case Wert1:
    Anweisung
    break;
case Wert2:
    Anweisung
    break;
case Wert3:
    ...
}
```

Beispiel:

Zu Beginn des Programms wird der Benutzer mit einem Eingabefenster zur Eingabe einer Zahl zwischen 1 und 3 aufgefordert. Ergibt ein Vergleich ein gültiges Ergebnis, so wird die entsprechende Anweisung ausgeführt und anschließend das Programm verlassen. Gibt der Benutzer eine abweichende Zahl ein, dann wird er mit der letzten Anweisung des Programms darauf hingewiesen.

Das Beispiel ist auf der CD zum Buch enthalten.

```
<!doctype html public "-//w3c//dtd html 4.0//en">
<html>
<head>
<title>Switch</title>
<script language="JavaScript">
<!--
input= window.prompt("Geben Sie eine Zahl zwischen 1 und 3
ein","");
    switch(input)
    {
    case "1":
```

```
       alert("Ihre Eingabe war die Zahl "+input);
       break;
    case "2":
       alert("Immer schön in der Mitte bleiben");
       break;
    case "3":
       alert("Mehr geht leider nicht");
       break;
    default:
        alert ("Sie halten sich nicht an die Regeln");
}
// -->
</script>
</head>
<body>
</body>
</html>
```

Abbildung 17.13: Die Auswertung des Eingabefensters erfolgt mit
einer Fallunterscheidung

Arbeiten mit Ereignissen (Events)

Das Arbeiten mit Ereignissen erfordert im Prinzip lediglich die Kenntnis, wann und wo sie auftreten. Mit der Zuordnung eines Ereignisses zu einem Element kann mit seiner Hilfe beim Eintreten des Ereignisses der dazu angegebene Code ausgeführt werden. Mit dem Code können Sie eine JavaScript-Anweisung oder auch eine benutzerdefinierte Funktion aufrufen. Das hört sich ganz einfach an, hat aber wieder einmal einen kleinen und bedeutenden Haken: Der Internet Explorer unterstützt mehr Ereignisse und ermöglicht deren Einsatz in wesentlich mehr Elementen als der Netscape Navigator. Da, wo ein Ereignis im Explorer in fast allen Elementen einer Webseite einsetzbar ist, beschränkt sich der Einsatz beim Netscape Navigator oft nur auf zwei bis drei Elemente. Das betrifft vor allem die Mausereignisse, die der Netscape Navigator nicht im gleichen Maße auswerten kann.

Zum Definieren eines Ereignisses in Zusammenhang mit einem HTML-Tag ist es lediglich erforderlich, das Ereignis als Attribut nach dem Element anzugeben.

Syntax:

```
<Element Ereignis="JavaScript Code">
```

Beispiel:

In dem Beispiel sehen Sie die Zuordnung eines Ereignis zu einer Schaltfläche. Das hier genannte Ereignis onClick tritt mit dem Betätigen der Schaltfläche ein und ruft die ihm zugeordnete Funktion auf.

```
<input type="button" value="Calculate"
onClick="funktion_rechne()">
```

onAbort (bei Abbruch)

Mit dem Ereignis onAbort können Sie mit der Schaltfläche *Stop* auf eine Unterbrechung des Ladevorgangs durch den Benutzer reagieren. Dieses Ereignis ist zur Anwendung im Zusammenhang mit dem Tag <img> gedacht. Damit können Sie z.B. den Benutzer mit Hilfe eines Meldungsfensters darauf hinweisen, daß durch die Unterbrechung des Ladevorgangs noch nicht alle Grafiken vollständig geladen wurden. Dies kann besonders bei HTML-Seiten sinnvoll sein, in denen eine große Anzahl von Grafiken als Verweis verwendet wird.

Einsetzbar bei:
Grafiken

Beispiel:

In dem Beispiel erfolgt beim Eintreten des Ereignisses onAbort die Anzeige eines Meldungsfensters, das den Benutzer auf das Fehlen der Grafik hinweist.

```
<!doctype html public "-//w3c//dtd html 4.0//en">
<html>
<head>
<title>Titel</title>
</head>
<body>
    <img src="bild.jpg" onAbort="alert("Es sind noch nicht alle
    Grafiken vollständig geladen")">
</body>
</html>
```

onBlur (beim Verlassen)

Das Ereignis tritt ein, wenn der Benutzer ein zuvor selektiertes Element wieder verläßt. Das Verlassen eines Elements kann mit einem Tabulatorschritt oder auch einen Mausklick auf ein anderes Element erfolgen. Als Anwendungsfall wäre hier die Überprüfung der Gültigkeit einer Eingabe in ein Textfeld möglich. Anschließend könnten Sie den Benutzer auf eine eventuelle unvollständige Eingabe hinweisen oder eine andere Aktion ausführen lassen. Dieser

Anwendungsfall ist besonders für das Arbeiten mit Formularen in HTML-Dateien interessant.

Einsetzbar bei:

Fenstern, Frames und allen Elementen eines Formulars

Beispiel:

Innerhalb der Funktion `PruefeEingabe()` erfolgt die Überprüfung der Länge des Inhalts eines Eingabefeldes. Der Aufruf der Funktion erfolgt mit dem Eintreten des Ereignisses `onBlur`, also beim Verlassen des Eingabefeldes. Statt mit der Funktion ein bestimmtes Element zu überprüfen, wird der Funktion mit `this` eine Referenz auf ein Element übergeben, so daß sie universell für mehrere Eingabefelder verwendet werden kann.

Das Beispiel ist auf der CD zum Buch enthalten.

```
<!doctype html public "-//w3c//dtd html 4.0//en">
<html>
<head>
<title>OnBlur</title>
</head>
<body>
   <form name="Formular1">
      Code: <input type="text" name="Eingabe"
      onBlur="PruefeEingabe(this.value)">
   </form>
</body>
<script language="JavaScript">
   function PruefeEingabe(feld)
   {if (feld.length < 6)
      {alert ("Die Eingabe muß mindestens 6 Zeichen lang
sein!")
      }
   }
```

```
</script>
</html>
```

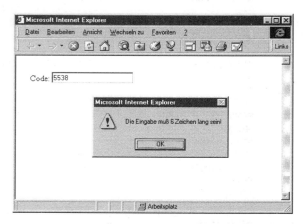

Abbildung 17.14: Überprüfung einer Eingabe mit `onBlur`

onChange (bei Änderung)

Das Ereignis `onChange` eignet sich zum Überwachen von Eingabeelementen. Es tritt ein, sobald sich der Inhalt eines Textfeldes oder einer Auswahlliste ändert. Mit diesem Ereignis können Sie z.B. den Benutzer auf Änderungen von Formularinhalten aufmerksam machen oder eine Überprüfung des Feldinhalts durchführen.

Einsetzbar bei:
Eingabefelder, Auswahllisten

Beispiel:

Die Webseite enthält ein Formular mit einem einzeiligen Textfeld. Das Textfeld beinhaltet eine vordefinierte Zeichenkette, welche mit

dem Attribut value vorgegeben wurde. Sobald der Inhalt des Textfeldes geändert wird, erscheint ein Meldungsfenster, welches den
neuen Inhalt des Textfeldes anzeigt.

Das Beispiel ist auf der CD zum Buch enthalten.

```
<!doctype html public "-//w3c//dtd html 4.0//en">
<html>
<head>
<title>OnChange</title>
</head>
<body>
<form name="Test">
    Eingabe: <input type="text" name="Eingabe" value="253668"
    onChange="alert(this.value)">
</body>
</html>
```

OnClick, onDblClick

Die beiden Ereignisse onClick und onDblClick unterstützen die gleichen Elemente. Sie treten mit dem Betätigen einer Maustaste, also
einem einfachen oder einem Doppelklick, über einen der unterstützten Elemente auf. Dabei ist es unerheblich, ob es sich um einen einfachen Mausklick oder einen Doppelklick handelt. Während
sich Ereignisse wie onBlur und onChange eher zum Überwachen von
Benutzereingaben eignen, bieten sich diese beiden Ereignisse zum
Auslösen von Aktionen des Benutzers mit Hilfe der unterstützten
Elemente an.

Unterstützt folgende Elemente:

Dokumente, Schaltflächen, Checkboxen, Radiobuttons, Verweise, Reset- und
Submit-Schaltflächen

Beispiel:

Die Webseite enthält ein Formular mit einem Eingabefeld und einer Schaltfläche. Der Benutzer kann eigene Werte in das Eingabefeld eintragen oder mit Hilfe der Schaltfläche, deren Betätigung das Ereignis onClick auslöst, voreingestellte Werte in das Feld übernehmen.

Mit dem Auslösen von onClick erfolgt der Aufruf der Funktion naechsterBaum(). Mit Hilfe der Zählvariablen i erfolgt innerhalb der Funktion der Zugriff auf die Werte des Arrays Baumliste, welches die voreingestellten Werte, in diesem Fall die Namen verschiedener Baumarten, enthält. Mit Hilfe der Anweisung document.Formular1.Baum.value=Baumliste[i]; wird anschließend jeweils ein Wert des Arrays in das Textfeld eingetragen. Dabei wird mit Hilfe des Objekts document auf das in der HTML-Datei enthaltene Formular Formular1 und dessen Textfeld Baum zugegriffen und mit der Eigenschaft Value der Inhalt des Eingabefeldes verändert.

Das Beispiel ist auf der CD zum Buch enthalten.

```
<!doctype html public "-//w3c//dtd html 4.0//en">
<html>
<head>
<title>OnClick</title>
</head>
<body>
 <form name="Formular1">
    Auswahl: <input type="text" name="Baum">
    <input type="button" value="Auswahl"
onClick="naechsterBaum()">
</body>
<script language="JavaScript">
    var i=0;
    Baumliste=new Array("Eiche","Erle","Kastanie","Birke");
    function naechsterBaum()
    {document.Formular1.Baum.value=Baumliste[i];
    i++
```

```
if (i==Baumliste.length)
    {i=0
    }
  }
</script>
</html>
```

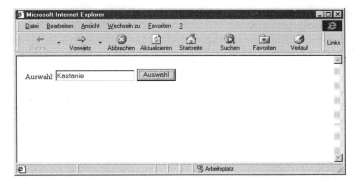

Abbildung 17.15: Eine automatisierte Auswahl mit onClick

onFocus (beim Aktivieren)

Mit dem Anklicken oder Aktivieren eines Elements tritt das Ereignis onFocus ein. Für den Benutzer wird dieser Zustand sichtbar, indem entweder der Cursor in dem Element sichtbar wird (z.B. Textfelder), das Element eine Schattierung bzw. einen neuen Rahmen erhält oder eine andere Hintergrundfarbe eingesetzt wird. Deshalb wird dieses Ereignis oft mit onClick verwechselt. Das Aktivieren eines Elements kann durch Anklicken mit der Maus als auch durch Aktivieren des Elementes über die ⇄-Taste geschehen.

Unterstützt folgende Elemente:
Fenster, Frames und Elemente eines Formulars

Beispiel:

In dem Formular befinden sich zwei Eingabefelder mit einem vorgegebenen Inhalt. Beim Aktivieren der Eingabefelder wird mit Hilfe des Ereignisses onFocus der Inhalt der Eingabefelder gelöscht und damit automatisch Platz für eine neue Eingabe geschaffen.

Das Beispiel ist auf der CD zum Buch enthalten.

```
<!doctype html public "-//w3c//dtd html 4.0//en">
<html>
<head>
<title>onFocus</title>
</head>
<body>
<form name="Formular1">
    <input type="text" name="Feld1" value="Milch"
    onFocus="this.value=''"><br>
    <input type="text" name="Feld2" value="Butter"
    onFocus="this.value=''"><br>
</form>
</body>
</html>
```

onLoad (beim Laden einer Datei)

Dieses Ereignis tritt beim erfolgreichen Öffnen einer HTML-Datei ein. Hier können Sie auf die Navigation zu der aktuellen Seite reagieren und z.B. ein weiteres Fenster mit zusätzlichen Informationen oder Links zu dem Thema der aktuellen Seite anzeigen. Sie können dieses Ereignis auch nutzen, um die Browserversion des Benutzers zu ermitteln und ihn gegebenenfalls darauf hinzuweisen, daß die von Ihnen verwendeten JavaScript-Befehle eine neuere Version erfordern.

Unterstützt folgende Elemente:
Dokument, Frame

Beispiel:

Hier wird beim Öffnen der Datei die Funktion Willkommen ausgeführt, mit der ein Meldungsfenster angezeigt wird. Die Definition
des Ereignisses finden Sie in dem Tag <body> wieder, wo auf das
Öffnen der Seite reagiert werden kann.

 Das Beispiel ist auf der CD zum Buch enthalten.

```
<!doctype html public "-//w3c//dtd html 4.0//en">
<html>
<head>
<title>onLoad</title>
</head>
<body onLoad="Willkommen()">
</body>
<script language="JavaScript">
function Willkommen()
    {alert("Herzlich willkommen");
    }
</script>
</html>
```

onMouseout (beim Verlassen des Elements mit der Maus)

Das Ereignis wird beim Verlassen eines Elements mit der Maus ausgelöst. Sie benötigen es meistens in Verbindung mit dem Ereignis
onMouseover, wenn die damit veränderten Zustände von Elementen
wieder aktualisiert werden sollen.

Unterstützt folgende Elemente:
Schaltflächen, Textbereiche, Verweise und Layer

Beispiel:

In diesem Beispiel enthält die HTML-Datei eine Überschrift. Mit Hilfe von `document.all.innerText` erfolgt das dynamische Austauschen der Schrift beim Überfahren mit der Maus. Beim Verlassen des Textbereichs wird mit dem Eintreten des Ereignisses `onMouseout` die Änderung wieder rückgängig gemacht.

 Das Beispiel ist auf der CD zum Buch enthalten.

```
<!doctype html public "-//w3c//dtd html 4.0//en">
<html>
<head>
<title>onMouseout</title>
</head>
<body>
<h1 id="Test"
    onMouseover="document.all.Test.innerText='Verlassen Sie
mich!'"
    onMouseout="document.all.Test.innerText='Ber&uuml;hren Sie
mich!'">
    Ber&uuml;hren Sie mich!
</h1>
</body>
</html>
```

onMouseover (beim Überfahren des Elements mit der Maus)

Tritt ein, wenn der Anwender die Maus über ein Element bewegt, unabhängig davon, ob die Maustaste gedrückt ist oder nicht. Bisher war die Nutzung dieses Ereignisses nicht in Zusammenhang mit HTML-Tags möglich. Die neueren Versionen des Internet Explorers und Netscape Navigators sind jedoch in der Lage, das Ereignis richtig zu interpretieren.

Unterstützt folgende Elemente:
Layer und Verweise

Beispiel:

Hier erfolgte die Definition des Ereignisses in Zusammenhang mit einem Verweis. Beim Bewegen des Mauszeigers über den Bereich des Verweises erscheint ein entsprechender Text in der Statusleiste des Browsers. Wenn Sie dieses Beispiel auf der eigenen Webseite verwenden, dann beachten Sie, daß nach dem Verlassen des Elements der Text in der Statusleiste stehenbleibt. Um den Text aus der Statusleiste zu entfernen, können Sie auf das Ereignis onMouseover zurückgreifen.

Das Beispiel ist auf der CD zum Buch enthalten.

```
<!doctype html public "-//w3c//dtd html 4.0//en">
<html>
<head>
<title>onMouseover</title>
</head>
<body>
    <a href="home.htm"
    onMouseover="window.status='Zurück zur Startseite'">Home</
a>
</body>
</html>
```

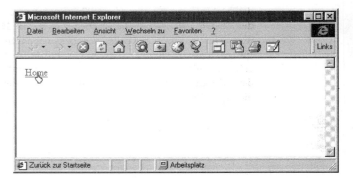

Abbildung 17.16: Die Statusleiste beim Bewegen der Maus

onReset (beim Zurücksetzen des Formulars)

Tritt ein, wenn der Anwender Eingaben in einem Formular verwerfen will. Dazu werden alle Elemente eines Formulars unterstützt, also ein- und mehrzeilige Eingabefelder, Auswahllisten und Checkboxen. Das Ereignis eignet sich z.B. zur Durchführung einer Sicherheitsüberprüfung, wenn der Benutzer mit der Schaltfläche *Zurücksetzen* eine bereits erfolgte Eingabe verwerfen will.

Unterstützt folgende Elemente:
Formulare

Beispiel:

Das Formular enthält zwei Eingabefelder sowie die üblichen Schaltflächen zum Zurücksetzen und Absenden der vorgenommenen Eingaben. Zusätzlich existiert die Funktion `pruefen`, in der mit Hilfe der Anweisung `window.confirm` ein Meldungsfenster mit den beiden Schaltflächen *OK* und *Abbrechen* angezeigt wird. Die Anweisung für das Meldungsfenster gibt einen Wert zurück, der dem Status einer der beiden betätigten Schaltflächen entspricht. Dieser Rückgabe-wert wird in der Variablen res entgegengenommen und mit der Funktion pruefen zurückgegeben. Das Formular fragt diesen Rück-gabewert mit onReset="return pruefen()" ab und führt eine Aktion der Schaltfläche reset nur dann aus, wenn in dem Abfragefenster die Taste *OK* betätigt wurde.

Das Beispiel ist auf der CD zum Buch enthalten.

```
<!doctype html public "-//w3c//dtd html 4.0//en">
<html>
<head>
<title>onReset</title>
</head>
<script language="JavaScript">
   function pruefen()
   {
     res=window.confirm("Wollen Sie alle Eingaben
l&ouml;schen?");
     return res;
   }
</script>
<body>
<form name="Formular1" onReset="return pruefen()">
   Name : <input type="text" name="Name"><br>
   Alter: <input type="text" name="Alter"><br>
   <input type="reset">
   <input type="submit">
</form>
</body>
</html>
```

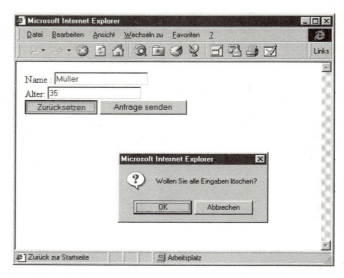

Abbildung 17.17: Die Sicherheitsabfrage mit onReset

onSubmit (beim Absenden des Formulars)

Das Ereignis tritt ein, wenn der Anwender die Daten eines Formulars absendet. Mit diesem Ereignis können Sie z.B. das Absenden der Formulardaten kommentieren oder auch eine Sicherheitsüberprüfung durchführen. Sie können auch das Auftreten des Ereignisses in einer globalen Variablen speichern. Mit der Auswertung der Variablen bei jedem Auftreten des Ereignisses kann der Benutzer an einem versehentlich wiederholten Absenden der Formulardaten gehindert werden.

Wenn Sie wie im Beispiel des Ereignisses onReset den Rückgabewert der Prüffunktion mit return abfragen, können Sie so das Absenden unvollständiger Daten verhindern.

Unterstützt folgende Elemente:
Formulare

Beispiel:

Das Beispiel enthält ein einfaches Formular mit einer Schaltfläche zum Absenden der Formulardaten. Im Kopf des Formularbereiches sehen Sie die Definition des Ereignisses onSubmit, dem die Funktion Meldung zugeordnet ist. Mit dem Absenden der Daten erfolgt das Auslösen des Ereignisses onSubmit und damit der Aufruf der Funktion, die ein Meldungsfenster ausgibt.

Das Beispiel ist auf der CD zum Buch enthalten.

```
<!doctype html public "-//w3c//dtd html 4.0//en">
<html>
<head>
<title>onSubmit</title>
</head>
<script language="JavaScript">
function Meldung()
   {alert("Ihre Daten wurden abgesendet");
   }
</script>
<body>
<form name="Formular1" onSubmit="Meldung()">
   Name : <input name="Name"><br>
   Alter: <input name="Alter"><br>
<input type="submit" >
</form>
</body>
</html>
```

onUnload (beim Verlassen der Datei)

Das Ereignis tritt ein, wenn eine HTML-Datei verlassen wird.

Unterstützt folgende Elemente:
Dokumente, Frames

Beispiel:

In diesem Beispiel sehen Sie eine HTML-Datei, die lediglich aus einem Grundgerüst und einer einzigen JavaScript-Funktion besteht. Im Body-Bereich finden Sie die Definition des Ereignisses onUnload welches beim Verlassen der Seite aktiviert wird. Mit dem Ereignis ist die Funktion Wiedersehen verknüpft die ein Meldungsfenster ausgibt.

Das Beispiel ist auf der CD zum Buch enthalten.

```
<!doctype html public "-//w3c//dtd html 4.0//en">
<html>
<head>
<title>onUnload</title>
</head>

<script language="JavaScript">
   function Wiedersehen()
   {alert("Auf Wiedersehen");
   }
</script>

<body onUnload="Wiedersehen()">
</body>
</html>
```

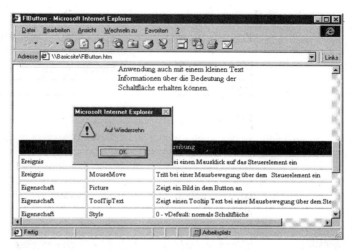

Abbildung 17.18: Ein Abschiedsfenster mit onUnload

Arbeiten mit dem Fenster

Zum Arbeiten mit Fenstern steht Ihnen das *Window*-Objekt zur Verfügung. Es stellt das oberste Objekt in der Hierarchie der Java-Script-Objekte dar, es steht sozusagen über allen anderen Objekten. Der Grund dafür ist der, daß es das vom Browser geöffnete Fenster verwaltet. Dieses Fenster verwaltet nun alle anderen Objekte. In ihm werden Dokumente angezeigt, die wiederum von einem eigenen Objekt verwaltet werden. Sie können auch neue Fenster erzeugen, deren Erscheinungsbild festlegen und Inhalte in diesen neuen Fenstern anzeigen. Der Zugriff auf die Elemente des Dokuments, also des Fensterinhalts, erfolgt anschließend über das *Document*-Objekt, welches sich in der Hierarchie der Objekte unter dem *Window*-Objekt befindet.

open()

Das Öffnen eines neuen Fensters erfolgt unabhängig vom aktuellen Fenster mit der Methode open und ermöglicht zugleich die Anzeige einer HTML-Datei in diesem Fenster. Die Methode erwartet bei ihrem Aufruf den Pfad der zu öffnenden Datei, anschließend einen Namen für das neue Fenster und schließlich einen oder mehrere Parameter die das Aussehen und die Eigenschaften des Fensters bestimmen. Ein solches neues Fenster kann vielfältige Aufgaben übernehmen. So können Sie z.B. in einen solchen Fenster weitere Verweise zu anderen Seiten anzeigen oder ein Verweis in ein neues Fenster laden.

Parameter	Werte	Beschreibung
titlebar	yes/no oder 1/0	Legt fest, ob eine Titelzeile vorhanden ist
outerHeight	Pixel	Höhe des Anzeigebereichs des Fenster in Pixel
outerWidth	Pixel	Breite des Anzeigebereichs des Fenster in Pixel
height	Pixel	Höhe des Fensters in Pixel
width	Pixel	Breite des Fensters in Pixel
toolbar	yes/no oder 1/0	Legt fest, ob eine Schaltflächenleiste vorhanden ist
menubar	yes/no oder 1/0	Legt fest, ob eine Menüleiste vorhanden ist
locationbar	yes/no oder 1/0	Legt fest, ob eine Adreßzeile vorhanden ist
hotkeys	yes/no oder 1/0	Bestimmt, ob Tastenkürzel für Befehle zugelassen sind
dependent	yes/no oder 1/0	Bestimmt, ob das Fenster unabhängig vom Elternfenster ist

Tabelle 17.6: Die Parameter der Methode open

Beispiel:

Beim Öffnen der HTML-Datei werden zugleich zwei weitere Fenster geöffnet und in jedem eine HTML-Datei angezeigt. Das erste Fenster wird mit einer Schaltflächenleiste ausgestattet, während das zweite Fenster bis auf die Größenangaben im Standardmodus geöffnet wird.

Das Beispiel ist auf der CD zum Buch enthalten.

```
<!doctype html public "-//w3c//dtd html 4.0//en">
<html>
<head>
<title>open</title>
</head>
<script language="JavaScript">
    window.open("Info1.htm", "Info1","width=350,toolbar=yes");
    window.open("Info2.htm", "Info2","width=35,height=150");
</script>
<body>
</body>
</html>
```

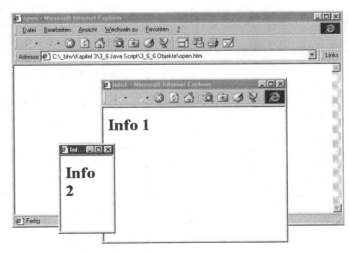

Abbildung 17.19: Die zwei zusätzlich geöffneten Fenster

closed

Die Eigenschaft closed ermittelt, ob ein Fenster noch geöffnet oder bereits geschlossen ist. Dazu muß Ihnen jedoch der Name des zu überprüfenden Fensters bekannt sein. Wenn ein auf diese Eigenschaft überprüftes Fenster geschlossen ist, wird der Wahrheitswert true übergeben, im anderen Fall erthält die Eigenschaft den Wert false. Sie können den Wert der Eigenschaft nicht verändern, dieser ist nur lesbar. Gerade wenn Sie dem Benutzer mehrere Fenster zur Verfügung stellen, ist eine Kontrolle über die aktuell geöffneten Fenster notwendig. Wird dieser Punkt vernachlässigt, besteht z.B. die Gefahr, daß die Aktivierung von Verweisen Fehlermeldungen erzeugt, die den Benutzer unnötig verunsichern.

Beispiel:

Mit dem Öffnen der HTML-Datei wird in einem weiteren Fenster die Datei *HINWEISE.HTM* geöffnet. Ein solches Fenster könnte z.B. weitere Informationen zu der aktuellen Webseite enthalten. Das Formular der Datei enthält eine Schaltfläche, bei deren Betätigung die Funktion pruefeStatus() aufgerufen wird. In der Funktion erfolgt die Abfrage, ob das zusätzlich geöffnete Fenster noch offen ist oder bereits geschlossen wurde.

Mit Hilfe dieser Funktion können Sie z.B. den Benutzer darauf hinweisen, daß weitere Informationen in diesem Fenster vorhanden sind und er es mit einer (wenn vorhanden) optionalen Schaltfläche wieder öffnen kann.

Das Beispiel ist auf der CD zum Buch enthalten.

```
<!doctype html public "-//w3c//dtd html 4.0//en">
<html>
<head>
<title>window_closed</title>
<script language="JavaScript">
    win1=window.open("Hinweise.htm","window1","width=300,
                    height=300")
```

```
function pruefeStatus()
   {if (win1.closed) alert
   ("Das Fenster ist geschlossen");
   else
   alert ("Das Fenster ist geöffnet");
   }
</script>
</head>
<body>
   <form>
      <input type=button value="Fenster noch offen?"
      onClick="pruefeStatus();">
   </form>
</body>
</html>
```

Fenster verwalten

Das Verwalten der Fenster erfolgt mit Eigenschaften, die verschiedene Informationen über den Zustand des Fensters sowie sein Erscheinungsbild beinhalten. Zusätzlich stehen Ihnen Methoden, mit denen der aktive Status des Fensters beeinflußbar ist, zur Verfügung. Damit sind Sie in der Lage, dem Benutzer eine Hilfestellung zum optimalen Arbeiten zu geben sowie ihm ein interaktives Arbeiten mit mehreren Dokumenten zu ermöglichen.

captureEvents()

Sozusagen als Auftakt zu diesem Thema kommt ein Ereignis, das für alle Benutzer des Netscape Navigator von großer Wichtigkeit ist. Der Navigator unterstützt bekanntermaßen bei vielen Elementen ausgerechnet die Mausereignisse nur in eingeschränkten Maße. Gerade wer nun für beide Browser programmieren will, der steht damit vor einem großen Problem. An dieser Stelle können Sie die Methode captureEvents einsetzen. Damit können Sie Ereignisse überwachen und auf das angegebene Fenster umleiten. Anschließend kann das umgeleitete Ereignis unter Bezug auf das Fenster abgefragt und ausgewertet werden.

Beispiel:

Im Scriptbereich der HTML-Datei wird ermittelt, ob der aktuelle Browser mit dem Objektmodell des Netscape Navigator arbeitet. Ist das der Fall, dann erfolgt die Umleitung des Ereignisses onmousedown in das aktuelle Fenster. Damit können Sie es unabhängig vom Browser weiter auswerten und darauf reagieren. Bei der Bezeichnung des umzuleitenden Ereignisses wird lediglich sein Name ohne das Wort *on* genannt. Diese spezielle Ausdrucksweise ist nur in diesem Fall gültig und in anderen Bereichen nicht anwendbar.

Das Beispiel ist auf der CD zum Buch enthalten.

```
<!doctype html public "-//w3c//dtd html 4.0//en">
<html>
<head>
<title>captureEvents</title>
</head>
<script language="JavaScript">
if(document.layers)
    {window.captureEvents(Event.MOUSEDOWN);
    window.onmousedown=Meldung;
    }
    else
    document.onmousedown=Meldung;
function Meldung()
    {alert("Das Ereignis wurde umgeleitet");
    }
</script>
<body>
<h1>Klicken Sie auf den Bildschirm</h1>
</body>
</html>
```

locationbar

Diese Eigenschaft enthält den Zustand der Adressenleiste des Browser. Wenn die Adressenleiste sichtbar ist beinhaltet der Rückgabewert der Eigenschaft den Wert `true`, sonst `false`. Die Eigenschaft ist nur lesbar und wird leider nur vom Netscape Navigator unterstützt.

Beispiel:

Mit dem Öffnen der Datei wird der Zustand der Adressenleiste abgefragt. Ist diese standardmäßig eingeblendet (was meistens der Fall ist), wird der Benutzer darauf hingewiesen, daß er mit dem Schließen der Leiste mehr Platz für die Anzeige der Webseite erhält.

Das Beispiel ist auf der CD zum Buch enthalten.

```
<!doctype html public "-//w3c//dtd html 4.0//en">
<html>
<head>
<title>locationbar</title>
<script language="JavaScript">
    if (self.locationbar.visible==1) alert ("Schließen Sie die
    Adressenleiste für mehr Platz");
</script>
</head>
<body>
</body>
</html>
```

menubar

Mit `menubar` können Sie ermitteln, ob das aktuelle Fenster über eine sichtbare Menüleiste verfügt. Dieser Fall dürfte eher seltener vorkommen. Beim Fehlen der Menüleiste könnten Sie dem Benutzer auf die gleiche Weise wie beim Beispiel zu der Eigenschaft `locationbar` auf in dem Dokument integrierte Befehle hinweisen. Leider wird auch diese Eigenschaft nur vom Netscape Navigator unterstützt. Zum Bereitstellen einer Navigationsmöglichkeit müssen Sie auf das Objekt history zurückgreifen.

Beispiel:

```
If (myWindow.menubar.visible==false)
(Anweisung1)
else
(Anweisung2)
```

focus()

Die Methode übergibt einem Fenster den Fokus. Das bedeutet, daß dieses Fenster aktiviert wird und im Vordergrund vor allen anderen Fenstern erscheint. Damit erhält dieses Fenster einen aktiven Status. Diese Methode können Sie in Zusammenhang mit der Methode blur anwenden, welche diesen Zustand wieder beendet und das Fenster in den Hintergrund verschiebt.

Syntax:

```
windowReference.blur()
```

blur()

Mit Hilfe der Methode blur können Sie ein Fenster in einen inaktiven Status versetzen. Wenn Sie dem Benutzer Ihrer Webseite ein zweites Fenster mit weiteren Informationen oder Verweisen zur Verfügung stellen wollen, dann eröffnen sich mit dieser Methode völlig neue Möglichkeiten. Da sich das aktive Fenster stets im Vordergrund befindet, können Sie damit ein zweites Fenster über einen Verweis oder eine Schaltfläche ein- und ausblenden. Zum Einblenden des zweiten Fensters können Sie auf die Methode focus zurückgreifen, die ein Fenster in einen aktiven Status versetzt.

Beispiel:

Mit dem Öffnen der Webseite wird ein zweites Fenster mit einer anderen Webseite geöffnet. Das Formular der Hauptseite enthält zwei Schaltflächen, mit denen das zweite Fenster angezeigt und auch wieder verborgen werden kann. Damit können Sie dem Benutzer eine Möglichkeit zur Steuerung der Anzeige des zweiten Fensters geben.

Das Beispiel ist auf der CD zum Buch enthalten.

```
<!doctype html public "-//w3c//dtd html 4.0//en">
<html>
<head>
<title>blur</title>
<script language="JavaScript">
    Info1 = window.open("Hinweise.htm",
"Info","width=350,height=350");
</script>
</head>
<body>
    <form>
        <input type="button" value="Info ein"
onClick="Info1.focus();">
        <input type="button" value="Info aus"
onClick="Info1.blur();">
    </form>
</body>
</html>
```

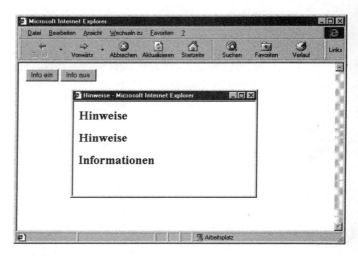

Abbildung 17.20: Das abschaltbare Infofenster

close()

Die Methode close schließt das aktuelle Fenster und damit zugleich die gesamte Anwendung. Es ist sicher nicht sinnvoll, den Benutzer mit dieser Methode die aktuelle Anwendung schließen zu lassen. Das kann er bei Bedarf auch mit einer im Browser vorhandenen Schaltfläche erledigen. Als Anwendungsfall für dieses Beispiel eignet sich vielmehr das endgültige Schließen eines zweiten Fensters, in dem Zusatzinformationen oder weitere Verweise vorhanden sind. Das Schließen des aktuellen Fensters kann mit window.close(); oder self.close(); erfolgen. Um auf ein anderes Fenster zuzugreifen, ist eine Referenz auf das Fenster erforderlich.

Beispiel:

Mit dem Betätigen der Schaltfläche des Formulars erfolgt das
Schließen des zweiten Fensters. Die Referenz auf das zweite Fenster
wurde aus dem Rückgabewert der Methode open in der Variablen
Info1 gespeichert.

Das Beispiel ist auf der CD zum Buch enthalten.

```
<!doctype html public "-//w3c//dtd html 4.0//en">
<html>
<head>
<title>close</title>
<script language="JavaScript">
    Info1 = window.open("Hinweise.htm",
"Info","width=350,height=150");
</script>
</head>
<body>
    <form>
        <input type="button" value="Info beenden"
            onClick="Info1.close();">
    </form>
</body>
</html>
```

Informationen in der Statusleiste

Der Informationsgehalt der Statusleiste des Browsers wird von vielen Anwendern schlichtweg unterschätzt. Wenn Sie einmal während
einer Online-Sitzung auf diese kleine Leiste am unteren Rand des
Browsers achten, werden Sie viele interessante Informationen erhalten. Sie finden dort nicht nur nähere Angaben über den Status
des Ladevorgangs sonder erhalten oft auch eine kleine aber hilfrei-
che Unterstützung zum Arbeiten mit dem Dokument. Das geschieht in der Form von Hinweisen über den Verwendungszweck eines aktivierten Elements oder das Ziel von Verweisen. Das

Verwenden der Statusleiste ist übrigens kein Problem: JavaScript stellt dafür zwei Methoden zur Verfügung, mit denen Sie ganz professionell diesen kleinen Bereich nutzen können.

defaultStatus

Mit defaultStatus legen Sie den Standardinhalt der Statusleiste des aktuellen Fensters fest. Der Inhalt bleibt so lange unverändert, wie aufgrund eines eintretenden Zustands kein neuer Inhalt an die Statusleiste übergeben wird. Nach dem Beenden dieses eingetretenen Zustandes ist wieder der mit defaultStatus festgelegte Inhalt gültig. Hier wird in der Regel der Name der Seite, deren Adresse oder eine kurze Beschreibung des Inhalts stehen.

Beispiel:

In dem Formular befinden sich drei Elemente, eine Schaltfläche und zwei Eingabefelder. Mit dem Überfahren der Elemente erscheint in der Statusleiste der jeweils mit window.Status festgelegte Text. Nach dem Verlassen der Elemente wird sofort wieder der am Anfang des Scriptbereichs mit defaultStatus festgelegte Text sichtbar. Auf diese Weise können Sie für alle Elemente einer Webseite, die auch Ereignisse unterstützen, Erläuterungen oder Kommentare in der Statusleiste ausgeben.

Das Beispiel ist auf der CD zum Buch enthalten.

```
<!doctype html public "-//w3c//dtd html 4.0//en">
<html>
<head>
<title>defaultStatus</title>
</head>
<script language="JavaScript">
    window.defaultStatus = "Formular";
</script>
<body>
<form name="Formular1" >
  <input name="Name" onMouseOver="window.status='Ihr
```

```
Name'"><br>
    <input name="Alter" onMouseOver="window.status='Ihr
Alter'"><br>
    <input type="submit" onMouseOver="window.status='Anfrage
absenden'">
</form>
</body>
</html>
```

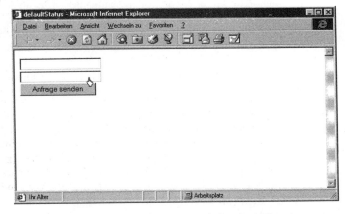

Abbildung 17.21: In der Statusleiste erscheint der Hilfetext

status

Die Eigenschaft Status dürfte fast zu den am häufigsten verwendeten Eigenschaften des *Window*-Objekts gehören. Mit ihrer Hilfe verändern Sie vorübergehend den Text der Statuszeile des Browsers.
Das sind dann Informationen über Elemente einer Webseite, allgemeine Hinweise oder auch kleine Hilfetexte. Nach dem Verlassen
des Elements ist wieder die Eigenschaft defaultStatus für die Statuszeile zuständig. Als Beispiel eignet sich das bei der Beschreibung
der Eigenschaft defaultStatus aufgeführte Listing.

Beispiel:

```
<input type="submit" onMouseOver="window.status='Anfrage
absenden'">
```

setTimeout()

Die Methode setTimeout können Sie nutzen, um eine andere Methode oder Funktion zeitverzögert aufzurufen. Als ersten Parameter erwartet die Methode den Namen der aufzurufenden Funktion und anschließend als zweiten Parameter die Zeitspanne bis zum Aufruf in Millisekunden. Ein besonders bemerkenswerter Umstand im Umgang mit dieser Methode ist die Möglichkeit, aus einer Funktion heraus die gleiche Funktion wieder aufzurufen. Damit können Sie auf einfache Weise zeitgesteuerte Programmwiederholungen entwerfen, was in den Beispielen des Buches öfter zu sehen ist.

Beispiel:

Mit dem Öffnen der HTML-Datei erfolgt der Aufruf der Funktion Meldung, die lediglich ein Meldungsfenster ausgibt. Innerhalb der Funktion erfolgt mit setTimeout der erneute Aufruf der Funktion mit einer Verzögerung von fünf Sekunden. Diese Funktion verfügt über keine Abbruchbedingung außer dem Schließen des Browsers. Um das Eintreten eines undefinierten Zustands zu vermeiden, müssen Sie also vor dem Einsatz solcher Wiederholungen den zukünftigen Verlauf des Programms genau analysieren.

Das Beispiel ist auf der CD zum Buch enthalten.

```
<!doctype html public "-//w3c//dtd html 4.0//en">
<html>
<head>
<title>setTimeout</title>
</head>
<script language="JavaScript">
Meldung();
function Meldung()
```

```
{ alert("In 5 Sekunden sehen Sie mich wieder");
  setTimeout("Meldung ()",5000);
}
</script>
<body>
</body>
</html>
```

Arbeiten mit dem Dokument

Das *Document*-Objekt verwaltet die im Browser angezeigte HTML-Seite. Mit seiner Unterstützung erhalten Sie Zugriff auf die Eigenschaften des Dokuments, also vom darin enthaltenen Text über die möglichen Attribute bis hin zu verschiedenen Gestaltungsmöglichkeiten.

write()

Um diese Methode werden Sie beim Arbeiten mit JavaScript kaum herum kommen. Mit write geben Sie Text in einem Dokument aus. Der Methode wird der entsprechende Text in einer Klammer und in Anführungszeichen stehend übergeben. Zum Schreiben von Text in das aktuelle Dokument genügt die Anweisung ohne die Angabe eines Objekts oder einer Objektreferenz.

Beispiel:

```
write("Das ist der Text");
```

Sie können mit der Anweisung auch Text in einem anderen Fenster ausgeben. Dazu benötigen Sie allerdings eine Referenz auf das Fenster.

Beispiel:

Beim Öffnen der Webseite wird ein weiteres Fenster geöffnet und eine Referenz auf das neue Fenster in der Variablen Window2 gespeichert. Unter Bezugnahme auf diese Referenz erfolgt anschließend die Ausgabe eines Textes im zweiten Fenster.

Das Beispiel ist auf der CD zum Buch enthalten.

```
<!doctype html public "-//w3c//dtd html 4.0//en">
<html>
<head><
<title>write</title>
</head>
<script language="JavaScript">
    Window2=window.open("Dateil.htm", "Datei1");
    Window2.document.write("Dieser Text wurde im ersten Fenster
    erzeugt. ")
</script>
<body>
</body>
</html>
```

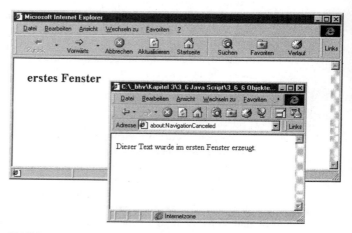

Abbildung 17.22: Im zweiten Fenster sehen Sie den erzeugten Text

Die eben beschriebene Technik funktioniert in dieser Form allerdings nur im Internet Explorer. Beim Netscape Navigator hingegen werden Sie damit keinen Erfolg haben. Hier müssen Sie in ein Dokument erst mit der Methode open öffnen und nach der Ausgabe von Text wieder mit close schließen. Zusätzlich ist es notwendig, für das neue Fenster ein vollständiges HTML- Grundgerüst zu erstellen, welches dann den gewünschten Text aufnehmen kann.

Beispiel:

Sie sehen hier lediglich den Scriptbereich der HTML-Datei, mit der ein Fenster im Netscape Navigator erzeugt und ein Text ausgegeben wird. Sie finden den Quellcode wie immer als funktionsfähige HTML-Datei auf der CD zum Buch.

Das Beispiel ist auf der CD zum Buch enthalten.

```
<script language="JavaScript">
    window2=window.open("","Fenster","width=250,height=250")
    window2.document.writeln("<html><head><title>Fenster2
        </title></head><body>");
    window2.document.writeln("Diese Technik l&auml;uft im
Navigator");
    window2.document.writeln("</body></html>");
    window2.document.close();
</script>
```

Informationen über ein Dokument

Ein jedes Dokument enthält eine bestimmte Anzahl von Informationen. Das sind insbesondere seine Herkunft und Eigenschaften, wie z.B. das letzte Änderungsdatum. Mit diesen Informationen ausgestattet können Sie dem Benutzer eine kleine Referenz über das Dokument zur Verfügung stellen.

referrer

In der Regel besteht ein Projekt aus mehreren Webseiten, die durch Verweise miteinander verbunden sind. Innerhalb dieses Projekts kann sich der Benutzer mit Hilfe der Navigationsmöglichkeiten des Browsers bewegen. Sie können mit einigen kleinen Kniffen das Ganze noch etwas unterstützen. So ist es möglich, mit der Eigenschaft referrer die Adresse der Seite zu ermitteln, von aus der das aktuelle Dokument aufgerufen wurde. Voraussetzung dafür ist allerdings, daß die aktuelle Seite über einen Verweis aufgerufen wurde. Im anderen Fall, also wenn der Aufruf der Seite z. B. über die Adressenleiste erfolgt, enthält refferer keine Angaben.

Beispiel:

Das Formular enthält eine Schaltfläche, die mit Hilfe des *History*-Objekts dem Benutzer die Navigation zur vorher besuchten Seite ermöglicht. Beim Überfahren der Schaltfläche mit der Maus erscheint in der Statusleiste des Browsers die zuletzt besuchte Adresse.

Das Beispiel ist auf der CD zum Buch enthalten.

```
<!doctype html public "-//w3c//dtd html 4.0//en">
<html>
<head>
<title>referrer</title>
</head>
<body>
    <form>
        <input type="button" value="zurück"
onClick="history.back()"
        onMouseOver="window.status=document.referrer";>
    </form>
</body>
</html>
```

title

Mit der Eigenschaft title können Sie den Titel der HTML-Datei ermitteln. Der Titel einer HTML-Datei wird mit dem Tag <title> vergeben und von dieser Eigenschaft gelesen.

Beispiel:

```
varTitel=document.title
```

lastModified

Wer eine Webseite aufsucht, weil er an dieser Stelle nach bestimmten Informationen sucht, der erwartet natürlich, daß diese sich auf einen aktuellen Stand befinden. Im Internet tummelt sich eine unendlich große Anzahl von vergessenen Projekten die leider nicht mehr dem aktuellen Stand der Zeit entsprechen. Ein Projekt, an dem eine kontinuierliche Entwicklung erkenntlich ist, hinterläßt da schon einen ganz anderen Eindruck. Statt nun nach jeder Änderung einen entsprechenden Hinweis einzutragen, können Sie dies mit JavaScript automatisieren. Die Eigenschaft lastModified enthält das Datum und die Uhrzeit der letzten Änderung eines Dokuments, was mit einer einzigen Zeile Programmcode für jedermann sichtbar gemacht werden kann.

Beispiel:

In dem Dokument erfolgt mit der Eigenschaft lastModified die Ausgabe der letzten Aktualisierung.

Das Beispiel ist auf der CD zum Buch enthalten.

```
<!doctype html public "-//w3c//dtd html 4.0//en">
<html>
<head>
<title>lastModified</title>
</head>
<script language="JavaScript">
    document.write("letzte Aktualisierung: " +
```

```
document.lastModified);
</script>
<body>
</body>
</html>
```

URL

Die Eigenschaft URL enthält die vollständige Adresse einer Webseite. Zusammen mit der Eigenschaft title können Sie dem Benutzer beim Öffnen eines Dokuments Informationen über die Seite zukommen lassen. Eine Verwendung dieser Eigenschaften wird erst beim Aufruf einer entsprechenden Funktion aus einer externen JavaScript-Datei sinnvoll. Damit können Sie mit einer gemeinsam genutzten JavaScript-Funktion die Angabe von solchen Informationen auf allen Seiten Ihres Projekts ermöglichen.

Beispiel:

Beim Öffnen der HTML-Datei erfolgt die Ausgabe von Informationen über den Titel und die Adresse der Datei. Die Informationen werden mit der Anweisung document.write direkt in das Dokument geschrieben.

Das Beispiel ist auf der CD zum Buch enthalten.

```
<!doctype html public "-//w3c//dtd html 4.0//en">
<html>
<head>
<title>URL</title>
</head>
<script language="JavaScript">
    document.write("Dokumentinformation :"+ "<br>");
    document.write("Adresse : " + document.URL + "<br>");
    document.write("Titel : " + document.title);
</script>
<body>
</body>
</html>
```

Abbildung 17.23: Die Ausgabe von Angaben über die HTML-Datei

Dialoge mit dem Anwender

Die Möglichkeit zum Kommunizieren mit dem Anwender ist eine wichtige Voraussetzung zur Gestaltung interaktiver Anwendungen. Mit Dialogfeldern schaffen Sie die Schnittstelle zwischen dem Benutzer Ihrer Seite und dem Dokument. Der Benutzer erhält so die Möglichkeit, die Fähigkeiten des Dokuments auszuschöpfen und kann von Ihnen mit unsichtbarer Hand durch das Projekt begleitet werden.

alert()

Auch wer sich bisher wenig mit JavaScript beschäftigt hat, der wird mit dieser Methode bereits Bekanntschaft gemacht haben. Mit ihr erfolgt die Ausgabe eines Meldungsfensters. Der Methode können Sie eine Zeichenkette übergeben, die dann als Meldungstext angezeigt wird. Das Meldungsfenster erscheint als modaler Dialog, d.h., die Meldung übernimmt die Kontrolle über das Programm und muß vor dem Fortsetzen des Programms vom Benutzer bestätigt werden.

Beispiel:

Beim Öffnen der Webseite erfolgt die Ausgabe eines Meldungsfensters mit dem Text *Guten Tag*. Der Benutzer kann im Browser erst nach dem Bestätigen der Meldung weiterarbeiten.

Das Beispiel ist auf der CD zum Buch enthalten.

```
<!doctype html public "-//w3c//dtd html 4.0//en">
<html>
<head>
<title>alert</title>
<script language="JavaScript">
   alert ("guten Tag");
</head>
<body>
</body>
</html>
```

confirm()

Um von dem Benutzer eines Formulars das Ergebnis einer Entscheidung zu erlangen, können Sie die Methode confirm verwenden. Diese Methode zeigt ein Dialogfenster an, in dem neben einem frei definierbaren Text zwei Schaltflächen mit der Aufschrift *OK* und *Abbrechen* vorhanden sind. Nach dem Betätigen einer der beiden Schaltflächen wird der Dialog beendet und ein Wahrheitswert zurückgegeben. Im Falle der Betätigung der Schaltfläche *OK* ist das der Wert true, im anderen Fall der Wert false. Die Auswertung des Rückgabewertes könnte z.B. wie folgt aussehen:

```
var result = confirm("Wollen Sie die Daten senden?")
If (result == true)
    {Anweisung}
```

Beispiel:

Hier erfolgt die Auswertung des Rückgabewertes nicht über eine Variable. Statt dessen wird die Methode mit ihrem Rückgabewert direkt als Bedingung verwendet. In dem Fall, daß der Anwender die Schaltfläche *OK* betätigt, also der Rückgabewert true ist, wird die Anwendung geschlossen.

Das Beispiel ist auf der CD zum Buch enthalten.

```
<!doctype html public "-//w3c//dtd html 4.0//en">
<html>
<head>
<title>confirm</title>
</head>
<script language="JavaScript">
    function Abfrage()
    {if (confirm("Sind Sie sicher, daß Sie die Anwendung
beenden
        wollen?"))
        {window.close()
        }
    }
</script>
<body>
    <form>
        <input type="button" value="beenden"
onClick="Abfrage()">
    </form>
</body>
</html>
```

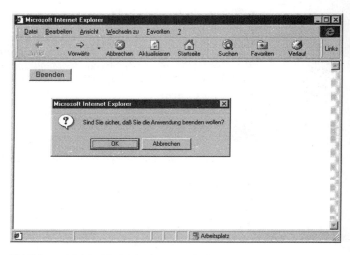

Abbildung 17.24: Die Dialogbox mit der Methode `confirm`

prompt()

Die Methode `prompt` öffnet ein Dialogfeld, welches aus einem Eingabefeld und zwei Schaltflächen zum Abbrechen und Bestätigen der Eingabe besteht. Mit einem solchen Eingabefeld können Sie den Benutzer einer Seite z.B. nach einem Paßwort fragen oder ihn andere Eingaben tätigen lassen. Beim Betätigen der Schaltfläche *OK* gibt die Funktion die eingegebene Zeichenkette zurück, im anderen Fall entspricht der Rückgabewert dem Wert `null`. Die Methode erwartet bei ihrem Aufruf zwei Parameter: den anzuzeigenden Informationstext und eine optionale Zeichenkette, die als Voreinstellung in dem Eingabefeld angezeigt werden kann.

Beispiel:

Beim Öffnen der HTML-Datei erscheint ein Eingabefenster, in das der Benutzer seinen Namen eingeben soll. In dem Eingabefeld ist bereits ein Name als Vorschlag enthalten. Anschließend erfolgt die Ausgabe des eingegebenen oder übernommenen Namens auf dem Bildschirm.

Das Beispiel ist auf der CD zum Buch enthalten.

```
<!doctype html public "-//w3c//dtd html 4.0//en">
<html><head>
<title>Test</title>
<script language="JavaScript">
    result = prompt("Geben Sie Ihren Namen ein","Franz");
    document.write (result);
</script>
</head>
<body>
</body>
</html>
```

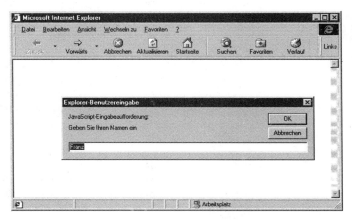

Abbildung 17.25: Das Eingabefenster der Methode prompt

find()

In umfangreichen Webdokumenten befindet sich in aller Regel sehr viel Text. Gerade in Dokumentationen zu umfangreichen Themen oder in größeren Beiträgen besteht oft das Bedürfnis, nach einem bestimmten Stichwort oder einer bestimmten Passage zu suchen. Zum Glück unterstützt wenigstens der Netscape Navigator eine Methode, die eine effektive Suche nach einem bestimmten Textbestandteil zuläßt. Die Methode heißt find und erwartet mit ihrem Aufruf neben der zu suchenden Zeichenkette zwei optionale Parameter als Suchkriterien. Bei erfolgreicher Suche wird die Textstelle angezeigt, der gefundene Begriff farbig markiert.

Syntax:

```
find(Suchbegriff, true|false,true|false)
```

	Beschreibung	Typ
1	Suchbegriff	Zeichenkette
2	Groß-Kleinschreibung ja = true	Wahrheitswert
3	Suchrichtung rückwärts = true	Wahrheitswert

Tabelle 17.7: Die Parameter der Methode find

Beispiel:

In dem Formular befindet sich ein Textfeld und eine Schaltfläche. In das Textfeld können Sie einen Suchbegriff eingeben, mit der Schaltfläche starten Sie die Suche nach dem eingegebenen Begriff.

Das Beispiel ist auf der CD zum Buch enthalten.

```
<!doctype html public "-//w3c//dtd html 4.0//en">
<html>
<head>
<title>find</title>
</head>
<body>
```

```
<form name="Form1">
    <input type="text" name="suchen">
    <input type="button" value="suchen"
        onClick="find(Form1.suchen.value,false,false)">
</form>
</body>
</html>
```

Abbildung 17.26: Die Dialogbox zur Volltextsuche im Navigator

Mit JavaScript den Bildschirm erkunden

Wenn Sie soweit sind und endlich die Arbeit an Ihrer Webseite beendet haben, dann werden Sie bestimmt noch einmal einen letzten Blick darauf werfen. Die Seite wird sicher korrekt angezeigt, daran besteht gar kein Zweifel. Zumindest von Ihrer Seite aus. Aber haben Sie schon einmal an die andere Seite gedacht, also den Benutzer? Verfügt er über einen Bildschirm mit einer entsprechenden sichtbaren Fläche und hat er auch die gleiche Farbtiefe eingestellt? Mit dem *Screen*-Objekt können Sie im Handumdrehen Informationen dieser Art ermitteln und die Anzeige Ihrer Seite darauf abstimmen.

colorDepth

Wer auf seiner Webseite hochauflösende Grafiken darstellen möchte, der setzt natürlich voraus, daß der Benutzer über einen entsprechend eingestellten Bildschirm verfügt. In diesem Fall wird eine passende Farbtiefe vorausgesetzt, was jedoch nicht immer der Fall ist. Diesen Umstand werden Sie kaum ändern können, aber es wäre durchaus möglich, den Benutzer darauf hinzuweisen. Oder Sie ermitteln den Wert dieser Eigenschaft und laden bei Bedarf anschließend Grafiken mit einer entsprechenden Farbauflösung, was bei dem einzelnen Benutzer einiges an Ladezeit spart. Realisieren läßt sich dieser Gedanke mit Hilfe der Eigenschaft colorDepth, welche die Anzahl von Bits, die der Bildschirm zur Darstellung eines Pixels verwendet, ermittelt.

Beispiel:

Zu Beginn des Scriptbereichs wird mit der Variablen res ermittelt, wie viele Bit pro Pixel zur Darstellung von Farben am aktuellen Bildschirm verwendet werden. In diesem Beispiel beträgt der Wert von res die Zahl 8. Das bedeutet, daß 2 hoch 8 Bit verwendet werden, was mit der mathematischen Funktion pow (Exponent mit Basis 2) in den tatsächlichen Wert der Farbtiefe (hier 256 Farben) umgerechnet wird. Wenn der Bildschirm des Benutzers diesen Wert aufweist, ist diese Einstellung mit Sicherheit zum Betrachten von hochauflösenden Grafiken nur eingeschränkt geeignet.

Das Beispiel ist auf der CD zum Buch enthalten.

```
<!doctype html public "-//w3c//dtd html 4.0//en">
<html>
<head>
<title>colorDepht</title>
</head>
<script language="JavaScript">
var res=(Math.pow(2,screen.colorDepth));
    if (res==256)
    {document.write("<h3>Ihr Bildschirm verwendet leider 256
```

```
        Farben<h3>")
    }
</script>
<body>
</body>
</html>
```

Abbildung 17.27: Hier sind wohl noch einige Einstellungen notwendig ...

height, width

Mit diesen beiden Eigenschaften ermitteln Sie die zur Verfügung stehende Höhe und Breite des aktuellen Bildschirms. Diese Werte kennen Sie bereits als Bildschirmauflösung des Windows- Dialoges unter *Einstellungen / Systemsteuerung / Anzeige.* Das Ermitteln dieser Werte erweist sich gerade bei Dokumenten mit großflächigen Inhalten wie Frames oder umfangreichen Grafiken als sinnvoll. Sie können damit entscheiden, ob das Dokument z.B. unter Umständen ohne Frames oder mit kleineren Grafiken angezeigt werden soll.

Beispiel:

```
<script language="JavaScript">
    if(screen.width >= 1024)
    {document.Bild1.src='Bild_groß.gif'};
```

```
else
  (document.Bild1.src='Bild_klein.gif');
</script>
```

Grafik und JavaScript

Mit JavaScript können Sie auf alle in einem Dokument vorkommenden Grafiken auf einfache Art und Weise zugreifen. Das ist unter anderem der Tatsache zu verdanken, daß ein Dokument alle Grafiken mit einem eindeutigen Index ausstattet, über den eine Grafik referenziert werden kann. Unabhängig davon ist es auch möglich, über einen eindeutigen Namen auf die Grafik zuzugreifen. Dazu muß der Name der Grafik bei deren Deklaration mit angegeben werden.

Beispiel:

```
<img src="grafik.jpg" name="Bildname">
```

Der Zugriff auf die Grafik erfolgt dann unter Zuhilfenahme des *Document*-Objekts, welches alle Informationen über die Grafik beinhaltet. So können Sie, wie im nächsten Beispiel, die Höhe einer Grafik abfragen und in einer Variablen speichern.

Beispiel:

```
variable=document.Bildname.height
```

Im Gegensatz zur eben beschriebenen Technik erfolgt der Zugriff auf eine Grafik über ihren Index mit dem *Image*-Array, in dem sämtliche Indizies der enthaltenen Grafiken gespeichert sind. Der Index wird beim Öffnen der HTML-Datei automatisch vergeben so daß Sie sich nicht darum kümmern müssen. Dabei erhält die erste Grafik immer den Zähler 0, die vierte Grafik verfügt also über den Index mit dem Wert 3.

```
Variable=document.images[3].height
```

complete

Mit der Eigenschaft complete ermitteln Sie, ob eine Grafik bereits vollständig geladen wurde. Der Rückgabewert der Eigenschaft ist ein Wahrheitswert, sie erhält also true, wenn der Ladevorgang vollständig abgeschlossen wurde. Damit können Sie das Ende des Ladevorgangs von Grafiken einer umfangreichen Seite überwachen und z. b. dem Benutzer der Seite das Ende des Ladevorgangs mitteilen. Ein anderer Anwendungsfall wäre z. b. das Starten einer Animation, was aber den Browser während des Ladevorgangs nur unnötig belasten würde.

Beispiel:

Über die Eigenschaft complete wird ermittelt, ob die Grafik schon vollständig geladen wurde. Wenn das der Fall ist, dann erhält die Eigenschaft den Wert true, und es wird eine entsprechende Meldung ausgegeben.

Das Beispiel ist auf der CD zum Buch enthalten.

```
<!doctype html public "-//w3c//dtd html 4.0//en">
<html>
<head>
<title>complete</title>
</head>
<body>
<img src="Kirche.jpg" name="k1">
</body>
<script language="JavaScript">
    if (document.k1.complete==true)
    {alert("Der Ladevorgang ist beendet");
    }
</script>
</html>
```

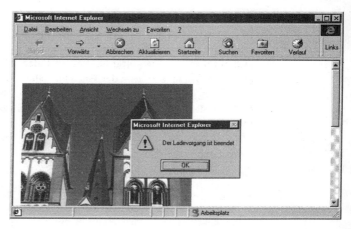

Abbildung 17.28: Der Ladevorgang ist beendet

length

Die Eigenschaft length teilt Ihnen mit, wie viele Grafiken in einer Webseite enthalten sind. Was Sie damit anfangen können? Die Frage ist sicher berechtigt, immerhin werden Sie sicher wissen, wie viele Grafiken in Ihrer Webseite eingebunden sind. Doch gehen Sie einmal davon aus, daß Sie, aus welchem Grund auch immer, mit einer Funktion auf alle Grafiken einer Seite zugreifen. Folglich wird es mit dem Erweitern der Seite um zusätzliche Grafiken notwendig, auch diese Funktion um die aktuelle Anzahl der Grafiken zu aktualisieren. Statt dessen können Sie mit der Eigenschaft length die Anzahl der Grafiken ermitteln und ersparen sich so das Überarbeiten der Funktion.

Beispiel:

Die HTML-Datei enthält drei Grafiken. Im Scriptbereich erfolgt in einer Zählschleife die Ausgabe der Namen aller Grafiken. Der Zugriff auf die Grafiken erfolgt über deren Index. Als Abbruchbedingung der Zählschleife wird der Wert der Zählvariablen mit dem Inhalt der Eigenschaft length verglichen. Abschließend erfolgt die Ausgabe der Dateinamen der Grafiken und der automatisch vergebenen Indexnummern.

Das Beispiel ist auf der CD zum Buch enthalten.

```
<!doctype html public "-//w3c//dtd html 4.0//en">
<html>
<head>
<title>length</title>
</head>
<body>
    <img src="Kroete.jpg" name="Bild1"><p>
    <img src="Kirche.jpg" name="Bild2"><p>
    <img src="Pokale.jpg" name="Bild3"><p>
</body>
<script language="JavaScript">
    for(i = 0;i<document.images.length; i++)
    {document.write(document.images[i].src+
     " : " +document.images[i].name+"<br>");
    }
</script>
</html>
```

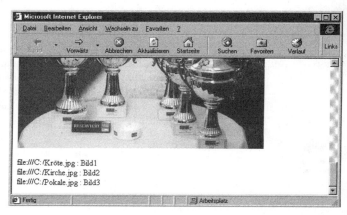

Abbildung 17.29: Die Eigenschaft length hat drei Grafiken ermittelt

name

Mit name können Sie den Namen einer eingebundenen Grafik ermitteln. Voraussetzung dafür ist natürlich, daß in der Definition der Grafik auch ein Name vergeben wurde. Sie benötigen diese Eigenschaft zum Zugriff auf eine Grafik mit JavaScript. Das würde sicher auch über deren Index funktionieren. Aber zum einen wird Ihnen beim Programmieren der Umgang mit einem Namen sicherlich leichter fallen und zum anderen ändert sich beim Einfügen neuer Grafiken der Index. Mit der Verwendung dieser Eigenschaft beim Arbeiten mit einer einzelnen Grafik sind Sie also immer auf der sicheren Seite. Als Beispiel für die Verwendung der Eigenschaft name eignet sich das Listing zur Eigenschaft src. Dort wird mit der Eigenschaft name der Platz für eine Grafik reserviert und diese anschließend unter Angabe von name und src geladen.

Beispiel:

Im folgenden Ausschnitt eines Listings sehen Sie den Zugriff auf eine bestimmte Grafik über ihre Eigenschaft name. Der Name der

Grafik ist k1 und wird im Zusammenhang mit der Eigenschaft complete verwendet. Das komplette Listing finden Sie in der Beschreibung dieser Eigenschaft.

```
if (document.k1.complete==true)
  {alert("Der Ladevorgang ist beendet");
  }
```

src

In der Eigenschaft src (source) ist der Pfad und der Name der eingebundenen Grafik enthalten. Damit können Sie während des Programmverlaufs eine Grafik zu einem selbst bestimmten Zeitpunkt in die Webseite laden. Gerade bei den zahlreichen Möglichkeiten von JavaScript können Sie z.B. auf diese Eigenschaft zurückgreifen, um Grafiken zu animieren oder auszutauschen.

Beispiel:

In der Webseite befinden sich eine Schaltfläche und eine Grafik. Bei der Definition der Grafik wurde auf eine Quellenangabe mit dem Attribut src verzichtet, statt dessen erfolgte lediglich mit name die Vergabe eines eindeutigen Namens. Mit dem Betätigen der Schaltfläche erfolgt nun mit document.Bild1.src die Zuweisung einer Bildquelle unter Angabe der Quelle und damit das Laden der Grafik.

Das Beispiel ist auf der CD zum Buch enthalten.

```
<!doctype html public "-//w3c//dtd html 4.0//en">
<html>
<head>
<title>src</title>
</head>
<body>
    <input type="button" value="Grafik laden"
    onClick="document.Bild1.src='kroete.gif';"><p>
```

```
    <img name="Bild1" alt="Bild noch nicht verf&uuml;gbar">
</body>
</html>
```

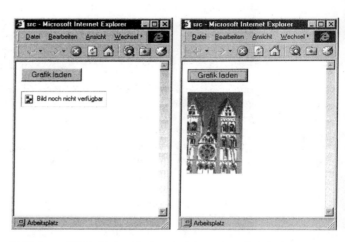

Abbildung 17.30: Erst nach dem Betätigen der Schaltfläche wird die Grafik geladen

Navigieren mit dem History-Objekt

Das *History*-Objekt macht seinem Namen wirklich alle Ehre. Es ermöglicht Ihnen, auf alle bisher besuchten Seiten der aktuellen Sitzung zurückzugreifen. Damit ist es Ihnen auch möglich, ein Dokument mit eigenen Funktionen zum Navigieren innerhalb der *History*-Liste (hier beim Internet Explorer) zu versehen.

length

Die Eigenschaften des *History*-Objekts sind schnell beschrieben, es existiert nur eine einzige, und zwar die Eigenschaft `length`. Diese Eigenschaft enthält die Anzahl der innerhalb der aktuellen Sitzung besuchten Webseiten. Da Sie damit nicht die genaue Anzahl der besuchten Seiten des eigenen Projekts überprüfen können, bleibt diese Eigenschaft lediglich eine nette Spielerei, mit der Sie dem Besucher eine allgemeine Information zukommen lassen können.

Beispiel: Beim Öffnen der Seite wird die Anzahl der bereits besuchten Seiten angezeigt. Um dieses Beispiel nachzuvollziehen, müssen Sie die Seite in einem bereits geöffneten Fenster anzeigen lassen.

Das Beispiel ist auf der CD zum Buch enthalten.

```
<!doctype html public "-//w3c//dtd html 4.0//en">
<html>
<head>
<title>length</title>
</head>
<script language="JavaScript">
    document.write ("Sie haben schon " +history.length+" Seiten
    besucht");
</script>
<body>
</body>
</html>
```

back(), forward()

Diese beiden Methoden des *History*-Objekts haben gute Aussichten auf einen Einsatz innerhalb der eigenen Webseite. Mit ihnen können Sie im Handumdrehen Ihre Seite von den Navigationsmöglichkeiten des Browsers unabhängig machen. Mit `back` erfolgt ein Sprung zu der zuletzt besuchten Seite und mit `forward` ein Sprung zur nächsten besuchten Seite. Letztere Aktion setzt natürlich voraus, daß bereits mindestens einmal zurückgesprungen wurde.

Beispiel:

In der HTML-Datei befinden sich zwei Verweise mit dem Text *Zurück* und *Vorwärts*. Beim Betätigen der Verweise erfolgt der Aufruf der Methoden back bzw. history.

Das Beispiel ist auf der CD zum Buch enthalten.

```
<!doctype html public "-//w3c//dtd html 4.0//en">
<html><head>
<title>back_forward</title>
</head>
<body>
    <a href="javascript:history.back()">zur&uuml;ck</a>
    <a href="javascript:history.forward()">vorw&auml;rts</a>
</body>
</html>
```

Abbildung 17.31: Die beiden Verweise ersetzen die gleichnamige Funktion des Browser

Arbeiten mit Zeichenketten

Mit JavaScript sind Sie in der Lage, mit dem Benutzer über Dialogfelder zu kommunizieren oder Daten eines Formulars auszuwerten. Doch damit ist immer noch nicht garantiert, daß diese Daten auch in ihrer eingegebenen Form verwendbar sind. So können falsche Eingaben oder die Verwendung ungültiger Zeichen die Auswertung der Daten unnötig erschweren oder gar unmöglich machen. Oder Sie benötigen für einen Vergleich nur einen Teil der eingegebenen Zeichenkette, für diese und andere Aufgaben benötigen Sie spezielle Funktionen. Diese speziellen Funktionen stehen Ihnen mit dem *String*-Objekt zur Verfügung.

length

Um die Länge einer Zeichenkette zu ermitteln, können Sie die Eigenschaft length verwenden. Mit dem Rückgabewert dieser Eigenschaft erhalten Sie einen numerischen Wert, der die Anzahl der Zeichen einer Zeichenkette enthält. Diese Eigenschaft ist z.B. bei der Überprüfung der Mindestlänge einer Eingabe unentbehrlich.

Beispiel:

Beim Öffnen der Webseite erscheint ein Eingabefenster, in das der Benutzer eine Kennziffer eingeben soll. Der Rückgabewert des Eingabefensters enthält die eingegebene Zeichenkette. Anschließend erfolgt mit der Methode lenght die Überprüfung, ob mindestens vier Zeichen eingegeben wurden.

Das Beispiel ist auf der CD zum Buch enthalten.

```
<!doctype html public "-//w3c//dtd html 4.0//en">
<html>
<head>
<title>length</title>
</head>
<body>
```

```
</body>
<script language="JavaScript">
   res = window.prompt("Bitte geben Sie die Kennziffer
ein","");
   if (res.length<4)
   { alert("Die Kennziffer muß mindestens vier Ziffern lang
sein");
   }
</script>
</html>
```

charAt()

Neben der Möglichkeit, die Länge einer Zeichenkette zu ermitteln, können Sie auch eine Zeichenkette auf das Vorhandensein eines bestimmten Zeichens überprüfen. Dazu verwenden Sie die Methode charAt, der die Stelle der Zeichenkette übergeben wird, die auf das Vorhandensein des Zeichens untersucht werden soll. Damit können Sie z.B. Paßwörter oder Bestellnummern auf ihre Richtigkeit überprüfen.

Beispiel:

Die Variable Code enthält eine Zeichenkette, in deren Mitte sich ein Sonderzeichen befindet. Die Zeichenkette kann durch eine Eingabe in ein Dialogfeld o.ä. zustande gekommen sein. Mit der Methode charAt wird nun das dritte Zeichen der Variablen Code (das erste Zeichen beginnt immer an der Stelle 0) mit dem erwarteten Sonderzeichen verglichen. Wenn der Vergleich zutrifft, dann erscheint auf dem Bildschirm eine entsprechende Meldung in Form eines Meldungsfensters.

> Das Beispiel ist auf der CD zum Buch enthalten.

```
<!doctype html public "-//w3c//dtd html 4.0//en">
<html>
<head>
<title>charAt</title>
```

```
<body>
</body>
<script language="JavaScript">
    var Code="554#5F7";
    if (Code.charAt(3)=="#")
    {alert("Ok");
    }
</script>
</html>
```

indexOf(), lastindexOf()

Um die erste auftretende Position eines Zeichens innerhalb einer Zeichenkette zu ermitteln, verwenden Sie die Methode indexOf. Dieser Methode übergeben Sie bei ihrem Aufruf die gesuchte Zeichenkette, optional können Sie zusätzlich die Position, ab der die Suche beginnen soll, angeben. Falls das gesuchte Zeichen nicht gefunden wird, ergibt der Rückgabewert der Funktion den Wert 1.

Damit erfüllt die Methode einen ähnlichen Aufgabenbereich wie charAt. Nur daß diesmal die Einhaltung einer bestimmten Reihenfolge in der untersuchten Zeichenkette ermöglicht wird. Um bei wiederholt auftretenden Zeichen deren letzte Position zu ermitteln, können Sie die Methode lastindexOf anwenden. Für diese Methode gelten prinzipiell die gleichen Regeln.

Beispiel:

Das Beispiel ähnelt dem Listing zur Methode charAt. Diesmal wird allerdings untersucht, ob sich das Sonderzeichen an der dritten Stelle der Zeichenkette befindet.

Das Beispiel ist auf der CD zum Buch enthalten.

```
<!doctype html public "-//w3c//dtd html 4.0//en">
<html>
<head>
<title>indexOf</title>
```

```
<body>
</body>
<script language="JavaScript">
var Code="554#5F7";
if (Code.indexOf("#")==3)
    {alert("Ok");
    }
</script>
</html>
```

substr(),substring()

Um aus einer Zeichenkette einen bestimmten Teil zu extrahieren, können Sie auf die Methoden substr und substring zurückgreifen. Mit substr extrahieren Sie aus einer Zeichenkette eine Teilzeichenkette ab einer bestimmten Zeichenposition und mit einer bestimmten Länge. Mit substring extrahieren Sie eine Teilzeichenkette ab einer bestimmten Zeichenposition und bis zu einer bestimmten Zeichenposition aus einer Zeichenkette. Als Parameter übergeben Sie die Position des ersten zu extrahierenden Zeichens und die Anzahl der Zeichen bzw. die Position des letzten Zeichens.

Das klingt im ersten Moment sicher sehr verwirrend und wirft die Frage nach einem sinnvollen Anwendungszweck auf. In JavaScript können Sie mit verschiedenen Funktionen Zeichenketten ermitteln, die Versionsbezeichnungen bzw. Zeichenketten zum Identifizieren von Produkten enthalten. Aus diesen Informationen können Sie anschließend einzelne Bestandteile zur weiteren Verarbeitung extrahieren.

Beispiel:

Mit Hilfe des *Navigator*-Objekts erfolgt die Abfrage der Version des aktuell verwendeten Browsers. Wenn Sie von der Verwendung des Internet Explorer 4.x ausgehen, dann erwarten Sie die Zeichenfolge *4.0 (compatible; MSIE 4.0; Windows 95)*. Der Einfachheit wegen wird hier das erste Zeichen mit einer veralteten Versionsnummer verglichen und eine entsprechende Meldung ausgegeben.

Das Beispiel ist auf der CD zum Buch enthalten.

```
<!doctype html public "-//w3c//dtd html 4.0//en">
<html>
<head>
<title>substring</title>
</head>
<body>
</body>
<script language="JavaScript">
    if(navigator.appVersion.substring(0,1) == "3")
    {alert("Sie verwenden keinen aktuellen Browser");
    }
</script>
</html>
```

DHTML

Mit DHTML können Sie Ihre bisherigen Kenntnisse in HTML und JavaScript endlich gezielt zur Gestaltung interessanter Webseiten einsetzen. Hier finden Sie das notwendige Hintergrundwissen zum Realisieren von z.B. aktiven Menüleisten und bewegten Seiteninhalten.

KAPITEL

18

DHTML

Wenn es wieder einmal um HTML und peppige Webseiten geht, dann ist relativ schnell von DHTML die Rede. Damit ist *dynamisches HTML* gemeint, und in der Regel hört an diesem Punkt bei den Gesprächspartnern die Übereinstimmung zu diesem Thema auf. Wenn man sich nun so im Internet umschaut, dann wird inzwischen alles, was sich irgendwie bewegt, als DHTML bezeichnet. Das hat auf alle Fälle mit der weitläufigen Definition von DHTML zu tun. Dazu tragen vor allem Netscape und Microsoft bei, die mit großem Aufwand eigene Vorstellungen von DHTML verwirklichen wollen. Die unterschiedlichen Interpretationen von DHTML sollen nicht Gegenstand dieses Kapitels sein. Vielmehr werden Sie hier einige einfache Lösungen finden, die eine übersichtlich gestaltete Webseite ermöglichen. Die hier vorgestellten Lösungen sollen in erster Linie die bisherigen Themen des Buches ergänzen. Zur Arbeit in diesem Abschnitt benötigen Sie also Vorkenntnisse in HTML, CSS und JavaScript.

Abbildung 18.1: Die DHTML-Seite von Milch&Zucker

Mit DHTML wurde endlich ein Ausweg aus der starren Darstellung statischer Webseiten durch HTML gefunden. Einen wesentlichen Bestandteil stellen dabei CSS (Cascading Style Sheets) dar, die ein pixelgenaues Positionieren von Elementen einer Webseite ermöglichen. Um nun das um CSS erweiterte HTML in Schwung zu bekommen, benötigen Sie zusätzlich noch eine Scriptsprache. Da von beiden großen Browsern JavaScript zu großen Teilen auf die gleiche Weise interpretiert wird, dürfte diese Wahl schnell getroffen sein. Die drei Komponenten, also HTML, CSS und JavaScript, stellen nun beim Arbeiten mit DHTML eine häufig verwendete Kombination dar.

Zuerst einmal etwas zur prinzipiellen Funktionsweise von DHTML: Eine Webseite enthält eine Anzahl von Elementen. Diese Elemente sind aber nicht eigenständig, sondern müssen zur Realisierung des dynamischen Konzepts verwaltet werden. Dies erfolgt über eine Anzahl von Objekten, welche im Browser von einen Objektmodell beschrieben werden. Das W3-Konsortium hat hier mit dem DOM (Document Object Model) eine eindeutige Vorlage geschaffen, doch die beiden großen Browser-Hersteller konzentrieren sich zum Teil auf eigene Entwicklungen. Da diese eigenen Entwicklungen nicht miteinander harmonieren und in erster Linie für große Verwirrung sorgen, wollen wir uns hier nicht darauf konzentrieren.

Bei HTML interpretiert der Browser den Code und stellt ein statisches Abbild davon im Fenster dar. Die Interpretation erfolgt bereits während des Ladevorgangs. Das erklärt auch den Aufbau der Webseite in einer für den Benutzer nicht immer logisch nachvollziehbaren Reihenfolge, was mit den zeitlich versetzt eintreffenden Datenpaketen zusammenhängt. Bei DHTML legt der Browser während des Ladevorgangs im Hintergrund alle Befehle in einer für den Benutzer nicht sichtbaren Datenbank ab. Erst mit dem Ende des Ladevorgangs beginnt der Browser mit der Interpretation des Codes.

Ein wichtiges Merkmal von DHTML stellt die Arbeit mit Ereignissen dar. Diese Ereignisse werden nach ihrem Auftreten an die entsprechenden Objekte weitergeleitet und anschließend verarbeitet.

Dabei durchlaufen die Ereignisse die Objektstruktur, bis sie zu dem gewünschten Objekt gelangen. Die Weiterleitung der Ereignisse erfolgt in beiden Browsern auf unterschiedliche Art und Weise. Bei Netscape werden die Ereignisse nach und nach von der obersten Instanz nach unten weitergeleitet. Microsoft hingegen arbeitet genau anders herum, es reicht also die Aktionen von dem untersten an die oberen Objekte weiter. Während Netscape die Anwendung seines Objektmodells auf eine relativ geringe Anzahl von Elementen beschränkt, ermöglicht Microsoft den Zugriff auf alle Elemente einer Webseite.

Code für beide Browser schreiben

Und damit wären wir auch schon bei einem der großen Probleme bei der Arbeit mit DHTML. In jedem der beiden Browser erfolgt der Zugriff auf die Objekte auf eine anderen Weise. Wenn Sie also für eine Aufgabenstellung nicht zweierlei Programme schreiben wollen, müssen Sie einen Mittelweg für beide Browser finden.

In einer entsprechend programmierten Webseite würde also mit Hilfe von z. B. JavaScript der verwendete Browser ermittelt und das anschließende Programm in einen von zwei Abschnitten verzweigen. Dabei würde jeder der beiden Abschnitte ein auf den entsprechenden Browser zugeschnittenes Listing enthalten. Das bedeutet im Klartext, daß sich der Programmierer, wenn er nicht einseitig für einen Browser schreiben will, mit beiden Modellen auseinandersetzen und beide Varianten umsetzen muß.

Beispiel:

In dieser Abfrage ermitteln Sie, ob das aktuelle Dokument das *Layer*-Objekt verarbeiten kann. Dazu ist nur der Netscape Navigator in der Lage, womit beim Internet Explorer nur noch der zweite Teil der Bedingung ausgeführt werden kann. Das verdeutlicht zugleich die Problematik der für beide Browser kompatiblen Programmierung .

```
<!doctype html public "-//w3c//dtd html 4.0//en">
<html>
<head>
<title>Titel</title>
</head>
<body>
</body>
<script language="JavaScript">
if (document.layers)
   document.ebene2.left=Anweisung für Navigator
   else
   ebene2.style.left= Anweisung für Explorer
</script>
</html>
```

DHTML und Ebenen

Bei DHTML werden die Elemente einer Webseite in verschiedenen Ebenen angeordnet, die dann den Zugriff auf das Element selbst ermöglicht. Um auf eine Ebene zugreifen zu können, ist es zunächst erforderlich, diese zu erstellen und als solche zu k ennzeichnen. Die Definition einer Ebene erfolgt mittels CSS, das in einem vorhergehenden Teil des Buches behandelt wurde. Um die definierte Ebene als solche zu kennzeichnen, findet zusätzlich das Attribut id Verwendung. Dem Attribut übergeben Sie einen eindeutigen Namen, über den die Ebene später ansprechbar ist.

Beispiel:

Hier erfolgt mit dem Tag div die Definition von zwei Ebenen mit den Namen Ebene1 und Ebene2. Beide Ebenen enthalten verschiedene Elemente. Für das Arbeiten mit DHTML ist die Art der enthaltenen Elemente unerheblich, es können auch mehrere verschiedene Elemente in einem Bereich enthalten sein.

```
<div id="Ebene1" style="position:absolute; left:140;
top:160">
     <img src="Kroete.gif"></div>
<div id="Ebene2" style="position:absolute; left:140; top:190;
   font-size:35pt; color:red">Elemente der Ebene 2</div>
```

In Ihrer HTML-Datei können Sie nun so viele Ebenen definieren, wie Sie wollen. Die einzige Voraussetzung besteht wie gesagt in der Vergabe eindeutiger Namen. Doch bereits hier hören auch schon alle Gemeinsamkeiten für beide Browser auf. Der Internet Explorer ermöglicht mit Hilfe seines Objekts style den Zugriff auf alle mit Style Sheets angelegten Elemente der HTML- Datei. Demzufolge erfolgt z.B. der Zugriff auf die Eigenschaft left einer Ebene mit dem Namen *Ebene1* über folgenden Befehl:

```
Ebene1.style.left=200;
```

Der Netscape Navigator hingegen benötigt zum Ansprechen einer Ebene immer das *Document*- Objekt, was folgende Syntax ergibt:

```
Document.Ebene1.left=200;
```

Eine andere Möglichkeit stellt bei Netscape der Zugriff über das *Layer*-Objekt dar. Dieses Objekt verwaltet alle in einem Dokument vorhandenen Ebenen.

```
Document.layers["Ebene1"].left=200;
```

Die letztere Möglichkeit gestattet das Arbeiten mit Variablen, was in anspruchsvolleren Programmen erforderlich wird. Dies ist ein wichtiger Gesichtspunkt beim Arbeiten mit DHTML. Mit Sicherheit werden Sie früher oder später mit mehreren Ebenen arbeiten. Ohne die Übergabe von Variablen, die die Namen der anzusprechenden Ebenen enthalten, wären Sie gezwungen, für jede Ebene eine eigene Funktion zu erstellen. Mit Variablen hingegen können Sie alle Ebenen über eine Funktion ansprechen.

Inhalte von Ebenen verändern

Das Interessante an DHTML ist unter anderem die Möglichkeit, auf den Inhalt einer Ebene zuzugreifen und diesen zu verändern. Die Beispiele für dynamisch veränderbare Inhalte dienen dabei meistens dem Zweck, die Aufmerksamkeit des Benutzers zu wecken oder um Informationen wirkungsvoll darzustellen.

Der Zugriff auf den Inhalt einer Ebene, um diesen zu verändern, erfordert bei Netscape wieder einmal etwas mehr Arbeit. Der Netscape Navigator behandelt die Ebene wie ein neu geöffnetes Fenster, d.h., Sie müssen diesen Bereich vor der Ausgabe von Text mit open öffnen, können anschließend mit write die Ausgabe vornehmen und müssen dann den Vorgang mit close abschließen. Wenn der mit write ausgegebene Inhalt auch noch formatiert erscheinen soll, dann ist es notwendig, die entsprechenden Formatangaben mit dem Text zu verknüpfen.

```
document.Ebene.document.open();
document.Ebene.document.write(<format>+"Text"+</format>);
document.Ebene.document.close();
```

Beim Internet Explorer hingegen wird der neue Inhalt nicht direkt in die Ebene geschrieben, sondern über spezielle Eigenschaften zugewiesen. Dies sind die beiden Eigenschaften innerHTML und inner-Text. Mit der Eigenschaft innerHTML können Sie wie bei Netscape zugleich Formate für den Text mit angeben, während innerText den Text nicht interpretiert und unverändert ausgibt. Im folgenden Beispiel sehen Sie die Umsetzung dieser Thematik mit DHTML. In der HTML-Datei befindet sich ein mit <div> angelegter Bereich, dessen Inhalt dynamisch verändert wird. Dabei erfolgt nicht nur eine Änderung seines eigentlichen Inhaltes sondern auch die Veränderung der in diesem Bereich verwendeten Formatangaben.

Beispiel:

Die Ausgabe des sich verändernden Textes erfolgt über den mit div angelegten Bereich mit der ID ticknews am Ende der HTML-Datei. Die Funktion showNews() sorgt für die Steuerung des Anzeigevorgangs. Der erste Aufruf der Funktion erfolgt unmittelbar nach dem Öffnen der HTML-Datei. Dazu wurde in der Definition des Body-Bereichs dem Ereignis onLoad der Name der Funktion übergeben. Der auszugebende Text selbst wird von der Array-Variablen news gespeichert und gleich zu Beginn der Funktion mit Hilfe des Wertes der Zählvariablen offset ermittelt.

Die in dem Array gespeicherten Textabschnitte wurden zusätzlich abwechselnd mit verschiedenen Formatangaben verknüpft, so daß der wechselnde Text mehr Aufmerksamkeit erregt. Nach der erfolgreichen Anzeige des Textes wird der Wert der Variablen offset erhöht und die Funktion showNews() mit einer Zeitverzögerung erneut aufgerufen.

Das Beispiel ist auf der CD zum Buch enthalten.

```
<!doctype html public "-//w3c//dtd html 4.0//en">
<html>
<head>
<title>Inhalte von Ebenen</title>
<script language="JavaScript">
var offset=0;
var style1="<a style='font-size:24pt; color:white;
    background-color:green'>";
var style2="<a style='font-size:24pt; color:black;
    background-color:white'>"
var news= new Array(style1+"Neuigkeit 1"+ "</a>",style2+
    "Neuigkeit 2"+ "</a>",style2+"Neuigkeit 3"+
    "</a>",style1+"Neuigkeit 4"+ "</a>");
function showNews()
    {var buf=news[offset];
    if(document.layers)
        {document.ticknews.document.open();
        document.ticknews.document.write(buf);
        document.ticknews.document.close();
    }
    else
    ticknews.innerHTML=buf;
offset++;
if(offset>news.length-1)
    offset=0;
setTimeout("showNews()",1000);
}
</script>
</head>
```

```
<body bgcolor="#ffffff" onload="showNews()">
  <div id="ticknews" style="position: absolute; top: 20;
left: 30;
    width:350"></div>
</body>
</html>
```

Abbildung 18.2: Jeder Text erscheint im neuen Layout

Bewegen von Ebenen

Neben dem Verändern des Inhalts von Ebenen steht häufig das Verschieben von Ebenen ganz oben auf der Wunschliste eines zukünftigen DHTML-Programmierers. Das Bewegen der Ebene an sich ist relativ einfach. Immerhin verfügt eine Ebene über die Eigenschaften top und left, mit denen die Position der Ebene innerhalb einer Webseite genau bestimmt werden kann. Die Art und Weise der Bewegung läßt sich ebenfalls relativ einfach steuern. Für eine waagerechte oder horizontale Bewegung brauchen Sie lediglich den Wert von top oder left zu erhöhen bzw. herunterzuzählen. Diesen Vorgang realisieren Sie dann innerhalb einer Schleife oder mit einer sich selbst aufrufenden Funktion. Um den zeitlichen Verlauf der Bewegung zu kontrollieren, können Sie z.B. die Methode setTimeout einsetzen.

Beispiel:

Im folgenden sehen Sie das Listing für eine Webseite, in der zwei Ebenen vorhanden sind. Im Script-Bereich erfolgt die Deklaration der Variablen _left und _start, welche die Startposition der bewegten Ebene aufnehmen.

Die Funktion move übernimmt das Verschieben der Ebene um jeweils die angegebene Sprungweite. Denken Sie unbedingt an die Angabe von width in der Deklaration der bewegten Ebene. Ohne dieses Attribut stellt der Internet Explorer eine Ebene immer über die gesamte Breite des zur Verfügung stehenden Fensters dar. Das führt beim Bewegen der Ebene zum Anzeigen eines horizontalen Rollbalkens am unteren Rand des Fensters. Am Ende der Funktion erfolgt deren erneuter Aufruf mit der Funktion setTimeout(), welche für einen zeitlich verzögerten Aufruf sorgt.

Das Beispiel ist auf der CD zum Buch enthalten.

```
<!doctype html public "-//w3c//dtd html 4.0//en">
<html>
<head>
<title>Ebenen</title>
</head>
<body>
    <div id="ebene1" style="position:absolute; font-
family:Impact;
    left:300; top:200; font-size:24pt; color:blue">
    Meine erste Ebene</div>
    <div id="ebene2" style="position:absolute; left:100;
top:210;
    width:200pt; font-size:24pt; color:green">
```

```
    Meine zweite Ebene </div>
</body>
<script language="JavaScript">
var _left=100;
var _diff=10;
move();
function move()
{
if (document.layers)
    document.ebene2.left=_left+_diff;
    else
    ebene2.style.left=_left+_diff;
    _left=_left+_diff;
    if(_left>600)
        _left=100;
    setTimeout ("move()",50);
}
</script>
</html>
```

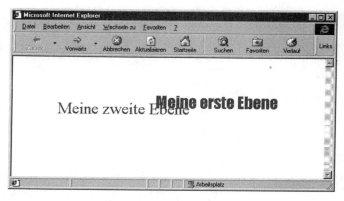

Abbildung 18.3: Und sie bewegt sich doch ...

Ermitteln der Koordinaten für Bewegungen

Das Bewegen von Ebenen stellt, wie Sie im vorherigen Abschnitt gesehen haben, im Prinzip kein Problem dar. Doch wie sieht es denn bei Bewegungen quer über den Bildschirm oder mit ungleichmäßigen Bewegungen aus? Nun, mit einigen mathematischen Formeln ausgerüstet dürfte auch das Ermitteln der benötigten Koordinaten kein Problem darstellen. Aber gerade bei ungleichmäßigen Bewegungen stoßen Sie auch damit schnell an Ihre Grenzen. Und die Angabe der Koordinaten der Bewegung gleicht einem einzigen Puzzle-Spiel. Also benötigen Sie eine Möglichkeit, die Koordinaten der gewünschten Bewegung zu ermitteln.

Im Abschnitt zu JavaScript finden Sie die Beschreibung der im Browser auswertbaren Ereignisse, unter anderem auch zahlreiche Mausereignisse. Da wäre doch ein kleines Programm denkbar, mit dem die Koordinaten einer Mausbewegung aufgezeichnet und anschließend zur Positionierung einer Ebene verwendet werden können. Das folgende Programm zeichnet die Bewegung des Mauszeigers über dem aktuellen Fenster auf und gibt diese anschließend in einem zweiten Fenster aus. Da die verwendeten Ereignisse in dieser Form nur beim Internet Explorer funktionieren, müssen Sie diesen zum nachvollziehen des Beispiels vorher installieren.

Beim Öffnen der HTML-Datei öffnen sich zwei Fenster. Über das Hauptfenster erfolgt das Bewegen des Mauszeigers, während im kleineren zweiten Fenster die ermittelten Koordinaten aufgezeichnet werden. Sobald über dem Hauptfenster die Maustaste betätigt wird, erfolgt das Aufzeichnen der Mauskoordinaten im zweiten Fenster. Beim erneuten Betätigen der Maustaste wird die Aufzeichnung eingestellt. Anschließend können Sie die aufgezeichneten Koordinaten kopieren und in Ihr Programm einfügen.

Beispiel:

Beim Öffnen der HTML-Datei sorgt der Aufruf der Funktion `FensterOeffnen()` für das Öffnen eines zweiten Fensters. In dieses Fenster erfolgt später die Ausgabe der Koordinaten. In der Funktion `Statuskontrolle()` wird bei jedem Betätigen der Maustaste in der

Variable _status abwechselnd der Wert true bzw. false gespeichert.
Mit Hilfe dieses programmierten Wechselschalters können Sie nun
die Ausgabe der Koordinaten durch das wechselweise Betätigen der
Maustaste ein- und ausschalten.

Das Beispiel ist auf der CD zum Buch enthalten

```
<!doctype html public "-//w3c//dtd html 4.0//en">
<html>
<head>
<title>Koordinaten ermitteln</title>
</head>
<script language="JavaScript">
var _status=false;
FensterOeffnen();
function FensterOeffnen()
   {window1=open("","Fenster1","width=200,height=200,
      menubar=yes,resizable=yes");
   window1.document.open();
   }
function Statuskontrolle()
   {if (window1.closed==true) FensterOeffnen();
   if (_status==false)
      _status=true;
      else
      {_status=false;
       window1.focus();
   }}
function PosErmitteln()
{  Pos = window.event.x + "," + window.event.y + ", ";
   if (_status==true)
   {window.status = Pos;
   window1.document.write(Pos+"<br>");
   return true;
   }}
</script>
<body onMousedown="Statuskontrolle()",
onMousemove="PosErmitteln()">
   <div id="ebene1" style="position:absolute; width:25pt;
```

```
left:300;
    top:200; font-size:24pt; color:white; background-
color:green">
    DHTML und JavaScript</div>
    <div id="ebene1" style="position:absolute; width:45pt;
left:400;
    top:400; font-size:24pt; color:yellow; background-
color:black">
    Objekte</div>
</body>
</html>
```

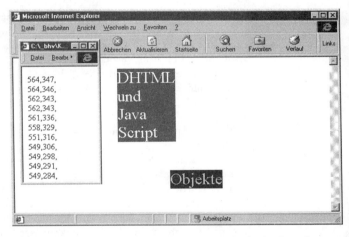

Abbildung 18.4: Das Hilfsprogramm zum Ermitteln der Koordinaten

Der Vorteil dieses kleinen Programms liegt nicht nur im leichten Ermitteln der Koordinaten für eine fließende Bewegung. Sie können vor allem in die HTML-Datei alle Elemente Ihrer zukünftigen Webseite einfügen und somit den benötigten Verlauf der Bewegung besser bestimmen.

Sie können den Code der Funktionen zum Ermitteln und Aufzeichnen der Koordinaten auch in einer externen JavaScript-Datei ablegen. Dann können Sie die zukünftige Webseite ohne störenden Code fertigstellen und später mit dem Einbinden der externen Datei die Koordinaten bestimmen.

Ebenen frei bewegen

Im letzten Abschnitt haben Sie gesehen, wie die Koordinaten zum Festlegen einer ungleichmäßigen Bewegung auf dem Bildschirm ermittelt werden. Das Verwenden dieser Koordinaten in einem Scriptprogramm beruht auf einem simplen Prinzip: Sie werden einfach in einem Array abgelegt, Schritt für Schritt ausgelesen und bei jedem dieser Schritte den beiden oberen linken Eckpunkten der zu bewegenden Ebene übergeben. Bei dem folgenden Beispiel sehen Sie lediglich den Scriptbereich. Auf der CD zum Buch finden Sie das vollständige Listing einer funktionsfähigen HTML-Datei.

Beispiel:

Um die Koordinaten in einem Array ablegen zu können, ist es zuerst notwendig, eine Referenz auf ein *Array*-Objekt zu erstellen. Anschließend können Sie die Koordinaten in der vorliegenden Form eintragen. Hier sehen Sie aus Platzgründen lediglich einen Teil der Werte des Arrays mit dem Name move1. Das schrittweise Auslesen der Werte aus dem Array erfolgt mit der anschließend deklarierten Variablen offset, deren Wert später mit jedem Aufruf der Funktion move erhöht wird. Innerhalb der Funktion wird dann der aktuelle Browser ermittelt. Die Übergabe der aktuellen Koordinate erfolgt mit move1[offset] und move1[offset+1], was jeweils einem Koordinatenpaar entspricht. Abschließend wird der Wert der Variablen offset erhöht und die Funktion mit Hilfe der Zeitfunktion setTimeout nach 50 Millisekunden erneut aufgerufen.

Das Beispiel ist auf der CD zum Buch enthalten.

```
<script language="JavaScript">
var movel=new Array
(
269,316,  268,314,  266,312,
266,312,  265,308,  260,298,
249,277,  ...);
var offset=0;
move();
function move()
{  if (document.layers)
      {document.ebene2.left=movel[offset];
       document.ebene2.top=movel[offset+1];
       }
       else
       {ebene2.style.left=movel[offset];
        ebene2.style.top=movel[offset+1];
        }
    offset=offset+2;
    if (offset<movel.length)
       setTimeout ("move()",50);
}
</script>
```

Damit wären Sie auf dem Weg zu einer bewegten Webseite schon ein ganzes Stück weitergekommen. Doch bis jetzt bewegt sich gerade mal eine Ebene und das ist nun wirklich nichts Besonderes. Richtig interessant wird es erst beim Bewegen mehrerer Ebenen. Das ist an sich kein Thema, bräuchten Sie doch nur für jede Ebene eine Funktion wie move() zu schreiben. Das funktioniert zwar auch, aber besonders anspruchsvoll ist das nun wirklich nicht. Viel besser wäre es, hier eine allgemeine Funktion zu schreiben, der mit Hilfe von Parametern die zu bewegenden Ebenen übergeben werden.

Mit der Programmierung für beide Browser werden Sie hier einen anderen Weg sehen. Statt nach der Unterscheidung des aktuellen Browser in der entsprechenden Syntax direkt auf eine Ebene zuzugreifen, speichern Sie eine Referenz auf die Ebene in einer Variablen (ebene_1). Mit dieser Variablen können Sie anschließend unabhängig vom aktuellen Browser auf die Ebene mit JavaScript zugreifen. Das hat den Vorteil, zukünftig auf die Überprüfung des Browsers verzichten zu können, da mit der Variablen ebene_1 bereits ein entsprechendes Objekt gespeichert wurde.

Beispiel:

```
if (document.layers)
    ebene_1=document.ebene1;
    else
    ebene_1=ebene1.style;
```

In dem folgenden Beispiel erfolgt das Bewegen von zwei Ebenen. Sie sehen hier lediglich den Scriptbereich. Im hier nicht sichtbaren Body-Bereich befinden sich die beiden Ebenen ebene1 und ebene2. Die Koordinaten der beiden Ebenen sind in zwei Arrays (move1, move2) abgelegt, deren Inhalt im Beispiel ebenfalls nur teilweise dargestellt wird. Auf der CD zum Buch finden Sie natürlich ein funktionsfähiges Beispiel vor. Die Unterscheidung der Browser findet in der Funktion Steuerung() statt, von wo aus anschließend die aus dem letzten Beispiel bekannte Funktion move() aufgerufen wird. Diese hat inzwischen ihren Umfang verloren, da sie mit dem Parameter ebene bereits eine Referenz auf das entsprechende Browserobjekt erhält. Zusätzlich erhält sie die beiden Parameter koord und offset, mit denen der Zugriff auf das entsprechende Array und die Koordinatenpaare ermöglicht wird.

Das Beispiel ist auf der CD zum Buch enthalten.

```
<script language="JavaScript">
var move1=new Array
    (269,316, 268,314, 266,312,
    266,312, 265,308, ...);
var move2=new Array
    (510,168, 508,168, 499,168,
    492,169, 479,172, ...);
```

```
var offset1=0;
var offset2=0;
var status=true;
if (document.layers)
      {ebene_1=document.ebene1;
       ebene_2=document.ebene2;
      }
      else
      {ebene_1=ebene1.style;
       ebene_2=ebene2.style;
      }
steuerung();
function steuerung()
{     status=false;
   if (offset1<move1.length)
      {move(ebene_1,move1,offset1)
       offset1=offset1+2;
      }
   if (offset2<move2.length)
      {move(ebene_2,move2,offset2)
       offset2=offset2+2;
      }
   if (status==true)
      setTimeout ("steuerung()",50);
}
function move(ebene,koord,offset)
{  ebene.left=koord[offset];
   ebene.top=koord[offset+1];
   status=true;
}
</script>
```

Abbildung 18.5: Langsam schweben die Ebenen ins Bild

Wenn eine Ebene erst nach und nach am Bildrand »einfliegen« soll, dann müssen Sie ihr negative Startwerte geben. Damit befindet sie sich anfangs außerhalb des sichtbaren Bildbereichs.

Aufbau einer Menüleiste

Interessieren Sie sich für DHTML? Dann landen Sie sicher früher oder später auf den Webseiten von Microsoft, wo zu diesem Thema ein eigener Bereich eingerichtet ist. Unter der Adresse *http:// msdn.microsoft.com/workshop/author* finden Sie interessante Beiträge und vor allem eine umfangreiche Dokumentation zum Einsatz von DHTML sowie viele Beispiele. Bereits auf der Seite zum *Web Workshop* stoßen Sie auf ein interessantes Feature zur Gliederung eines Projekts – die Rede ist hier von *Menüleisten*.

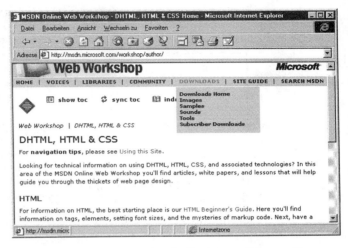

Abbildung 18.6: Eine Webseite, die Sie nicht versäumen sollten ...

In solchen Menüs können Sie nicht nur eine große Anzahl von Verweisen auf äußerst geringem Raum anordnen, sondern Sie sind auch in der Lage, die Verweise nach Themen zu gliedern. Sicher war der eine oder andere Besucher einer solchen Seite schon einmal so neugierig und hat einen Blick in den Quelltext gewagt. Dieses Experiment dürften viele abgebrochen und den Gedanken an das Erstellen eigener Menüleisten schnell wieder verworfen haben – der Code solcher Menüs ist für die meisten relativ schwer durchschaubar. Dabei dürfte es beim intensiveren Nachforschen doch gar nicht so schwer sein, eine eigene Menüleisten zu entwerfen. Immerhin haben Sie im letzten Abschnitt gelernt, mit Ebenen umzugehen – eine Menüleiste ist im Grunde genommen auch nichts anderes.

Für ein Menü benötigen Sie prinzipiell mindestens zwei Ebenen. Die erste Ebene stellt den Kopf des Menüs dar. Hier kann der Benutzer verschiedene Themen oder Kategorien auswählen. Nach dem Auswählen eines Eintrags sollte sich das Untermenü zu diesem Eintrag öffnen, welches mit der zweiten Ebene dargestellt wird. Mit jedem weiteren Untermenü benötigen Sie also eine weitere Ebene. Zum Anzeigen und Ausblenden einer Ebene wird diese einfach über eine entsprechende Eigenschaft versteckt bzw. wieder sichtbar gemacht, der Sprung zu einer anderen Seite nach dem Auswählen eines Eintrags wird mit Verweisen in jeder Ebene realisiert. So weit klingt das alles ja gar nicht so schwer. Doch das eigentliche Problem steht erst noch bevor: Welche Ereignisse sollen die Steuerung der Menüleisten übernehmen? Hier steht der Programmierer wieder zwischen zwei Stühlen, da der Netscape Navigator gerade die Mausereignisse recht stiefmütterlich behandelt. Um diese Ereignisse trotzdem verwenden zu können, ist es erforderlich, diese umzulenken und auf andere Weise zu kontrollieren. Das können Sie mit Hilfe der Methode captureEvents verwirklichen, die ein angegebenes Ereignis auf ein Fenster umlenkt und über das *Window*-Objekt die Kontrolle dieses Ereignisses ermöglicht. Im folgenden Beispiel sehen Sie, wie die Kontrolle des Ereignisses onmousedown dem aktuellen Fenster übergeben und mit seinem Auslösen die Funktion ausblenden aufgerufen wird.

```
if(document.layers)
   {window.captureEvents(Event.MOUSEDOWN);
    window.onmousedown=ausblenden;
    ...
```

Also: Die Menüleiste und die Untermenüs können mit Ebenen dargestellt werden. Das Öffnen und Schließen eines Untermenüs wird mit Mausereignissen gesteuert und das Anzeigen und Verbergen der Untermenüs mit den entsprechenden Eigenschaften der Ebenen.

Beispiel:

Im Body-Bereich sehen Sie drei mit div angelegte Bereiche mit den Namen menu1 und menu2. Die ersten beiden Bereiche sind aufgrund der *Style*-Angabe visibility:hidden für den Benutzer anfangs nicht sichtbar. Der dritte Bereich stellt den Menükopf dar, während die beiden versteckten Bereiche die zu öffnenden Untermenüs darstellen. Der Menükopf enthält zwei mit JavaScript angelegte Verweise, die bei ihrer Aktivierung die Funktion einblenden aufrufen. Der Funktion wird als Parameter der Name des anzuzeigenden Bereichs übergeben. Nach dem Aufruf der Funktion einblenden wird dieser Name zugleich in der Variablen openmenu gespeichert. Der gespeicherte Name findet später als Übergabeparameter beim Aufruf der Funktion zum Schließen des aktuell angezeigten Bereichs Verwendung. Das Anzeigen und Verstecken eines Bereichs mit der Methode visibility erfordert wieder einmal eine Unterscheidung der beiden Browser, da beide unterschiedliche Parameter erwarten. Und das umgelenkte Ereignis onmousedown? Dessen Aufruf erfolgt, sobald Sie irgendwo innerhalb des aktuellen Fensters die Maustaste betätigen, wodurch anschließend das Menü wieder geschlossen wird.

Mit diesem Beispiel verfügen Sie über ein beliebig erweiterungsfähiges Grundgerüst für ein aufklappbares Menü. Die weitere Gestaltung mit Schriftarten und Farben sowie das Hinzufügen weiterer Menüfelder erfordert jetzt nur einen geringen Arbeitsaufwand.

Das Beispiel ist auf der CD zum Buch enthalten.

```
<!doctype html public "-//w3c//dtd html 4.0//en">
<html>
<head>
<title>Menue</title>
</head>
<script language="JavaScript">
var openmenu="menu1";
if(document.layers)
    {window.captureEvents(Event.MOUSEDOWN);
     window.onmousedown=ausblenden;
    } else
    {document.onmousedown=ausblenden;
    }
```

```
function einblenden(param)
{   openmenu=param;
    if (document.layers)
    document.layers[openmenu].visibility = "show";
    else
    document.all[openmenu].style.visibility = "visible";
}
function ausblenden()
{   if (document.layers)
    document.layers[openmenu].visibility = "hide";
    else
    document.all[openmenu].style.visibility = "hidden";
}
</script>
<style type="text/css">
</style>
</head>
<body>
<div id="menu1" style="width:93 px; position: absolute;
    visibility: hidden;
    left: 10px; top: 40px">
    <a href="Seite5.htm">Thema 5</a> <br>
    ...
</div>
<div id="menu2" style=" width:93 px; position: absolute;
    visibility: hidden; left: 105px">
    <a href="Seite1.htm">Thema 1</a> <br>
    ...
</div>
<div style="background-color:rgb(232,219,108); width:190 px">
    <a href="javascript:einblenden('menu1')">Men&uuml;spalte
1</a>
    <a href="javascript:einblenden('menu2')">Men&uuml;spalte
2</a>
</div>
</body>
</html>
```

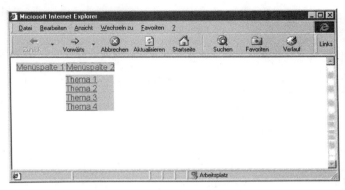

Abbildung 18.7: Das Menü im Internet Explorer

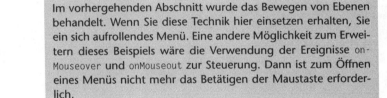

Im vorhergehenden Abschnitt wurde das Bewegen von Ebenen behandelt. Wenn Sie diese Technik hier einsetzen erhalten, Sie ein sich aufrollendes Menü. Eine andere Möglichkeit zum Erweitern dieses Beispiels wäre die Verwendung der Ereignisse onMouseover und onMouseout zur Steuerung. Dann ist zum Öffnen eines Menüs nicht mehr das Betätigen der Maustaste erforderlich.

KAPITEL

XML – Ein Ausblick

Im Anschluß an HTML finden Sie hier einen Ausblick auf XML.

19

XML – Ein Ausblick

Wenn Sie auf die Geschichte von HTML zurückblicken, werden Sie feststellen, daß hier eine stetige Weiterentwicklung zu beobachten ist. Seit einiger Zeit werden Anstrengungen für eine Erweiterung von HTML unternommen. Dabei geht es in erster Linie darum, eine neue Plattform zur Aufnahme von Daten zu schaffen. Das Ergebnis dieser Arbeit wurde 1997 unter dem Namen XML der Öffentlichkeit vorgestellt.

Entstehung und Ursprung von XML

Ende 1997 wurde die Version 1.0 der XML-Spezifikation vom W3C zu einem offiziellen Standard erklärt. Entwickelt wurde XML von einer XML-Arbeitsgruppe, die 1996 unter der Schirmherrschaft des World Wide Web Consortium (W3C) gegründet wurde.

Dabei ist zu erwähnen, daß XML nicht der Nachfolger von HTML sein soll. XML ist die Abkürzung von *EXtensible Markup Language*. Es ist eine Beschreibung einer Klasse von Datenobjekten. Diese XML-Dokumente beschreiben die Programme, die zur Webseiten-Gestaltung verwendet werden. Einfach gesagt: Es werden neue Befehle hinzugefügt, die in HTML noch nicht enthalten sind. XML ist in eingeschränkter Form in SGML, der *Standard Generalized Markup Language*, enthalten. Daher wird derjenige, dem SGML vertraut ist, mit XML keine Probleme haben, da XML zum Teil in SGML enthalten ist.

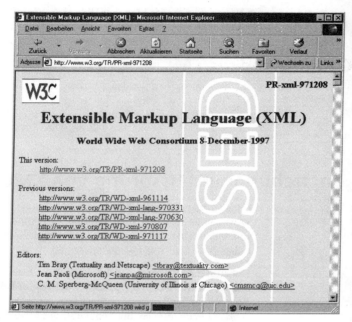

Abbildung 19.1: Die Sprache XML wurde im Dezember 1997 vom W3C im Web vorgestellt

Anforderungen an XML

Die erste Anforderung, die die Entwickler von XML stellten, war, daß diese neu geschaffene Websprache so einfach wie möglich zu handhaben sein sollte. Die neuen Tags sollten einfach zu programmieren sein. Diese Forderung hatte zur Folge, daß Dokumente, die in XML verfaßt sind, leicht verständlich sind. Natürlich sollte XML von möglichst vielen Browsern und Anwendungen unterstützt werden. Nur durch eine breite Unterstützung der Sprache XML ist auch deren Verbreitung gesichert. Geht man nun davon aus, daß

SGML bei den Entwicklern von Webseiten bekannt ist, dürfte auch XML regen Zuspruch erhalten.

Grundlagen zu XML

Im Gegensatz zu HTML, das über einen festen Befehlssatz verfügt, können Sie in XML eigene Elemente und Attribute definieren. XML-Dokumente werden, wie bei HTML, als reines Textdokument erstellt – allerdings mit der Endung *.xml*. Bereits jetzt zeichnet sich jedoch ein großes Manko bei der Arbeit mit XML ab: Beim Betrachten einer XML-Datei sind Sie auf einen XML-fähigen Browser angewiesen. Die Browser der neuesten Generation, also z.B. der IE 5.0, sind dazu selbstverständlich in der Lage. Auch wenn in naher Zukunft alle Browser über diese Fähigkeiten verfügen werden, so bleiben doch den Benutzern von älteren Browsern diese neuen Möglichkeiten verwehrt. Hier hilft dann nur noch das regelmäßige Update auf die jeweils neueste Technologie.

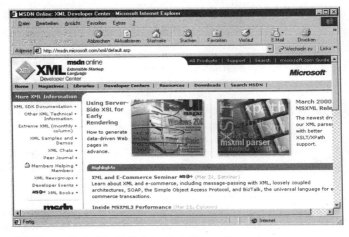

Abbildung 19.2: Die XML-Seite von Microsoft

Ein einfaches Beispiel

Ein einfaches praktisches Beispiel soll als Einleitung in dieses Kapitel dienen.

Hinweis: Dieses und die folgenden Beispiele dieses Kapitels finden Sie ausnahmsweise nicht auf der Buch-CD, sondern auf unserer Homepage unter *www.bhv.net*.

Beispiel:

Sie sehen die Ausgabe eines kleinen Textes.

```
<?xml version="1.0" ?>
  <test>Das ist XML!</test>
```

Das zu erwartende Ergebnis können Sie in der folgenden Abbildung betrachten. Die Darstellung der Datei erfolgt dort im Internet Explorer 5.0. Doch Sie werden Ihren Augen kaum trauen – außer dem Text wird auch noch ein Teil des Quellcodes dargestellt! Hier wird klar, was es mit XML auf sich hat: XML ist nicht geeignet, um Daten *darzustellen* – vielmehr besteht seine Aufgabe darin, Daten zu *strukturieren*. Wie das geht, wird in diesem Abschnitt ausführlich erläutert.

Doch um eines vorwegzunehmen: Die Spezifikation zu XML ist sehr umfangreich. Noch immer wird nicht alles, was darin vorgesehen ist, auch so umgesetzt. Dieses Kapitel soll keine lückenlose Dokumentation zu XML darstellen, sondern einen Überblick über die bestehenden und zu erwartenden Möglichkeiten der Verbindung von HTML und XML geben.

XML soll die Daten nicht ausgeben, sondern es wird einge-setzt, um Daten zu strukturieren. Die Anzeige der Daten er-folgt dann mit Hilfe einer weiteren Programmiersprache wie z.B. HTML, JavaScript oder ASP.

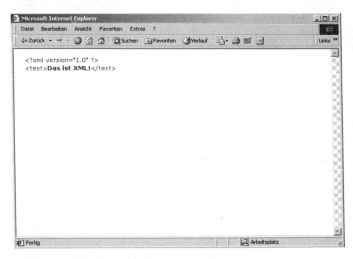

Abbildung 19.3: Eine einfache XML-Datei

Der Aufbau der XML-Datei gestaltet sich etwas einfacher, als Sie es von HTML her gewohnt sind. In der ersten Zeile befindet sich der sogenannte *Prolog*, in dem die Angabe der verwendeten XML-Version erfolgt. Der Prolog wird stets mit einem Fragezeichen be-gonnen und beendet. Alle Buchstaben der Tags werden klein ge-schrieben.

Zusätzlich kann der Prolog noch weitere Angaben enthalten.

Angabe	Beschreibung
version="..."	Versionsbezeichnung
standalone="yes|no"	Standalone-Deklaration
encode="..."	Kodierungs-Deklaration

Tabelle 19.1: Die Angaben des Prologs

Mit der Angabe der Standalone-Deklaration teilen Sie dem Browser mit, ob er noch weitere DTD-Untermengen außerhalb des Dokuments suchen soll. Mit der Angabe der Kodierungs-Deklaration übergeben Sie die verwendete Zeichenkodierung. Diese beiden Angaben sind optional und nur bei entsprechender Verwendung notwendig.

Die DTD

Innerhalb der *DTD (Dokument Typ Deklaration)* erfolgt die Definition der im Dokument verwendeten Tags. Im ersten Augenblick mag sich diese Vorschrift als Nachteil erweisen. Andererseits zwingt sie zu einer sehr geordneten Arbeitsweise, was den hochgesteckten Ansprüchen von XML entgegenkommt. Es ist unter anderem möglich, DTDs in separaten Dateien abzulegen. In diesem Fall spricht man von einer DTD-Untermenge. Mit der DTD wird zusätzlich angegeben, wo sich die DTD-Untermenge befindet. Gerade bei umfangreicheren Anwendungen erweist sich dieses Vorgehen als sehr sinnvoll, da durch den Umfang der DTD das Ganze sonst sehr schnell unübersichtlich werden kann.

Interne und externe DTDs

Es besteht die Möglichkeit, die DTD, welche die Markup-Deklarationen enthält, in einer separaten Datei abzulegen. Warum diese

Möglichkeit durchaus in Betracht gezogen werden sollte? Ganz einfach – in der DTD erfolgt, wie gesagt, die Definition der im Dokument verwendeten Elemente. Je größer nun der Umfang des Dokuments wird, desto unübersichtlicher kann sein Gesamterscheinungsbild während der Bearbeitung werden. Mit dem Auslagern der DTD verringert sich fürs erste der Umfang des zu bearbeitenden Dokuments.

Davon abgesehen können Sie auch mehrere DTDs definieren, also *interne* und *externe DTDs*. Beim Vorhandensein mehrerer Deklarationen wird dann immer zuerst die interne eingelesen. Im Fall einer Mehrfachdeklaration ist zudem immer die Deklaration gültig, die als erste eingelesen wurde.

In dem folgenden Beispiel wird davon ausgegangen, daß sich die DTD mit dem Namen *Bibliothek* in der externen Datei *extern.dtd* befindet.

Beispiel:

```
<?xml version="1.0" standalone="no" ?>
<!DOCTYPE bibliothek SYSTEM "extern.dtd">
<Bibliothek>
  <Daten>
    <Titel>Allgemeines Programmierbuch</Titel>
    <Autor>Hans Meier</Autor>
    <Auflage>10000</Auflage>
  </Daten>
</Bibliothek>
```

Die Angabe der externen DTD erfolgt folgendermaßen: Zuerst wird nach dem Schlüsselwort DOCTYPE der Name der DTD angegeben. Anschließend folgt ein weiteres Schlüsselwort, mit dem der Geltungsbereich der DTD festgelegt wird. In unserem Beispiel findet das Schlüsselwort SYSTEM Verwendung. Damit wird festgelegt, daß die verwendete DTD nur für diese Webseite Gültigkeit besitzt.

Wenn Sie statt dessen eine öffentlich zugängliche DTD verwenden wollen, setzen Sie das Schlüsselwort PUBLIC ein.

Anschließend erfolgt die Angabe des Namens der Datei, welche die DTD enthält.

In diesem Beispiel sah die Definition der DTD folgendermaßen aus:

```
<!doctype Bibliothek system "extern.dtd">
```

Hier wird also eine externe DTD eingesetzt, die nicht öffentlich ist und den Namen *Bibliothek* trägt. Die DTD befindet sich in der Datei mit dem Namen *extern.dtd*.

Der Aufbau der externen DTD sieht dann folgendermaßen aus:

```
<!ELEMENT bibliothek (Daten)>
   <!ELEMENT Daten (Titel, Autor, Auflage)>
   <!ELEMENT Titel (#PCDATA)>
   <!ELEMENT Autor (#PCDATA)>
   <!ELEMENT Auflage (#PCDATA)>
```

Schlüsselwort	Beschreibung
doctype	Eröffnet die DTD-Referenz
system	Die DTD gilt nur für diese Webseite
public	Die DTD ist auch anderen Webseiten zugänglich

Tabelle 19.2: Die Schlüsselwörter zur DTD-Referenzierung

Ob nun eine interne oder eine externe DTD eingelesen werden soll, entscheidet sich bei der Verwendung des Attributs standalone. Bei der Übergabe des Werts no sucht der Browser nach einer externen DTD und liest diese dann ein. Im anderen Fall, also bei der Verwendung des Werts yes, wird nur die interne DTD gelesen.

Die externe DTD wird auf die gleiche Weise erstellt wie eine interne DTD. Der einzige Unterschied ist der, daß hier das Tag `<!doctype>` fehlt.

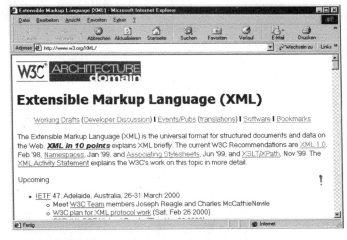

Abbildung 19.4: Die XML-Seite des W3C

Pfadangaben bei externen DTDs

Bei der Verwendung von externen DTDs steht es Ihnen frei, diese in einem beliebigen Pfad abzulegen. Sie können sie im selben Verzeichnis, in einem Verzeichnis irgendwo innerhalb des Projekts oder auch im WWW ablegen. Am einfachsten ist sicherlich die Verwendung desselben Verzeichnisses. Bei der Wahl eines anderen Verzeichnisses besteht die Gefahr, daß bei einer Verschiebung oder Änderung des aktuellen Verzeichnisses bei der Aktualisierung der

Pfadangabe Fehler unterlaufen. Bei der Verwendung eines Verzeichnisses im WWW lauern noch ganz andere Gefahren. Davon abgesehen, daß sich hier eine Pfadangabe ebenso schnell ändern kann, ist das Projekt immer von einer funktionierenden Verbindung zu dem anderen Webserver abhängig. Wie sich Ihr Dokument dem Besucher präsentiert, wenn die DTD aufgrund einer schlechten Verbindung einmal nicht geladen werden kann, ist sicher leicht vorstellbar.

✔ Die DTD befindet sich im selben Verzeichnis:

```
<!doctype bibliothek system "extern.dtd">
```

✔ Die DTD befindet sich innerhalb eines Verzeichnisbaums:

```
<!doctype bibliothek system "e:/inetpub/wwwroot/projekt/extern.dtd">
```

✔ Die DTD befindet sich im WWW:

```
<!doctype bibliothek system "www/projekt/extern.dtd">
```

Elemente

Jetzt kommt endlich der Moment, in dem einer der Vorteile von XML gegenüber HTML sichtbar wird. Denn während Sie in HTML an eine feste Menge vorgegebener Tags gebunden sind, können Sie in XML eigene Tags – sogenannte *Elemente* – selbst definieren. Die Definition eines Elements erfolgt im Abschnitt von DOCTYPE und beginnt immer mit <!ELEMENT. Anschließend folgen der Name des Elements und der Inhaltstyp.

> Achtung! Eine besondere Eigenart von XML ist die, daß es innerhalb einer Elementdefinition immer nur ein *Wurzelelement* geben kann. Alle anschließend definierten Elemente sind immer *Unterelemente* des Wurzelelements.

Aus dem obigen Hinweis folgt logischerweise, daß das Wurzelelement die übrigen Elemente wie ein Container aufnimmt. Diese Vorgehensweise ist Ihnen bereits von HTML bekannt – und zwar durch das Tag <html></html>. Während diese Vorschrift in HTML, je nach verwendetem Browser, relativ locker gehandhabt werden konnte, geht XML hier wesentlich strenger vor.

Beispiel:

In dem folgenden Beispiel wird ein Wurzelelement mit dem Namen *Wurzel* definiert und anschließend ein Unterelement. Die Anzeige des Unterelements erfolgt innerhalb des Wurzelelements. Diese Art der Anzeige wird auch als *Verschachtelung* bezeichnet.

```
<?xml version="1.0"?>
<!DOCTYPE hallo [
    <!ELEMENT Wurzel (MEININHALT)>
    <!ELEMENT MEININHALT (#PCDATA)>
]>
<Wurzel>
<MEININHALT>Das ist ein untergeordnetes Tag</MEININHALT>
</Wurzel>
```

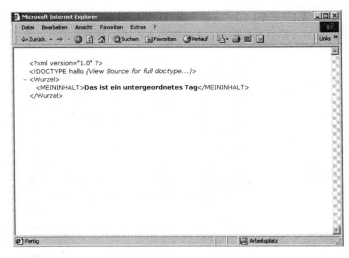

Abbildung 19.5: Unterelemente in XML

Inhaltstypen von Elementen

In dem obigen Beispiel wurde als Inhaltstyp des neuen Elements der Ausdruck #PCDATA angegeben. Dieser Ausdruck steht für *Parced Character Data* und bedeutet, daß damit deklarierte Inhalte vom Browser bei der Ausführung überprüft werden. Wird bei der Überprüfung ein Fehler festgestellt, erfolgt die Ausgabe einer Fehlermeldung.

Alternativ dazu können Sie auch eigene Inhaltstypen definieren – deren Überprüfung entfällt dann logischerweise.

Attribute

Bereits in HTML werden *Attribute* verwendet, um Tags auf ihren speziellen Einsatzzweck einzustellen. So legen Sie z.B. mit <table></table> eine Tabelle an, und mit dem zusätzlichen Attribut <table border="1"></table> versehen Sie die Tabelle mit einem Rahmen.

In XML besteht diese Möglichkeit selbstverständlich auch. Allerdings müssen Sie hier einige Besonderheiten beachten. In HTML greifen Sie auf eine bestimmte Anzahl von vordefinierten Attributen mit ihren entsprechenden Eigenschaften zurück. In XML können Sie jedem Element eine Anzahl von Attributen mit entsprechenden Eigenschaften zuweisen. Und damit die Zuordnung der Attribute zu den Elementen auch eindeutig ist, werden die Attribute innerhalb der Definition der Elemente deklariert.

Beispiel:

In dem Beispiel erfolgt die Definition des Elements Telefon und die Definition des dazugehörigen Attributs typ mit den Werten privat und arbeit.

```
<!DOCTYPE hallo [
  <!ELEMENT Telefon (#PCDATA)
  <!ATTLIST Telefon typ (privat|arbeit) #REQUIERED>
]
```

Mit der Verwendung der im obigen Beispiel deklarierten Attribute ist es nun möglich, dem Element Telefon bestimmte Eigenschaften zuzuweisen, in diesem Fall die Werte privat oder arbeit.

Die Einleitung der Definition eines Attributs erfolgt mit <!ATT-LIST>, gefolgt von dem Namen des dazugehörigen Elements, dem Namen des Attributs und anschließend dem Namen seiner möglichen Werte. Dabei können Sie durchaus auch eine größere Anzahl von Werten angeben, Sie brauchen diese lediglich mit dem Zeichen | trennen.

Kommentare

Auch nach längerem Nachdenken fällt mir keine moderne Programmiersprache ein, in der keinerlei Möglichkeit zum Einsatz von *Kommentaren* gegeben ist. In XML erfolgt das Einfügen von Kommentaren auf die gleiche Weise wie in HTML. Dabei wird der Kommentar mit einer öffnenden spitzen Klammer, einem Ausrufezeichen und zwei Mittelstrichen eingeleitet. Anschließend folgt Ihr Text und zum Abschluß zwei Mittelstriche und eine schließende spitze Klammer. An diese Syntax müssen Sie sich unbedingt halten – andernfalls versucht der Browser, den Kommentar als Befehl zu interpretieren, was bei XML unweigerlich mit einer Fehlermeldung quittiert wird.

Namensregeln

Bevor Sie sich nun in die Arbeit stürzen und zu den eben behandelten Abschnitten verschiedene Beispiele ausprobieren, ist es angebracht, noch einen Blick auf die Regeln zur Namensgebung in XML zu werfen. Egal, ob Sie einen Namen für Elemente, Attribute oder für Entities vergeben wollen, hier gelten immer die gleichen Regeln.

Ein Name muss in XML immer mit einem Buchstaben oder einem Unterstrich beginnen. Ab der zweiten Stelle des Namens dürfen dann auch Zahlen, Kommas, Punkte, Bindestriche oder Unterstriche vorkommen. Alle anderen Zeichen sind generell nicht erlaubt, auch keine Leerzeichen.

Anwendungsbeispiel: eine Datenbank

Bereits zu Beginn des Kapitels wurde klargestellt, daß XML-Daten nicht darstellen, sondern strukturieren soll. Um diesen Anspruch und den Inhalt der letzten Abschnitte anschaulich in einem Beispiel wiederzugeben, eignet sich am besten eine kleine Datenbank wie z.B. eine Adreßdatenbank. Hier werden lediglich einige Kontaktinformationen in der Datenbank gespeichert. Schließlich soll es sich nur um ein kleines Beispiel handeln. Dabei werden folgende Felder verwendet:

- Vorname

- Nachname

- Telefon

Für jedes dieser Felder wird nun innerhalb der DTD ein eigenes Tag definiert. Wie im Abschnitt zur Definition von Elementen bereits behandelt wurde, kann innerhalb der DTD nur ein Wurzelelement vorhanden sein. Alle anderen Elemente stellen Unterelemente des Wurzelelements dar. Deshalb erfolgt hier die Definition des Wurzelelements Kontakte, das später alle weiteren Elemente als Unterelemente verwalten wird. Dazu werden im Anschluß an das Wurzelelement die Unterelemente innerhalb einer Klammer, getrennt durch Kommas, nacheinander aufgezählt (<!ELEMENT Kontakte (Vorname, Nachname, Telefon)>). Anschließend erfolgt die Definition der Unterelemente. Die Unterelemente werden so definiert, daß sie später als Inhalt alle normalen Zeichenfolgen enthalten können (`<!ELEMENT Vorname (#PCDATA)>`).

Beispiel:

```
<?xml version="1.0"?>
<!DOCTYPE Kontakte [
    <!ELEMENT Kontakte (Vorname, Nachname, Telefon)>
    <!ELEMENT Vorname (#PCDATA)>
    <!ELEMENT Nachname (#PCDATA)>
    <!ELEMENT Telefon (#PCDATA)>
]>
<Kontakte>
    <Vorname>Max</Vorname>
    <Nachname>Meier</Nachname>
    <Telefon>235874</Telefon>
</Kontakte>
```

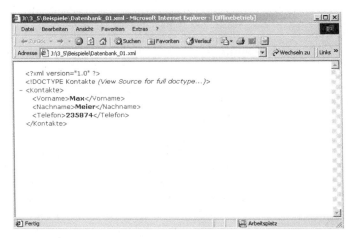

Abbildung 19.6: Eine Datenbank mit XML

Mehrfache Verwendung von Elementen

Das vorhergehende Beispiel zeigt, wie die Daten einer kleinen Datenbank mit XML strukturiert werden können. Es beschränkt sich jedoch auf die Strukturierung nur eines Datensatzes – was allerdings nicht sehr praxisnah ist. Doch damit wurde immerhin ein Grundgerüst geschaffen, um weitere Datensätze aufnehmen zu können. Dazu ist jedoch noch ein kleiner Eingriff in die DTD notwendig.

Als erstes wird das Wurzelelement Kontakte um das Unterelement Datensatz erweitert. Das + hinter dem Unterelement Datensatz besagt, daß dieses Unterelement anschließend wiederholt vorkommen darf. Dann erfolgt die Definition des Unterelements Datensatz mit all seinen möglichen Inhalten. Während der Aufzählung der Datensätze im Dokument werden diese dann einmalig von dem Wurzelelement Kontakte eingefaßt sowie jeder einzelne Datensatz von dem Unterelement Datensatz.

Beispiel:

```
<?xml version="1.0"?>
<!DOCTYPE Kontakte [
    <!ELEMENT Kontakte (Datensatz)+>
    <!ELEMENT Datensatz (Vorname, Nachname, Telefon)>
    <!ELEMENT Vorname (#PCDATA)>
    <!ELEMENT Nachname (#PCDATA)>
    <!ELEMENT Telefon (#PCDATA)>
]>
<Kontakte>
    <Datensatz>
        <Vorname>Max</Vorname>
        <Nachname>Meier</Nachname>
        <Telefon>235874</Telefon>
    </Datensatz>
    <Datensatz>
        <Vorname>Hans</Vorname>
```

```
<Nachname>Maler</Nachname>
<Telefon>222568</Telefon>
</Datensatz>
</Kontakte>
```

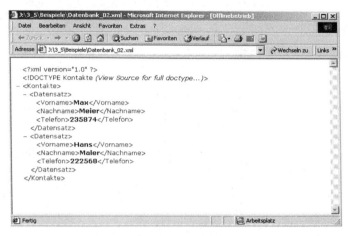

Abbildung 19.7: Mehrere Datensätze mit XML

In dem obigen Beispiel sehen Sie die mehrfache Verwendung von Elementen für eine Reihe von Datensätzen. Dies dürfte die besondere Eignung von XML zur Strukturierung von Datenfeldern zur späteren Darstellung in Webdokumenten veranschaulichen. Ein weiteres praktisches Beispiel ist der Einsatz von XML zur Strukturierung von gegliederten Dokumenten. Das können z.b. Briefe oder Bestellungen sein, die in den Briefkopf und den Briefkörper unterteilt sind. Dabei ist zu beachten, daß die verschiedenen Abschnitte des zu strukturierenden Dokuments auch zu verschiedenen Zwecken verwendet werden, also unterschiedliche Anforderungen in bezug auf deren Wiederverwendung bestehen.

Beispiel:

In dem folgenden Beispiel werden die Erkenntnisse aus den vorherigen Beispielen miteinander verbunden. Hier wird zuerst das Wurzelelement Bestellung definiert, das die beiden Unterelemente Kopf und Daten enthält. Diesen beiden Unterelementen sind wieder weitere Unterelemente zugeordnet. In dem Beispiel können Sie die strenge Gliederung der Elemente anhand der Einrückungen in der DTD erkennen.

Außerdem ist die Verwendung der beiden Unterelemente deutlich sichtbar. Während das Unterelement Kopf in jedem Dokument nur einmal benötigt wird, ist die Verwendung des Unterelements Daten mehrmals vorgesehen. Dies erkennen Sie an dem + am Ende der Deklaration des Unterelements.

```xml
<?xml version="1.0"?>
<!DOCTYPE Bestellung [
    <!ELEMENT Bestellung (Kopf, Daten)>
        <!ELEMENT Kopf (Name, Telefon)>
            <!ELEMENT Name (#PCDATA)>
            <!ELEMENT Telefon (#PCDATA)>
        <!ELEMENT Daten (Position)+>
            <!ELEMENT Position (Artikel, Anzahl)>
            <!ELEMENT Artikel (#PCDATA)>
            <!ELEMENT Anzahl (#PCDATA)>
]>
<Bestellung>
  <Kopf>
    <Name>Meier</Name>
    <Telefon>235874</Telefon>
  </Kopf>

  <Position>
    <Artikel>Reifen</Artikel>
    <Anzahl>5</Anzahl>
  </Position>
```

```
<Position>
    <Artikel>Felgen</Artikel>
    <Anzahl>3</Anzahl>
</Position>
</Bestellung>
```

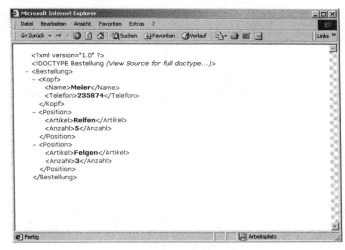

Abbildung 19.8: Eine komplett strukturierte Bestellung mit XML

Die Verwendung von Tags beschränken

In den letzten drei Beispielen wurden die Anwendungsmöglichkeiten zum Strukturieren von Daten zur späteren Verwendung im Web ausreichend demonstriert. Sicher wird Ihnen aufgefallen sein, daß die Datensätze jeweils sehr klein gehalten wurden, also jeweils nur die notwendigsten Tags definiert wurden. Bei richtigen Datenbanken werden dagegen wesentlich mehr Tags zum Darstellen der Daten benötigt. Was aber, wenn eine entsprechend hohe Anzahl von Tags definiert wurde, aber nur einige davon benötigt werden? Da XML sehr streng formuliert ist, liegt die Vermutung nahe, daß es nicht möglich ist, die nicht benötigten Tags einfach wegzulassen. Um hier eine mögliche Fehlermeldung von vornherein auszuschließen, ist es also notwendig, die Tags, die nicht unbedingt verwendet werden, bereits in ihrer Definition entsprechend zu kennzeichnen. Dazu werden die entsprechenden Tags einfach mit einem Fragezeichen versehen.

Beispiel:

In dem folgenden Beispiel werden zwei Tags mit Fragezeichen deklariert. Damit wird festgelegt, daß diese Tags nicht verwendet werden dürfen. Dabei ist es unerheblich, ob nach einer Definition eines Tags mit Fragezeichen ein weiteres Tag folgt oder nicht. Die Reihenfolge der Definition ist hier unwichtig.

```
<!ELEMENT Kopf (Vorname, Nachname, Ort, Strasse?, Telefon,
Fax?)>
```

Entities

Entities sind Ihnen bereits aus HTML bekannt. Hier werden allerdings Entities um eine neue Eigenschaft erweitert. Und Sie können jetzt auch eigene Entities definieren. Unter Entities versteht man ganz allgemein Abkürzungen für verschiedene Zeichen oder auch für Textabschnitte. Der Grund für die Schaffung von Entities war der, daß in den Anfangszeiten von HTML die Browser verschiedene Sonderzeichen nicht interpretieren konnten. Statt dessen wurden diese Sonderzeichen mit den sogenannten Entities umschrieben.

Entity	Beschreibung
<	öffnende spitze Klammer
>	schließende spitze Klammer
&	kaufmännisches Und
'	Hochkomma
"	Anführungszeichen

Tabelle 19.3: Entities und ihre Bedeutung

Statt der vorgefertigten Entities können Sie allerdings auch eigene Entities schaffen. Damit sind wir bei einer der besonders interessanten Eigenschaften von XML angelangt. Statt nur ein Entity für ein bestimmtes Zeichen einzuführen, können Sie auch ein Entity für einen Textabschnitt deklarieren. Damit können Sie auf die wiederholte Angabe von häufig vorkommenden Texten verzichten, statt dessen geben Sie einfach das dafür angelegte Entity an. Statt auf einen Text können Sie auch auf eine Datei oder eine Grafik verweisen – gegenüber den Möglichkeiten in HTML ist dies ein echter Fortschritt.

Beispiel:

In diesem Beispiel wurde ein Entity definiert, das den Namen eines Shops enthält. Gerade in Preislisten oder in Seiten zur Präsentation eines Shops kann dies eine erhebliche Arbeitserleichterung mit sich bringen.

```
<?xml version="1.0"?>
<!DOCTYPE hallo [
 <!ELEMENT Text (#PCDATA)>
 <!ENTITY abk "ABC Computershop">
]>
```

```
<Text>
    Hier sehen Sie ein Angebot des &abk; aus Hamburg
</Text>
```

Abbildung 19.9: Erkennen Sie das Entity?

XML ausgeben

In den vorangegangenen Abschnitten stand die Strukturierung von Daten im Vordergrund – zur *Ausgabe* der Daten erwies sich XML als denkbar ungeeignet. Doch das ist ja bekanntermaßen auch nicht seine Aufgabe. Um die mit XML strukturierten Daten dann auszugeben, können Sie z.b. auf HTML, CSS, JavaScript oder auch VB-Script zurückgreifen. Des weiteren besteht noch die Möglichkeit der Ausgabe und Formatierung von XML-Daten mit Hilfe von

XSL. Doch wie bei XML besteht XSL zu weiten Teilen aus Absichtserklärungen und Plänen – auch hier soll in naher Zukunft der Schritt zum endgültigen Standard vollzogen werden. XSL ist im Gegensatz zu XML wesentlich umfangreicher und erfordert ein intensives Einarbeiten. Deshalb soll diese Möglichkeit hier keine weitere Beachtung finden. Ganz davon abgesehen, daß das W3C zur Anzeige der Daten eher zu CSS tendiert.

XML und CSS

Um dem Thema dieses Abschnitts folgen zu können, sind zumindest Grundkenntnisse in CSS (*Cascading Style Sheets*) unabdingbar. Wer sich vorab noch einmal über CSS informieren möchte, kann dies in einem der vorhergehenden Kapitel des Buchs tun. Aufgrund der Funktionsweise von CSS kann damit XML in denkbar einfachster Weise ausgegeben werden, dieser Weg ist also dafür sehr geeignet.

Beispiel:

Zur Anzeige der Daten mittels CSS müssen Sie zuerst einmal eine CSS-Datei erstellen, in der die benötigten Formatierungen enthalten sind. In unserem kleinen Beispiel erfolgt lediglich die Definition eines Formats mit dem Namen Ausgabe.

```
Ausgabe
{
font-family:Verdana;
font-size: 20pt;
color:blue;
}
```

Anschließend erstellen Sie die XML-Datei, in der die CSS-Datei eingebunden wird. Dies erfolgt in der zweiten Zeile. Der größte Teil der Deklaration wird Ihnen bestimmt vom Arbeiten mit CSS her vertraut vorkommen; hier wird unter anderem auf die externe CSS-Datei verwiesen.

```
<?xml-stylesheet href="formate.css" type="text/css"?>
```

In diesem Beispiel wird davon ausgegangen, daß sich diese Datei im gleichen Pfad befindet wie die XML-Datei. Anschließend erfolgt die Definition des Elements Ausgabe. Nun wird es interessant: Dieser Name wurde bereits in der CSS-Datei für das neue Format gewählt. Der Browser erkennt nun bei der Interpretation der XML-Datei die Referenz auf die externe CSS-Datei und verwendet das dort definierte Format zur Darstellung des Textes.

```
<?xml version="1.0"?>
<?xml-stylesheet href="formate.css" type="text/css"?>
<!DOCTYPE hallo [
    <!ELEMENT Ausgabe (#PCDATA)>
]>
<Ausgabe>Dieser Text wurde mit CSS formatiert</Ausgabe>
```

Abbildung 19.10: Die Ausgabe von XML-Daten mit CSS

XML und HTML

Neben der Ausgabe von XML mittels CSS besteht auch die Möglichkeit, HTML zu verwenden. Dabei findet folgendes Prinzip Anwendung: Beim Verbinden von XML und HTML wird nicht der XML-Code innerhalb einer HTML-Datei ausgegeben, sondern vielmehr erhält der HTML-Code einen Bereich innerhalb der XML-Datei. Dieser Bereich wird *Namensraum* genannt. Innerhalb dieses Bereichs kann dann der enthaltene HTML-Code ausgeführt werden.

Beispiel:

In dem folgenden Beispiel wird nach der Referenz auf die externe CSS-Datei ein Namensraum für den HTML-Bereich eingerichtet.

```
<Text xmlns:html="http://www.w3.org">
```

Innerhalb dieses Bereichs kann der HTML-Code ausgeführt werden.

```
<?xml version="1.0"?>
<?xml-stylesheet href="formate.css" type="text/css"?>
<Text xmlns:html="http://www.w3.org">
    <Ausgabe>Das ist noch CSS</Ausgabe>
    <html:h1>HTML in XML</html:h1>
</Text>
```

Abbildung 19.11: HTML und CSS in einer XML-Datei

Namensräume und XML

Nun wird es Sie sicher interessieren, was es denn eigentlich mit dem sogenannten *Namensraum* auf sich hat. Ihm liegen die strengen Notationsregeln für XML zugrunde. Hier ist eindeutig vorgegeben, daß es nur ein Wurzelelement und ansonsten nur Unterelemente dieses Wurzelelements geben darf. Daß die Elemente über eigenständige Namen, die sich nicht wiederholen dürfen, verfügen müssen, ist auch kein Problem – bei der Vergabe der Namen können Sie, bis auf einige Einschränkungen, frei entscheiden.

Mit dem gleichzeitigen Verwenden der Namen von HTML-Tags wird es dagegen schon schwieriger. Jetzt müssen Sie schon darauf achten, daß es zu keinen Namenskonflikten kommt. Dazu müssen Sie den Browser noch informieren, wann und vor allem wo er mit der Interpretation der entsprechenden Tags beginnen soll.

Um all diese Probleme zu bewältigen, werden die HTML-Tags innerhalb des oben erwähnten Namensraums angewendet. Mit der Definition des Namensraums wird ein abgeschlossener Bereich erstellt, innerhalb dessen der Browser eine entsprechende Interpretation der Tags vornehmen kann.

Die Definition des Namensraums erfolgt folgendermaßen:

```
<Text xmlns:html="http://www.w3.org">
...
</Text>
```

Hier ist mit Text ein Wurzelelement definiert, das um ein Attribut erweitert wird. Dieses Attribut heißt xmlns und steht für den Begriff *XML Namespace*. Anschließend folgt mit einem Doppelpunkt die URL des W3C. Innerhalb dieses Namensraums können Sie nun die HTML-Tags aufführen – doch nicht in der bisher von HTML gewohnten Weise, sondern mit dem anfangs definierten Namen html, gefolgt von einem Doppelpunkt und dem eigentlichen HTML-Tag (<html:h1>...</html:h1>). Damit erfolgt die unmittelbare und eindeutige Verbindung des HTML-Tags mit dem definierten Namensraum; der Browser ist in der Lage, das Tag entsprechend zu erkennen und zu interpretieren.

Anwendungsmöglichkeiten für HTML

Den Einsatzmöglichkeiten für HTML sind prinzipiell keine Grenzen gesetzt. Sie können auf die oben beschriebene Art und Weise alle vorhandenen HTML-Tags einsetzen. Bedenken Sie aber, daß diese letztendlich immer noch vom Browser interpretiert werden und die von HTML her bekannten teilweise unterschiedlichen Interpretationen der verschiedenen Browser auch hier vorkommen.

Beispiel:

In dem folgenden Beispiel sehen Sie eine XML-Datei, die neben einer mit CSS formatierten Überschrift mehrere mit HTML formatierte Elemente enthält.

```
<?xml version="1.0"?>
<?xml-stylesheet href="formate.css" type="text/css"?>
<Text xmlns:html="http://www.w3.org">
   <Ausgabe>Einige Beispiele mit HTML</Ausgabe>
   <html:br/>
   <html:table border="1">
        <html:tr><html:td>
        <html:img src="printer_01.gif" />
      </html:td></html:tr>
        <html:tr><html:td>
        <html:b>Unser besonderes Angebot</html:b>
      </html:td></html:tr>
   </html:table>
   <html:br/>
   <html:a href="http://www.w3.org">
      http://www.w3.org</html:a>
   <html:br/>
   <html:font face="verdana" size="3">Auch Verdana ist
      kein Problem</html:font>
</Text>
```

Abbildung 19.12: Ein umfangreicheres Beispiel für HTML in XML

Dateninseln – XML in HTML

Bei der bisher beschriebenen Vorgehensweise wurden HTML-Tags innerhalb von XML-Dateien eingesetzt. Selbstverständlich existiert auch ein Weg in die andere Richtung – und zwar der Einsatz von XML in HTML-Dateien. Dazu wird innerhalb der HTML-Datei eine sogenannte *Dateninsel* erzeugt. Innerhalb dieser Dateninsel wird dann der XML-Code definiert.

In dem folgenden Beispiel sehen Sie die einfache Einbindung einer Dateninsel. Dies erfolgt mit dem Tag `<xml></xml>`, dem mit dem Attribut `id` eine eindeutige Kennung zugewiesen wird. Innerhalb der Dateninsel befindet sich dann der XML-Code.

Doch leider steht auch hier wieder einmal der Wunsch nach einem zukünftigen Standard im Vordergrund – die Realität sieht dagegen ganz anders aus. Während der Netscape Navigator den Code wie gewünscht interpretiert, ignoriert der Internet Explorer den XML-Code.

```html
<html>
<head>
<title>Dateninsel</title>
</head>
<body>
<h1>Dateninseln in HTML</h1>
<xml id="test">
  <Ausgabe>
    <Text>Das ist XML</Text>
  </Ausgabe>
</xml>
</body>
```

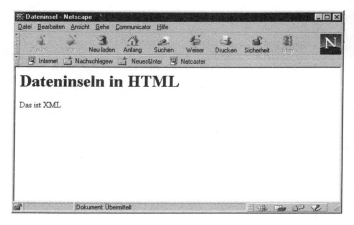

Abbildung 19.13: Die Anzeige einer Dateninsel im Netscape Navigator

Links zur XML-Version 1.0

Die deutsche Dokumentation zu XML

Da die offizielle Dokumentation von XML nur in englischer Sprache vorliegt, ist es gut zu wissen, daß es eine Übersetzung ins Deutsche bereits gibt. Hier finden Sie alles, was Sie über die neue Websprache wissen müssen. Die URL lautet:

http://www.mintert.com/xml/trans/REC-xml-19980210-de.html

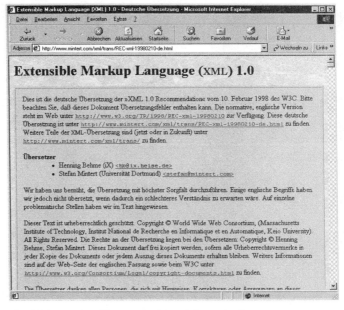

Abbildung 19.14: Übersetzung der Dokumentation von XML

Jumbo, ein XML-Browser

Einer der ersten Browser, die XML unterstützen, ist Jumbo. Dieser Browser wurde in Java programmiert. Die URL für diesen Browser ist:

http://ala.vsms.nottingham.ac.uk/vsms/java/jumbo

Der Vorteil dieses Browsers ist, daß er sowohl alleine als auch mit dem Internet Explorer und dem Netscape Navigator zusammenarbeiten kann.

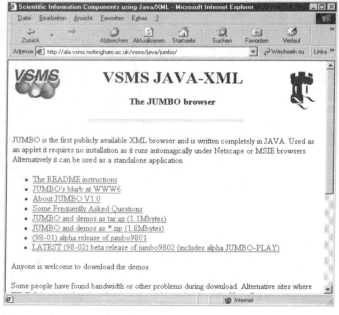

Abbildung 19.15: Die Webseite des Browsers Jumbo

Microsoft und XML

Auch Microsoft hat sich der neuen Websprache XML angenommen. Auf der offiziellen Webseite zu XML von Microsoft finden Sie neben allgemeinen Daten zu XML auch Demos, Verweise zu anderen XML-Links und technische Hintergrundinformationen. Die URL zu dieser Seite ist:

http://msdn.microsoft.com/xml/c-frame.htm#/xml/default.asp

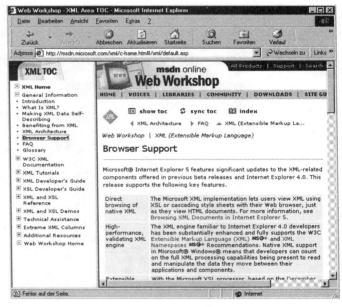

Abbildung 19.16: Die Microsoft-Seite zu XML

SGML, die Ursprache von XML

Auf der Seite von Thomas Hofmann und Ursula Raitelhuber finden Sie eine Einführung in SGML. Auch die Verbindung von XML zu SGML wird besprochen. Es werden einige Beispiele gezeigt und beschrieben. Eine Seite, die für XML-Interessierte zu empfehlen ist. Die URL lautet:

http://www.sgml.de/

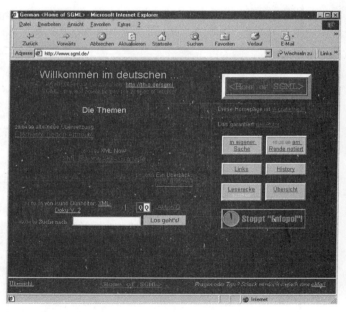

Abbildung 19.17: Webseite zu SGML

Ausblick auf XHTML

KAPITEL

Wie zu erwarten war, erfährt auch HTML eine tiefgreifende Überarbeitung. Dabei soll HTML allerdings nicht einfach nur verändert, sondern um neue Eigenschaften erweitert werden. Das Ergebnis heißt allerdings nicht HTML 5, sondern XHTML.

20

Ausblick auf XHTML

Von HTML zu XHTML

Angefangen hatte alles 1991, als HTML 1.0 das Licht der Welt erblickte. Mit dieser Version von HTML wurde eine Auszeichnungssprache geschaffen, um Webdokumente auf einem Rechner in übersichtlicher Form darzustellen. Damals galt die Darstellung von Überschriften, Absätzen, Listen und Grafiken als großer Fortschritt, doch schnell wurde deutlich, daß sich dieser Zustand bald ändern würde.

Leider erst 1995 wurde der nächste Standard verabschiedet, und zwar HTML 2.0. Mit der zwischenzeitlichen Entwicklung von verschiedenen Browsern, in denen die jeweiligen Firmen auch ihre eigenen Vorstellungen von der Darstellung von Webdokumenten integrierten, war dann das Chaos perfekt. Daran änderte auch die Verabschiedung des nächsten Standards, HTML 3.0, nichts.

Doch inzwischen wurden in HTML weitere Stilelemente wie z.B. Tabellen integriert. Mit der rasanten Entwicklung des WWW und der stetig steigenden Usergemeinde des Internets stiegen auch die Ansprüche an die Funktionalität von Webdokumenten. 1998 entstand dann die letzte Version von HTML – HTML 4.0. Inzwischen haben neben Institutionen und privaten Anwendern auch kommerzielle Anwender das Internet als Plattform entdeckt. Mit der Erschaffung von virtuellen Kaufhäusern und der kommerziellen Vermarktung von Informationen hat sich die Nutzung von HTML von der Darstellung von Daten zur Basis für grafische Oberflächen gewandelt – seine ursprüngliche Aufgabe trat zunehmend in den Hintergrund. Dazu kommen immer komplexere Datenstrukturen, die mit HTML allein ohnehin schwer handhabbar sind.

Bald zeichnete sich ab, daß in der Zukunft die Darstellung von Daten mit Nicht-Desktop-Systemen wie Handys und Handheld-PCs, die aber nicht über die Leistungsfähigkeit eines PCs verfügen, notwendig werden würde. Somit wurde eine neue Möglichkeit zur Strukturierung von Daten benötigt. Bereits 1996 wurden die ersten Arbeitsgruppen gegründet, die sich mit dieser Problematik auseinandersetzen sollten.

Als Ergebnis dieser Arbeit wurde 1998 XML vorgestellt. Mit XML wurde ein universelles Datenformat zur Beschreibung, zum Austausch und zur Manipulation von Datenbeständen geschaffen. Doch das allein reichte nicht – nun wurde noch eine Sprache zur Darstellung der beschriebenen Daten benötigt, denn mit HTML allein sind diese Aufgaben nicht zu lösen.

Als Konsequenz daraus wurde mit XHTML eine Verbindung von XML und HTML geschaffen und im Frühjahr 2000 mit der Version XHTML 1.0 verabschiedet. Wer nun von der ersten XHTML-Version bahnbrechende Neuerungen erwartet, wird mit Sicherheit enttäuscht sein. In erster Linie besteht das neue XHTML aus Plänen und Vorschlägen – ansonsten wurde größtenteils das bisherige HTML überarbeitet und mit einigen neuen und vor allem strengen Regelungen auf die kommenden XHTML-Versionen vorbereitet.

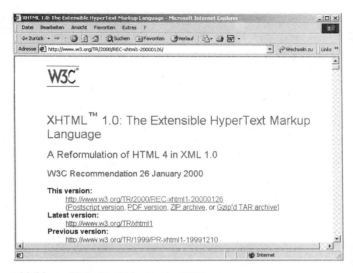

Abbildung 20.1: Die Webseite des W3C

Neuerungen in XHTML

Mit XHTML wird HTML in einigen grundlegenden Punkten überarbeitet. Im Prinzip geht es dabei in erster Linie um eine exaktere Auszeichnung. Da jedoch feststeht, daß HTML in seiner bisherigen Form nicht weiterentwikkelt wird, legen diese Punkte den Grundstein für das weitere Arbeiten mit XHTML. Im Folgenden finden Sie die wichtigsten Neuerungen gegenüber HTML.

✔ Alle Dokumente müssen *wohlgeformt* sein. Das bedeutet, daß die Regeln von XHTML exakt eingehalten werden müssen. So ist es z.B. zwingend notwendig, alle Tags abzuschließen.

HTML: `<p>`

XHTML: `<p>...<p/>`

✔ Alle Elemente müssen *klein geschrieben* werden. Während dies bei HTML bisher unerheblich war, wird in der Zukunft streng zwischen Groß- und Kleinschreibung unterschieden. XML nimmt bereits eine Überprüfung der Schreibweise vor.

HTML: `<FONT>...</FONT>`

XHTML: `<font>...<font/>`

✔ Alle sogenannten *leeren Elemente* müssen zwingend *geschlossen* werden.

HTML: `<img src="bild.gif" >`

XHTML: `<img src="bild.gif" />`

✔ Attributwerte müssen ab sofort mit *Anführungszeichen* markiert werden. Dies ist bei numerischen Angaben ebenso notwendig wie bei der Angabe von Ausdrücken.

HTML: `<TABLE BORDER=1>`

XHTML: `<table border="1">`, `<font face="Arial">`

✔ Die bisher bei HTML mögliche *Überlappung* von Elementen muß vermieden werden. Bei der Definition von Tags muß also das zuletzt definierte Tag als erstes wieder geschlossen werden, anschließend das als vorletztes definierte Tag usw.

HTML: `<p><b>...<p><b>`

XHTML: `<p><b>...</b></p>`

   ✔ *Style Sheets* und *Skripten*, bei denen die Zeichen &, < oder >
auftauchen, werden wie in dem folgenden Beispiel ausgeklammert. Laut Empfehlung vom W3C sollen derartige Style Sheets
und/oder Skripten in externe Dateien ausgelagert werden.

Beispiel:
```
<script>
<![CDATA[
... unescaped script content ...
]]>
</script>
```

   ✔ *Formatierungen* sollen ausschließlich über *Style Sheets* vorgenommen werden, aus diesem Grund wurden einige Tags aus
HTML entfernt.

Aufteilung in Module

XHTML soll in *Module* aufteilbar sein. Dieser Punkt existiert momentan nur in der Form von Plänen – doch hier ist wirklich eine
große Neuerung zu erwarten. Mit der Aufteilung von XHTML in
Module kann sich der Entwickler sein Projekt aus den gerade benötigten Komponenten selbst zusammenstellen. Diese Module sollen
schon in der Version 1.1 verfügbar sein.

Basis-Module

Die Basis-Module werden benötigt zum Aufbau einer XHTML-konformen DTD.

Modul	Beschreibung
Struktur-Modul	Hier sind die grundlegenden Module zum Aufbau eines Dokuments enthalten Elemente: body, head, html, title
Basis Text-Modul	Dieses Modul enthält die meisten einfachen Elemente Elemente: br, div, h1, h2, h3, h4, h5, h6, p, pre, span
Hypertext-Modul	Unterstützt Elemente zur Definition von Hypertext-Links Elemente: a
Listen-Modul	Unterstützt – wie der Name schon sagt – Elemente zum Aufbau von Listen Elemente: dl, dt, dd, ol, ul, li
Applet-Modul	Unterstützt Elemente zum Aufbau einer Referenz auf externe Applikationen Elemente: applet, param

Tabelle 20.1: Basis-Module

Erweiterte Module

Modul	Beschreibung
Basic Fomular-Modul	Unterstützt auf HTML 3.3 basierende Formulare, bedeutend für die Abwärtskompatibilität Elemente: form, input, select, option, textarea
Formular-Modul	Unterstützt alle auf HTML 4.0 basierenden Formulare Elemente: form, input, select, option, textarea, button, fieldset, label, legend, optgroup

Modul	Beschreibung
Basic Tabellen-Modul	Unterstützt relevante Elemente für Tabellen in beschränkter Form Elemente: `caption`, `table`, `td`, `th`, `tr`
Tabellen-Modul	Unterstützt alle Elemente für Tabellen Elemente: `table`, `td`, `th`, `tr`, `col`, `colgroup`, `tbody`, `thead`, `tfoot`
Image-Modul	Unterstützt das Einbetten von Grafiken Elemente: `img`
Image Map-Modul	Unterstützt das Einbinden einer Image Map Elemente: `a&`, `area`, `img&`, `map`, `object&`
Frame-Modul	Unterstützt alle Elemente für Frames Elemente: `frameset`, `frame`, `noframe`, `a&`, `area&`
Scripting-Modul	Definiert Elemente, die weitere Informationen zum Ausführen von Skriptsprachen enthalten Elemente: `noscript`, `script`
Style Sheet-Module	Enthält Elemente zur Ausführung von Style Sheets Elemente: `style`
Link-Modul	Enthält Module zur Definition von Verweisen auf externe Ressourcen Elemente: `link`

Tabelle 20.2: Weitere Module für XHTML

Die beiden Tabellen sollen einen Vorgeschmack auf die Zukunft von XHTML geben; die Implementierung der Module ist derzeit noch in der Entwicklung – und mit ihrer offiziellen Verabschiedung ist noch lange nichts darüber gesagt, wie sie sich durchsetzen wird.

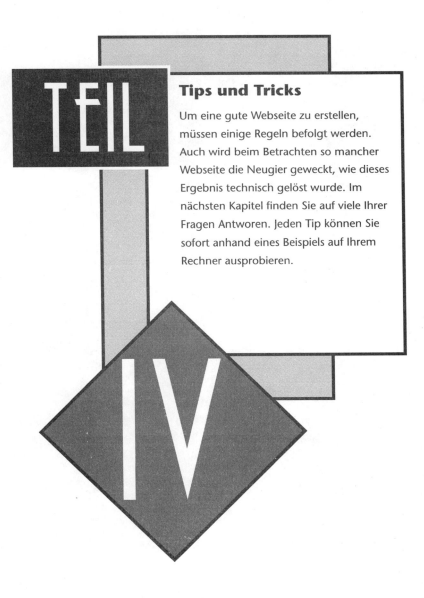

TEIL

Tips und Tricks

Um eine gute Webseite zu erstellen, müssen einige Regeln befolgt werden. Auch wird beim Betrachten so mancher Webseite die Neugier geweckt, wie dieses Ergebnis technisch gelöst wurde. Im nächsten Kapitel finden Sie auf viele Ihrer Fragen Antworen. Jeden Tip können Sie sofort anhand eines Beispiels auf Ihrem Rechner ausprobieren.

IV

KAPITEL

Regeln und Tips für eine gelungene Webseite

Wie bei allen Dingen des Lebens gibt es auch bei der Webseitengestaltung einige Regeln zu beachten. Was Sie beachten sollen und welche Fehler vermieden werden können, erfahren Sie im folgenden Kapitel.

21

Regeln und Tips für eine gelungene Webseite

Der Titel Ihrer Seite sollte aussagekräftig sein

In dem Titel Ihrer Webseite sollte aussagekräftig und kurz erläutert werden, worum es sich handelt. Wenn die Seite dann als Bookmark abgespeichert wird, weiß der Benutzer genau, was ihn erwartet. Der Titel gibt schon an, in welcher Qualität die Seite geschrieben wurde. Nichtssagende Texte wie »Meine tolle Homepage« lösen beim Betrachter nur Rätselraten über den Inhalt der Seite aus. Auch manche Suchmaschinen verwenden den Titel als Suchkriterium. Je aussagekräftiger Ihre Homepage ist, um so öfter werden Sie in den Suchmaschinen gefunden.

Wählen Sie also den Titel für Ihre Webseite sorgfältig aus. Im Titel einer Webseite sollte genau beschrieben werden, worum es geht. Die Beschreibung sollte allerdings so kurz wie möglich gehalten werden, denn es passen nur eine begrenzte Anzahl an Buchstaben in die Titelleiste eines Browsers.

Machen Sie Ihre Webseite im WWW bekannt

Um Ihre Webseite im Internet bekannt zu machen, lassen Sie sich bei einer Suchmaschine registrieren. Da jede Suchmaschine Internetseiten nach verschiedenen Kriterien einstuft, sollten Sie die Stellen, die für die Suchmaschinen relevant sind, sorgfältig auswählen. Zur Steuerung der Suchmaschinen wird das `<meta>`-Tag verwendet. Unter diesem HTML-Tag speichern Sie jene Kennwörter ab, die den Inhalt Ihrer Homepage charakterisieren. Benutzen Sie die gleichen Stichwörter nicht zu oft. Das erhöht zwar die Trefferqoute der Suchmaschine und Ihre Seite wird bei einer Suche weiter nach vorne gestellt, falls Sie aber ein Schlüsselwort zu häufig verwenden, werden Sie aus der Datenbank der Suchmaschine geworfen.

Wählen Sie treffende Kennwörter für Ihre Homepage aus, damit Sie im WWW gefunden werden. Gehen Sie die Suche von verschiedenen Richtungen an, und geben Sie hierfür auch unterschiedliche Begriffe an.

Beispiel eines <meta>-Tag der Startseite von dem Provider *Online Dienst Nordbayern*:

```
<meta name=keywords content="ODN ODN ODN ODN ODN ODN ODN ODN
ODN ODN ODN ODN internet internet internet internet internet
internet internet internet internet internet internet internet
internet internet">
<meta name=keywords content="ODN ODN ODN ODN ODN ODN ODN ODN
ODN ODN ODN ODN internet internet internet internet internet
internet internet internet internet internet internet internet
internet internet">
<meta name=keywords content="ODN ODN ODN ODN ODN ODN ODN ODN
ODN ODN ODN ODN internet internet internet internet internet
internet internet internet internet internet internet internet
internet internet">
<meta name=keywords content="ODN ODN ODN ODN ODN ODN ODN ODN
ODN ODN ODN ODN internet internet internet internet internet
internet internet internet internet internet internet internet
internet internet">
<meta name=keywords content="provider provider provider
provider provider provider provider provider provider provider
provider provider">
<meta name=keywords content="Nuernberg Nürnberg Nuernberg
Nürnberg Nuernberg Nürnberg Nuernberg Nürnberg Nuernberg
Nürnberg Nuernberg Nürnberg Nuernberg Nürnberg Nuernberg
Nürnberg Nuernberg Nürnberg Nuernberg Nürnberg Nuernberg
Nürnberg">
<meta name=keywords content="Online Dienst Nordbayern Online
Dienst Nordbayern Online Dienst Nordbayern Online Dienst
Nordbayern Online Dienst Nordbayern Online Dienst Nordbayern
Online Dienst Nordbayern Online Dienst Nordbayern Online
Dienst Nordbayern Online Dienst Nordbayern">
```

Sie sehen, wie oft der gleiche Name in den `<meta>`-Tag geschrieben wird, um bei Suchmaschinen an einem der ersten Plätze zu stehen, wenn nach einem dieser Begriffe gesucht wird.

Erstellen Sie ein Konzept

Bevor Sie mit der eigentlichen Programmierarbeit Ihrer Webseite beginnen, müssen Sie sich zuerst über einige Punkte im klaren sein. Am besten sammeln Sie zuerst Material über das Thema Ihrer Webseite. Dabei sind Bilder, Texte, Logos, Werbesprüche usw. von großem Nutzen und erleichtern das spätere Entwerfen der Seite erheblich.

✔ Was wollen Sie mit Ihrer Seite bezwecken (z.B. Informationen weitergeben, Produkte anpreisen)?

✔ Welche Surfer (Kunden) soll Ihre Webseite ansprechen?

✔ Wieviel Speicherplatz stellt Ihnen Ihr Internetprovider zur Verfügung?

✔ Wie oft muß Ihre Seite aktualisiert werden?

✔ Welche technischen Mittel haben Sie zur Erstellung Ihrer Seite zur Verfügung?

✔ Welche Grafiken wollen Sie darstellen?

✔ Welche Verweise auf andere Seiten sollen enthalten sein?

✔ Welche Scriptsprachen wollen Sie einsetzen?

Programmieren Sie nicht einfach drauf los, erstellen Sie ein Konzept. Gehen Sie wie bei einem Hausbau vor, und fangen Sie mit dem Plan an.

Inspirieren Sie sich durch Surfen im WWW

Falls es Ihnen an Ideen für die Gestaltung Ihrer Webseite fehlt, benutzen Sie das Internet für Vorschläge und Anregungen. Dort werden Sie von schlechten Seiten abgeschreckt und können von guten Seiten profitieren. Bemühen Sie Suchmaschinen, um die für Sie interessanten Themen im WWW herauszufiltern. Sie werden erstaunt sein, was man so alles im Internet findet. Für jedes erdenkliche Thema wird eine Unmenge an Seiten angeboten.

Der Trick ist einfach, aber effizient: Surfen Sie soviel Sie können. Die damit erlangte Erfahrung läßt Sie manchen Fehler vermeiden, und Ihre Homepagegestaltung profitiert von den guten Ideen und Anregungen, die Sie im Internet finden werden.

Dies ist eine unübersichtliche Startseite mit zu langem Ladevorgang und bewegtem Bild. Die Darstellung des Videos gelingt nicht mal dem Internet Explorer 5.0 auf Anhieb. Es wird die Meldung ausgegeben, daß zur korrekten Anzeige dieser Seite ein weiterer Programmteil des Internet Explorers installiert werden muß (siehe Abbildung 21.1).

Gute Startseite, die schnell geladen wird (Porsche, na klar) und den Betrachter sofort auf die einzelnen Rubriken hinweist. Hier wurde gezeigt, wie mit kleinen Grafiken eine Inhaltsseite gestaltet wurde. Zum besseren Verständnis sind die Links, zu denen die Grafiken verweisen, mit Text hinterlegt (siehe Abbildung 21.2).

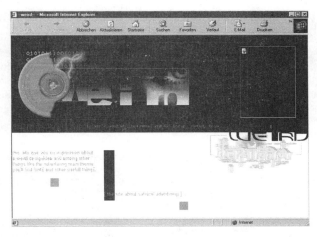

Abbildung 21.1: Unübersichtliche Startseite

Abbildung 21.2: Gute Startseite die schnell geladen wird (Porsche na klar) und den Betrachter sofort auf die einzelnen Rubriken hinweist

Entwerfen Sie ein Navigationskonzept für Ihre Webseiten

Mit der Anzahl Ihrer Webseiten verschwindet die Übersichtlichkeit für den Betrachter. Eine klare Navigation entscheidet daher darüber, ob sich ein Besucher auf Ihren Webseiten zurechtfindet. Es sollte möglich sein, von jeder Seite aus alle anderen Seiten Ihrer Webseiten zu besuchen. Dies verwirklichen Sie am besten in einem eigenen Frame für die Navigation.

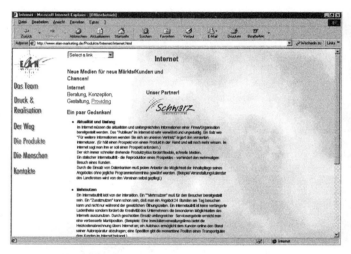

Abbildung 21.3: Es ist möglich, von jeder Seite aus alle anderen Seiten der Webseiten zu besuchen

Gestalten Sie Ihre Webseite so, daß jeder Surfer zu allen Ihren Seiten gelotst wird. Dieses Inhaltsverzeichnis sollte sich auf jeder Seite Ihrer Homepage widerfinden, um ein Anwählen eines jeden Punkts immer zu gewährleisten. Auch kann der Betrachter der Homepage die darauffolgenden Seiten immer wieder zur gesamten Homepage zuordnen. Würde jede Seite eine komplett neue Gestaltung aufweisen, ist schlecht nachvollziehbar, ob man nun noch auf der gleichen Homepage ist, oder mittlerweile auf einer anderen Seite gelandet ist.

Inhaltsseiten bei großen Seitenzahlen anbieten

Wenn Ihre Webseite eine umfangreiche Zahl an Seiten oder verschiedene Rubriken enthält, verschafft man dem Besucher einen Überblick anhand einer Inhaltsseite. Hier kann man den Surfer mit kurzen Beschreibungen auf die gesuchte Seite oder Rubrik lotsen. Natürlich sollte man von jeder einzelnen Seite schnell wieder auf die Inhaltsangabe aller Seiten gelangen, um so nicht wertvolle Onlinezeit zu verschwenden.

Wird Ihre Webseite zu unübersichtlich, fügen Sie eine Seite mit dem Überblick über die einzelnen Themen und Rubriken ein. Von dieser Inhaltsseite aus kann natürlich auf alle Seiten zugegriffen werden. Durch Listenfelder kann eine große Anzahl an Wörtern (Seiten) auf engstem Raum zur Auswahl angeboten werden.

Als gutes Beispiel für ein Inhaltsverzeichnis einer Homepage kann man sich die Microsoft- Homepage zu Gemüte führen. Hier ist es immer möglich, jede Rubrik der Homepage sofort anzusteuern, ohne daß man erst umständlich über andere Seiten zum Ziel geführt wird.

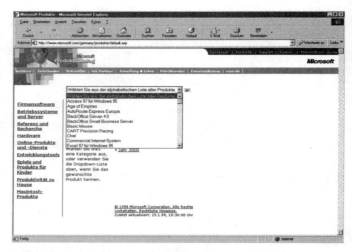

Abbildung 21.4: Homepage von Microsoft mit vorbildlichem Inhaltsverzeichnis

Geben Sie allen Ihren Seiten das gleiche Design

Besteht Ihre Webseite aus mehreren Einzelseiten, sollten alle im gleichen Design aufgebaut werden. Dies gelingt Ihnen z.B. mit einem Frame zur Navigation (der auf der linken Seite aufgebaut ist), gleichem Hintergrund und wiederkehrenden Symbolen. Dadurch fühlt sich ein Besucher Ihrer Webseite besser zurecht, und Ihre Firmensymbole oder -logos prägen sich besser bei ihm ein.

Lassen Sie dem Betrachter Ihre Webseite mit wiederkehrendem Design als Ganzes erscheinen und nicht als Flickwerk einzelner Seiten. Durch gleiche Logos und wiederkehrenden Hintergrund prägt sich eine Homepage beim Benutzer ein.

Die Seiten von MSN NBC sind alle gut entworfen. Auf der linken Seite befindet sich die Inhaltsangabe und in der linken Ecke befindet sich das Logo. Diese Gestaltung befindet sich auf allen Seiten. So wird einem Benutzer dieser Seiten das Logo eingeprägt, und er hat von jeder Seite der Homepage aus Zugriff auf alle anderen Seiten.

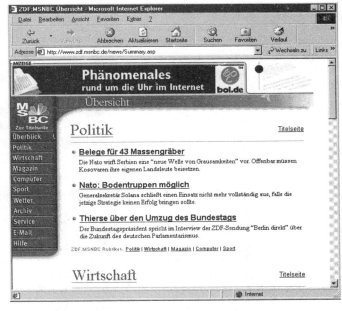

Abbildung 21.5: Die Webseiten von ZDF MSNBC sind gut aufgebaut.

»Under Construction« vermeiden

Wenn auf Ihrer ersten Seite nach dem Logo gleich ein Baustellen-schild plaziert ist, spiegelt das nicht Ihren Arbeitswillen wider, son-dern verärgert nur den Besucher. Webseiten, die ständig komplett geändert werden, schrecken jeden Betrachter ab, und er wird diese Seiten meiden. Falls eine Rubrik noch nicht fertig ist, lassen Sie sie komplett weg. Kündigen Sie nur kurz an, was und in welcher Zeit etwas hier zu finden sein wird.

Nur fertige Seiten haben etwas im WWW zu suchen. Lieber ist die Seite ein paar Tage nicht up-to-date, bevor tagelang eine Baustelle zu bewundern ist.

Abbildung 21.6: Solche Seiten sollten Sie nicht im Internet anbieten

Nicht zu viele Frames verwenden

Wenn Ihr Startbildschirm vor Frames schon aus allen Nähten platzt, ist dies nicht besonders schön, sondern führt zu Unübersichtlichkeit. Um den Besucher durch Ihre Webseiten zu navigieren, stellen Sie ihm links ein Frame zur Navigation zur Verfügung. Plazieren Sie noch ein Frame für die eigentliche Darstellung der Texte, und dann sollte es genug sein. Beachten Sie, daß nicht alle Browser etwas mit Frames anfangen können. Um auch diese Benutzer in den Genuß Ihrer Seite zu bringen, verwenden Sie den Tag `<noframes>` (Achtung: Netscape-Browser interpretieren diesen Tag anders).

Wenn Sie Frames einsetzen, dann nur in Grenzen und mit dem Tag `<noframes>`, um auf nicht-Framefähigen Browsern eine Darstellung zu gewährleisten. Sie können auch Tabellen anstatt Frames verwenden.

Lassen Sie die Größenänderung von Frames zu

Verwenden Sie das Tag `<resize>` nur, wenn es unbedingt nötig ist, z. B. wenn ein Navigations-Frame eine Grafik enthält. In allen anderen Fällen bleibt damit gewährleistet, daß jeder Besucher die für ihn unwichtigen Teile Ihrer Webseite ausblenden kann. Dadurch ist es nun auch für Besitzer von 14-Zoll-Monitoren möglich, Ihre Webseite so darzustellen, daß nicht jede Zeile einzeln gescrollt werden muß.

Verwenden Sie den Tag `<noresize>` nicht. Geben Sie dem Betrachter die Möglichkeit, Ihre Frames anzupassen.

Überhäufen Sie Ihre Webseite nicht mit aufwendigen Grafiken

Eine Webseite soll dem Besucher Informationen bereitstellen. Vermeiden Sie grafische Höchstleistungen, die zeigen, wozu Ihr Computer fähig ist. Denken Sie immer daran, daß Sie Ihre optischen Leckerbissen immer noch als Download zur Verfügung stellen können. Lieber kleinere Grafiken verwenden, die nicht eine Farbtiefe von 36 Bit besitzen. Sie können Ihre Grafiken auch anhand von Piktogrammen auf Ihrer Webseite darstellen und die Option zum Laden der Originalgrafik geben.

Etwas Grafik gehört zu jeder Webseite, übertreiben Sie es aber nicht. Falls Sie trotzdem viele Grafiken auf Ihrer Homepage zeigen wollen, packen Sie diese in eine Slideshow auf einer seperaten Seite. So kann jeder für sich entscheiden, ob er die längere Ladezeit in Kauf nimmt.

Vermeiden Sie Grafiken als Links

Eine große Grafik als Begrüßungsbildschirm wird keinem Betrachter imponieren. Falls Sie ImageMaps als Links anbieten, dann sollten Sie wahlweise auch noch einen aussagefähigen Text als Link zur Verfügung stellen. Auch Grafiken auf den darauffolgenden Seiten, die als Links eingesetzt werden, sind immer noch mit einem Textlink oder einer Beschreibung zu versehen. Betrachter, deren Browser nur Text darstellen können oder solche, die ihre Grafikausgabe abgeschaltet haben, werden Ihnen dankbar sein, da sie auch so in den Genuß der Links kommen.

Für Links, die auf eine Grafik gelegt sind, sollten Sie immer noch wahlweise Text als Link anbieten. Dies ist nötig, da nicht alle Websurfer Grafiken auf ihrem Browser zulassen. Außerdem kann ein Text zum Bild ein guter Hinweis sein. Nicht jeder weiß sofort, welches Thema ein Bild darstellen soll. Außerdem erscheint der Alternativtext schon im Browser, bevor die Grafik vollständig geladen wurde.

Nicht alles muß blinken

Vermeiden Sie, daß auf Ihrer Seite zu viele blinkende Texte erscheinen. Ein Betrachter soll nur auf wichtige Texte hingewiesen werden. Wenn alles blinkt, ist plötzlich nichts mehr wichtig und nicht umgekehrt. Das gleiche gilt für blinkende Links. Lassen Sie also nur Ihr absolutes Top-Thema blinken und sonst nichts.

Nur die absolute Neuigkeit oder den wichtigsten Link blinken lassen. Setzen Sie Prioritäten, nur die absoluten Highlights sollten Sie auch hervorheben. So bleibt eine Seite für den Betrachter auch überschaubar.

Seiten nicht nur für einen Browser schreiben

Schreiben Sie nicht nur für einen bestimmten Browser. Wenn es sich dennoch nicht vermeiden läßt, lassen Sie den Benutzer wissen, mit welchem Browser sich Ihre Seite optimal darstellen läßt. Geben Sie dem Benutzer den Hinweis, welche Ausgaben oder Programm sein Browser nicht ausführen kann.

Versuchen Sie Funktionen, Sprachen oder Tags, die nicht alle Browser interpretieren können, abzufangen. Dies gilt besonders für HTML Seiten, die Java- oder VBScript-Prozeduren oder -Funktionen enthalten.

Nicht für nur eine Bildschirmauflösung anpassen

Konzipieren Sie Ihre Webseite nicht für eine zu große Bildschirmauflösung. Es gibt noch genügend Websurfer, die keinen 17-Zoll-Bildschirm besitzen. Auch das Darstellen auf Laptops oder Notebooks kommt immer mehr in Mode.

Auch wenn Sie einen großen Monitor besitzen, denken Sie an Ihre Websurfer mit kleineren Monitoren. Seiten, die für 640 x 480 entworfen wurden, sind auf jedem Monitor gut darzustellen. Dadurch vermeiden Sie das horizontale Scrolling, um eine Seite komplett darzustellen.

Vermeiden des horizontalen Scrolling

Formatieren Sie Ihre Texte und Grafiken so, daß die Betrachtung der Seite ohne horizontales Scrollen möglich ist. Da die vertikale Bildlaufleiste bei mehrseitigen Homepages unvermeidlich ist, sollte es auch bei vertikalem Scrollen bleiben.

Formatieren Sie Texte und Grafiken, um ein horizontales Scrollen zu vermeiden. Ein vertikales Scrollen ist nicht vermeidbar, muß aber vertikal und horizontal gescrollt werden, um das Betrachten der Seite zu gewährleisten, verliert der Betrachter dabei leicht die Übersicht auf dieser Homepage.

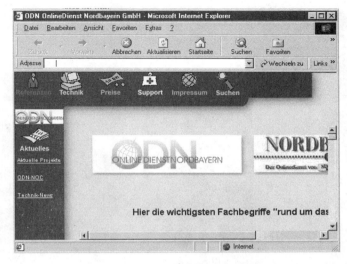

Abbildung 21.7: Dieser horizontale Scrollbalken sollte bei einer Bild-schirmauflösung von 640x480 nicht erscheinen

Bunte Buchstaben lassen Text unlesbar werden

Um die Lesbarkeit Ihres Textes nicht unnötig aufs Spiel zu setzen, vermeiden Sie es, jeden Buchstaben in einer anderen Fontfarbe dar-zustellen. Ein guter Kontrast zwischen Text und Hintergrund er-leichtert und verbessert die Lesbarkeit und Übersicht Ihrer Seite.

Ein guter Kontrast zwischen Text und Hintergrund ist für eine gute Webseite unbedingt erforderlich. Nur wenn Ihr Text auch lesbar ist, kann er für einen Besucher auch von Nutzen sein. Wenn nur einige Wörter durch Farbe in einem Absatz hervorge-hoben werden, ist dies okay.

Auf dieser Seite ist gut zu erkennen, daß bunter Text eben manchmal nicht so gut lesbar ist wie ein Text, der einen guten Kontrast zum Hintergrund hat.

Abbildung 21.8: Hier ist etwas zu viel bunter Text verwendet worden

Umlaute kann nicht jeder Browser darstellen

Wenn Sie in Ihrem Text Umlaute verwenden, dann denken Sie daran, daß Sie hierfür Sonderzeichen Kodieren müssen, damit jeder Browser den Text auch richtig wiedergeben kann. Denn ansonsten kommt nur der Betrachter in den Genuß Ihrer Umlaute, der das gleiche Betriebssystem und den gleichen Zeichensatz verwendet wie Sie.

Machen Sie sich die Mühe, und geben Sie Umlaute als Sonderzeichen an (z. B. ä = &aumel). Falls Ihnen diese Schreibweise zu mühselig ist, schreiben Sie doch einfach »ae« statt »ä«, und schon hat niemand mehr Probleme mit dem Lesen von Umlauten.

Zu große Bilder verlängern unnötig die Ladezeit

Um ein schnelles Laden einer Webseite zu ermöglichen, verwenden Sie nur komprimierte Grafiken. Auch sollte die Farbtiefe, mit der Sie Ihre Grafiken darstellen, nicht 36 Bit sein. Um den Betrachter vor leeren Flächen zu bewahren, vermeiden Sie zu große Grafiken. Bis diese dann dem Betrachter dargestellt werden, kann es leicht passieren, daß er Ihre Seite schon wieder verlassen hat.

Kleine Bilder im GIF- oder JPEG-Format lassen Ihre Seite gut aussehen und machen die Ladezeit erträglicher. Testen Sie die Ladezeit mit verschiedenen Modemgeschwindigkeiten durch, um sie auch für langsamere Modems erträglich zu machen.

Die Statuszeile des Browsers nicht mißbrauchen

Die Statuszeile sollte nicht für irgendwelche News-Ticker oder Laufschriften verwendet werden. Diese Texte verwehren dem Browser, Ihnen Mitteilungen über die Ladezeit zu geben. Auch wenn die Seite noch nicht komplett geladen wurde, bleibt Ihnen so mancher Hinweis des Browsers verborgen.

Die Statuszeile gehört dem Browser. Das sollten Sie akzeptieren. Mancher Link kann so nicht gefunden werden, weil er eben beim Überstreifen mit dem Mauszeiger nicht in der Statuszeile angezeigt wird.

Testen Sie Ihre Webseite

Bevor Sie Ihre fertig gestaltete Webseite der Öffentlichkeit preisgeben, testen Sie alle Funktionen aus. Probieren Sie, wie sich Ihr HTML-Code auf verschiedenen Browsern verhält. Verändern Sie auch die Sicherheitseinstellungen der Browser. So vermeiden Sie, daß nur ein kleiner Teil von Websurfern in den Genuß Ihrer Seite kommt.

Finden Sie durch Probeläufe Fehler selbst heraus, bevor andere Personen Sie darauf aufmerksam machen. Besser, Ihre Seite erscheint eine Woche später im Internet, als daß Sie die erste Woche nur negative Kritik ernten.

Kleine Fehler können eine ansonsten gute Seite schlecht aussehen lassen

Falsche Angaben, Tippfehler, Rechtschreibfehler usw. lassen einen ansonsten guten Eindruck einer Webseite schnell vergessen. Lassen Sie Ihre Texte, Gestaltung usw. von einer anderen Person kontrollieren (selber sieht man den Wald vor lauter Bäumen oft nicht).

Nehmen Sie sich die Zeit, um kleine Fehler zu beseitigen. Flüchtigkeitsfehler sollten von einer anderen Person, die Ihre Homepage testet, am besten gefunden werden.

Nehmen Sie konstruktive Kritik ernst

Wenn Sie in Ihrer E-Mail Kritik über Ihre Webseite finden, versuchen Sie, die Einwände des Verfassers zu verstehen. Geben Sie dem Kritiker eine kurze Antwort, und beheben Sie bei gerechtfertigtem Einwand den Fehler auf Ihrer Webseite.

Nehmen Sie Kritik an, und denken Sie darüber nach. Beheben Sie Fehler, die man Ihnen aufzeigt, möglichst bald.

Nicht auf interne Links verzichten

Verweisen Sie auf neue Seiten und wichtige Gliederungspunkte am Anfang Ihrer Seite. So kann der Betrachter schnell und ohne großen Suchaufwand zum gewünschten Punkt Ihrer Webseiten gelangen. Auch ein Verweis auf den Anfang gehört zum guten Ton einer jeden Webseite (besonders bei umfangreichen Seitenzahlen).

 Verwenden Sie interne Links zum besseren Auffinden von Abschnitten, und verweisen Sie auch auf den Anfang Ihrer Seite.

Die Farbe aufgerufener Links verändern

Ändern Sie die Farbe bereits aufgerufener Links, damit der Benutzer nicht den Überblick verliert und er weiß welche Verweise er schon aufgerufen hat und welche noch nicht. Wenn Sie mehrmals den gleichen Link eingebaut haben, machen Sie dies auch für jeden sichtbar.

 Lassen Sie die Farbe von schon aufgerufenen Links nicht gleich, sondern ändern Sie diese nach einem Aufruf ab. Die Besucher Ihrer Homepage werden es Ihnen danken, daß Sie nicht immer auf schon gesehene Links klicken.

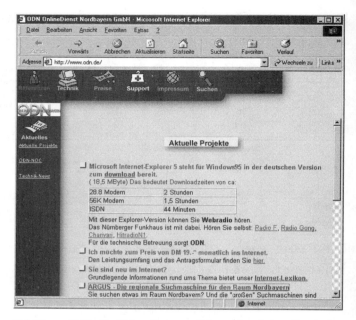

Abbildung 21.9: Alle Links, die angewählt wurden, haben ihre Farbe von blau auf lila geändert

Die URL-Adresse nicht nur im Browser anzeigen lassen

Lassen Sie jeden, der Ihre Seite auf Papier ausgedruckt hat, wissen, wo er Ihre Webseite im WWW finden kann. Dies geschieht am besten, wenn Sie auf die URL-Adresse in Ihrer Seite verweisen. Auch auf Ihre E-Mail-Adresse sollten Sie verweisen.

Geben Sie Ihre URL auf der Webseite mit an (auch wenn Sie Ihre Homepage mehrmals auf verschiedenen Servern im WWW plaziert haben). Bei einem Ausdruck Ihrer Seite auf einem Drucker kann so die URL Ihrer Homepage mit ausgegeben werden.

Für neue Grafiken keine alten Namen verwenden

Wenn Sie neue Grafiken in Ihrer Webseite einbauen, verwenden Sie hierfür auch neue Namen. Dies ist zwar mit einem gewissen Aufwand verbunden, da der ganze HTML-Code überarbeitet werden muß. Dies ist aber für eine korrekte Darstellung unabdingbar. Hat ein Besucher Ihre Seite schon öfter aufgerufen, kann es vorkommen, daß der Browser nicht die neue aktuelle Grafik lädt, sondern die alte Grafik aus dem Browsercache. Bei einem kurzen Blick auf Ihre Seite wird dem Surfer die neue Grafik verwehrt. Erst wenn der Betrachter die Schaltfläche *Aktualisieren* drückt, wird die neue Grafik geladen.

Verwenden Sie bei der Änderung Ihrer Grafiken auch neue Namen, um jeden Betrachter auch in den Genuß derselben kommen zu lassen.

Links nicht mit Großbuchstaben schreiben

Sie werden sagen, Windows- und DOS-Betriebssysteme unterscheiden doch nicht zwischen Groß- und Kleinschreibung. Dies ist auch richtig, aber wenn Sie Ihre Seiten auf einen Server schicken, könnte dies ein UNIX-Server sein. Dann kommt es nämlich darauf an, ob auf eine Seite mit »Test.html« oder mit »test.html« verwiesen wird. Denn ein UNIX-System unterscheidet Groß- und Kleinschreibung sehr wohl. Wird nun auf eine Seite mit Großbuchstaben verwiesen, kann der Server sie nicht finden, weil sie ja in dieser Schreibweise nicht vorhanden ist.

Schreiben Sie Links immer so, wie Sie auch im Internet zu finden sind. Ändern Sie nichts an der Klein- oder Großschreibung der Verweise.

Teilen Sie dem Seitenbesucher mit, was ihm hinter Ihren Links erwartet

Die Links auf Ihrer Webseite sollten kurze Hinweise enthalten. So kann der Websurfer im voraus entscheiden, ob sich für ihn verwertbare Informationen auf den Seiten befinden. Somit kann sich der Besucher ein Aufrufen der für ihn unwichtigen Seiten sparen. Ihre Link-Verweise sollten Sie zusammengefaßt an einer Stelle präsentieren. So können Sie inhaltlich ähnliche Links mit Überschriften versehen.

Sparen Sie dem Websurfer kostbare Zeit: Dokumentieren Sie Ihre Links. Dadurch kann vor dem eigentlichen Laden der neuen Webseite abgeschätzt werden, ob diese für den Besucher interessant ist oder nicht.

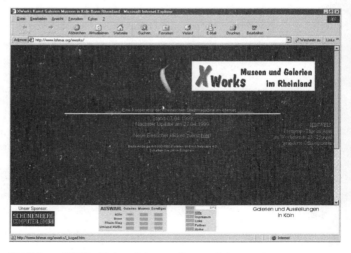

Abbildung 21.10: Links mit kurzen Texten dokumentieren

Auf dieser Seite werden die Links, die am unteren Bildrand mit der Überschrift *Auswahl* gekennzeichnet sind, auf der rechten unteren Seite mit einem kurzen Text dokumentiert. So kann der Besucher dieser Seite Links, die für ihn weniger interessant sind, im voraus erkennen und sich die Zeit, die das Laden dieser Internet-Seiten in Anspruch nehmen würde, sparen.

Richten Sie Ihren Text nicht nur mit CENTER aus

Versuchen Sie, Ihre Seite so zu gestalten, daß die Formatierung des Textes nicht zu kurz kommt. Die Ausrichtung des ganzen Inhalts mit dem <center>-Tag macht keinen guten Eindruck und läßt Ihr Layout schlecht aussehen.

Geben Sie sich bei der Formatierung des Textes Mühe, und sparen Sie dabei mit den <center> Tags. Alles nur in der Mitte zu plazieren, ist einfallslos und unübersichtlich.

Vermeiden Sie schlechte Grafiken

Zu dunkle Grafiken, Farbfehler durch schlechte Scans, also kurz gesagt Grafiken, die zuerst noch bearbeitet werden müßten, um Qualität zu erlangen, gehören nicht auf Ihre Webseite. Ohne Anti Aliasing bei der Erstellung von Grafiken ist das Ergebnis dürftig.

Es gibt genügend Bildbearbeitungsprogramme, um gute Grafiken zu erstellen. Nutzen Sie diese. Lassen Sie lieber schlecht gewordene Fotos weg, bevor Sie Ihre Besucher damit konfrontieren.

Falsche Links verärgern den Besucher

Überprüfen Sie die Verweise auf Ihrer Seite in regelmäßigen Abständen. Links, die nicht mehr vorhanden sind, sollten sofort entfernt werden. Über einen kurzen Kommentar, warum der Link entfernt wurde (falls bekannt), ist Ihnen sicher jeder Besucher dankbar. Andere Links, die sich geändert haben, sollten auf den neuesten Stand gebracht werden. Es gibt nichts Ärgerliches als die Fehlermeldung daß eine Seite nicht gefunden wurde.

Pflegen Sie Ihre Seite. Überprüfen Sie die verwendeten Links auf ihre Funktion. Nichts verärgert mehr als die Meldung »Diese Seite konnte nicht geladen werden«.

Die nachfolgende Abbildung zeigt die Meldung, die der Internet Explorer 5.0 ausgibt, wenn ein Verweis nicht gefunden werden konnte.

Abbildung 21.11: Diese Meldung sollten Sie Ihren Besuchern ersparen

Keine extravaganten Schriftarten verwenden

Bedenken Sie bei der Auswahl Ihrer Schriftarten, daß der Browser, der diese darstellen soll, auf die installierten Fonts im Betriebssystem zurückgreift. Sind diese dort nicht vorhanden, kommt es zu einer falschen Darstellung Ihrer Seite. Verwenden Sie Standardfonts und nicht die Vielzahl exotischer Schriften, die Ihnen Ihr Betriebssystem anbietet. Bei den Standardfonts, die in Frage kommen, kann man zwischen drei verschiedenen unterscheiden:

✔ Serifenschrift: z.B. Times, Serif, Georgia

✔ Serifenloseschrift: z.B. Helvetica, Swiss, SunSans-Regular

✔ Schreibmaschinenschrift: Courier New, Courier

Nur Standardfonts für Ihre Webseite verwenden. Nicht jeder hat CorelDraw und Zusatzfonts auf seinem Betriebssystem installiert.

Aktualisieren Sie Ihre Webseite regelmäßig

Ein Hinweis, daß Ihre Webseite das letzte Mal vor einem Jahr aktualisiert wurde, vertreibt sicherlich jeden Besucher. Nichts ist kurzlebiger als die Computerbranche. Dies gilt im Internet genauso wie in jedem anderen Computerbereich.

Ruhen Sie sich nicht auf einer einmal erstellten Seite aus, bringen Sie neues Wissen und aktuelle Informationen so schnell wie möglich auf Ihre Webseite. Nichts ärgert Besucher mehr, als alte Informationen und Daten.

Nicht die neueste Technik sofort verwenden

Denken Sie daran, daß neue Techniken vieles vielleicht schöner oder besser aussehen lassen? Doch muß bedacht werden, daß es auch noch viele Besucher mit einem älteren Browser gibt. Diese können Ihre technisch aktuelle Seite gar nicht darstellen. Die Seite ist dann entweder nicht darstellbar oder der Besucher bekommt es mit Fehlermeldungen ohne Ende zu tun. Schalten Sie die neuen Funktionen bei der Verwendung von Browsern einer früheren Generation einfach ab.

Verwenden Sie die neuesten Techniken nicht sofort auf Ihrer Webseite. Denken Sie immer daran, daß Sie möglichst viele Besucher ansprechen wollen.

Lassen Sie nicht unzählige Fenster öffnen

Wenn sich beim Laden Ihrer Webseite plötzlich noch ein paar andere Fenster öffnen, wird ein Besucher angesichts der Unübersichtlichkeit der vielen Seiten alles schnell wieder schließen. Deshalb achten Sie auch bei Werbepartnern darauf, daß diese nicht noch unzählige Browserfenster öffnen lassen.

Belassen Sie es bei maximal 2 Fenstern, die Sie mit Ihrer Webseite öffnen. Auch wenn Sie damit mehr Werbepartner unterbringen würden, verlieren Sie dadurch Besucher, die Ihre Seite nicht mehr anwählen, da sie von der Flut der Fenster verunsichert werden.

Vergessen Sie den Tag <noscript> bei JavaScript nicht

Verwenden Sie den Tag <noscript> für Besucher, deren Browser nicht JavaScript-fähig sind. Denn sonst können nur die Internet-Besucher in den Genuß Ihrer Seite kommen, die einen JavaScript-fähigen Browser benutzen und auch die dafür entsprechenden Sicherheitsfunktionen aktivieren, um JavaScript darzustellen.

Versuchen Sie, daß möglichst alle Browser eine Anzeige Ihrer Webseite zustande bringen.

Zu viel Animation schadet Ihrer Seite

Wenn Sie mit einer animierten GIF-Grafik auf etwas Besonderes aufmerksam machen wollen, ist dies okay. Blinkt, dreht und bewegt sich aber der ganze Bildschirminhalt, wird kein Betrachter das eigentlich Wichtige mehr finden. Die Übersichtlichkeit der Seite leidet darunter.

Beschränken Sie Animationen auf Ihrer Webseite auf das Nötigste.

Auf der folgenden Webseite ist jedes Icon animiert. Der Benutzer findet eine unruhige Webseite vor, die nicht klar auf etwas hinweist, sondern mit den vielen nur ablenkt. Außerdem wird die Ladezeit durch die vielen Animationen verlängert.

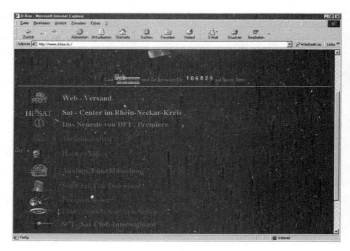

Abbildung 21.12: Jedes Icon auf diese Inhaltsseite ist animiert.

Gestalten Sie Ihre Webseite nicht eintönig

Eine monochrome Gestaltung Ihrer Webseite ist genauso übertrieben wie die Verwendung der gesamten Farbpalette. Finden Sie den goldenen Mittelweg, der Ihrer Seite einen guten Kontrast verleiht. Verwenden Sie Farbe, um Ihren Text und Grafiken für den Besucher ein ansprechendes Aussehen zu verleihen.

Versuchen Sie Ihre Seite mit wenigen Farben, und gutem Kontrast optisch aufzuwerten.

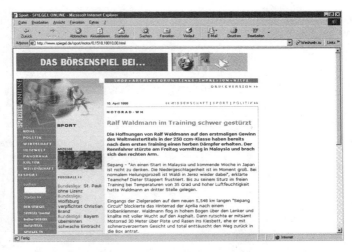

Abbildung 21.13: Die Zeitschrift Spiegel hat mit wenigen Farben eine gute Seite mit gutem Kontrast geschaffen

Finden Sie den passenden Hintergrund

Lassen Sie sich für den Hintergrund etwas Originelles einfallen. Mit einem Bildbearbeitungsprogramm stehen Ihnen alle Mittel und Wege zur Verfügung, die Sie hierfür brauchen. Auch mit einem Scanner lassen sich gute Ergebnisse erzielen. Sie werden erstaunt sein, wie sich z.B. Papier, das vorher zerknüllt war, als Hintergrundbild eignet. Experimentieren Sie herum, und Sie werden überrascht sein, wie sich das Aussehen eines Blatt Papiers ändern wird.

Achten Sie bei Ihrer Gestaltung des Hintergrundes darauf, daß Sie nicht zuviel Speicher verbrauchen. Das Hintergrundbild sollte im Zusammenhang mit Ihrer Webseite stehen.

Abbildung 21.14: Ein einfacher Hintergrund, der zur Seite paßt

Achten Sie auf die Länge Ihrer Dateinamen

Benutzen Sie für die Bezeichnung Ihrer Dateinamen nicht mehr als 8 + 3 Zeichen, damit auch Websurfer mit älteren Betriebssystemen (z. B. WIN 3.11) Ihre Webseite betrachten können. Wenn Ihre Seiten zum späteren Offline-Lesen auf der Festplatte landen, funktioniert ein Verweis darauf einwandfrei.

Halten Sie sich an das alte 8 + 3 Dateinamenformat, und kein Benutzer unabhängig vom Betriebssystem wird damit Schwierigkeiten haben.

Kommentare weglassen

Wenn Sie Ihre Programmzeilen mit Kommentaren versehen, ist das für Sie bei späteren Änderungen sehr hilfreich. Der Quelltext, der jedoch auf den Server kommt und den sich der spätere Betrachter in seinen Browser lädt, sollte diesen Kommentar nicht beinhalten. Zum einen sparen Sie ihm Übertragungszeit, weil der Speicherplatzbedarf Ihrer Webseite schrumpft, und zum anderen geben Sie Ihre Programmierkenntnisse nicht so leicht preis. In Ihre Arbeitsversion der Webseite gehört der Kommentar zur späteren Orientierung natürlich hinein.

 Kommentare sollen nur für Sie eine Hilfe sein, für den Betrachter aber kein unnötiger Ballast.

Verzichten Sie auf Sound

Wenn Ihre Seite optisch und inhaltlich gut gestaltet ist, können Sie getrost auf eine musikalische Untermalung verzichten. Weist Ihre Seite jedoch in den oben genannten Punkten Defizite auf, machen Sie es mit Musik, Tönen oder Sprüchen noch schlimmer. Verzichten Sie auf jegliche Töne, die Sie mit Ihrer Webseite abspielen. Wenn Sie schon Musik anbieten, dann als MP3-Datei zum Downloaden.

 Hörgenuß kostet nur Übertragungszeit, bringt dem Benutzer aber keinen Nutzen. Wenn Sie Musik im Netz anbieten wollen, dann im MP3-Format zum Laden auf die lokale Festplatte.

Beim Umzug einen Verweis auf die neue URL geben

Vor dem Umzug Ihrer Seite auf einen neuen Server geben Sie diesen Umstand auf Ihrer bekannt. Auch können Sie eine Weiterleitung auf die neue Seite programmieren. Hierbei müssen Sie dem Betrachter nur einen kurzen Hinweistext anzeigen lassen, daß er automatisch umgeleitet wird.

Seien Sie immer präsent im WWW. Geben Sie Ihren Standort an. Falls Sie Ihren Server wechseln geben Sie auf Ihrer alten URL einen Verweis auf Ihre neue Adresse.

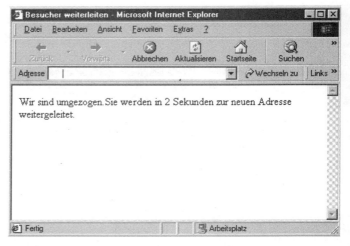

Abbildung 21.15: Bei einem Server-Wechsel werden Besucher der alten URL auf die neue weitergeleitet

Lassen Sie den Besucher schon auf der Startseite wissen, was er auf Ihrer Homepage vorfindet

Immer wieder stößt man beim Surfen auf Webseiten, die Rätselraten beim Betrachter auslösen. Es ist nicht erkennbar, welchen Sinn oder Unsinn der Webprogrammierer damit verfolgt. Auf die Anfangsseite einer jeden Homepage gehört darum eine genaue und kurze Beschreibung, die den Besucher der Seite wissen läßt was er auf dieser Homepage vorfindet. Dieses Problem tritt auch auf, wenn auf der ersten Webseite nur eine Grafik plaziert wird und keinerlei Text. Ist kein Zusammenhang zwischen Grafik und Thema der Homepage zu finden, kann das den Betrachter zum Verlassen der Seite bewegen.

Geben Sie eine kurze Einführung über das Thema Ihrer Homepage. Plazieren Sie auf der ersten Seite Ihrer Homepage ein Inhaltsverzeichnis Ihrer Seiten und Themen (falls vorhanden). So erkennt jeder Besucher sofort, was er auf Ihrer Homepage vorfinden wird.

Auf dieser Startseite wird in einem kurzen Satz erklärt, was nun auf den folgenden Seiten präsentiert wird.

Abbildung 21.16: Eine Startseite, die kurz und bündig ist, aber trotzdem über den Inhalt informiert

Werbebanner sollten nicht zu schnell geladen werden

Erscheint eine Werbeseite, die mit einer Startseite geladen wird schneller als diese, besteht die Gefahr, daß ein Besucher den Aufbau Ihrer Homepage nicht mehr abwartet, sondern sein Interesse der Werbung widmet. Dies sollte wiederum ein Ansporn sein, Ihre Seiten möglichst schnell laden und aufbauen zu lassen.

Ihre Startseite sollte schnell geladen werden, können um auf jeden Fall vor der Werbung zu erscheinen.

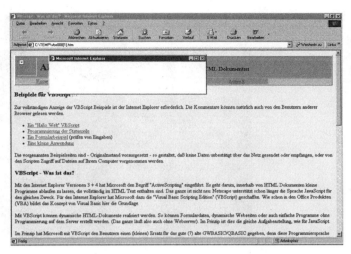

Abbildung 21.17: In diesem Beispiel ist die eigentliche Seite schneller als die Werbeseite-so sollte es auch sein

Versehen Sie Ihre Links mit Aktualisierungshinweisen

Wenn Sie eine Auflistung mehrerer Links auf Ihrer Homepage haben, pflegen Sie diese Links auch. Markieren Sie zum Beispiel neue Links mit dem Datum, an dem sie hinzugefügt wurden. Die Links können auch mit »update« gekennzeichnet werden, wenn sich die dazugehörige Webseite geändert hat. So kann jeder Besucher Ihrer Homepage sofort erkennen, welche Links er wieder anwählen muß, um alle Neuigkeiten lesen zu können.

Bei einer Aufzählung vieler Links sind Änderungen, neue oder aktualisierte Links für einen Besucher leichter zu finden, wenn Sie diese mit entsprechenden Wörtern oder Datumsangaben kennzeichnen.

Abbildung 21.18: Seite mit vielen Links – aktualisierte Hinweise sind mit dem Datum kennzeichnet, neue Links wurden mit einem »New« versehen

KAPITEL

Optimieren Sie die Ladezeit Ihrer Webseite

Beim Surfen im Internet ist der schnelle Aufbau einer Webseite für jeden Benutzer wichtig. Auf den nächsten Seiten wird Ihnen gezeigt, welche Dinge Sie beachten sollten, um die Ladezeit Ihrer Homepage so kurz wie möglich zu halten.

22

Optimieren Sie die Ladezeit Ihrer Webseite

Für den Benutzer einer Webseite ist es sehr wichtig, wie schnell diese aufgebaut wird. Um dies zu realisieren, gibt es viele Möglichkeiten, die miteinander kombiniert zur optimalen Ladezeit führen. Wenn der Ladevorgang einer Webseite zu lange dauert, bricht fast jeder Besucher den Ladevorgang ab. Die lange Ladezeit hat unterschiedliche Gründe. Sind die Ursachen eines zu langen Ladevorgangs bekannt, kann man Abhilfe schaffen.

Speicherplatzbedarf möglichst klein halten

Die Ladezeit einer jeden Webseite ist abhängig von der Größe der Bilder und des Quellcodes. Um die Ladezeiten einer Webseite so kurz wie möglich zu halten, muß der Speicherplatz, den Ihre Webseite benötigt, klein gehalten werden.

Das richtige Grafikformat verwenden

Bei den Grafikformaten der Bilder, die in einer Webseite vorkommen, ist es selbstverständlich, daß es sich nur um komprimiertes Bildmaterial handeln darf. Hierzu werden die Formate GIF, JPEG und PNG verwendet. Diese Formate wurden bereits im *Know-how für Fortgeschrittene* ausführlich beschrieben. Dabei kann man sagen, daß Bilder, die hauptsächlich Vektorgrafiken, Schriften usw. beinhalten, sich im GIF-Format am besten komprimieren lassen. Für das JPEG-Verfahren bieten sich Fotos und realistische Bilder an.

Abbildung 22.1: Dieses Bild wurde als Bitmap gespeichert und hat einen Speicherplatzbedarf von 1.077 KB; das gleiche Bild im JPEG-Verfahren gespeichert benötigt nur 153 KB

Große Grafiken richtig plazieren

Um den Betrachter nicht vor einem leeren Bildschirm sitzen zu lassen, sollte man große Grafiken erst am Ende einer Seite einbinden. Normalerweise wird der HTML-Code von oben nach unten abgearbeitet. Wird nun gleich am Anfang eine umfangreiche Grafik geladen, dann braucht sie entsprechend lange, bis sie sichtbar wird. Um dies zu vermeiden, sollte man bei der Seitengestaltung darauf achten, wo man seine Grafiken plaziert. Auch die Tatsache, daß beim Lesen des Textes, der am Anfang der Webseite steht, wertvolle Ladezeit verstreicht, die zum Aufbau der Bilder am Ende der Seite dient, ist mit zu berücksichtigen.

Benutzer über längere Ladezeiten informieren

Manchmal läßt es sich dennoch nicht vermeiden, und eine Grafik kann nicht auf eine vernünftige Größe komprimiert werden. Ist die Größe eines Bildes tatsächlich über 40 KByte, sollte der Benutzer über die längere Ladezeit informiert werden, damit er sich darauf einstellen kann (dies gilt natürlich auch für andere Dateien). Als Anhaltspunkt können Sie für verschiedene Modemtypen bis hin zur ISDN-Karte die verschiedenen Ladezeiten bestimmen und dem Benutzer anbieten. Auch beim Laden von Dateien oder von Programmen kann es hilfreich sein, wenn über die Ladezeiten der jeweiligen Modemtypen informiert wird. Nun ist jeder in der Lage, für sich zu entscheiden, ob er die Ladezeit in Kauf nimmt oder nicht. Ein Beispiel für so eine gestaltete Webseite ist die Startseite von ODN.

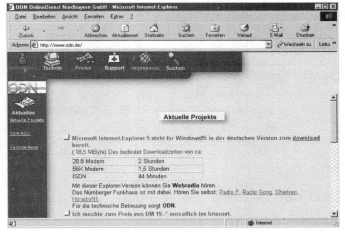

Abbildung 22.2: Auf dieser Seite wird auf die Ladezeiten hingewiesen

Verschiedene Qualitätsstufen von Grafiken einsetzen

Bei Grafiken kann man dem Betrachter eine kleinere ungenaue Grafik mit einem gewissen Qualitätsverlust anbieten. Möchte der Benutzer nun in den Genuß der ganzen Pracht des Bildes kommen, kann man ihm mit einem Hinweis über die Größe des Bildes dieses anzeigen lassen. Diese Methode bietet sich für die Startseite an, da so der erste Ladevorgang verkürzt werden kann.

Auch die Möglichkeit eines Dialoges zu Beginn des Ladevorgangs ist möglich. So können Sie den Betrachter nach seinem Modem und der daraus resultierenden Übertragungsgeschwindigkeit fragen. Je nachdem, wie schnell das eingesetzte Modem ist, können Sie verschiedene Qualitätsstufen von Bildern laden lassen.

Abbildung 22.3: Dieses Bild wurde als ungenaue Grafik als Bitmap gespeichert und benötigt 7 KB. Vergleichen Sie hierzu den Qualitätsunterschied zur Abbildung 1.

Grafiken mit Text hinterlegen

Um dem Besucher einer Webseite schon vor dem eventuellen späteren Laden einer Grafik mitzuteilen, was ihn erwartet, wird der <alt>-Tag angegeben. Auch Besucher, die das Laden von Grafiken ausgestellt haben oder mit Browsern auf die Webseite kommen, die keine Grafiken darstellen können, werden so auf den Inhalt der

Grafik hingewiesen. Die Wahl des Textes sollte so getroffen werden, dass er sich nach der Größe des Bildes richtet (je kleiner das Bild, desto weniger Text wird angezeigt). Der Text sollte das Bild gut beschreiben. In manchen Fällen sollte man überhaupt keinen Text angeben (z.B. wenn die Grafik als Aufzählungszeichen verwendet wird).

Abbildung 22.4: So sieht die Beschreibung des zu ladenden Bildes aus

Größenangaben für Grafiken verwenden

Auch die Größenangabe einer Grafik ist sinnvoll. Der Browser kann dank dieser Angaben die Seite ohne Grafiken komplett aufbauen, indem er für die Grafiken entsprechend große Platzhalter vorsieht. Denn wenn ein Benutzer während der Ladezeit einer Grafik weder etwas sieht noch etwas zu lesen hat, wird er die Seite schnell wieder verlassen. Doch dank der Größenangaben wird der Text sehr schnell für den Betrachter sichtbar, und er hat schon etwas zu lesen. Die Grafiken werden dann erst nach und nach sichtbar. Diese Befehlsfolge hat zur Folge, daß der Browser die Seite einfach schneller laden kann, denn das Errechnen der Grafikgröße wird nicht vom Browser übernommen, sondern er bekommt sie im HTML-Code gleich mitgeliefert. Die Befehlszeile hierfür würde folgendermaßen aussehen:

Das Beispiel ist auf der CD zum Buch enthalten.

```
<!doctype html public "-//w3c//dtd html 4.0//en">
<html>
<head>
<title>Grafiken mit Größe und Titel beschreiben</title>
</head>
<body>
 <img src="Bild.gif" alt="Meine Homepage"
 width="334" height="246">
</body>
</html>
```

Grafiken schon vorher laden

Wenn die Grafiken bereits einmal geladen wurden, werden sie bei einem erneuten Aufruf blitzschnell angezeigt. Beim ersten Aufruf der Seite wird das Bild bereits als kleiner Punkt am Seitenende dargestellt. Dazu gibt man einfach die Bildgröße mit width=1 height=1 an. Das Ganze funktioniert nur dann, wenn Sie die Seite, die der Besucher anklicken wird, vorhersagen können. Diese Grafik erscheint sofort, ohne lästige Ladezeiten. Möglich ist das, weil Browser einmal geladene Dateien, gleich ob Grafik, Bild oder Applet, im Browsercache verwahren.

Nicht zu große Tabellen verwenden

Die Größe einer Tabelle sollte möglichst klein gehalten werden. Die Bildschirmausgabe der Tabelle kann erst erfolgen, wenn der Inhalt vollständig geladen wurde. Bei umfangreichen Tabellen sieht der Betrachter während der Ladezeit nichts von den schon vorhandenen Tabellenteilen. Teilt man eine große Tabelle nun auf mehrere kleine Tabellen auf, werden dem Betrachter auch schon während der Ladezeit die jeweiligen Tabellen angezeigt. Es sollte deshalb vermieden werden, große Datenmengen in einer einzigen Tabelle darzustellen. Die Methode mit einer Gruppe von kleineren Tabellen bietet sich für die Seitengestaltung in Tabellenform besonders an. Kann man trotzdem nicht auf große Tabellen verzichten, sollte man dem Browser die Maße der Tabelle angeben. Also, `height` und `width` in Zahlen angeben, dann muß der Browser weniger rechnen.

KAPITEL

Tips bei der Handhabung von Grafiken

Die Zeit, in denen Internet-Seiten ohne Grafiken ausgekommen sind, ist schon lange vorbei. Doch gibt es viele Möglichkeiten, wie Sie Bilder darstellen können. Ob es nun um die Ausrichtung der Grafik oder um deren Bewegung geht, all das finden Sie im nächsten Kapitel.

23

Tips bei der Handhabung von Grafiken

Bilder an verschiedenen Stellen beschriften

Sie haben verschiedene Möglichkeiten, ein Bild zu beschriften. In diesem Beispiel wird die Beschriftung rechts unten neben dem Bild plaziert. Dies ist die üblichste Methode für nicht anspruchsvolle Beschriftung. Ausgefallenere Beschriftungen werden im Verlauf dieses Kapitels vorgestellt.

Beispiel:

Zuerst wird die Grafik geladen. Danach folgt der Text, der automatisch unten rechts ausgerichtet wird. Er wird einfach nach der Grafik angefügt. Der Text und die Grafik sind im <body> Tag enthalten.

> Das Beispiel ist auf der CD zum Buch enthalten.

```
<!doctype html public "-//w3c//dtd html 4.0//en">
<html>
<head>
<title>Bilder beschriften unten rechts</title>
</head>
<body>
  <img src="kroete.gif" alt="Riesenkr&ouml;te" >
  <b><i>Riesenkr&ouml;te:</i></b><i>Fotografiert auf der Dom
Rep </i>
</body>
</html>
```

Abbildung 23.1: Bildbeschriftung unten rechts

Um ein Bild mittig zu beschriften, wird die Anweisung `align=middle` verwendet.

Um die Beschriftung oben links anzuordnen, verwenden Sie `align=top`.

Bild und Text können auch in der Mitte ausgerichtet werden. Diese Methode wird am häufigsten verwendet.

Beispiel:

Zuerst wird die Ausrichtung auf mittig gesetzt. Nun geben Sie die Grafik an. Danach beenden Sie den ersten Absatz und beginnen für den Text einen neuen. Jetzt wird der eigentliche Text angegeben.

Das Beispiel ist auf der CD zum Buch enthalten.

```
<!doctype html public "-//w3c//dtd html 4.0//en">
<html>
<head>
<title>Bilder beschriften unten mittig</title>
</head>
<body>
  <p align=center>
  <img src="kroete.gif" alt=" Riesenkr&ouml;te" >
  </p>
  <p align=center>
  <b><i>Riesenkr&ouml;te Fotografiert auf der Dom Rep</i>
  </p>
</body>
</html>
```

Abbildung 23.2: Bildbeschriftung unter dem Bild mittig

Positionierung von Grafiken mit Hilfe von Tabellen

Damit Sie Grafiken exakt auf einer Seite positionieren können, nehmen Sie einfach eine Tabelle zu Hilfe. Der Vorteil hierbei liegt darin, daß Sie die Beschriftung der Bilder mit Hilfe einer darunterliegenden Tabellenzelle verwirklichen können.

Beispiel:

Als erstes wird die Ausrichtung der Tabelle in der Seitenmitte definiert. Danach wird die Tabelle mit Rahmen erstellt. Nun geben Sie an, daß sich die Beschriftung der Tabelle über alle Spalten zieht und zentriert ausgerichtet ist. Jetzt sind die Bilder an der Reihe, und zum Schluß kommt noch unter jedes Bild ein Text.

Das Beispiel ist auf der CD zum Buch enthalten.

```
<!doctype html public "-//w3c//dtd html 4.0//en">
<html>
<head>
<title>Bilder mit Tabellen ausrichten</title>
</head>
<body><center>
  <table border>
  <tr>
   <th colspan=3 align="center" height=30>Bilder mit einer
Tabelle
   ausrichten
   </th>
  </tr>
  <tr>
   <td align="center">
   <img src="kroete.gif">
   <td align="center">
   <img src="pokale.gif">
   <td align="center">
   <img src="kirche.gif">
   </td>
  </tr>
```

```
     <tr>
      <td align="center" height=30>Kr&ouml;te
      <td align="center">Pokale
      <td align="center">Kirche
      </td>
     </tr>
  </table>
  </center>
  </body>
  </html>
```

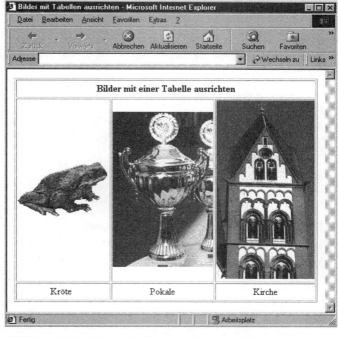

Abbildung 23.3: Bilder mit Hilfe einer Tabelle ausrichten und beschriften

Bild mit Untertitel anhand einer Tabelle realisieren

Bilder können mit den normalen HTML-Anweisungen in alle Ek-
ken der Seite eingefügt werden. Wenn Sie zusätzlich noch Text verwenden, dann umschließt der Text die Grafik. Für eine normale
Beschriftung, die unter dem Bild erscheinen soll, bietet sich wieder
eine Tabelle an.

Beispiel:

Die Tabelle wird als blinde Tabelle dargestellt. Die Ausrichtung erfolgt linksbündig. Das Bild wird innerhalb der Tabelle mittig ausgerichtet. Nun wird in die nächste Tabellenzeile der Text für das Bild
eingefügt.

Das Beispiel ist auf der CD zum Buch enthalten.

```
<!doctype html public "-//w3c//dtd html 4.0//en">
<html>
<head>
<title>Untertitel anhand einer Tabelle realisieren</title>
</head>
<body>
  <table border=0 align="left" >
  <tr align="center" valign="center">
   <td><img src="kroete.gif" ></TD>
  </tr>
  <tr align="center" valign="top">
   <td><font size="+1">Kr&ouml;te</font></td>
  </tr>
  </table>
</body>
</html>
```

Abbildung 23.4: Beschriftung und Ausrichtung eines Bildes mit Hilfe einer Tabelle

Ein vertikales Hintergrundbild erstellen

Um ein Hintergrundbild vertikal über die Seite zu verteilen, müssen Sie CSS zu Hilfe nehmen. Das Bild wird am rechten Rand von oben nach unten verteilt, bis die Seite gefüllt ist. Diese Gestaltung wäre mit HTML nur umständlich über eine Tabelle realisierbar.

Beispiel:

Als erstes müssen Sie dem Browser mitteilen, in welcher Sprache die Gestaltung definiert wurde. Hier also in CSS. Danach geben Sie nur noch an, wo sich Ihr Bild befindet und in welche Achsenrichtung es wiederholt werden muß. Bei einer vertikalen Ausrichtung ist das die Y-Achse.

Das Beispiel ist auf der CD zum Buch enthalten.

```html
<!doctype html public "-//w3c//dtd html 4.0//en">
<html>
<head>
<title>Hintergrundbild vertikal darstellen</title>
</head>
<body>
  <style type="text/css">
  <!--
  body
  {
  background-image: url(Auto_rot.gif);
  background-repeat: repeat-y
  }
  // -->
  </style>
</body>
</html>
```

Abbildung 23.5: Ein Hintergrundbild am linken Rand einfügen

Ein horizontales Hintergrundbild erstellen

Wenn es möglich ist, ein Hintergrundbild vertikal über die Seite zu verteilen, funktioniert es natürlich auch in horizontaler Richtung. Das Bild wird am oberen Rand von links nach rechts verteilt, bis die Seite gefüllt ist. Diese Gestaltung wurde wieder mit CSS realisiert.

Beispiel:

Als erstes müssen Sie dem Browser mitteilen, in welcher Sprache die Gestaltung definiert wurde. Hier also in CSS. Danach geben Sie nur noch an, wo sich Ihr Bild befindet und in welche Achsenrichtung es wiederholt werden muß. Bei einer horizontalen Ausrichtung ist das die X-Achse.

Das Beispiel ist auf der CD zum Buch enthalten.

```
<!doctype html public "-//w3c//dtd html 4.0//en">
<html>
<head>
<title>Hintergrundbild horizontal darstellen</title>
</head>
<body>
  <style type="text/css">
  <!--
  body
  {
    background-image: url(kroete.gif);
    background-repeat repeat-x
  }
  // -->
  </style>
</body>
</html>
```

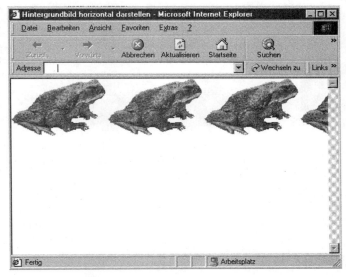

Abbildung 23.6: Ein Hintergrundbild am oberen Rand einfügen

Den Browser in einer bestimmten Bildschirmauflösung darstellen

Sie können die Größe Ihres Browsers so anpassen, daß die Anfangsgröße nur einen bestimmten Teil eines Hintergrundbildes freigibt. Die Größenänderung des Browsers kann auch für die Öffnung eines neuen Browserfensters hilfreich sein. Wenn Sie ein neues Fenster öffnen, kann das geöffnete Fenster mit der kleineren Auflösung gut über das erste Fenster eingeblendet werden.

Beispiel:

Zuerst wird die Grafik angegeben. Danach wird eine Schaltfläche
deklariert. Bei Betätigung der Schaltfläche wird das Fenster auf die
gewünschte Größe gebracht.

Das Beispiel ist auf der CD zum Buch enthalten.

```
<!doctype html public "-//w3c//dtd html 4.0//en">
<html>
<head>
<title>Fenstergr&ouml;&szlig;e anpassen</title>
</head>
<body>
  <form>
    <img src="kroete.gif" alt="kroete" ><br>
    <input type="button" value="Browser auf 350 x 380 schalten"
    onclick="window.resizeTo(350,380)" name="button">
  </form>
</body>
</html>
```

Abbildung 23.7: Anpassen des Fensters an eine Grafik

Eine Grafik mit einem farbigen Rahmen einfassen

Der Rahmen einer Grafik wird standardmäßig immer nur in schwarz dargestellt. Durch einen kleinen Trick kann man aber trotzdem einen farbigen Rahmen um ein Bild erreichen: Sie müssen nur eine blinde Tabelle erstellen. In die einzige Zelle der Tabelle wird nun die eigentliche Grafik eingefügt. Um der Grafik dann einen Rahmen zu geben, erhält die Tabelle einen farbigen Hintergrund. Die Farbe des Hintergrundes ist die spätere Rahmenfarbe des Bildes.

Beispiel:

Sie erstellen eine Tabelle, deren Hintergrundfarbe auf die gewünschte Rahmenfarbe eingestellt wird. Nun müssen Sie nur noch die Größe der Tabelle angeben (diese richtet sich nach der Grafik). Nun noch die eigentliche Grafik in die Tabelle einfügen, und der farbige Rahmen um die Grafik ist erstellt.

Das Beispiel ist auf der CD zum Buch enthalten.

```
<!doctype html public "-//w3c//dtd html 4.0//en">
<html>
<head>
<title>Farbiger Rahmen um eine Grafik</title>
</head>
<body>
  <table bgcolor="#808040" height = 300 width = 400>
    <h><th><img src="kroete.gif" alt="kr&ouml;te" ></th><h>
  </table>
</body>
</html>
```

Abbildung 23.8: Farbige Rahmen für Bilder erstellen

Grafiken in einen Rahmen mit Kontur einbinden

Mit Hilfe mehrerer Tabellen, die ineinander verschachtelt sind, können Sie erreichen, daß der Rahmen, den Sie um das Bild legen, ein räumliches Aussehen erhält. Möglich wird dies durch die verschiedenen Tabellen, von denen jede ihren eigenen Rahmen mitbringt. Sie können auch noch etwas Farbe in die einzelnen Rahmen bringen und somit das Aussehen nochmals verändern.

Beispiel:

Die erste Tabelle bildet den breiten Hauptrahmen, in den dann die weiteren Tabellen ihren Rahmen legen. In den Tabellen sind keine Zellen enthalten. Bei der zweiten Tabelle wurde mit dem Tag `<bordercolor>` Farbe in den Rahmen gebracht. Bevor Sie die Tabellen wieder schließen, fügen Sie noch die Grafik ein.

Das Beispiel ist auf der CD zum Buch enthalten.

```
<!doctype html public "-//w3c//dtd html 4.0//en">
<html>
<head>
<title>Farbiger Rahmen mit Konturen um eine Grafik</title>
</head>
<body>
  <table  border=15 cellspacing=0 cellpadding=0>
   <tr><td>
    <table bordercolor="#CC8030" border=3 cellspacing=0
cellpadding=0>
     <tr><td align="center">
      <table  border=7 cellspacing=0 cellpadding=0>
       <tr><td>
        <img src="kroete.gif">
       </td></tr>
      </table>
     </td></tr>
    </table>
    </td>
   </tr>
  </table>
</body>
</html>
```

Abbildung 23.9: Farbiger Rahmen mit Konturen um eine Grafik

Eine Meldung ausgeben, wenn vor dem vollständigen Laden aller Grafiken der Ladevorgang abgebrochen wird

Mit Hilfe des Ereignisses onAbort können Sie den Benutzer beim Unterbrechen des Ladevorgangs durch die Schaltfläche *Abbrechen* darauf hinweisen, daß noch nicht alle Grafiken vollständig geladen sind. In der Regel enthält eine Webseite jedoch mehrere Grafiken. Wenn Sie dieses Ereignis allen Grafiken zuordnen, muß der Benutzer im ungünstigsten Fall so viele Meldungen quittieren, wie Grafiken in der Webseite (nicht) vorhanden sind. Mit einer einfachen

Funktion können Sie die mehrfache Anzeige solcher Meldungen beim Auftreten des Ereignisses auf eine Meldung beschränken.

Beispiel:

Am Anfang des Scriptbereichs wird die Variable abort_msg mit dem Wahrheitswert true definiert. Anschließend folgt die Funktion Abort(). In der Funktion kann aufgrund einer bedingten Anweisung ein Meldungsfenster nur dann ausgegeben werden, wenn die Variable abort_msg den Wert true enthält. Bereits mit dem ersten Aufruf der Funktion erfolgt aber nach der Anzeige des Meldungsfensters die Zuweisung des Wertes false an die Variable abort_msg. Damit kann das Meldungsfenster nicht wiederholt angezeigt werden.

Das Beispiel ist auf der CD zum Buch enthalten.

```
<!doctype html public "-//w3c//dtd html 4.0//en">
<html>
<head>
<title>Noch nicht alle Grafiken sind geladen</title>
<script language="JavaScript">
<!--
   var abort_msg=true;
   function _Abort()
   {
     if (abort_msg==true)
     {
       alert("Es sind noch nicht alle Grafiken geladen!","");
       abort_msg=false;
     }
   }
//-->
</script>
</head>
<body>
   <img src="Kirche.gif" onAbort="_Abort()">
</body>
</html>
```

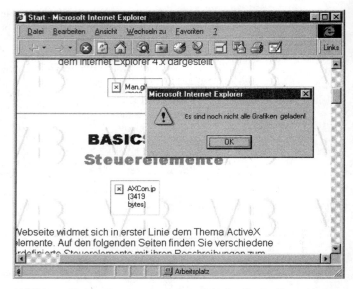

Abbildung 23.10: Ein Hinweis, daß noch nicht alle Grafiken geladen wurden

Ihre Grafiken anhand einer Slideshow präsentieren

Sie wollten schon immer mal Ihre Webseite mit einer Slideshow bereichern und wußten nicht wie Sie dies realisieren sollen? Im folgenden Tip werden Ihnen die Grundlagen hierfür anhand eines Beispiels nähergebracht. Eine Slideshow spart Ihnen auf Ihrer Webseite Platz, da Sie an einer Stelle mehrere Grafiken nacheinander zeigen können. Auch kann für eine kommerzielle Webseite mit einer Slideshow eine Produktvorstellung realisiert werden. Darüber hinaus ist es auch von Nutzen, ein Team anhand einer Slideshow vorzustellen. Sie sehen es gibt genügend Anwendungen zu diesem Tip.

Beispiel:

Nach dem Deklarieren eines Arrays wird dieses mit der URL der anzuzeigenden Bilder belegt. Jetzt werden die Variablen für die Zeitfunktionen, die für das Umschalten der Bilder verantwortlich sind, deklariert. Nun wird in der Funktion Slideshow das Array als Bildquelle festgelegt. Mit einer If...Else-Abfrage wird zwischen den einzelnen Bildern gewechselt. Dann wird die Funktion für den Timer erstellt. Hier wird die Zeit, die in der Variablen zeit festgelegt wurde, auf Null herabgezählt. Dieses Ereignis hat zur Folge, daß ein Bildwechsel eingeleitet wird. Mit onload wird die Funktion gestartet. Nun wird noch mit dem Tag <img> das erste Bild der Slideshow geladen. Ist die Abfrage einmal durchgelaufen, werden die Variablen für Bildnummer und Countdown zurückgesetzt, und die Slideshow beginnt von neuem.

Das Beispiel ist auf der CD zum Buch enthalten.

```
<!doctype html public "-//w3c//dtd html 4.0//en">
<html>
<head>
<title>Slideshow</title>
</head>
<script language="JavaScript">
 Bild = new Array(3);
 Bild[0] = "kroete.gif";
 Bild[1] = "Pokale.gif";
 Bild[2] = "kirche.gif";
  var zeit = 2;
  var Countdown = zeit;
  var bildnr = 0;
  var Zeitabgelaufen;
  var Zeitstartet;
   function slideshow()
   {
    self.document.anzeige.src = Bild[bildnr]
    if (bildnr < (Bild.length-1))
     bildnr++
```

```
    else
      bildnr = 0
     clearTimeout(Zeitstartet)
     Countdown = zeit
     countdown()
     Zeitabgelaufen = self.setTimeout("slideshow()",zeit *
1000)
   }
  function countdown()
  {
    Countdown--;
    Zeitstartet = setTimeout("countdown()",1000);
  }
</script>
 <body onLoad="slideshow()">
 <img src="kroete.gif" alt="kroete" name = "anzeige">
 </body>
 </html>
```

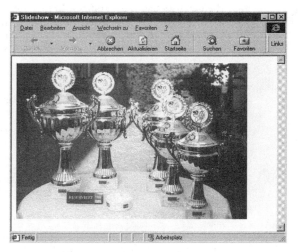

Abbildung 23.11: Eine Slideshow mit Funktionen in
JavaScript realisiert

Mit JavaScript eine Grafik bewegen

Wenn man sich so im Internet umsieht, dann scheint das Bewegen von Grafiken eine der beliebtesten Beschäftigungen der JavaScript-Programmierer zu sein. Dabei hat jeder seine eigene Technik, und jede Lösung hat ihre Vor- und Nachteile. Eine der vielen Möglichkeiten zur Realisierung dieses Themas ist das Bewegen der Grafik innerhalb einer einzeiligen Tabelle mit mehreren Spalten. Dabei wird die Grafik nacheinander dynamisch in jede einzelne Zelle geladen, während die vorhergehende Zelle mit einer leeren Grafik versehen wird. Auf diese Weise entsteht der Eindruck einer sprunghaften Bewegung der Grafik.

Beispiel:

Die HTML-Datei enthält eine Tabelle mit fünf Spalten. In die Zellen werden eine Grafik und viermal eine Grafik ohne Inhalt geladen. Im Scriptbereich befindet sich die Funktion Bewegung(), die in einer Zählschleife nacheinander die Grafik und die leere Grafik über die bereits geladenen Grafiken legt. Dabei werden die bereits vorhandenen Grafiken über ihren Index angesprochen. Der Motor dieses Vorgangs ist die JavaScript-Methode setInterval, die die Funktion Bewegung() in einem Abstand von 600 Millisekunden aufruft.

Das Beispiel ist auf der CD zum Buch enthalten.

```
<!doctype html public "-//w3c//dtd html 4.0//en">
<html>
<head>
<title>Grafik bewegen</title>
</head>
<body>
<table >
    <tr>
        <td><img src="kroete.Gif" name="k1"></td>
        <td><img src="dummy.Gif" name="k1"></td>
        <td><img src="dummy.Gif" name="k1"></td>
```

```
      <td><img src="dummy.Gif" name="k1"></td>
      <td><img src="dummy.Gif" name="k1"></td>
   </tr>
</table>
</body>
<script language="JavaScript">
<!--
var i=0;
var j=0;
function bewegung()
{
  if (i!=0) {j=i-1;}
  if (i<=4){document.images[i].src="kroete.Gif";}
  document.images[j].src="dummy.Gif";
  i++;
  if (i==5){i=0};
}
window.setInterval("bewegung()",600);
//-->
</script>
</html>
```

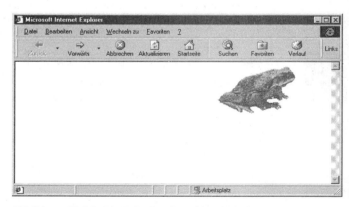

Abbildung 23.12: Die Kröte hüpft und hüpft und ...

Links, die als Bilder dargestellt werden ändern, wenn sich der Mauszeiger darüber befindet

Bei der Darstellung von Links als Bilder hat ein Besucher das Problem, daß er den Link als solchen schlecht erkennen kann. Um einem Besucher einen Link auch als solchen zu erkennen zu geben, kann die Grafik beim Anwählen mit dem Mauszeiger sein Aussehen wechseln. So kann sich zum Beispiel die Farbe der Grafik ändern. Da dieses Verfahren schon bei Textlinks eingesetzt wird, bietet es sich für Grafiken und Bilder natürlich auch an. Wenn Sie sich auf Ihrer Homepage dabei auf eine Farbe für Links festlegen, wird sich ein Besucher Ihrer Webseite schnell zurechtfinden.

Beispiel:

Nach dem Festlegen der Variablen status wird diese mit dem Wert 0 belegt. Diese Variable wird in der darauffolgenden Funktion in eine If...Else Abfrage eingebunden. Je nachdem, welchen Wert die Variable enthält, wird eine von zwei Grafiken geladen. Nach dem Ladevorgang wird der Wert der Variablen wieder getauscht, von dem Wert 0 auf den Wert 1 und umgekehrt. Die Funktion wird bei den Aktionen onMouseOver und onMouseOut aufgerufen, wobei bei onMouseOver der Parameter 0 und bei onMouseOut der Parameter 1 übergeben wird. Der Link führt zu einer nicht vorhandenen HTML-Seite.

Das Beispiel ist auf der CD zum Buch enthalten.

```
<!doctype html public "-//w3c//dtd html 4.0//en">
<html>
<head>
<title>Link animieren</title>
</head>
<script language="JavaScript">
<!--
var status;
    function wechsel()
    {
```

```
            if (status == 0)
            {
            document.bild.src = "Auto_gelb.gif";
            status = 1;
            }
            else
            {
            document.bild.src = "Auto_rot.gif";
            status = 0;
            }
    }
// -->
</script>
<body>
<a href="test.html" onMouseOver="wechsel(0)"
onMouseOut="wechsel(1)">
<img  name = "bild" src="Auto_rot.gif">
</a>
</body>
</html>
```

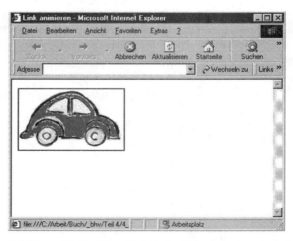

Abbildung 23.13: Einen Link als Grafik im Aussehen verändern, wenn sich der Mauszeiger darüber befindet

Beweglicher Schatten

Mit CSS-Filtern können Sie nicht nur Objekte statisch mit Schatten oder anderen Effekten versehen, sondern Sie können auch die Parameter der Filter dynamisch verändern. So sehen Sie z. B. im Abschnitt *CSS-Filter* dieses Buches ein Beispiel für den Filter Blur (nur im Internet Explorer möglich). Dieser Filter versieht ein Objekt mit einem Bewegungsschatten, der in seiner Intensität frei einstellbar ist. Doch mit dem Anzeigen der Seite bewegt sich das Objekt nicht wirklich, der Bewegungsschatten steht leider still. Mit etwas JavaScript läßt sich der Schatten aber doch noch bewegen.

Beispiel:

Als Objekt wurde eine Ebene mit dem Namen Ebene1 gewählt, die eine Grafik enthält. Nach dem Laden der HTML-Datei erfolgt der Aufruf der Funktion Fliegen. Am Anfang der Datei erfolgt die Auswertung der Werte der Variablen offset. Deren Inhalt wird dem Parameter strength zur Einstellung der Intensität des Bewegungsschattens übergeben. Je nachdem, ob dieser einen bestimmten Wert über- oder unterschritten hat, wird der Schatten verstärkt oder verringert. Am Ende der Funktion erfolgt deren erneuter zeitverzögerter Aufruf.

Das Beispiel ist auf der CD zum Buch enthalten.

```
<!doctype html public "-//w3c//dtd html 4.0//en">
<html>
<head>
<title>Beweglicher Schatten</title>
<script language="JavaScript">
<!--
var offset=1;
status=0;
function Fliegen()
{
    if (offset >= 30) status=1;
    if (offset <= 5) status=0;
```

```
    if (status==0)
     {

Ebene1.style.filter='blur(Strength='+offset+',Direction=315)';
        offset++;
     }
    else
     {

Ebene1.style.filter='blur(Strength='+offset+',Direction=315)';
        offset--;
     }
    setTimeout("Fliegen()",50);
}
// -->
</script>
</head>
<body onLoad="Fliegen()">
<div id="Ebene1" style="width:200;font-size:64pt;
    filter: blur(Strength=1,Direction=315)">
    <img src="Flieger.jpg" alt="Flieger"></DIV>
<div>
</body>
</html>
```

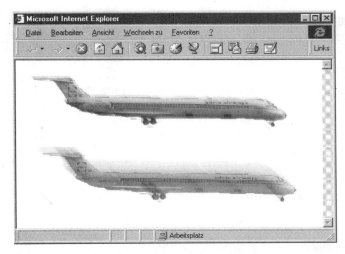

Abbildung 23.14: Der Schatten wechselt ständig seine Größe

Grafiken ineinander einfließen lassen

Während einer Präsentation oder Diashow erfolgt der Wechsel der Bilder in der Regel direkt aufeinander, also durch unmittelbares Austauschen. Mit Hilfe von CSS-Filtern können Sie dem Ganzen aber noch etwas Feinschliff verleihen. So ermöglicht z.B. der Filter blendtrans das allmähliche Ausblenden eines aktuellen Bildes und zugleich das Einblenden eines neuen Bildes. Diese Möglichkeit wurde bisher leider nur von Microsoft vorgestellt, der Netscape Navigator kann die Filter noch nicht interpretieren. Andererseits wird diese Technik zur Zeit aufgrund der sonst recht langen Ladezeit der Bilder sowieso eher zur Präsentation auf einem lokalen Rechner Verwendung finden.

Beispiel:

In der HTML-Datei befindet sich eine Grafik mit der ID Bild. Dieser Grafik ist der CSS-Filter blendTrans zugeordnet. Mit dem Auslösen des Ereignisses der Schaltfläche wird mit der Aktion des Filters die aktuelle Grafik gegen eine neue ausgetauscht. Mit dem Parameter duration= 3 wird die Zeit bis zum erfolgreichen Beenden der Aktion auf drei Sekunden festgelegt. Die zweite Grafik wird in diesem Beispiel erst mit dem Ausführen des Filters geladen. Beim Einsatz dieses Beispiels auf einem Server im WWW würde die Ladezeit den Überblendeffekt zunichte machen. Damit eignet sich dieses Beispiel eher für einen Einsatz auf einem lokalen Rechner in Form einer Präsentation. Für einen sinnvollen Einsatz auf einem Server empfiehlt es sich, die weiteren Grafiken sofort zu laden und mit dem Attribut visible:hidden zu versehen. Damit sind sie vorerst nicht sichtbar und stehen dafür sofort zur Verfügung.

Das Beispiel ist auf der CD zum Buch enthalten.

```
<!doctype html public "-//w3c//dtd html 4.0//en">
<html>
<head>
<title>Bilder überblenden</title>
</head>
<script language="JavaScript">
<!--
function anzeigen()
{
   Bild.filters.blendTrans.Apply();
   Bild.src ="Esel.jpg";
   Bild.filters.blendTrans.Play()
}
// -->
</script>
<body">
```

```
<img id="Bild" src="Seestern.jpg" height= 200 width= 300
   style="filter:blendTrans(duration=3)" alt="Bilder">
<p>
<input type="Button" value="Nächstes Bild"
onclick="anzeigen()">
</body>
</html>
```

Abbildung 23.15: Langsam werden beide Bilder ausgetauscht

KAPITEL

Textgestaltung

Auf den meisten Homepageseiten wird Ihnen anhand von Texten etwas mitgeteilt. Um wichtige Wörter hervorzuheben oder sie während ihrer Darstellung zu ändern, benötigen Sie immer wieder mehr als das normale HTML-Wissen. Wie Sie diese Gestaltungsmöglichkeiten und noch mehr realisieren, erfahren Sie im nächsten Kapitel.

24

Textgestaltung

Text mit Farbverlauf gestalten

Um eine Überschrift oder einen Text für den Betrachter interessant zu gestalten, bietet sich ein Farbverlauf zwischen den einzelnen Buchstaben an. Auch wenn es den Anschein hat, daß es sich dabei um kompliziertes Verfahren handelt, ist der Trick hierfür sehr einfach. Es wird nur nach jedem Buchstaben des Textes die Farbe für den darauffolgenden Buchstaben geändert. Schriften mit Textverlauf machen sich besonders auf schwarzem Hintergrund gut.

Beispiel:

Zuerst wird die Hintergrundfarbe deklariert und der Text in die Mitte der Seite gesetzt. Nun verändert man nach jedem Buchstaben die Farbe und kommt so zum gewünschten Resultat. Um einen schönen Farbverlauf zu realisieren, sollte man eine Farbtabelle zur Hand haben.

Das Beispiel ist auf der CD zum Buch enthalten.

```
<!doctype html public "-//w3c//dtd html 4.0//en">
<html>
<head>
<title>Text mit Farbverlauf</title>
</head>
<body bgcolor="#000000">
 <center><font color="#FF0000">T</font>
 <font color ="#FF0033">e</font>
 <font color ="#FF0066">x</font>
 <font color ="#FF0099">t</font>
 <font color ="#000000">  </font>
 <font color ="#FF00CC">m</font>
 <font color ="#FF00FF">i</font>
 <font color ="#FF33FF">t</font>
 <font color ="#000000">  </font>
```

```
<font color ="#FF66FF">F</font>
<font color ="#FF99FF">a</font>
<font color ="#FFCCFF">r</font>
<font color ="#FFFFFF">b</font>
<font color ="#FFCCFF">v</font>
<font color ="#FF99FF">e</font>
<font color ="#FF66FF">r</font>
<font color ="#FF33FF">l</font>
<font color ="#FF00FF">a</font>
<font color ="#FF00CC">u</font>
<font color ="#FF0099">f</font>
</center>
</body>
</html>
```

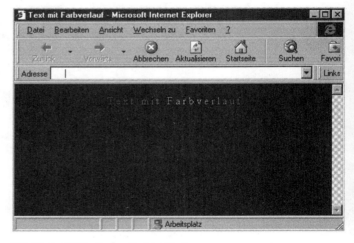

Abbildung 24.1: Farbverlauf im Text

Text immer genau in der Mitte plazieren

Um einen Text bei verschiedenen Auflösungen immer in die Bildschirmmitte zu bringen, kommt man mit der normalen Ausrichtung für die Plazierung eines Textes nicht mehr weiter. Eine immer gleiche Darstellung wird durch eine Tabelle erreicht, die über das ganze Fenster gelegt wird.

Beispiel:

Zuerst wird der Rahmen der Tabelle auf 0 gesetzt, so daß diese für den Betrachter unsichtbar bleibt. Die Ausrichtung der Tabelle erfolgt in der Mitte des Bildschirms. Die Breite und Höhe der Tabelle werden in Prozent angegeben. Der Text wird nun nur noch im Zentrum der Tabelle plaziert, und schon steht er immer im in der Mitte des Dokuments.

Das Beispiel ist auf der CD zum Buch enthalten.

```
<!doctype html public "-//w3c//dtd html 4.0//en">
<html>
<head>
<title>Text mittig ausgerichtet</title>
</head>
<body>
 <table border="0"
 width="100%" height="100%"
 cellspacing="0" cellpadding="0">
 <tr> <td align="center" valign="center"  > <center> Text,
 der immer in der Mitte steht
</center> </tr> </td> </table>
</body>
</html>
```

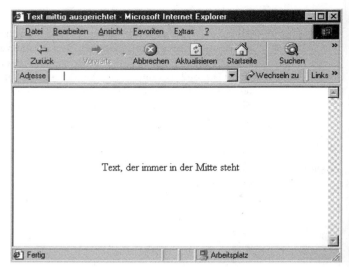

Abbildung 24.2: Textausrichtung unabhängig von der Bildschirm-auflösung

Text vertikal über eine Seite verteilen

Für die Einteilung von Textabschnitten oder einzelnen Texten, die über die ganze Seite verteilt sind, stehen Ihnen in HTML nur begrenzte Mittel zur Verfügung. Um jedoch eine korrekte Aufteilung Ihres Textes zu erreichen, bedienen wir uns einer Tabelle. Da Sie die Tabellengröße und Ausrichtung in Prozentangaben einstellen können, wird der Text, der in der Tabelle enthalten ist, immer an der gewünschten Stelle erscheinen.

Beispiel:

Als erstes wird eine blinde Tabelle erstellt, die sich mit prozentualen Höhen- und Breitenangaben sich über die ganze Seite erstreckt. Danach wird eine Kopfzelle mit dem <tr>-Tag erstellt. Nun folgt eine Datenzelle, die mit dem Tag <td> eingeleitet wird. Diese Datenzelle wird jetzt in der Höhe formatiert. In diese Zelle schreiben Sie nun den eigentlichen Text. Es werden so viele Datenzellen eingebunden, wie Sie für Ihren Text benötigen.

Das Beispiel ist auf der CD zum Buch enthalten.

```
<!doctype html public "-//w3c//dtd html 4.0//en">
<html>
<head>
<title>Text vertikal &uuml;ber eine Seite verteilen</title>
</head>
<body>
 <table height="100%" width="100%">
 <tr align="center" valign="center">
  <td height="33%">Hier steht der erste Text</td>
 </tr>
 <tr align="center" valign="center">
  <td height="33%">Hier steht der zweite Text</td>
 </tr>
 <tr align="center" valign="center">
  <td height="33%"> Hier steht der dritte Text</td>
 </tr>
 </table>
 </body>
 </html>
```

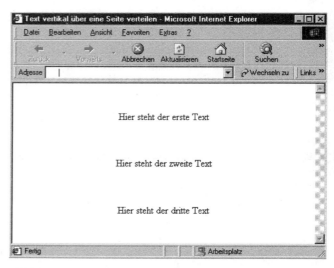

Abbildung 24.3: Vertikale Textausrichtung mit Hilfe einer Tabelle

Überschriften mit Tiptext belegen

Oft ist es notwendig, daß man zu Formelementen, Trennlinien, Textblöcken Tabellen, Teilen von Tabellen oder Überschriften einen Tiptext benötigt. Diese bekannte Einrichtung aus verschiedenen Microsoft-Programmen kann nun ab dem Internet Explorer 4.0 auch für Webseiten angewendet werden. Es wird nur der gewünschte Tiptext nach der Deklaration der Überschriften eingefügt, und schon wird er angezeigt, wenn der Betrachter mit der Maus über dem Text verweilt.

Beispiel:

Nach der Wahl der Überschrift wird der Tiptext mit dem Tag `<title>` definiert. Nun folgt die eigentliche Überschrift. Wird daraufhin mit dem Mauszeiger über dem Text verweilt, erscheint der definierte Text als Tooltip.

Das Beispiel ist auf der CD zum Buch enthalten.

```
<!doctype html public "-//w3c//dtd html 4.0//en">
<html>
<head>
<title>&uuml;berschrift mit Tiptext</title>
</head>
<body>
 <h4 title="Ein hilfreicher Zusatztext">
 <center> Eine &uuml;berschrift mit Tiptext </center></h4>
</body>
</html>
```

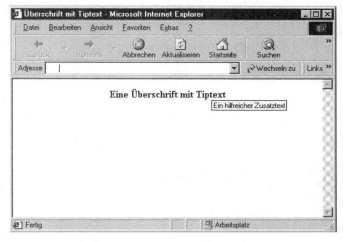

Abbildung 24.4: Überschrift mit Tiptext

Keinen weißen Text auf schwarzem Hintergrund

Um einen guten Kontrast zu erreichen, wird gerne weiße Schrift auf schwarzem Hintergrund verwendet. Dies hat jedoch einen Nachteil: Wird diese Seite mit dem Netscape Navigator ausgedruckt, ist die Schrift nicht sichtbar. Dieses Phänomen tritt auf, weil Hintergrundgrafik oder Farbe nicht mit ausgedruckt werden. Um diesem Problem entgegenzuwirken, sollte man eine leicht gräuliche Schrift verwenden, die noch einen guten Kontrast liefert aber auf Papier schon sichtbar ist.

Text mit Hilfe von Grafiken positionieren

Ein Text kann genau positioniert werden, indem man vor dem Text eine 1 Pixel große Grafik setzt. Die Farbe des Pixels wird auf transparent gestellt und ist somit für den Betrachter unsichtbar. Dieser Trick kann auch in jeder Zelle einer Tabelle eingesetzt werden. In dem unten gezeigten Beispiel wird ein Text um 150 Pixel nach rechts geschoben.

Beispiel:

Zuerst wird der Name der Grafik angegeben und danach die Breite und Höhe derselben. Anschließend folgt der eigentliche Text. Durch die unsichtbare Grafik wird der Text in die gewünschte Position gebracht. Mit dem Argument width = 150 wird der Abstand angegeben, wie weit der Text vom linken Bildschirmrand entfernt sein soll.

Das Beispiel ist auf der CD zum Buch enthalten.

```
<!doctype html public "-//w3c//dtd html 4.0//en">
<html>
<head>
<title>Text mit einem Pixel positionieren</title>
</head>
<body>
```

```
<img src="pixel.gif" width=150 height=1 align=top
alt="pixel">Geschobener Text
</body>
</html>
```

Abbildung 24.5: Text mit einer Grafik positionieren

Zeilenabstände mit einer Grafik definieren

Wenn Sie zwischen zwei Zeilen mehr Abstand haben wollen, kann es Probleme geben, dies mit dem `<br>`-Tag zu realisieren. Wenn der Abstand nicht ein Vielfaches einer Zeilenhöhe betragen soll, kann das `<br>`-Tag nicht angewendet werden. Ein einfacher Trick ist es, eine 1 Pixel große Grafik zu erstellen und diese zwischen den Zeilen zu plazieren. Die Größe des Pixels wird mit den Tags `width` oder `height` verändert. Für diese Gestaltungshilfe kann die gleiche Grafik verwendet werden, wie sie schon bei der Text Positionierung benutzt wurde.

Beispiel:

Nach dem ersten Satz wird mit <br> ein Zeilenumbruch erzwungen. Danach wird der Text der zweiten Zelle angefügt. Nun kommt der Pixel zum Einsatz, dessen Höhe den Abstand zwischen beiden Zeilen bestimmt. Zum Schluß wird noch ein Text zum Vergleich mit einer normalen Leerzeile dargestellt.

Das Beispiel ist auf der CD zum Buch enthalten.

```
<!doctype html public "-//w3c//dtd html 4.0//en">
<html>
<head>
<title>Zeilenabstand mit einem Pixel einstellen</title>
</head>
<body>
 Dieser Zeilenabstand wurde<br>
 <img src="pixel.gif" height="40" width="1"><br>
 mit der 1x1-Pixel-grafik hergestellt.
 <br><br>
 Hier zum Vergleich der Abstand mit einer Leerzeile.
</body>
</html>
```

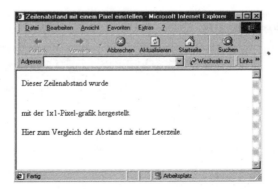

Abbildung 24.6: Leerzeilen mit Grafiken programmieren

Text auch bei Hintergrundgrafiken gut lesbar darstellen

Bei der Verwendung von Wallpapers (Hintergrundgrafiken) kann es vorkommen, daß die Lesbarkeit des Textes darunter leidet. Um den Text für den Betrachter wieder gut lesbar darstellen zu können, schreiben Sie ihn in eine einzellige Tabelle. Hier können Sie nun die Hintergrundfarbe so wählen, daß Sie einen guten Kontrast zwischen Text und Hintergrund erreichen.

Beispiel:

Zuerst wird die Hintergrundgrafik festgelegt. Danach eröffnen Sie eine blinde Tabelle. Nach der Definition der Hintergrundfarbe der Tabelle können Sie den gewünschten Text eintragen. Zum Vergleich wurde noch ein Text ohne diesen Trick auf die Hintergrundgrafik geschrieben.

Das Beispiel ist auf der CD zum Buch enthalten.

```
<!doctype html public "-//w3c//dtd html 4.0//en">
<html>
<head>
<title>Text gut lesbar darstellen</title>
</head>
 <body background="kroete.gif">
 Dieser Text ist schlecht lesbar Dieser Text ist schlecht
 lesbar
 Dieser Text ist schlecht lesbar
 <table bgcolor="#FFFFFF">
 <tr>  <td>Dieser Text ist auch bei einer
  Hintergrundgrafik gut lesbar</td>
  <td>Dieser Text ist auch bei einer Hintergrundgrafik gut
 lesbar</td>
  </tr>
  <tr>
  <td>Dieser Text ist auch bei einer Hintergrundgrafik gut
 lesbar</td>
  <td>Dieser Text ist auch bei einer Hintergrundgrafik gut
 lesbar</td>
```

```
 </tr>
 <tr>
 <td>Dieser Text ist auch bei einer Hintergrundgrafik gut
lesbar</td>
 <td>Dieser Text ist auch bei einer Hintergrundgrafik gut
lesbar</td>
 </tr>
</table>
</body>
</html>
```

Abbildung 24.7: Einem Text auch bei einer Hintergrundgrafik einen guten Kontrast geben

Absätze mit einem größeren Buchstaben beginnen

Um einen Absatz für den Betrachter optisch aufzuwerten, können Sie den Anfangsbuchstaben in einer größeren Schriftart schreiben. Diese Technik, die schon in alten Büchern verwendet wurde, wertet Textblöcke sowie auch einen einzigen Textabschnitt auf.

Beispiel:

Die Größe der Schriftart wird nur mit der Anweisung size plus der gewünschten Größenänderung als Zahl angegeben. Danach schließen Sie den Tag und schreiben den restlichen Text.

Das Beispiel ist auf der CD zum Buch enthalten.

```
<!doctype html public "-//w3c//dtd html 4.0//en">
<html>
<head>
<title>Abs&auml;tze mit großen Buchstaben beginnen</title>
</head>
<body>
 <p><font size="+3">D</font>ieser Text
 beginnt mit einem gro&szlig;en Buchstaben.</p>
</body>
</html>
```

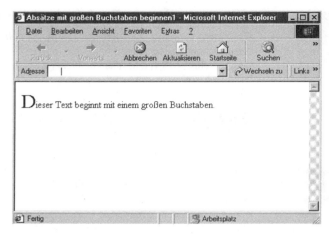

Abbildung 24.8: Absätze mit großen Buchstaben beginnen

Beispiel:

Im nächsten Beispiel wird der erste Buchstabe als Bild vor dem eigentlichen Text abgelegt. Dies hat den Vorteil, daß Sie in einem Grafikprogramm Ihrer Gestaltung freien Lauf lassen können und somit die beste Optik für Ihren Textanfang erreichen.

Das Beispiel ist auf der CD zum Buch enthalten.

```
<!doctype html public "-//w3c//dtd html 4.0//en">
<html>
<head>
<title>Abs&auml;tze mit gro&szlig;en Buchstaben beginnen2</
title>
</head>
<body>
 <p><font size="+3">D</font>ieser Text beginnt mit einem
gro&szlig;en
```

```
Buchstaben.</p>
<p><img src="buchst_d.bmp" width=28 height=30 align="left"
alt="D">ieser Text beginnt mit einem gro&szlig;en
Buchstaben.</p>
</body>
</html>
```

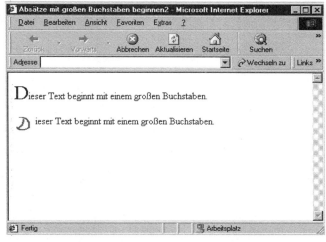

Abbildung 24.9: Anfangsbuchstaben verschieden gestalten

Mehrere Absätze mit einer Grafik beginnen

Wenn Sie vor mehreren Zeilen am Anfang eine Grafik voranstellen möchten, bietet HTML keine befriedigende vordefinierte Möglichkeit an. Um diese Aufgabe zu lösen, benötigen Sie eine Tabelle. Diese bleibt für den Betrachter unsichtbar und dient nur dazu, Grafik und Text zueinander auszurichten. Wie Sie sehen, wird einmal mehr eine Tabelle zur Lösung eines Problems benutzt.

Beispiel:

Zu Anfang definieren Sie eine blinde Tabelle. Nun geben Sie mit der Stärke der Gitternetzlinien deren Abstand des Zelleninhalts zum Zellenrand an. Danach richten Sie die Tabellenzeile aus. Jetzt kann die Datenzelle, in der die Grafik und der Text plaziert wird, angegeben werden.

Das Beispiel ist auf der CD zum Buch enthalten.

```
<!doctype html public "-//w3c//dtd html 4.0//en">
<html>
<head>
<title>Abs&auml;tze mit einer Grafik beginnen</title>
</head>
<body>
<table cellspacing=3 cellpadding=0>
 <tr align="left" valign="center">
  <td align="center"><img src="buchst_d.bmp" width=35
height=40
  hspace=3 alt="d"></td>
  <td>er erste Absatz, der mit einer Grafik beginnt.</td>
 </tr>
 <tr align="left" valign="center">
  <td align="center"><img src="buchst_j.bmp" width=35
  height=40 hspace=3 alt="j"></td>
  <td>etzt folgt der zweite Text mit Grafik.</td>
 </tr>
 <tr align="left" valign="center">
  <td align="center"><img src="buchst_a.bmp" width=35
  height=40 hspace=3 alt="a"></td>
  <td>uch die letzte Zeile bekommt eine Grafik.</td>
 </tr>
 </table>
</body>
</html>
```

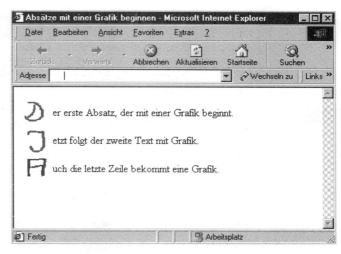

Abbildung 24.10: Absätze die mit einer Grafik beginnen

Wie Sie einen Text mit einem Rahmen versehen

Sie können ein Eingabefeld so definieren, daß es kein Eingabefeld mehr ist, sondern ein ganz normales Ausgabefeld. Diese Eigenschaft können Sie nutzen, um Werte, die mit einer Script- sprache ermittelt wurden, in ein Formularfeld zu schreiben. Oder Sie benötigen ein Feld mit einem Rahmen. Das können Sie mit einem gesperrten Eingabefeld leichter erreichen als mit einer Tabelle.

Beispiel:

Das Eingabefeld wird mit dem `<input>`-Tag eingeleitet. Die Größe dieses Ausgabefeldes wird mit `maxlength` und `size` angegeben. Danach folgt der eigentliche Text mit den Größenangaben. Um die Eingabe zu sperren, wird das Argument `readonly` verwendet.

Das Beispiel ist auf der CD zum Buch enthalten.

```
<!doctype html public "-//w3c//dtd html 4.0//en">
<html>
<head>
<title>Text mit Rahmen darstellen</title>
</head>
 <body background="kroete.gif">
 <input name="Ausgabe" maxlength=35 size=14 value="Gut
 lesbarer Text" readonly><br>
 Text ohne Rahmen ist schlecht lesbar.
</body>
</html>
```

Abbildung 24.11: Text mit Rahmen darstellen

Absätze mit einer Hintergrundgrafik hinterlegen

Um einen Absatz mit einer Hintergrundgrafik optisch aufzuwerten, nehmen Sie CSS zur Hilfe. Durch diesen Trick wird nur der Text, der in dem Absatz steht, mit einer Grafik hinterlegt. Verändern Sie die Größe des Browsers, paßt sich natürlich der Text und die Grafik des Absatzes an die neue Größe des Fensters an. Sie können mit diesem Trick auch einzelne Wörter oder Sätze aufwerten und ansprechender gestalten.

Beispiel:

Dieses Beispiel wurde mit Style Sheets realisiert. Sie geben der CSS-Funktion einen Namen, damit Sie diese Funktion im Absatz wieder ansprechen können. In der Funktion selber tragen Sie nur ein, wie das Hintergrundbild heißt und wo es zu finden ist. Nun wird noch definiert, daß es keine Wiederholung der Hintergrundgrafik gibt. Jetzt folgen die eigentlichen Absätze, wobei im ersten die CSS-Funktion aufgerufen wird.

Das Beispiel ist auf der CD zum Buch enthalten.

```
<!doctype html public "-//w3c//dtd html 4.0//en">
<html>
<head>
<title>Abs&auml;tze mit Hintergrundgrafiken hinterlegen</title>
</head>
<body>
<style type="text/css">
<!--
P.Bsp
{
 background-image: url(kroete.gif);
 background-repeat: no-repeat
}
// -->
</style>
<p class="Bsp"> <font color="#FFFFFF">
```

Das Hintergrundbild erscheint nur in diesem Absatz. Das
Hintergrundbild erscheint nur in diesem Absatz. Das
Hintergrundbild
erscheint nur in diesem Absatz. Das Hintergrundbild erscheint
nur in
diesem Absatz.
</p> </font>
<p> Hier erscheint kein Hintergrundbild. Hier erscheint kein
Hintergrundbild. Hier erscheint kein Hintergrundbild. Hier
erscheint
kein Hintergrundbild.
</p></body>
</html>

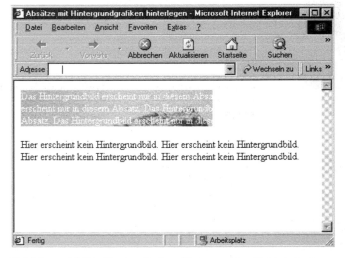

Abbildung 24.12: Absatz mit einer Hintergrundgrafik hinterlegt

Text oder Textabschnitte hervorheben

Sie wollen Wörter oder ganze Texte sichtbar vom anderen Text hervorheben? Mit Hilfe einer CSS- Funktion erhalten Sie das gewünschte Ergebnis. Die Stileigenschaft des Tags <strong> können Sie nach Ihren Bedürfnissen anpassen. Darin enthalten sind Hintergrundfarbe, Schriftfarbe, Schriftart und Schriftstil.

Beispiel:

Sie geben mit Hilfe von CSS die Hintergrundfarbe, Schriftfarbe, Schriftart und den Schriftstil für den hervorgehobenen Text an. Danach wird nur noch der Text, der hervorgehoben werden soll, in dem Tag <strong> geschrieben .

Das Beispiel ist auf der CD zum Buch enthalten.

```
<!doctype html public "-//w3c//dtd html 4.0//en">
<html>
<head>
<title>Text oder Textabschnitte hervorheben</title>
</head>
<body>
 <style type="text/css">
 <!--
 strong
 {
  color: red;
  background-color: yellow;
  font-weight: bold;
  font-style: italic;
 }
 // -->
 </style>
 <p><strong>Die Gestaltung kann beliebig angewendet
werden.</strong><p>
 <p>Jetzt wird der Text auf gelbem  <strong>Hintergrund in Rot
```

```
dargestellt.</strong> Jetzt wird normal weitergeschrieben.</
p>
</body>
</html>
```

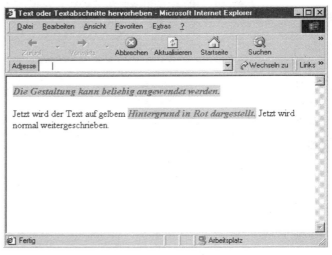

Abbildung 24.13: Textabschnitte oder ganze Texte hervorheben

Wichtige Absätze hervorheben

Um wichtige Absätze hervorzuheben, können Sie mit Hilfe von CSS den Tag <blockquote> nach Ihren Bedürfnissen mit Attributen anpassen. Hiermit können Sie ansprechende Erfolge erzielen. Sie können einen Rahmen um den Text definieren und den Absatz nach Ihren Wünschen im Fenster aufrufen. Text, Schriftart und Farbe können natürlich genauso angepaßt werden wie die Plazierung im eigentlichen Rahmen.

Beispiel:

Am Anfang wird festgelegt, wo Sie den Absatz im Fenster ausrichten wollen. Dies geschieht mit den Anweisungen margin-left und margin-right. Die eigentlichen Wertangaben können in Zentimetern oder in Prozent angegeben werden. Nun folgt die Einstellung der Eigenschaften für den Rahmen. Mit padding legen Sie die Textausrichtung innerhalb des Rahmens fest. Jetzt werden noch die Farben für Schrift und Hintergrund angegeben, bevor der eigentliche Text in HTML folgt.

Das Beispiel ist auf der CD zum Buch enthalten.

```
<!doctype html public "-//w3c//dtd html 4.0//en">
<html>
<head>
<title>Wichtige Abs&auml;tze hervorheben</title>
</head>
<body>
 <style type="text/css">
 <!--
 blockquote.Abs1
 {
  margin-left: 25%;
  margin-right: 25%;
  border: groove strong blue;
  padding: 15 15 15 15;
  background-color: yellow;
  color: blue;
 }
 // -->
 </style>
 <blockquote class="Abs1"><p>Dieser Absatz ist hervorgehoben.
 Dieser Absatz ist hervorgehoben. Dieser Absatz ist
 hervorgehoben.</p>
 <p>Dieser Absatz ist hervorgehoben. Dieser Absatz ist
 wichtig. Oder
```

```
dieser
Absatz könnte wichtig sein.</p></blockqoute>
</body>
</html>
```

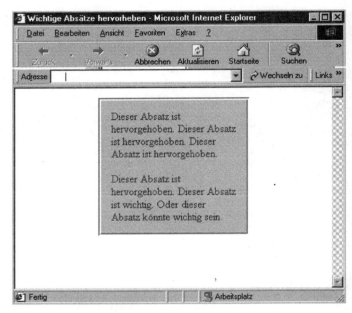

Abbildung 24.14: Wichtige Absätze hervorheben

Überschriften mit Hilfe von CSS gestalten

Wenn Sie in einem längeren Text Ihre Überschriften oder andere Textabschnitte immer wieder mit derselben Farbe, Schriftart, Rahmen usw. darstellen möchten, verwenden Sie CSS, um die Überschrift zu deklarieren. Sie haben hier die Möglichkeit, Attribute für Farbe, Rahmen usw. festzulegen. Nun werden bei jedem Aufruf des deklarierten Tags die entsprechenden Attribute angewendet und die Überschrift hat immer das gleiche Aussehen.

Beispiel:

Nachdem Sie das Tag genannt haben, auf das die Attribute angewendet werden sollen, wird die Textfarbe für selbiges angegeben. Jetzt werden die Attribute für Rahmenfarbe und Rahmenstärke ergänzt. Nun wird die CSS-Funktion abgeschlossen, und Sie können mit dem eigentlichen Text beginnen. Wenn Sie jetzt den Tag <h1> verwenden, wird dieser immer mit den in der CSS-Funktion genannten Attributen verwendet.

Das Beispiel ist auf der CD zum Buch enthalten.

```
<!doctype html public "-//w3c//dtd html 4.0//en">
<html>
<head>
<title>&Uuml;berschriften mit Hilfe von CSS gestalten</title>
</head>
<body>
 <style type="text/css">
 <!--
 H1
 {
 color: Red;
 text-align: center;
 border-color: Blue;
 border-style: groove;
 }
 // -->
 </style>
 <h1>Der &Uuml;berschriftentyp h1 sieht nun so aus.</h1>
</body>
</html>
```

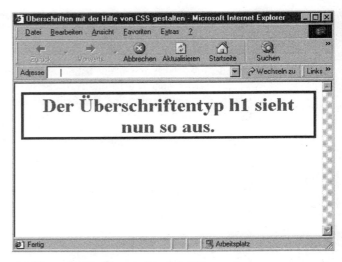

Abbildung 24.15: Überschriften mit CSS gestalten

Text mit Hilfe von DHTML während des Anzeigens ändern

Mit normalen HTML-Tags haben Sie keine Möglichkeit, einen Text, während er im Browser angezeigt wird, zu verändern. Selbst mit den Scriptsprachen wie JavaScript und VBScript alleine erzielen Sie diesen Effekt nicht. Durch die Änderung des Textes während der Darstellung entsteht eine Art Bewegung, die Sie für wichtige Textabschnitte einsetzen können. So können Sie die Aufmerksamkeit des Betrachters gezielt auf bestimmte Absätze, Sätze oder Wörter lenken.

Beachten Sie, daß zuviel Bewegung auf einer Webseite den Betrachter verwirrt und er leicht den Überblick verlieren kann. Setzen Sie deshalb nur für absolut wichtige Texte diesen DHTML-Tip zur Textänderung während des Anzeigens ein.

Beispiel:

Zuerst wird ein Style Sheet mit dem Namen *Bewegen* programmiert, der angibt, daß die Buchstaben ein Leerzeichen Abstand haben und in der Farbe rot dargestellt werden. Danach folgt die Funktion bewegen, die in JavaScript geschrieben wurde. Mit dieser Funktion wird Style Sheet *Bewegen* aufgerufen, wenn die Webseite geladen wird. Im <body>-Tag wird nun beim Ereignis Laden der JavaScript-Funktion die Zeit übergeben, wann die Funktion aufgerufen wird. Das Ergebnis ist ein Text, der seine Schrift und Farbe während der Darstellung ändert.

Das Beispiel ist auf der CD zum Buch enthalten.

```
<!doctype html public "-//w3c//dtd html 4.0//en">
<head>
<title>Schrift und Farbe &auml;ndern</title>
<style type="text/css">
   .bewegen { letter-spacing:1; color:red }
</style>
<script language="JavaScript">
<!--
 function bewegen()
   {
      document.all.bewegen.className =
document.all.bewegen.className
      ==
      "bewegen" ?  "" : "bewegen";
   }
// -->
</script>
</head>
```

```
<body onload="window.tm=setInterval('bewegen()', 2000)"
  onunload="clearInterval(window.tm)">
  <h1>Texte w&auml;hrend der Darstellung &auml;ndern!</h1>
  <p>
  Wenn Sie dem Betrachter etwas Wichtiges<br>
  zu sagen haben, verwenden Sie einfach DHTML.<br>
  <span id="bewegen">
  Texte koennen mit DHTML waehrend der Darstellung geaendert
werden.
  </span>
  <br>
  Dieser so angezeigte Text faellt jedem Betrachter sofort
auf.
  </p>
 </body>
</html>
```

Abbildung 24.16: Text mit DHTML während der Darstellung ändern.

Text, der sich verändert, wenn der Cursor darüber ist

Sie möchten dem Benutzer zwecks besseren Überblick einen bestimmten Text hervorheben. Mit DHTML ist das kein Problem für Sie. Beim Überfahren des vorher definierten Textes mit dem Maus-Zeiger verändert sich das Aussehen des Textes. Dies kann zum besseren Lesen eines ganzen Abschnitts oder Absatzes verwendet werden. Es können dem Betrachter auch zusammengehörige Texte angezeigt werden. Ein anderer Anwendungszweck wäre, einen unsichtbaren Text auf Ihrer Webseite zu verstecken, und der Benutzer bekommt ihn nur dann zu Gesicht, wenn sich der Cursor darüber befindet. Sie sehen, Ihrer Phantasie sind keine Grenzen gesetzt.

Beispiel:

Um die Änderung des Hintergrundes zu realisieren, erstellen Sie zuerst eine Funktion in CSS, die Sie später im HTML-Code aufrufen. In dieser Funktion wird die Hintergrundfarbe auf rot gesetzt. Nun wird im eigentlichen Hauptteil in HTML der Event-Handler onmouseover eingesetzt. Wenn das Ereignis eintritt, daß sich der Cursor über dem Text befindet, wird die vorher in CSS eingestellte Änderung des Hintergrundes wirksam. Befindet sich der Cursor nicht mehr über der Überschrift, wird diese wieder normal dargestellt.

Das Beispiel ist auf der CD zum Buch enthalten.

```
<!doctype html public "-//w3c//dtd html 4.0//en">
<html>
<head>
<title>Ver&auml;nderungen_durch_den_Cursor</title>
</head>
<style type="text/css">
  .aendern { background: red}
</style>
<body>
<h1 onmouseover="this.className = 'aendern';"
```

```
onmouseout="this.className = '';">
Dieser Text ver&auml;ndert seinen Hintergrund,
wenn sich der Cursor darüber befindet.</h1>
</body>
</html>
```

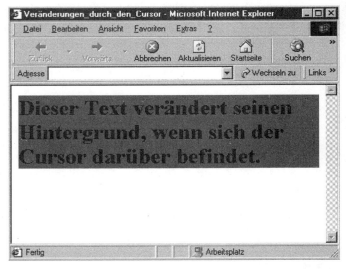

Abbildung 24.17: Text im Aussehen verändern, wenn er mit dem Cursor angewählt wird

KAPITEL

Texteingabefelder mit Hilfe von Scriptsprachen gestalten und auswerten

Im folgenden Kapitel wird Ihnen gezeigt, wie Sie Eingabefelder gestalten können und die darin erfolgten Eingaben auswerten.

25

Texteingabefelder mit Hilfe von Scriptsprachen gestalten und auswerten

Fokus auf Element setzen

Um den Benutzer eines Formulars auf die Eingabe in ein Eingabefeld hinzuweisen, können Sie den Cursor bereits beim Öffnen des Formulars auf ein bestimmtes Eingabefeld setzen lassen.

Beispiel:

Ein Formular und die in ihm enthaltenen Elemente werden von dem *Document*-Objekt verwaltet. Mit der Anweisung document.Formular.Eingabe.focus() wird der Fokus unmittelbar nach der Anzeige des Formulars auf das Eingabefeld myFormular gesetzt. Da der hier verwendete JavaScript-Code unmittelbar nach dem Öffnen der Webseite auf das Element des Formulars zugreift, muß dieses vor dem Ausführen des Codes definiert werden.

Das Beispiel ist auf der CD zum Buch enthalten.

```
<!doctype html public "-//w3c//dtd html 4.0//en">
<html>
<head>
<title>Fokus in das Eingabefeld setzen</title>
</head>
<body>
<form name="myFormular">
    Geben Sie hier Ihren Namen ein:<input name="Eingabe">
</form>
<script language="JavaScript">
    <!--
    document.myFormular.Eingabe.focus();
    //-->
```

```
</script>
</body>
</html>
```

Abbildung 25.1: Den Fokus in ein Eingabefeld setzen

Daten des Formularbenutzers ermitteln

Wenn Sie auf Ihrer Webseite ein Formular erstellt haben, werden Sie sicher öfter eine E-Mail bekommen. Mit der E-Mail erhalten Sie alle vom Benutzer des Formulars eingegebenen Daten, aber auch nicht mehr. Wenn Sie an weiteren Informationen über den Absender der Daten interessiert sind, können Sie mit JavaScript Daten in versteckte Formularelemente schreiben. Der Inhalt der versteckten Elemente wird dann gemeinsam mit den restlichen Daten an Ihre E-Mail-Adresse gesendet.

Zum Erstellen eines versteckten Elements verwenden Sie das Attribut type=hidden. Damit Sie das Element mit Java Script ansprechen können, ist außerdem die Zuweisung eines eindeutigen Namens erforderlich.

Beispiel:

Zuerst wird ein Formular programmiert, in dem sich die drei Eingabefelder befinden. In diesem Formular geben Sie die gewünschte E-Mail-Adresse an und wohin die Eingaben geschickt werden. Wird nun nach der Eingabe die Schaltfläche *Absenden* betätigt, wird durch die JavaScript- Funktion das jeweilige installierte E-Mail-Programm aufgerufen, und die im Formular1 eingegebenen Daten werden übermittelt.

Das Beispiel ist auf der CD zum Buch enthalten.

```
<!doctype html public "-//w3c//dtd html 4.0//en">
<html>
<head>
<title>Daten_ermitteln</title>
<script language="JavaScript">
<!--
 function pruefen()
 document.Formular1.agent.value = navigator.userAgent;
//-->
</script>
</head>
<body>
<form method="post" action="mailto:Name@abc.com" name
="Formular1">
   Nachname:<br>
   <input name="Feld1"><br>
   Vorname:<br>
   <input name="Feld2"><br>
   E-Mail-Adresse:<br>
   <input name="Feld3"><br>
```

```
<input type=hidden name="agent"><br>
<input type=submit value="Absenden">
<onSubmit="return pruefen()">
</form>
</body>
</html>
```

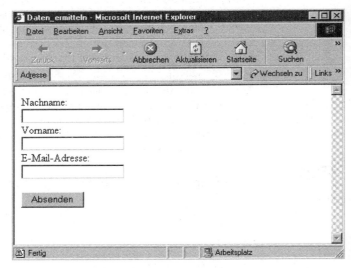

Abbildung 25.2: Daten des Benutzers übermitteln

Formulardaten überprüfen

Wenn Sie ein Formular zur Eingabe von verschiedenen Daten erstellen, dann erwarten Sie in der Regel auch, daß der Benutzer alle Angaben vollständig absendet. Schließlich benötigen Sie die Angaben für einen bestimmten Zweck. Um nun den Benutzer am Absenden eines unvollständigen Formulars zu hindern, können Sie in einer speziellen Prüfroutine alle Felder des Formulars auf ihre Vollständigkeit überprüfen.

Beispiel:

Im Scriptbereich finden Sie die Funktion pruefe(). Innerhalb der Funktion erfolgt mit Hilfe einer vereinfachten Abfrage die Überprüfung der Inhalte der einzelnen Eingabefelder.

Wenn sich der Inhalt eines der Elemente als leere Zeichenkette erweist, dann enthält die Variable check den Wert true, und es erfolgt die Ausgabe eines Meldungsfensters. Außerdem ist dann der Rückgabewert der Funktion false. Im anderen Fall, also jedes Element verfügt über einen Inhalt, wird die Ausgabe des Meldungsfensters nicht ausgeführt, und der Rückgabewert der Funktion ist true.

In der Definition des Formulars erfolgt mit onSubmit="return pruefe()" die Abfrage des Rückgabewertes der Funktion nach ihrem Aufruf durch die *Absenden*-Schaltfläche. Im Falle eines Rückgabewertes mit dem Wert false wird die Aktion der *Absenden*-Schaltfläche nicht ausgeführt, und der Benutzer muß erst die Eingabe vervollständigen.

Das Beispiel ist auf der CD zum Buch enthalten.

```
<!doctype html public "-//w3c//dtd html 4.0//en">
<html>
<head>
<title>Formulardaten pr&uueml;fen</title>
<script language="JavaScript">
<!--
function pruefe()
{
  var check=true;
  check = (document.Formular1.Name.value == "") ? false :
true;
  check = (document.Formular1.Alter.value == "") ? false :
true;
  check = (document.Formular1.Groesse.value == "") ? false :
true;
  if (check==false)
  {
```

```
        alert("Bitte f&uueml;llen Sie alle Felder aus!");
        return false;
    }
    return true;
}
//-->
</script>
</head>
<body>
    <form name="Formular1" onSubmit="return pruefe();">
        Name: <input name ="Name"><br>
        Alter: <input name="Alter" ><br>
        Groessee: <input name="Groesse"><br>
        <input type="submit">
        <input type="reset">
    </form>
</body>
</html>
```

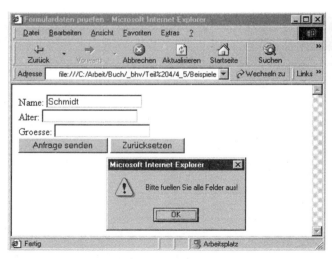

Abbildung 25.3: Die Überprüfung der Vollständigkeit eines Formulars

E-Mail-Adresse prüfen

Mit E-Mail-Adressen können Sie dem Benutzer eines Formulars das Leben ganz schön schwer machen. Die Schuld daran liegt eindeutig bei der manchmal reichlich kryptischen Schreibweise, die spätestens bei der Eingabe des @-Zeichens eine wahre Fingerakrobatik verlangt. Um das Absenden der Daten an eine ungültige Adresse zu verhindern, können Sie die korrekte Eingabe der E-Mail-Adresse mit wenigen Programmzeilen überprüfen.

Beispiel:

Beim Betätigen der *Absenden*-Schaltfläche wird mit Hilfe der Methode indexOf der Inhalt des Eingabefeldes auf das Vorkommen der Zeichen '@' und '.' untersucht. Dabei erfolgt die Verknüpfung der beiden Bedingungen mit dem ODER-Operator ('||'). Ist eines der beiden gesuchten Zeichen nicht vorhanden, so beträgt der Rückgabewert von indexOf den Wert -1, und der Benutzer wird über ein Meldungsfenster auf die ungültige Adresse hingewiesen. Außerdem gibt die Funktion an das Formular den Wert false zurück, und das Absenden der Daten wird nicht ausgeführt.

Das Beispiel ist auf der CD zum Buch enthalten.

```
<!doctype html public "-//w3c//dtd html 4.0//en">
<html>
<head>
<title>E-Mail pr&uuml;fen</title>
<script language="JavaScript">
<!--
function pruefen()
    {
    if (document.Form1.mail.value.indexOf('@',0)== -1 ||
    document.Form1.mail.value.indexOf('.',0)== -1)
    {
    alert ("Ihre E-Mail-Adresse ist ungültig!");
    return false;
    }
```

```
    }
//-->
</script>
</head>
<body>
<form name="Form1" action="mailto:xxx@domain.com"
onSubmit="return
    pruefen()">
    E-Mail: <input name="mail">
    <input type="submit">
</form>
</body>
</html>
```

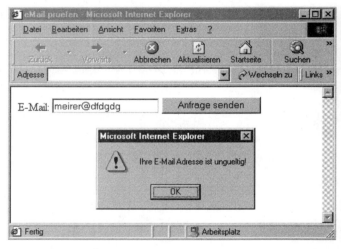

Abbildung 25.4: Überprüfung einer E-Mail-Adresse

Prüfen, ob Zahlen eingegeben wurden

Fehleingaben bei einem Formular kommen durchaus einmal vor, doch der Empfänger der Daten hat dann in der Regel ein echtes Problem. Vor allem wenn es sich um eine ungültige Postleitzahl handelt. Das muß aber nicht so sein, mit einer Überprüfung der eingegebenen Zeichenkette kann solch ein Problem vermieden werden.

Beispiel:

Vor dem Absenden der Daten erfolgt der Aufruf der Funktion pruefe. In der Funktion wird innerhalb einer Zählschleife mit der Methode substr jedes eingegebene Zeichen einzeln überprüft. Der Überprüfung liegt folgende Logik zugrunde: Alle Zeichen stehen im Zeichensatz in einer bestimmten Reihenfolge. Also bilden die aufeinanderfolgenden Zeichen 0 bis 9 eine geschlossene Reihe innerhalb dieser Reihenfolge. Demzufolge sind alle anderen Zeichen innerhalb des gesamten Zeichensatzes kleiner oder größer als 0-9. Sobald also ein Zeichen außerhalb dieser Reihe entdeckt wird, erfolgt eine entsprechende Meldung, und das Versenden der Daten wird abgebrochen.

Das Beispiel ist auf der CD zum Buch enthalten.

```
<!doctype html public "-//w3c//dtd html 4.0//en">
<html>
<head>
<title>Zahlen pr&uuml;fen</title>
<script language="JavaScript">
<!--
function pruefen()
    {
        var i=0;
            for (i=0;i<document.Form1.plz.value.length;i++)
            {
            if (document.Form1.plz.value.substr(i,1)<"0"||
            document.Form1.plz.value.substr(i,1)>"9")
```

```
        {
        alert ("Bitte geben Sie nur Zahlen ein");
        return false;
        }
      }
    }
//-->
</script>
</head>
<body>
<form name="Form1" action="mailto:xxx@domain.com"
onSubmit="return pruefen()">
    Postleitzahl: <input name="plz">
    <input type="submit">
</form>
</body>
</html>
```

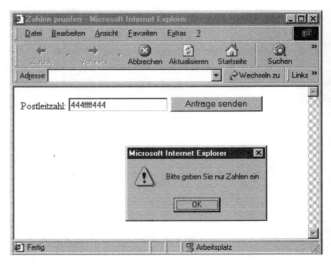

Abbildung 25.5: Überprüfung eines Eingabefeldes nach Zahlen

Eingabefeld mit dynamischen Hilfstext

In der Regel erfährt der Benutzer den Zweck eines Eingabefeldes über dessen Beschriftung. Stellen Sie sich doch einmal ein Eingabefeld vor, in dem sein Zweck als dynamischer Text enthalten ist. Dieser Text könnte z. B. ständig seinen Inhalt wechseln, beim Anklikken des Eingabefeldes erscheint der Hinweistext nicht mehr, und der Benutzer kann die Eingabe vornehmen.

Beispiel:

Die HTML-Datei enthält zwei Eingabefelder, wobei der Hilfetext in dem oberen Feld erscheint. Die beiden Variablen status1 und status2 sind für die Überwachung der Textausgabe zuständig. Die Funktion TextAusgeben schreibt den entsprechenden Text in das Eingabefeld. Dabei steuert die Variable status1 die wechselweise Anzeige eines der beiden Texte. Am Ende der Funktion erfolgt deren erneuter zeitverzögerter Aufruf mit Hilfe der Methode setTimeout. Sobald über dem Eingabefeld das Ereignis onClick auslöst wurde, erfolgt der Aufruf der Funktion Stop, in der die Variable status2 den Wert 1 erhält und damit ein erneuter Aufruf der Funktion TextAusgeben nicht mehr erfolgt. Da der hier verwendete JavaScript-Code unmittelbar nach dem Öffnen der Webseite auf das Element des Formulars zugreift, muß dieses vor dem Ausführen des Codes definiert werden.

Das Beispiel ist auf der CD zum Buch enthalten.

```
<!doctype html public "-//w3c//dtd html 4.0//en">
<html>
<head>
<title>Dynamischer Hilfetext</title>
</head>
<body>
<form name="Form1">
 <input name="text1" onClick="_Stop()"><br>
 <input name="text2">
<script language="JavaScript">
```

```
<!--
var status1=0;
var status2=0;
TextAusgeben();
function TextAusgeben()
{  if (status1==1)
       status1=0;
        else
        status1=1;
    if (status2==0)
    {   if (status1==1)
        document.Form1.text1.value="              Den Namen";
        else
        document.Form1.text1.value="            hier eingeben";
    if (status2==0)
       setTimeout("TextAusgeben()",700);
    }
}
function _Stop()
{    status2=1;
    document.Form1.text1.value="";
}
//-->
</script>
</form>
</body>
</html>
```

Abbildung 25.6: Dynamischer Hilfetext für ein Eingabefeld

KAPITEL

Komplexe Webseitengestaltung mit DHTML und Scriptsprachen

Soll Bewegung in eine Internet-Seite kommen, so kommt man um den Einsatz von DHTML meist nicht vorbei. Auch das Berechnen von Ergebnissen mit getätigten Eingaben wird Ihnen in diesem Kapitel vorgestellt.

26

Komplexe Webseitengestaltung mit DHTML und Scriptsprachenunterstützung

Die Statuszeile des Browsers ändern

Bei bestimmten Reaktionen des Benutzers ist es nötig, dem Betrachter eine Mitteilung zu senden. Dies ist über die Statuszeile des Browsers möglich. Sie können bei einer vorher definierten Aktion in der Statuszeile eine Mitteilung für den Benutzer der Webseite ausgeben.

Die Statuszeile gibt Ihnen im Normalfall Hinweise über den Zustand des Browsers. Überschreiben Sie nun permanent diese Mitteilungen mit Ihren eigenen, ist dies nicht hilfreich für den Betrachter, sondern es werden ihm wichtige Informationen vorenthalten. Wägen Sie also vorher ab, ob Ihnen der so ausgegebene Text nicht andere Informationen überschreibt.

Beispiel:

In JavaScript werden zwei identische Funktionen zur Ausgabe unterschiedlicher Texte in der Statuszeile programmiert. Der Text, der in der Statuszeile erscheint, wird mit window.status festgelegt. Um die beiden Funktionen aufrufen zu können, werden in HTML zwei Schaltflächen erzeugt, die bei Betätigung eine der beiden Funktionen aufruften. Je nachdem, welche Schaltfläche gewählt wurde, wird in der Statuszeile ein anderer Text angezeigt.

Das Beispiel ist auf der CD zum Buch enthalten.

```html
<!doctype html public "-//w3c//dtd html 4.0//en">
<html>
<head>
<title>Statuszeile beeinflussen</title>
<script language="JavaScript">
<!--
   function Statuszeile1()
   {
    window.status="Sie haben die Schaltfläche eins betätigt.";
   }
   function Statuszeile2()
   {
    window.status="Sie haben die Schaltfläche zwei betätigt.";
   }
//-->
</script>
</head>
<body>
<form>
  <input type="button" value="Schaltfläche1"
    onclick="Statuszeile1();">
  <input type="button" value="Schaltfläche2"
    onclick="Statuszeile2();">
</form>
</body>
</html>
```

Abbildung 26.1: Allgemeine Schaltflächen

Eigene Navigationsschaltflächen erstellen

Um mit eigenen Schaltflächen zwischen schon geladenen Seiten vor und zurück zu blättern, stellt Ihnen der nächste Tip eine Funktion zur Verfügung. Sie können hiermit zwischen Ihren schon einmal geladenen Seiten navigieren, wie Sie es vom Browser gewöhnt sind.

Beispiel:

In HTML werden zwei Schaltflächen erstellt, die bei Betätigung die Funktionen window.history.back() oder window.history.back() ausführen. Somit wird zwischen den schon geladenen Seiten zurück- oder vorgeblättert.

Das Beispiel ist auf der CD zum Buch enthalten.

```html
<!doctype html public "-//w3c//dtd html 4.0//en">
<html>
<head>
<title>Navigationsschaltfl&auml;chen erstellen</title>
</head>
<body>
<form name="Navigationsschaltfl&auml;chen">
  <input type="button" value="Zurück"
onclick="window.history.back()">
  <input type="button" value="Vor"
onclick="window.history.forward()">
</form>
</body>
</html>
```

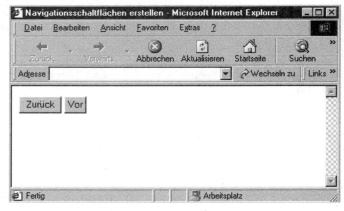

Abbildung 26.2: Eigene Navigationsschaltflächen erstellen

Benutzerdaten ermitteln

Was halten Sie davon, dem Betrachter Ihrer Webseite mitzuteilen, welche Scriptsprachen sein Browser versteht und welche nicht? Oft ist es auch notwendig, zuerst einige Daten über den Browser des Besuchers Ihrer Webseite zu ermitteln, um dann bestimmte Prozeduren aufzurufen, die an seinen Browser angepaßt sind. Sie können diese Daten auch für Statistiken verwenden oder auch nur, um dem Besucher Ihrer Webseite zu verdeutlichen, wie durchschaubar er ist.

Beispiel:

Zuerst wird in JavaScript die Funktion Benutzerdaten erstellt. In dieser Funktion wird zunächst ausgelesen, welcher Browser und welches Betriebssystem der Benutzer verwendet. Nun wird mit einer If...Else-Abfrage unterschieden, ob der Browser JavaScript versteht und ob er Cookies annimmt. Mit Hilfe einer in HTML erstellten Schaltfläche werden die ermittelten Werte im Browserfenster ausgegeben.

Das Beispiel ist auf der CD zum Buch enthalten.

```html
<!doctype html public "-//w3c//dtd html 4.0//en">
<html>
<head>
<title>Benutzerdaten ermitteln</title>
<script language="JavaScript">
<!--
function Benutzerdaten()
{
    document.all._useragent.innerText =
```

```
      window.navigator.userAgent;
        if(window.navigator.javaEnabled())
            document.all._java.innerText = "JA";
         else
            document.all._java.innerText = "Nein";
        if(window.navigator.cookieEnabled)
            document.all._cookies.innerText = "JA";
         else
            document.all._cookies.innerText = "Nein";
      }
      //-->
      </script>
      </head>
      <body>
      <form>
      <p>
      <input type="button" value="Benutzerdaten ermitteln"
      onclick="Benutzerdaten()">
      </p>
      </form>
       <p>Browser und Betriebssystem: <span id="_useragent"></
      span></p>
       <p>Java wird vom Browser verstanden: <span id="_java"></
      span></p>
       <p>Cookies werden angenommen: <span id="_cookies"></span></p>
       <p>
       <br>
      </p>
      </body>
      </html>
```

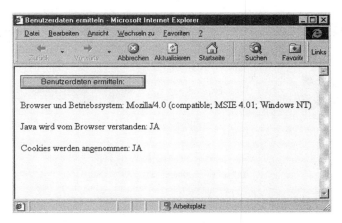

Abbildung 26.3: Benutzerdaten ermitteln

Wechselschalter für Infofenster

Mit Hilfe der Methoden blur und focus des *Window*-Objekts können Sie ein zweites Fenster ein- bzw. ausblenden. Rein theoretisch benötigen Sie dafür zwei Schaltflächen, was nicht unbedingt besonders originell ist. Wenn Sie statt zwei nur einen Schalter verwenden wollen, dann brauchen Sie lediglich die Beschriftung der Schaltfläche in Abhängigkeit von der Sichtbarkeit des zweiten Fensters zu verändern. So können Sie die Schaltfläche als Wechselschalter programmieren und verleihen Ihrer Webseite etwas mehr Know-how.

Beispiel:

Mit dem Öffnen der Webseite wird zugleich das zweite Fenster geöffnet. Beim Betätigen der Schaltfläche erfolgt der Aufruf der Funktion Info, welche die Beschriftung der Schaltfläche überprüft.

Besteht die Aufschrift aus dem Text *Infofenster aus,* dann wird das zweite Fenster geschlossen und die Beschriftung der Schaltfläche in *Infofenster ein* geändert, im anderen Fall erfolgt der Vorgang umgekehrt.

Das Beispiel ist auf der CD zum Buch enthalten.

```html
<!doctype html public "-//w3c//dtd html 4.0//en">
<html>
<head>
<title>Wechselschalter</title>
<script language="JavaScript"
<!--
   Info1 = window.open("Info1.htm",
"Info","width=350,height=150");
function Info()
{
  if (document.Form1.Button1.value=="Infofenster ein")
   {
    Info1.focus();
    document.Form1.Button1.value="Infofenster aus";
   }
   else
   {
    Info1.blur();
    document.Form1.Button1.value="Infofenster ein";
   }
}
//-->
</script>
</head>
<body>
<form name="Form1">
  <input type=button name="Button1" value="Infofenster aus"
  onClick="Info()">
</form>
</body>
</html>
```

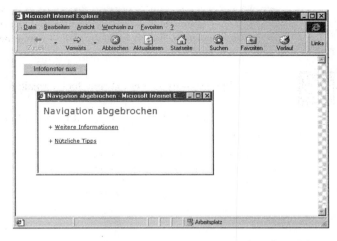

Abbildung 26.4: Der Wechselschalter zum Verwalten des Infofenster

Verweis im zweiten Fenster öffnen

Viele HTML-Programmierer verwenden auf ihrer Webseite zusätzlich geöffnete Fenster. In diesen Fenstern werden dann zusätzliche Informationen o. ä. angezeigt. Das Anzeigen von Verweisen wird jedoch oft auch in einem separaten Fenster erledigt. Auf die Dauer ergibt das ein ziemliches Durcheinander zwischen den geöffneten Fenstern. Um diese Unordnung zu beseitigen, können Sie das bereits geöffnete Fenster zum Anzeigen weiterer Informationen oder zum Anzeigen der Verweise verwenden. Anschließend kann der Benutzer die Möglichkeit erhalten, wieder den ursprünglichen Inhalt in das Fenster zu laden.

Beispiel:

Das Öffnen des zweiten Fensters erfolgte mit der Methode open des *Window*-Objekts. Um den Verweis in dieses Fenster zu laden, wurde in dem Tag <a> zusätzlich das Attribut target mit dem Namen des mit open geöffneten Fensters angegeben.

Das Beispiel ist auf der CD zum Buch enthalten.

```
<!doctype html public "-//w3c//dtd html 4.0//en">
<html>
<head>
<title> Verweis_im_Fenster</title>
<script language="JavaScript">
<!--
    window.open("","Fenster1","width=300,height=300");
//-->
</script>
</head>
<body>
  <a href="http://www.lycos.de" target="Fenster1">
  Suchmaschine Lycos</a>
</body>
</html>
```

Abbildung 26.5: Der Verweis im zweiten Fenster

Ein Ziel aus einer Liste auswählen

Im Normalfall benutzen Sie zum Navigieren über einem Verweis einen Textabschnitt oder eine Grafik. Aber was ist schon normal und wer möchte nicht einmal etwas Ausgefalleneres probieren? Zum Beispiel die Auswahl einer Zielseite aus einem aufklappbaren Listenfeld. Das spart zum einen Platz, und zum anderen wirkt eine damit ausgestattete Webseite echt professionell.

Die Vorgehensweise zur Realisierung eines solchen Vorhabens ist nicht besonders schwierig. Sie erstellen mit dem Tag `<select>` ein Listenfeld, dem Sie die entsprechende Anzahl von Listeneinträgen, welche unter anderem den Namen der Zielseite enthalten, zuordnen. Zusätzlich ermöglichen Sie mit Hilfe einer Schaltfläche den Aufruf einer JavaScript-Funktion, die den gewählten Eintrag ermittelt und die Seite mit der entsprechenden Adresse in einem neuen Fenster öffnet.

Beispiel:

Die Seite enthält ein Formular `Form1` mit einer Schaltfläche und einen, Listenfeld mit fünf Einträgen. Das Listenfeld hat den Namen `Thema` erhalten. Die Adresse des zu einer Seite verweisenden Eintrags ist dem Attribut `value` zugeordnet. Innerhalb der Funktion `fenster` wird bei deren Aufruf ein neues Fenster geöffnet und der im Listenfeld ausgewählte Eintrag ermittelt.

Jeder Eintrag eines Listenfeldes ist, für den Benutzer unsichtbar, mit einen, eindeutigen numerischen Indexeintrag ausgestattet. Das Ermitteln des gewählten Eintrags erfolgt mit Hilfe des *Document-Objekts* mit dem Ausdruck `document.Form1.Thema.selectedIndex`, welcher die Nummer des gewählten Eintrags zurückgibt. Wenn Sie zum besseren Verständnis diesen Ausdruck gegen die Indexnummer des gewählten Eintrags austauschen, würde der Zugriff auf den Eintrag mit der Indexnummer 3 folgendermaßen aussehen:

```
Variable=document.Form1.Thema.options[3].value
```

In diesem Fall würde die Variable dann die nach value angegebene Zeichenkette enthalten.

Das Beispiel ist auf der CD zum Buch enthalten.

```
<!doctype html public "-//w3c//dtd html 4.0//en">
<html>
<head>
<title>Ziel_aus_Liste</title>
</head>
<script language="JavaScript">
<!--
    function fenster()
    {window.open(document.Form1.Thema.options
    [document.Form1.Thema.selectedIndex].value,"Fenster2");
    }
//-->
</script>
<body>
<form name="Form1">
    <select name="Thema">
        <option value="Seite1.htm">Thema 1</option>
        <option value="Seite2.htm">Thema 2</option>
        <option value="Seite3.htm">Thema 3</option>
        <option value="Seite4.htm">Thema 4</option>
        <option value="Seite5.htm">Thema 5</option>
    </select>
    <input type="submit" value="Go" onClick="fenster()"></p>
</form>
</body>
</html>
```

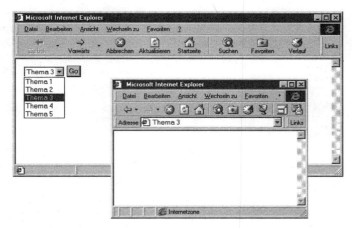

Abbildung 26.6: Eine echte Alternative zu herkömmlichen Verweisen

Scriptsprachen ermitteln, die der Browser ausführen kann

Ein Browser ist in der Lage, verschiedene Scriptsprachen zu unterstützen. Die Funktionen, die in einer Scriptsprache programmiert wurden, können von einer anderen Scriptsprache aufgerufen werden und umgekehrt. Wenn Sie wissen, welche Scriptsprachen ein Browser ausführen kann, können Sie programmtechnisch darauf reagieren und den Benutzer darauf hinweisen, daß manche Funktionen mit seinem Browser nicht durchgeführt werden können.

Beispiel:

Sie wollen herausfinden, welche Scriptsprachen ein Browser unterstützt. Hier wird die Eigenschaft ausgenutzt, daß Funktionen, die in einer Scriptsprache programmiert wurden auch von einer anderen Scriptsprache aufgerufen werden können. Um dies zum Beispiel mit VBScript und JavaScript zu tun, werden einfach zwei globale Variablen definiert, die in zwei Skripte der zugehörigen Sprachen gesetzt werden. Danach kann in JavaScript der Zustand dieser Variablen ermittelt werden. Nun werden die Variablen noch auf dem Browser ausgegeben, damit der Benutzer über die Scriptfähigkeit seines Browsers informiert ist.

Das Beispiel ist auf der CD zum Buch enthalten.

```
<!doctype html public "-//w3c//dtd html 4.0//en">
<html>
<head>
<title>Scriptsprachen ermitteln die der Browser versteht
ermitteln</title>
<script language="JavaScript1.1">
<!--
 window.javascript11 = true;
// -->
</script>
 <script language="VBScript">
<!--
 vbscript = True
'-->
</script>
<script language="JavaScript">
<!-- --><H1>Scripting nicht unterst&uuml;tzt.</H1>
<!--
  document.write("JavaScript: unterst&uuml;tzt<BR>");
 if( null != window.javascript11)
  document.write("JavaScript 1.1 unterst&uuml;tzt<BR>");
 if( null != window.vbscript)
  document.write("VBScript unterst&uuml;tzt<BR>");
// -->
</script>
</head>
<body>
</body>
</html>
```

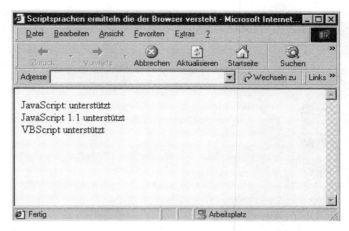

Abbildung 26.7: Den Browser auf seine Scriptfähigkeit testen

Fenster als Tooltip verwenden

Ein mit Java Script geöffnetes zusätzliches Fenster eignet sich bekanntermaßen hervorragend zum Darstellen von Informationen. Warum also nicht in einem solchen Fenster kurze Informationen zu Elementen einer Webseite darstellen, zum Beispiel sobald der Benutzer das Element mit der Maus überfährt? Der Hinweis auf den entstehenden Fensterwald ist nicht ganz richtig. Immerhin verfügen Sie noch über die Methode onMouseover, mit der das Verlassen eines Elements signalisiert wird. Damit können Sie dann wieder das soeben geöffnete Fenster schließen.

Beispiel:

Im Scriptbereich sehen Sie die Variable win1 und text1. Mit der letzteren Variable speichern Sie die Zeichenkette, die später in dem Fenster erscheinen soll. Dies ist auf alle Fälle der Angabe der Zeichenkette mitten im Programm vorzuziehen, da Sie hier spätere Änderungen leichter durchführen können. Anschließend folgen die

Funktionen fenster_ein und fenster_aus, mit denen ein neues Fenster geöffnet bzw. geschlossen wird.

Beim Überfahren der Schaltfläche erfolgt nun der Aufruf der Funktion zum Öffnen des Fensters. Der Funktion fenster_ein wird dabei mit der Variablen text1 die Zeichenkette übergeben und diese innerhalb der Funktion in das neu geöffnete Fenster geschrieben. Sobald die Schaltfläche verlassen wird, erfolgt der Aufruf der Funktion fenster_aus, und damit wird das Fensters geschlossen.

Das Beispiel ist auf der CD zum Buch enthalten.

```
<!doctype html public "-//w3c//dtd html 4.0//en">
<html>
<head>
<title>Tooltip</title>
<script language="JavaScript">
<!--
var win1;
text1="Mit dieser Schaltfl&auml;che senden Sie die Daten des
Formulars
ab";
function fenster_ein(_text)
   {
   win1=window.open("", "","width=150,height=150");
   win1.document.write(_text);
   }
function fenster_aus()
   {
   win1.close();
   }
//-->
</script>
</head>
<body>
<input type="button" value="Absenden"
   onMouseover="fenster_ein(text1)"
```

```
onMouseout="fenster_aus()";>
</body>
</html>
```

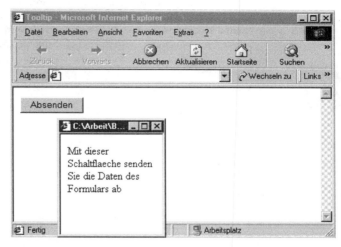

Abbildung 26.8: Ein einfacher Tooltip mit Java Script

Von einer Seite nach einer gewissen Zeit auf die nächste umschalten

Sie haben das Problem, daß Sie mit Ihrer Homepage auf einen anderen Provider und damit auch auf einen anderen Server umziehen müßten. Jetzt haben Sie die Möglichkeit, von Ihrer alten Homepage aus einen Verweis auf die neue Seite zu erstellen. Hier teilen Sie dem Benutzer mit, daß Sie ab sofort auf einer neuen Homepage zu finden sind und der Benutzer automatisch dahin verwiesen wird. Nun wird jeder interessierte Benutzer auch den Weg auf Ihre neue Webseite finden.

Beispiel:

Der JavaScript-Code besteht nur aus einer Funktion. In dieser Funktion werden die beiden Variablen deklariert, und der Verweis auf die neue URL wird ausgegeben. Diese URL wird angesprochen, wenn eine vorgegebene Zeit abgelaufen ist. Im HTML-Tag <body> wird beim Laden die Funktion aufgerufen. Ist die eingestellte Zeit abgelaufen, wird die angegebene Webseite geladen.

Das Beispiel ist auf der CD zum Buch enthalten.

```
<!doctype html public "-//w3c//dtd html 4.0//en">
<html>
<head>
<title>Seite wechseln</title>
<script language="JavaScript">
<!--
function wechsel()
{
 var Zeit = 5000;
 setTimeout('top.location="startseite.htm"', Zeit);
}
// -->
</script>
</head>
<body bgcolor="white" onLoad="wechsel()">
 Diese Seite schaltet nach f&uml;nf Sekunden auf die
n&auml;chste um.
</body>
</html>
```

Abbildung 26.9: Umschalten zu einer anderen Webseite nach einer eingestellten Zeit

Elemente eines Formulars durchlaufen

Wußten Sie, daß es ohne weiteres möglich ist, alle Elemente eines Dokuments oder Formulars in ihrer Reihenfolge zu durchlaufen? Das Ansprechen der vorhandenen Elemente erfolgt dabei über deren Index, welcher beim Öffnen des Dokuments automatisch vergeben wird. Anschließend können Sie alle verfügbaren Eigenschaften der Elemente ermitteln und weiterverarbeiten.

Beispiel:

Im Scriptbereich finden Sie eine Zählschleife, in der alle Elemente des Formulars in einer Zählschleife angesprochen werden. Das

Ende der Zählschleife wird mit der Eigenschaft length ermittelt, welche die Gesamtzahl der in dem Formular enthaltenen Elemente enthält. Der Zugriff auf ein Element erfolgt dann über dessen Index mit elements[i].

Das Beispiel ist auf der CD zum Buch enthalten.

```
<!doctype html public "-//w3c//dtd html 4.0//en">
<html>
<head>
<title>Elemente durchlaufen</title>
</head>
<body>
<form name="Formular1" onSubmit="return pruefe()">
    Name: <input name ="Name" value="Fred Feuerstein"><br>
    Alter : <input name="Alter" ><br>
    <input type="submit" name="Schalter1">
    <input type="button" value="Ok" name="Schalter2">
</form>
</body>
<script language="JavaScript">
 <!--
    for(i=0; i<document.Formular1.elements.length; ++i)
    {document.write(document.Formular1.elements[i].name + " : "
+
    document.Formular1.elements[i].value + "<br>");
    }
//-->
</script>
</html>
```

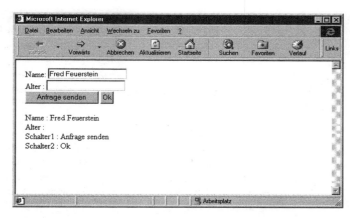

Abbildung 26.10: Die Angabe aller im Formular enthaltenen Elemente

Meldungsfenster formatieren

Das mit der Methode alert erzeugte Meldungsfenster ermöglicht dem Programmierer die Anzeige eines Textes. Der Benutzer muß dann erst einmal den Text lesen und kann nach dem Quittieren des Fensters weitermachen. Offiziell besteht leider keine Möglichkeit, den darzustellenden Text zu gestalten. Oder doch? Mit der Verwendung von Sonderzeichen können Sie aus dem tristen Fenster eine echte Schautafel zaubern, doch leider ist diese Möglichkeit weitgehend unbekannt. Die folgende Tabelle zeigt einige Sonderzeichen, deren Verwendung eine sinnvolle Darstellung ergibt. Die Zeichen werden einfach in den Text mit einbezogen und vom Browser selbständig interpretiert.

Sonderzeichen	Beschreibung
\'	Apostroph
\"	Anführungszeichen
\n	Neue Zeile
\t	Tabstop

Tabelle 26.1: Sinnvolle Sonderzeichen für die Methode alert

Beispiel:

Die Überschrift des Meldungsfensters wurde mit mehreren Leerzeichen etwas eingerückt. Nach zwei neuen Zeilen mit den Zeichen \n\n folgt eine Trennlinie und weiterer Text. Die letzte Zeile wurde mit dem Sonderzeichen \t versehen, was das Einrücken der Schrift um einen Tabstop bewirkt.

Das Beispiel ist auf der CD zum Buch enthalten.

```
<!doctype html public "-//w3c//dtd html 4.0//en">
<html>
<head>
<title>Meldungsfenster formatieren</title>
</head>
<body>
</body>
<script language="JavaScript">
<!--
    {
      alert("      Hallo \n\n --------------------- \n\n\n"+
      "Das ist ja \n wieder mal \n\t ganz was Neues...");
    }
//-->
</script>
</html>
```

Abbildung 26.11: Ein formatiertes Meldungsfenster

Farbe eines Links ändern, wenn sich der Mauszeiger darüber befindet

Wenn Sie in einem Text eine URL-Adresse angeben, ist es für den Leser schlecht zu unterscheiden, ob es nun reiner Text ist oder ob es sich um einen Link handelt. Was halten Sie davon, Links durch eine Farbänderung zu kennzeichnen? Das heißt, wird der Mauszeiger über einen Link bewegt, kann dieser in Schriftart und -farbe geändert werden. Jetzt weiß jeder Webseitenbesucher genau, wo er mit einem Link rechnen kann und wo nicht.

Beispiel:

Im Tag `<font>`, der sich im Tag `<body>`befindet, wird mit dem Event-Handler `onmouseover` und `onmouseout` die Farbe verändert. Sie könnten auch noch die Schriftart und die -größe ändern, ganz nach den Bedürfnissen, die Sie für Ihre Webseite haben.

Das Beispiel ist auf der CD zum Buch enthalten.

```
<!doctype html public "-//w3c//dtd html 4.0//en"
<html>
<head>
<title>Farbe_eines_Links_&auml;ndern</title>
</head>
<body>
   <a href="Startseite.htm">
    <font color="black" onmouseover="this.style.color='blue'"
    onmouseout="this.style.color='black'">
    Startseite</font>
   </a>
</body>
</html>
```

Abbildung 26.12: Ändern der Textfarbe eines Links beim Überfahren mit dem Cursor

Tickender Servicetext

Was stellen Sie sich eigentlich unter einem tickenden Servicetext vor? Also, ich würde sagen, hier handelt es sich um ein Eingabefeld, dessen Hilfetext sich wie ein Ticker langsam von links nach rechts in das Feld schiebt. Letztendlich handelt es sich dabei um eine relativ simple Technik, doch wer seine Webseite mit nicht alltäglichen Elementen versehen will, dem ist ja bekanntlich jedes Mittel recht. Im Prinzip erfolgt auch hier lediglich das Vorbelegen des Eingabefeldes mit einem bestimmten Text, nur daß dieser in einem Array gespeichert ist und Buchstabe für Buchstabe angezeigt wird.

Beispiel:

Der Scriptbereich enthält das Array Texte, in dem der anzuzeigende Servicetext als Buchstabenfolge abgelegt ist. Innerhalb der Funktion Textlauf erfolgt mit der Zählvariablen offset das stückweise Auslesen des Arrays und das Anhängen der einzelnen Buchstaben an die Variable Puffer. Nach jedem Durchlauf wird nun der Inhalt der sich langsam füllenden Variablen Puffer dem Eingabefeld übergeben. Sobald mit dem Anklicken des Eingabefeldes der Aufruf der Funktion Stop erfolgt, wird der erneute Aufruf von Textlauf durch den Wert 1 der Variablen status verhindert, und der Benutzer kann in Ruhe seine Eingabe vornehmen. Da der hier verwendete JavaScript-Code unmittelbar nach dem Öffnen der Webseite auf das Element des Formulars zugreift, muß dieses vor dem Ausführen des Codes definiert werden.

Das Beispiel ist auf der CD zum Buch enthalten.

```
<!doctype html public "-//w3c//dtd html 4.0//en">
<html>
<head>
<title>Tickender Hinweis</title>
</head>
```

```
<body>
  <form name="Form1">
  <input name="text1" onClick="_Stop()"><br>
</form>
<script language="JavaScript">
<!--
var status1=0;
var Text=new Array("E","i","n","g","a","b","e");
var offset=0;
var Puffer="";
Textlauf();
function Textlauf()
{  if (status==0)
   {
     Puffer=Puffer+Text[offset];
     document.Form1.text1.value=Puffer;
     offset++;
     if (offset>=Text.length)
       {
         offset=0;
         Puffer="";
       }
   }
   setTimeout("Textlauf()",300);
}
function _Stop()
{
  status=1;
  document.Form1.text1.value="";
}
//-->
</script>
</body>
</html>
```

Abbildung 26.13: Langsam erscheint der Servicetext in dem Eingabefeld

Ein Array browserkompatibel erweitern

Nicht immer erweist sich der für ein Array reservierte Speicherplatz als ausreichend. Dann ist es notwendig, das Array zu erweitern. Dies ist jedoch nicht ganz einfach. Normalerweise können Sie dazu die Methode push des Objekts Array verwenden, doch leider wird diese nur vom Netscape Navigator unterstützt. Hier kommen wir wieder zu dem Punkt, wo ein für beide Browser gemeinsamer Mittelweg gefunden werden muß.

Glücklicherweise unterstützen beide Browser die Methode concat, welche ein Array an ein anderes, bereits bestehendes Array anhängt.

Beispiel:

In dem Listing wird das Array Kundenliste erstellt und mit zwei Werten gefüllt. Die Funktion Aufzaehlen() gibt den Inhalt des Arrays zur Kontrolle am Bildschirm aus. Um nun das Array zu erweitern, wird ein weiteres Array mit dem Namen Dummy erstellt, welches die neuen Werte enthält. Anschließend wird mit der Methode con-cat das neue Array an das erste Array angefügt und dieses damit um den erforderlichen Speicherplatz erweitert.

Das Beispiel ist auf der CD zum Buch enthalten.

```
<!doctype html public "-//w3c//dtd html 4.0//en">
<html>
<head>
<title>Array1</title>
</head>
<body>
<script language="JavaScript">
<!--
    Kundenliste=new Array ("M&uuml;ller","Meier");
    function Aufzaehlen()
      {
      for (i=0;i<Kundenliste.length;++i)
      document.write(Kundenliste[i]+"<br>")
      }
    Aufzaehlen();
    Dummy=new Array ("Schmidt","Huber");
    Kundenliste=Kundenliste.concat(Dummy);
    Aufzaehlen();
//-->
</script>
</body>
</html>
```

Abbildung 26.14: Ein Array erweitern, ohne Daten zu verlieren

Die Uhrzeit anzeigen

Eine Webseite mit eingebauter Uhr? Zumindest mit einer Digital-uhr ist das schon vorstellbar. Der Vorteil wäre dabei, daß der Schrifttyp und die Farbe frei wählbar sind. Das Ganze beruht auf DHTML und CSS, eine bewährte Kombination, um unmögliche Aufgaben im Handumdrehen zu lösen.

Beispiel:

Im Body-Bereich finden Sie einen mit `div` definierten Bereich, in dem später die Zeit angezeigt wird. Mit dem Öffnen der Datei er-folgt der Aufruf der Funktion `zeitanzeige()`, in der mit Hilfe des *Date*-Objekts die Bestandteile der aktuellen Zeit, also Stunden, Mi-nuten und Sekunden, in der Variablen `buf` als Zeichenkette gespei-chert werden. Anschließend erfolgt nach einer Abfrage des aktuel-

len Browsers die Ausgabe der Zeichenkette mit der von dem
entsprechenden Browser interpretierten Methode.

Das Beispiel ist auf der CD zum Buch enthalten.

```
<!doctype html public "-//w3c//dtd html 4.0//en">
<html>
<head>
<title>Uhrzeit</title>
<script language="JavaScript">
function zeitanzeige()
{
 var time=new Date();
 var
buf=time.getHours()+":"+time.getMinutes()+":"+time.getSeconds(
);
    if(document.layers)
       {
        document.Zeit.document.open();
        document.Zeit.document.write(buf);
        document.Zeit.document.close();
       }
      else
        Zeit.innerHTML=buf;
        setTimeout("zeitanzeige()",1000);
}
</script>
</head>
<body onLoad="zeitanzeige()">
<div id="Zeit" style="position: absolute;
   font-family:cursive;font-size:60px"></div>
</body>
</html>
```

Abbildung 26.15: Eine digitale Zeitanzeige

Der mit div erstellte Bereich enthält CSS-Formatangaben für die Zeitanzeige. Diese Formatierung funktioniert leider nur im Internet Explorer. Im Netscape Navigator erscheint die Anzeige in einer Standardschrift. Um die Anzeige im gleichen Format für beide Browser zu ermöglichen, ist die Angabe des Formats zusammen mit der Variablen buf notwendig.

Beispiel:

```
document.Zeit.document.write("<pre style='font: Arial;
font-size: 35px>' + buf + "</pre>");
```

Berechnungen mit Benutzereingaben durchführen

Oft ist es gewünscht, daß mit Benutzereingaben direkt Berechnungen durchgeführt werden. Ob dies nun zur Berechnung von Preisen mit und ohne Mehrwertsteuer oder für das Ermitteln von Preisnachlässen verwendet wird, kommt ja auf den jeweiligen Fall an. Hier ist es jetzt von Nutzen, mit den Eingaben, die der Benutzer gemacht hat, die Berechnungen sofort zu tätigen.

Beispiel:

Im nachfolgenden Beispiel wird in zwei Eingabefeldern nach dem Umrechnungskurs von DM in Euro gefragt und nach dem Betrag in DM, der umgerechnet werden soll. Natürlich können auch andere Währungsumrechnungen durchgeführt werden. Durch Betätigen der Schaltfläche *Berechnung durchführen*, die in HTML erstellt wurde, wird die VBScript-Prozedur gestartet. Nach der Dimensionierung der Variablen in VBScript werden die Variablen Umrech und Mark mit den Werten der Eingabefelder belegt. Diese Eingabefelder werden in HTML programmiert und sind in einer Tabelle enthalten die sich wiederum in einem Formular befindet. Mit diesen zwei Werten wird nun das daraus resultierende Ergebnis in die gleichnamige Variable geschrieben. Nun wird dieser Wert in einer MsgBox ausgegeben, und mit dem Betätigen der Schaltfläche *OK* ist die Prozedur beendet.

Das Beispiel ist auf der CD zum Buch enthalten.

```
<!doctype html public "-//w3c//dtd html 4.0//en"
<html>
<head>
<title>Berechnungsbeispiel</title>
<script language="VBScript">
<!--
function Rechnen()
    Dim Umrech
    Dim Mark
    Dim Ergebnis
```

```
        Umrech = CDbl(Formular.Umrech.Value)
        Mark = CDbl(Formular.Mark.Value)
        Ergebnis = Mark/Umrech
        MsgBox "Der angegebene Betrag in DM entspricht "
        & Ergebnis & " in Euro."
end Function
-->
</script>
</head>
<body>
<form name="Formular">
    <h3>Umrechnung von DM in Euro</h3>
    <table border="0">
        <tr>
            <td>Wieviel DM ist ein Euro?
            (Nur den Zahlenwert ohne Benennung eingeben.)</td>
            <td><input size="10" name="Umrech"></td>
        </tr>
        <tr>
            <td>Welcher DM-Betrag soll in Euro umgerechnet
werden?
            (Nur den Zahlenwert ohne Benennung eingeben.)</td>
            <td><input size="10" name="Mark"></td>
        </tr>
        <tr>
            <td><input type="button" name="Berechnung
durchführen"
            value="Berechnen" onclick="Rechnen()"></td>
            <td> </td>
        </tr>
    </table>
</form>
</body>
</html>
```

Abbildung 26.16: Berechnungen direkt auf einer Webseite durchführen

Ein Ticker mit DHTML

Beim Surfen im WWW werden Sie immer wieder auf sogenannte *Ticker* stoßen, in denen in einem sich fortbewegenden Textband ständig Mitteilungen angezeigt werden. Die Herkunft dieser Ticker liegt in den Zeiten der Telegrafie begründet, als die neuesten Nachrichten noch auf Papierstreifen aus dem Empfangsgerät tickten. Heute findet dieses Element in der Regel zur inhaltlichen Unterstützung des Themas der entsprechenden Webseite Verwendung. Zur Realisierung eines Tickers existieren unterschiedliche Lösungsansätze. Hier finden Sie eine relativ einfache aber effektive Lösung.

Beispiel:

Im folgenden Beispiel sehen Sie die Realisierung eines Tickers mit Hilfe von DHTML. Die eigentliche Ausgabe des sich bewegenden Textes erfolgt über den mit div angelegten Bereich am Ende der HTML-Datei. Die Funktion ticker sorgt für die Steuerung des Anzeigevorgangs. Der erste Aufruf der Funktion erfolgt unmittelbar nach dem Öffnen der HTML-Datei. Dazu wurde in der Definition des Body-Bereichs dem Ereignis onLoad der Name der Funktion übergeben. Der auszugebende Text selbst wird von der Variablen news gespeichert und gleich zu Beginn der Funktion ticker ausgewertet. Dies erfolgt mit Hilfe der Methode substr, die aus einer Zeichenkette einen Teilstring ab einer Startposition in einer angegebenen Länge (hier 45 Zeichen) extrahiert und in diesem Fall den Text in der Variablen buf speichert. Die Startposition ist in der Zählvariablen offset enthalten. Zusätzlich zu dem extrahierten Text enthält die in der Variablen buf gespeicherte Zeichenkette noch Formatangaben. Der Grund für deren Angabe innerhalb der auszugebenden Zeichenkette liegt wieder einmal in der Interpretation des Netscape Navigators, der mit einer alleinigen Formationen des Anzeigebereichs nichts anfangen kann. Nach der erfolgreichen Anzeige des Textes wird der Wert der Variablen offset erhöht und die Funktion ticker mit einer Zeitverzögerung erneut aufgerufen.

Das Beispiel ist auf der CD zum Buch enthalten.

```
<!doctype html public "-//w3c//dtd html 4.0//en">
<html>
<head>
<title>Ticker</title>
<script language="javascript">
<!--
var offset=0;
news="+++ Neuigkeiten +++ Neuigkeiten +++ Neuigkeiten +++";
function ticker()
{
  var buf="<a style='background: black; color: white;'>
```

```
   "+ news.substr(offset, 45) + "</a>";
  if(document.layers)
     {
       document.ticknews.document.open();
       document.ticknews.document.write(buf);
       document.ticknews.document.close();
     }
     else
     ticknews.innerHTML=buf;
  offset++;
  if(offset>news.length)
     offset=0;
     setTimeout("ticker()",100);
}
-->
</script>
<body bgcolor="#ffffff" onload="ticker()">
  <div id="ticknews" style="position: absolute; top: 20; left:
30;
  width:350"></div>
</body>
</html>
```

Abbildung 26.17: Ein typisches Beispiel für einen Ticker

Die Zeit anzeigen, wie lange die Seite schon geöffnet ist

Auf vielen Webseiten finden Sie neben einer ständigen Zeitanzeige auch noch die Anzeige der Zeit, die sich der Besucher auf der Webseite aufhält. Mit etwas Mathematik und unter Zuhilfenahme des *Date*-Objekts können Sie die Anzeige auch in Stunden und Tagen vornehmen, die Frage ist nur, wer eine Webseite so lange betrachten soll. Wen der Inhalt nicht interessiert, der verläßt die Seite bereits nach einigen Sekunden. Eine Anzeige der Besuchszeit wird der Besucher dann entweder schlichtweg übersehen, oder es interessiert ihn nicht. Wer den Inhalt der Seite eingehender studiert, wird es dagegen auf einige Minuten bringen, wohl kaum aber auf mehrere Stunden. Also reicht es aus, die verstrichenen Minuten anzuzeigen. Um die Zeit hervorzuheben, wurde hier die Anzeige in verschiedene Bereiche aufgeteilt, wobei der Begleittext und die Ziffern verschiedene Formate aufweisen.

Beispiel:

Im Bereich <body> finden Sie drei mit div definierte Bereiche, von denen der mittlere die Anzeige der Besuchszeit übernimmt. Die Anzeige der Besuchszeit erfolgt innerhalb der Funktion zeitanzeige(). Nach einer Unterscheidung des verwendeten Browsers, wird der Inhalt der Variablen start ausgegeben und anschließend der Wert von start um die Zahl 1 erhöht. Mit jedem um 60.000 Millisekunden (1 Minute) verzögerten wiederholten Aufruf der Funktion erfolgt so die Darstellung der verstrichenen Zeit in Minuten ohne aufwendige Rechenoperationen.

Mit dem Öffnen der Datei erfolgt der Aufruf der Funktion zeitanzeige. In dieser Funktion werden mit Hilfe des Objekts Date die Bestandteile der aktuellen Zeit, also Stunden, Minuten und Sekunden, in der Variablen buf als Zeichenkette gespeichert. Anschließend erfolgt nach einer Abfrage des aktuellen Browsers die Ausgabe der Zeichenkette mit der von dem entsprechenden Browser interpretierten Methode.

Das Beispiel ist auf der CD zum Buch enthalten.

```html
<!doctype html public "-//w3c//dtd html 4.0//en">
<html>
<head>
<title>Besuchszeit</title>
</head>
<script language="JavaScript">
<!--
var start=0;
function zeitanzeige()
{
    if(document.layers)
       {
        document.Zeit.document.open();
        document.Zeit.document.write(start);
        document.Zeit.document.close();
        }
        else
        Zeit.innerHTML=start;
     start++;
     setTimeout("zeitanzeige()",60000);
}
-->
</script>
<body onLoad="zeitanzeige()">
<div style="position: absolute; top: 17px; font-size:25px">
   Sie befinden sich seit</div>
<div id="Zeit" style="position: absolute; left: 235px;
   font-family:arial;font-size:30px"></div>
<div style="position: absolute; top: 17px; left: 280px;
   font-family:arial;font-size:25px">Minuten auf dieser
Seite</div>
</body>
</html>
```

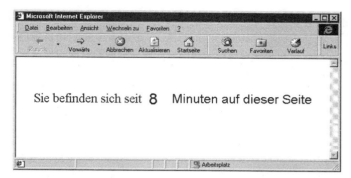

Abbildung 26.18: Eine digitale Zeitanzeige, wie lange die Seite schon geöffnet ist

Eine kurze Mitteilung in der Statuszeile einblenden

Sie wollen dem Besucher Ihrer Webseite eine Nachricht mitteilen, haben aber Bedenken, die Statuszeile zu benutzen, weil so wertvolle Infos des Browsers verlorengehen. Für diesen Fall kann mit einer JavaScript-Funktion geholfen werden. In dieser Funktion wird abgefragt, ob sich die Maus über einem vorher definierten Objekt befindet. Ist dies der Fall, wird der angegebene Text in der Statuszeile ausgegeben. Nach einer vorher eingestellten Zeit wird die Statuszeile wieder für andere Meldungen freigegeben.

Beispiel:

In der ersten JavaScript-Funktion wird ein Text in die Statuszeile geschrieben. Der Text wird an die Funktion übergeben, wenn sich der Mauszeiger über einen in HTML geschriebenem Text befindet. Nach zwei Sekunden wird von dieser Funktion eine zweite Funktion aufgerufen, die den Text in der Statuszeile wieder löscht.

Das Beispiel ist auf der CD zum Buch enthalten.

```
<!doctype html public "-//w3c//dtd html 4.0//en">
<html>
<head>
<title>Statuszeile &auml;ndern</title>
<script language="JavaScript">
  <!--
    function statuszeile(txt)
      {
      window.status = txt;
      setTimeout("loesche_statuszeile()",2000);
      }
    function loesche_statuszeile()
      {
      window.status="";
      }
  -->
</script>
</head>
<body>
  <h1 onmouseover="statuszeile('Sie haben den Text
    mit der Maus angewählt'); return true;">
    Wenn Sie mit dem Mauszeiger über diesen Text fahren,
    wird in der Statusleiste
    eine Nachricht ausgegeben, die nach 2
    Sekunden wieder verschwindet.
  </h1>
</body>
</html>
```

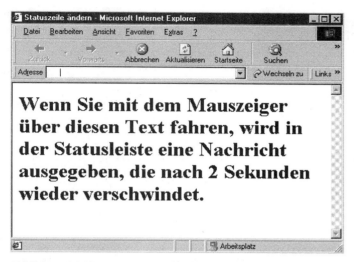

Abbildung 26.19: Einen Text für kurze Zeit in der Statuszeile
ausgeben

KAPITEL

Gute Seiten, schlechte Seiten

Natürlich befinden sich nicht nur gut gemachte Seiten im Internet, sondern man stößt auch immer wieder auf sehr schlechte Seiten. Damit Sie sich ein Bild davon machen können, werden Ihnen nun einige solcher Beispiele vorgestellt.

27

Gute Seiten, schlechte Seiten

Beim Surfen im WWW bekommt man so manche Seite zu sehen. Dabei kann man auch so manche tolle Homepage bewundern. Natürlich befinden sich nicht nur gut gemachte Seiten im Internet, sondern man stößt auch immer wieder auf abschreckend schlechte Seiten. Damit Sie sich ein Bild davon machen können, werden Ihnen nun einige solcher Beispiele vorgestellt.

Gutes Hintergrundbild und Frames sind abschaltbar

Auf der nachfolgenden Webseite wurde eine gute, zum Thema passende Hintergrundgrafik verwendet. Außerdem wird dem Benutzer freigestellt, ob er die Seite mit oder ohne Frames lädt. Die Seite hat zusätzlich eine schnellen Aufbau, obwohl sie Startseite optisch als hochwertig anzusehen ist.

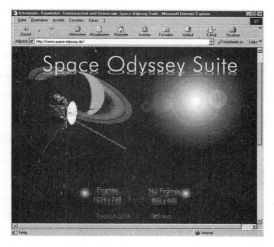

Abbildung 27.1: Tolle Hintergrundgrafik und auf verschiedenen Browsern lauffähig

Gute Präsentation einer Inhaltsseite

Hier wurde für eine Homepage einer Firma eine einfache aber ansprechende Startseite geschaffen. Sie hat ein zum Thema passendes Bild und Links zu allen Bereichen, die Sie auf dieser Homepage finden. Außerdem wurde ein Ticker mit eingebunden, der den Kunden über Neuigkeiten informiert. Zu beachten ist, daß hierfür nicht die Statuszeile mißbraucht wurde.

Abbildung 27.2: Gute und einfache Startseite, die neugierig macht

Nicht überzeugende Verkaufsseite

Der Verweis auf diese Seite gibt an, daß man hier vom Schöpfer der Seite auch seine eigene Webseite gestalten lassen könnte. Leider lassen der Aufbau und die verwendeten Mittel nicht im geringsten darauf schließen, daß es sich hier um eine gute Webseite handelt. Die Wave-Datei, die ein Hundegebell wiedergibt, hebt den Eindruck keineswegs und läßt sich mit dem Thema der Seite nicht in Verbindung bringen.

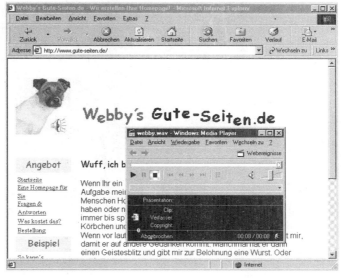

Abbildung 27.3: Einfache Webseite

Startseite ohne Aussage

Bei dieser Anfangsseite kann sich niemand vorstellen, welchen Zweck der Programmierer hierbei verfolgt. Es wird durch keinerlei Text bekanntgegeben, was der Sinn oder Inhalt dieser Seite ist.

Abbildung 27.4: Startseite ohne Plan und Inhaltsangabe

Schlechte Verkaufsseite

An Einfallslosigkeit ist diese Webseite wohl kaum zu überbieten. Einige wild zusammengewürfelte Grafiken, die noch nicht einmal zum Hintergrund passen und das war dann schon die Startseite.

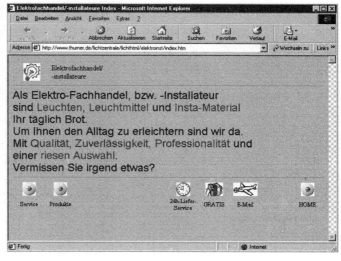

Abbildung 27.5: Diese Seite beinhaltet kein Konzept

Sehr einfache Homepage

Auch diese Seite läßt den Verdacht aufkommen, daß der Entwickler dieser Seite mit der Webseitengestaltung vertraut ist. Nur einige bunt zusammengefügte Überschriften und sonst nichts.

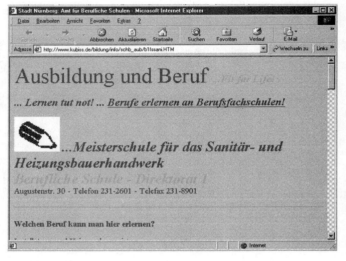

Abbildung 27.6: Für eine Schule ist dies eine schlechte Präsentation

Gut gestaltete Seite mit passenden Grafiken

Auf dieser Microsoft-Seite wird wieder einmal mehr demonstriert, wie gute Internet-Seiten gestaltet werden. Toll gemachte Grafiken mit sehr guter Qualität, die absolut zum Thema passen. Eine vernünftige Beschreibung in Textform schließt das positive Gesamtbild ab.

Abbildung 27.7: Gute Umzugsseite von Microsoft

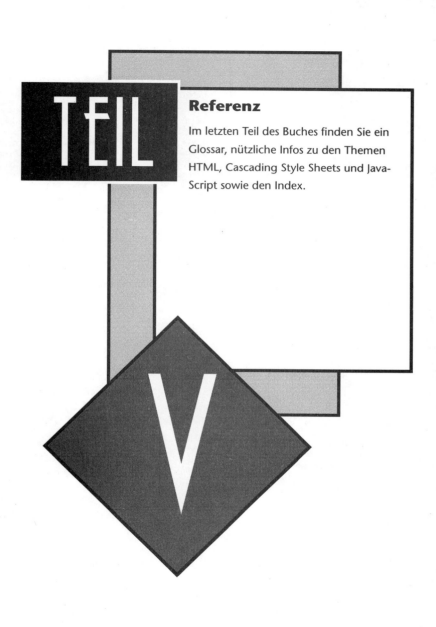

TEIL

Referenz

Im letzten Teil des Buches finden Sie ein Glossar, nützliche Infos zu den Themen HTML, Cascading Style Sheets und Java-Script sowie den Index.

V

ANHANG

Glossar

A

Glossar

ActiveX

Von Microsoft eingeführte einheitliche Schnittstelle, um Programmen verschiedener Hersteller einen gegenseitigen Zugriff zu ermöglichen (z. B. ActiveX-Steuerelemente).

Applet

Ein Applet ist ein in Java geschriebenes Programm, das als Datei in eine HTML-Seite eingebunden und ausgeführt werden kann.

ASCII

Hinter dieser Abkürzung versteckt sich der Begriff *American Standard Code for Information Interchange*. Damit wurde ein einheitlicher Standard für einen Zeichensatz geschaffen.

Attribut

Darunter versteht man einen Zusatz zu einen HTML-Befehl (Tag). Mit einem Attribut werden dem Tag weitere Angaben zu seiner Interpretation hinzugefügt.

AVI

Dateiformat für Videodateien.

Bit

Ein Bit stellt eine rechnerische Einheit im Binärsystem dar. Ein Bit kann nur zwei Zustände darstellen, 0 und 1.

Browser

Ein Browser ist ein eigenständiges Programm zum Interpretieren von HTML-Dateien.

Byte

Die nach Bit nächstgrößte Recheneinheit im Binärsystem. Ein Byte enthält 8 Bit und kann 256 verschiedene Zustände darstellen.

CGI

Hinter CGI verbirgt sich das sogenannte *Common Gateway Interface*. Das ist eine Schnittstellendefinition und beschreibt, wie Dateien aus z.B. einem HTML-Formular an ein externes CGI-Programm übergeben werden.

Client

Ein Rechner, der in Abhängigkeit vom Server Daten empfangen und mit ihm austauschen kann.

Domain

Der Domain-Name ermöglicht den Zugriff auf einen Rechner ohne die Angabe der IP-Adresse.

Element

Ein Element ist ein Bestandteil einer HTML-Datei und stellt einen abgeschlossenen Bereich dar. Ein Element kann aus Text, Grafik oder auch einem Multimedia-Objekt bestehen.

E-Mail

Das ist der Begriff für Elektronische Post. Dabei wird eine Datei über das Internet an eine Adresse bei einem Provider gesendet und in einem elektronischen Postfach abgelegt.

FAQ

Das ist die Abkürzung für *Frequently Asked Questions* (häufig gestellte Fragen). Mit dieser Abkürzung wird in der Regel eine Sammlung häufig vorkommender Fragen und dazugehöriger Antworten zu einem Thema betitelt.

Firewall

Mit einem Firewall werden Netzwerke gegen den Zugriff Unbefugter abgeschirmt. Viele Provider setzen diese Technik zum Schutz ihrer Server ein.

FTP

File Transfer Protocol. Eine Protokollart, die das Senden von Dateien in beide Richtungen über das Internet ermöglicht. Dieses Protokoll wird u.a. zum Download von Dateien verwendet.

GIF

Damit wird das *Graphics Interchange Format* bezeichnet. Dieses Format wurde von Compuserve für den Einsatz im Internet entwickelt.

Gopher

Ein momentan an Bedeutung verlierender Standard zur Übermittlung von Informationen im Internet.

Homepage

Allgemeiner Begriff für eine HTML-Datei, in der Informationen über eine Person oder Vereinigung veröffentlicht werden.

HTML

Hypertext Markup Language. Ein Standard zur Darstellung von Dokumenten im Internet. Die in diesem Standard verfaßten Dokumente werden vom Browser interpretiert und entsprechend dargestellt.

HTTP

Hypertext Transfer Protocol. Damit erfolgt die Übertragung von HTML-Dateien über das Internet.

Hyperlink

Unter Hypertext versteht man Text die eine Verknüpfung mit einem anderen Dokument aufweisen. Der Sprung zu dem anderen Dokument wird nach der Aktivierung des Textabschnitts ausgeführt.

Intranet

Ein Intranet ist ein lokales Netzwerk innerhalb einer Institution oder Firma. Es ermöglicht den papierlosen Schriftverkehr zwischen verschiedenen Abteilungen und Firmenbereichen. Intranets werden in nächster Zeit verstärkt an Bedeutung gewinnen.

IP-Adresse

Die IP-Adresse ist die eindeutige Adresse eines Rechners in einem Netzwerk. Der Rechner kann über diese Adresse identifiziert und angesprochen werden. Beim Aufbau einer Verbindung mit dem Internet wird diese Adresse in der Regel automatisch zugewiesen.

Java

Java ist eine plattformunabhängige Programmiersprache, die von der Firma Sun entwickelt wurde. Mit Java entwickelte Programme, die sogenannten *Applets*, benötigen zur Ausführung einen Browser.

JavaScript

JavaScript wurde von der Firma Netscape entwickelt. Die Programmiersprache ist auf einen Browser als Interpreter angewiesen und wird direkt in den Code der HTML-Datei eingebunden.

JPG

JPG ist die Abkürzung für *Joint Photographic Experts Group*. Darunter ist ein für das Internet geeignetes Bildformat zu verstehen. Das Format zeichnet sich durch seine hohe Kompressionsrate aus.

LINUX

LINUX ist ein nicht kommerziell orientiertes Betriebssystem, das sich durch seine hohe Stabilität und Sicherheit im Netzwerk auszeichnet. Seit der Einführung einer grafischen Oberfläche und der damit verbundenen größeren Benutzerfreundlichkeit ist es zu einem ernstzunehmenden Konkurrenten von Microsoft Windows geworden.

Modem

Mit Hilfe eines Modems werden die digitalen Signale des Rechners in analoge Signale umgewandelt. Damit sind Sie in der Lage, über eine Telefonleitung die Verbindung mit einem Netzwerk aufzunehmen.

Netscape

Die Firma Netscape entwickelte den ersten Browser, der zeitlich eine massenhafte Verbreitung fand und eine marktbeherrschende Position einnahm. Inzwischen hat Microsoft mit seinem Internet Explorer diese Vorherrschaft stark eingeschränkt.

Netiquette

Darunter ist eine Art Internet-Knigge zu verstehen. Gerade in Newsgroups herrschen strenge Höflichkeitsregeln, die Netiquette. Diese wurden eingeführt, da sich manche Teilnehmer wegen der Anonymität im Internet gegenüber anderen Nutzern recht ungeniert benehmen.

Netzwerk

Ein Zusammenschluß von mehreren Rechnern auf lokaler oder globaler Ebene. Dabei können die Teilnehmer an diesem Netzwerk über unterschiedliche Ausführungsrechte auf anderen Rechnern verfügen.

PERL

Practical Extraction and Report Language. Mit dieser Programmiersprache wurden bisher vor allem CGI-Programme realisiert.

POP3

Das ist die Abkürzung für das sogenannte *Post Office Protocol.* Damit wird ein einheitlicher Zugriff auf elektronische Postfächer, unabhängig vom Provider und dem E-Mail-Programm, ermöglicht.

PPP

Point to Point Protocol. Das PPP-Protokoll ermöglicht den Aufbau einer Internet-Verbindung mit dem Provider.

Server

Ein Server ist ein Rechner, der Ressourcen, Dienste oder Informationen für Benutzer eines Netzwerks oder Clients zu Verfügung stellt.

SGML

Standard Generalized Markup Language. Aus dieser Programmiersprache wurde HTML abgeleitet.

Shareware

Unter Shareware versteht man Programme, die für eine bestimmte Zeit (z.B. 30 Tage) kostenlos getestet werden können. Erst wenn sich der Benutzer nach dem Ablauf der Frist für eine weitere Anwendung entscheidet, ist ein relativ geringer Kaufpreis zu entrichten.

Tag

Unter einem Tag ist ein HTML-Befehl zu verstehen. Ein Tag wird immer zwischen zwei spitzen Klammern angegeben.

TCP/IP

Das ist die Abkürzung für *Transmission Control Protocol / Internet Protocol*. Diese Protokollart wird für Verbindungen im Internet und Intranet verwendet.

Telnet

Damit können im Netzwerk auf fremden Rechnern Programme gestartet und ausgeführt werden.

UNIX

UNIX ist ein Standard, auf dem UNIX-Betriebssysteme basieren. Diese Betriebssysteme können als die ältesten momentan eingesetzten Netzwerkbetriebssysteme bezeichnet werden. Sie zeichnen sich durch ihre hohe Stabilität aus. Diese Betriebssysteme werden in erster Linie bei kommerziellen Anwendern eingesetzt und erfordern einen umfangreichen administrativen Aufwand.

URL

Uniform Resource Locator. Darunter ist eine eindeutige Internet-Adresse zu verstehen.

UseNet

Das UseNet ist ein Dienst, der Anwendern die Möglichkeit zum Zugriff auf Newsgroups gewährt.

VBScript

VBScript ist eine leicht zu erlernende Scripsprache, die wie Java-Script direkt im HTML-Code eingebunden werden kann. VBScript wird derzeit nur von Microsoft unterstützt und vor allem in Intranets eingesetzt. Im Gegensatz zu JavaScript ermöglicht VBScript den Zugriff auf das System eines Netzwerkteilnehmers.

W3C

Hinter dieser Abkürzung verbirgt sich ein Ausschuß, der die Weiter-
entwicklungen von HTML zu einem verbindlichen Standard zu-
sammenfaßt und überwacht.

WWW

World Wide Web. Das ist einer der populärsten Dienste, die das Internet bietet. Er ermöglicht dem Benutzer auf einfache Art und
Weise Informationen zu erhalten und ist nahezu intuitiv nutzbar.

WYSIWYG

Hinter dieser Abkürzung verbirgt sich eine Arbeitsweise mit visuell
orientierten Programmoberflächen. Der Ausdruck steht für *What
You See Is What You Get* und bedeutet, daß Sie das Ergebnis Ihrer
Arbeit sofort sehen. Während Sie bei textorientierten Programmen
das Ergebnis Ihrer Arbeit lediglich in einem Vorschaumodus sehen
können, wird hier jeder ausgeführte Arbeitsschritt sofort interpretiert und angezeigt.

ANHANG

HTML

B

HTML

Allgemeine Tags

Tag/Attribute	Beschreibung
`<html></html>`	Definiert eine HTML-Datei
`<head></head>`	Definiert den Kopf der HTML-Datei
`<title></title>`	Enthält den Titel der HTML-Datei
`<body></body>`	Definiert den Hauptbereich der HTML-Datei
`alink="..."`	Definiert die Standardfarbe der aktivierten Verweise
`background="..."`	Fügt ein Hintergrundbild ein
`bgcolor="..."`	Definiert die Hintergrundfarbe
`link="..."`	Definiert die Standardfarbe der Verweise
`text="..."`	Definiert die Textfarbe
`vlink="..."`	Definiert die Standardfarbe der besuchten Verweise
`<base>`	Definiert die Angabe der Quelle einer HTML-Datei
`href="..."`	Die URL der HTML-Datei
`<meta>`	Definiert einen Bereich für Zusatzinformationen
`content="..."`	Enthält die Meta-Informationen
`name="..."`	Bezeichnung der Meta-Informationen

Schriftarten

Tag/Attribute	Beschreibung
`<basefont>`	Definiert die Größe der Standardschrift
`size="..."`	Legt die Größe der Standardschrift fest
`<font></font>`	Definiert die Schriftart
`color="..."`	Bestimmt die Textfarbe
`face="..."`	Legt die Schriftart fest
`size="..."`	Legt die Schriftgröße fest

Textausrichtung

Tag/Attribute	Beschreibung
 	Erzwingt einen Zeilenumbruch
<nobr>	Erstellt einen Bereich ohne möglichen Zeilenumbruch
<p></p>	Definiert einen neuen Absatz
align="(left | center | right)"	Bestimmt die Ausrichtung des Absatzes

Textformate

Tag	Beschreibung
<address></address>	Definiert eine Internet-Adresse
<b></b>	Fett
<big></big>	Größerer Text
<cite></cite>	Zitate
<code></code>	Formatierung von Listings
<del></del>	Bezeichnet Text, der inzwischen ungültig ist
<dfn></dfn>	Formatierung von Beispieltexten
<em></em>	Kursiv
<h1></h1>, <h2></h2>, <h3></h3>, <h4></h4>, <h5></h5>, <h6></h6>	Überschriften der Größenordnung 1-6
<i></i>	Kursiv
<ins></ins>	Bezeichnet Text, der neu eingefügt wurde
<kbd></kbd>	Benutzereingaben
<pre></pre>	Vorformatierter Text
<q></q>	Längere Zitate
<s></s>	Durchgestrichen
<samp></samp>	Formatierung von Beispieltexten
<small></small>	Kleinerer Text
<strong></strong>	Fett
	Tiefergestellter Text
	Hochgestellter Text
<tt></tt>	Teletype

Tag	Beschreibung
<u></u>	Unterstrichen
<valign></valign>	Vertikale Ausrichtung der Überschrift
<var></var>	Variablen

Sonstige Textgestaltung

Tag/Sonderzeichen	Beschreibung
<!-> <-->	Fügt einen nicht sichtbaren Kommentar ein
	Verhindert einen Umbruch innerhalb eines Wortes

Listen

Tag/Attribute	Beschreibung
<ol></ol>	Definiert eine sortierte Liste (numerisch oder alphabetisch)
start="..."	Bestimmt den Startwert der Numerierung
type="(A I a I I I i)"	Definiert einen Listentyp
value="..."	Legt einen Wert innerhalb der Numerierung fest
<ul></ul>	Definiert eine unsortierte Liste (Aufzählungsliste)
type="(circle I disc I square) »	Definiert einen Listentyp
<li></li>	Definiert ein Element einer Liste
<dl></dl>	Definiert eine Definitionsliste
compact	Erzwingt die kompakte Darstellung der Liste
<dd></dd>	Definiert einen Listeneintrag
<dt></dt>	Definiert einen Listeneintrag

Tabellen

Tag/Attribute	Beschreibung
<table></table>	Definiert eine Tabelle
align="(left I center I right)"	Legt die Ausrichtung der Tabelle fest
bgcolor="..."	Definiert eine Hintergrundfarbe
border="..."	Legt fest, ob die Tabelle einen Rahmen erhält

Tag/Attribute	Beschreibung
bordercolordark="..."	Definiert eine Farbe für mehrfarbige Rahmen
bordercolorlight="..."	Definiert eine Farbe für mehrfarbige Rahmen
cellpadding="..."	Legt den Abstand zwischen Zelleninhalt- und rand fest
cellspacing="..."	Legt die Stärke der Gitternetzlinien fest
frame="(void | above | below | hsides | vsides | lhs | rhs | box | border)"	Legt fest, welche Seiten des Außenrahmens angezeigt werden
height="..."	Bestimmt die Höhe der Tabelle
noflow	Verhindert einen Zeilenumbruch innerhalb einer Zelle
rules="(none | cols | rows | groups)"	Legt fest, welche Gitternetzlinien angezeigt werden
width="..."	Bestimmt die Breite der Tabelle
\<th\>\</th\>	Definiert eine Zelle im Tabellenkopf
align="(top | left | bottom | right)"	Legt die horizontale Ausrichtung des Inhalts fest
bgcolor="..."	Legt die Hintergrundfarbe für eine Zelle fest
height="..."	Bestimmt die Höhe der Zelle
nowrap	Verhindert einen Zeilenumbruch innerhalb der Zelle
rowspan="..."	Legt die Anzahl der zu verbindenden Zellen fest
valign="(top | middle | bottom | baseline)"	Legt die vertikale Ausrichtung des Inhalts fest
width="..."	Bestimmt die Breite der Zelle
\<caption\>\</caption\>	Die Beschriftung der Tabelle
align="(top | left | bottom | right)"	Die Ausrichtung der Tabellenüberschrift
\<tr\>\</tr\>	Definiert eine Zeile einer Tabelle
align="(top | left | bottom | right)"	Legt die horizontale Ausrichtung des Inhalts fest
nowrap	Verhindert einen Zeilenumbruch innerhalb der Zelle
valign="(top | middle | bottom | baseline)"	Legt die vertikale Ausrichtung des Inhalts fest
\<td\>\</td\>	Definiert eine Zelle in einer Tabellenspalte

Tag/Attribute	Beschreibung
align="(top I left I bottom I right)"	Legt die horizontale Ausrichtung des Inhalts fest
bgcolor="..."	Legt die Hintergrundfarbe für eine Zelle fest
colspan="..."	Legt die Anzahl der zu verbindenden Zellen fest
height="..."	Bestimmt die Höhe der Zelle
nowrap	Verhindert einen Zeilenumbruch innerhalb der Zelle
rowspan="..."	Legt die Anzahl der zu verbindenden Zellen fest
valign="(top I middle I bottom I baseline)"	Legt die vertikale Ausrichtung des Inhalts fest
width="..."	Bestimmt die Breite der Zelle
<col>	Erzwingt eine Gruppierung der Tabellenzeilen
char	Erzwingt die Ausrichtung der Tabelleninhalte an einem Dezimalzeichen
<span>	Erstellt einen Bereich für eine Formatierung innerhalb der Tabelle
width="..."	Bestimmt die Breite einer Spalte
<colgroup>	Erzwingt eine Gruppierung der Tabellenzeilen
char	Erzwingt die Ausrichtung der Tabelleninhalte an einem Dezimalzeichen
width="..."	Bestimmt die Breite einer Spalte
<thead></thead>	Definiert den Tabellenkopf
<tbody></tbody>	Definiert den Tabellenkörper
<tfoot></tfoot>	Definiert den Tabellenfuß

Verweise

Tag/Attribute	Beschreibung
<a></a>	Definiert einen Verweis innerhalb der Seite oder im WWW
alink="..."	Definiert die Standardfarbe des aktivierten Verweises
href="..."	Die URL des Verweisziels
hreflang="..."	Beschreibt die Landessprache des Verweisziels
link="..."	Definiert die Standardfarbe des Verweises
name="..."	Definiert ein Sprungziel innerhalb einer Seite

Tag/Attribute	Beschreibung
rel="..."	Beschreibt das Verhältnis zwischen der aktuellen Datei und dem Verweisziel
rev="..."	Beschreibt das Verhältnis zwischen der aktuellen Datei und den führenden Verweisziel
tabindex="..."	Legt die Tabulatorreihenfolge fest
target="..."	Der Name des Frame-Fensters des Sprungziels
type="..."	Bestimmt den Dateityp des Sprungziels
vlink="..."	Definiert die Standardfarbe des besuchten Verweises

Grafiken

Tag/Attribute	Beschreibung
<img>	Definiert eine eingebundene Grafik
align="(top I middle I bottom)"	Legt die Ausrichtung des folgenden Textes und der Beschriftung fest
alt="..."	Enthält einen Alternativtext, falls die Grafik nicht oder noch nicht geladen wurde
border="..."	Legt fest, ob die Grafik über einen Rahmen verfügt
hcpace="..."	Der horizontale Abstand zu weiteren Elementen
height="..."	Die Höhe der Grafik
lowsrc="..."	Die URL einer während des Ladevorgangs anzuzeigenden Alternativgrafik mit geringerer Farbtiefe
name="..."	Legt einen eindeutigen Name der Grafik fest
src="..."	Enthält die URL der Grafik
vspace="..."	Der vertikale Abstand zu weiteren Elementen
width="..."	Die Breite der Grafik

Client-Side-ImageMaps

Tag/Attribute	Beschreibung
<map></map>	Definiert eine ImageMap
<area>	Definiert einen ancklickbaren Bereich
coords="..."	Beschreibt die Koordinaten der verknüpften Bereiche
href="..."	Definiert die URL eines Sprungziels

Tag/Attribute	Beschreibung
ismap="..."	Legt fest, daß die Grafik als ImageMap vom Server verwaltet wird
name="..."	Legt einen eindeutigen Name der eingebundenen Grafik fest
nohref	Erklärt eine Fläche als nicht aktivierbar
shape="(circle I rect I polygon)"	Beschreibt die geometrische Form eines Bereichs
usemap="..."	Kennzeichnet eine Grafik als Client-Side-ImageMap

Formulare

Tag/ Attribute	Beschreibung
<form></form>	Definiert ein Formular
action="..."	Legt fest, was mit den Formulardaten geschieht, wenn das Formular abgesendet wird
method="(get I post)"	Ausführungsart beim Versenden der Formulardaten
name="..."	Name des Formulars
<input>	Definiert ein Eingabefeld
disable	Das Eingabefeld ist deaktiviert
maxlength="..."	Bestimmt die maximale Eingabelänge
name="..."	Der Name des Eingabefeldes
readonly	Legt fest, daß keine Eingaben möglich sind
size="..."	Legt die Länge des Eingabefeldes in Zeichen fest
tabindex="..."	Legt die Tabulatorreihenfolge fest
type="(reset I submit I text I hidden I image I send file)"	Bestimmt den Typ des Eingabefeldes
value="..."	Standardtext des Eingabefeldes
<textarea></textarea>	Definiert ein mehrzeiliges Eingabefeld
cols="..."	Bestimmt die Breite des Elements in Zeichen
name="..."	Der Name des Eingabefeldes
rows="..."	Bestimmt die Höhe des Elements in Zeilen
wrap="(off I virtual I physical)"	Ermöglicht einen Zeilenumbruch
<select></select>	Definiert eine Auswahlliste

Tag/ Attribute	Beschreibung
multiple	Ermöglicht eine Mehrfachauswahl bei Auswahlfeldern
name="..."	Der Name der Auswahlliste
selected	Legt eine standardmäßig markierte Auswahl fest
size="..."	Die Anzahl der sichtbaren Zeilen der Liste
value="..."	Legt einen Rückgabewert für einen Eintrag fest
<option>	Definiert ein Auswahlfeld
checked	Selektiert ein Element
name="..."	Enthält den Namen des Elements
type="(checkbox I radio)"	Legt den Typ des Elements fest
value="..."	Der Wert des Elements bei der Übertragung der Formulardaten
<fieldset></fieldset>	Ermöglicht die Gruppierung von Elementen eines Formulars
<legend> </legend>	Legt die Überschrift für eine Gruppe von Elementen eines Formulars fest
align="(top I bottom I left I center I right)"	Bestimmt die Ausrichtung der Überschrift

Frames

Tag/ Attribute	Beschreibung
<frameset></frameset>	Definiert einen Frame-Bereich
<noframes></noframes>	Ermöglicht alternative Angaben
border	Legt fest, ob ein Rand sichtbar ist
bordercolor="..."	Bestimmt die Farbe des Randes
cols="..."	Legt die Anzahl der vertikalen Elemente fest
framespacing="..."	Bestimmt die Rahmenstärke
name="..."	Bestimmt den Namen eines Frames
rows="..."	Legt die Anzahl der horizontalen Elemente fest
src="..."	Definiert die Adresse der Seite
<frame>	Definiert einen Frame

Tag/ Attribute	Beschreibung
marginheight="..."	Legt den Mindestabstand zwischen dem Inhalt und dem Fensterrand fest
marginwidth="..."	Legt den Mindestabstand zwischen dem Inhalt und dem Fensterrand fest
name="..."	Legt einen Namen für den Frame fest
noresize	Legt fest, ob die Rahmenposition veränderbar ist
scrolling="(yes I auto I no)"	Legt fest, ob das Fenster über Rollbalken verfügt
src="..."	Gibt die URL der Frame-Datei an
target="(_self I _blank I _parent I _top)"	Bestimmt einen Zielframe für einen Verweis innerhalb eines Frames
<iframe></iframe>	Definiert einen eingebetteten Frame
frameborder="..."	Legt fest, ob der Frame einen Rand besitzt
height="..."	Bestimmt die Höhe des eingebetteten Frame
marginheight="..."	Legt den Mindestabstand zwischen dem Inhalt und dem Fensterrand fest
marginwidth="..."	Legt den Mindestabstand zwischen dem Inhalt und dem Fensterrand fest
name="..."	Bestimmt den Namen eines eingebetteten Frames
scrolling="(auto I yes I no)"	Bestimmt, ob der eingebettete Frame über Rollbalken verfügt
src="..."	Gibt die URL des eingebetteten Frames an
width="..."	Bestimmt die Breite des eingebetteten Frames

Weitere Möglichkeiten

Tag/Attribute	Beschreibung
<hr></hr>	Definiert eine horizontale Trennlinie
align="(left I center I right)"	Richtet die Trennlinie horizontal aus
color="..."	Legt die Farbe der Trennlinie fest
noshade	Erzeugt eine eindimensionale Trennlinie
size="..."	Legt die Höhe der Trennlinie fest
width="..."	Bestimmt die Breite der Trennline
<div></div>	Legt einen gemeinsamen Bereich fest

Tag/Attribute	Beschreibung
align="(left I center I right I justify)"	Richtet den gemeinsamen Bereich innerhalb der Seite aus
<span></span>	Legt einen gemeinsamen Bereich fest
align="(left I center I right I justify)"	Richtet den gemeinsamen Bereich innerhalb der Seite aus
<script>/<script>	Definiert einen Bereich für eine Scriptsprache
<noscript></noscript>	Definiert einen Alternativbereich für eine Scriptsprache
language="..."	Beschreibt die Art der Scriptsprache
<button>	Definiert eine Schaltfläche
name="..."	Der Name der Schaltfläche
value="..."	Die Beschriftung der Schaltfläche
<marquee></marquee>	Definiert einen Lauftext
behavior="alternate"	Legt den automatischen Wechsel der Laufrichtung fest
bgcolor="..."	Legt die Hintergrundfarbe fest
direction="(left I right)"	Legt die Laufrichtung fest
scrollamount="..."	Stellt die Sprungweite ein
scrolldelay="..."	Legt die Wartezeit zwischen den einzelnen Bewegungen fest
<style></style>	Definiert Style-Sheet-Angaben
type="..."	Beschreibt den Typ der Style Sheets

Multimedia und sonstige Objekte

Tag/Attribute	Beschreibung
<embed>	Bindet eine Multimedia-Datei ein
<noembed></noembed>	Definiert einen alternativen Bereich für die Multimedia-Datei
autostart="..."	Legt fest, ob die Multimedia-Ausgabe automatisch beginnt
border="..."	Legt fest, ob die Multimedia-Datei einen Rahmen erhält
height="..."	Legt die Höhe der Multimedia-Ausgabe fest
hspace="..."	Bestimmt den horizontalen Abstand zu den benachbarten Elementen

Tag/Attribute	Beschreibung
loop="..."	Legt die Anzahl der Wiederholungen fest
src="..."	Gibt die URL der Multimedia-Datei an
vspace="..."	Bestimmt den horizontalen Abstand zu den benachbarten Elementen
width="..."	Legt die Breite der Multimedia-Ausgabe fest
<bgsound>	Definiert eine eingebundene Multimedia-Datei
loop="..."	Legt die Anzahl der Wiederholungen der Datei fest
src="..."	Definiert den Pfad einer Quelldatei
<applet></applet>	Bindet ein Applet ein
alt="..."	Stellt einen Alternativtext zur Verfügung
class="..."	Definiert einen eindeutigen Namen für das Applet
code="..."	Der Name der Applet-Datei
codebase="..."	Die URL eines Verzeichnisses in dem sich die Datei befindet
<object>	Definiert ein ActiveX-Steuerelement
border="..."	Bestimmt, ob das Steuerelement einen Rahmen erhält
classid="..."	Enthält die verwendete GUID
codetype="..."	Der Media-Typ
height="..."	Höhe des Steuerelements
hspace="..."	Horizontaler Abstand zum nächsten Element
id="..."	Der Name des Steuerelements
vspace="..."	Vertikaler Abstand zum nächsten Element
width="..."	Breite des Steuerelements
<param>	Definiert einen Übergabeparameter für das Applet
name="..."	Der Name des Übergabeparameters
value="..."	Der Wert des Übergabeparameters

Sonderzeichen

Zeichen	HTML	Unicode		Zeichen	HTML	Unicode
				Ð	&ETH;	&#208;
¡	&iexcl;	&#161;		Ñ	&Ntilde;	&#209;
¢	&cent;	&#162;		Ò	&Ograve;	&#210;
£	&pound;	&#163;		Ó	&Oacute;	&#211;

Zeichen	HTML	Unicode	Zeichen	HTML	Unicode
¤	&curren;	&#164;	Ô	&Ocirc;	&#212;
¥	&yen;	&#165;	Õ	&Otilde;	&#213;
¦	&brvbar;	&#166;	Ö	&Ouml;	&#214;
§	&sect;	&#167;	×	&times;	&#215;
¨	&uml;	&#168;	Ø	&Oslash;	&#216;
©	&copy;	&#169;	Ù	&Ugrave;	&#217;
ª	&ordf;	&#170;	Ú	&Uacute;	&#218;
«	&laquo;	&#171;	Û	&Ucirc;	&#219;
¬	&not;	&#172;	Ü	&Uuml;	&#220;
	&shy;	&#173;	Ý	&Yacute;	&#221;
®	&reg;	&#174;	Þ	&THORN;	&#222;
¯	&macr;	&#175;	ß	&szlig;	&#223;
°	&deg;	&#176;	à	&agrave;	&#224;
±	&plusmn;	&#177;	á	&aacute;	&#225;
²	&sup2;	&#178;	â	&acirc;	&#226;
³	&sup3;	&#179;	ã	&atilde;	&#227;
´	&acute;	&#180;	ä	&auml;	&#228;
µ	&micro;	&#181;	å	&aring;	&#229;
¶	&para;	&#182;	æ	&aelig;	&#230;
·	&middot;	&#183;	ç	&ccedil;	&#231;
¸	&cedil;	&#184;	è	&egrave;	&#232;
¹	&sup1;	&#185;	é	&eacute;	&#233;
º	&ordm;	&#186;	ê	&ecirc;	&#234;
»	&raquo;	&#187;	ë	&euml;	&#235;
¼	&frac14;	&#188;	ì	&igrave;	&#236;
½	&frac12;	&#189;	í	&iacute;	&#237;
¾	&frac34;	&#190;	î	&icirc;	&#238;
¿	&iquest;	&#191;	ï	&iuml;	&#239;
À	&Agrave;	&#192;	ð	&eth;	&#240;
Á	&Aacute;	&#193;	ñ	&ntilde;	&#241;
Â	&Acirc;	&#194;	ò	&ograve;	&#242;
Ã	&Atilde;	&#195;	ó	&oacute;	&#243;
Ä	&Auml;	&#196;	ô	&ocirc;	&#244;

Zeichen	HTML	Unicode	Zeichen	HTML	Unicode
Å	Å	Å	õ	õ	õ
Æ	Æ	Æ	ö	ö	ö
Ç	Ç	Ç	÷	÷	÷
È	È	È	ø	ø	ø
É	É	É	ù	ù	ù
Ê	Ê	Ê	ú	ú	ú
Ë	Ë	Ë	û	û	û
Ì	Ì	Ì	ü	ü	ü
Í	Í	Í	ý	ý	ý
Î	Î	Î	þ	þ	þ
Ï	Ï	Ï	ÿ	ÿ	ÿ

ANHANG

**Cascading
Style Sheets**

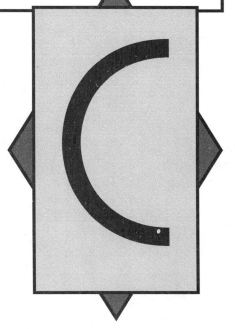

Cascading Style Sheets

Schriftformate

Attribut	Beschreibung
font:"..."	Bestimmt die Schrift
font-family:"..."	Bestimmt die Schriftfamilie
font-size:"..."	Bestimmt die Schriftgröße
font-style:"..."	Bestimmt den Schriftstil
font-variant:"..."	Bestimmt eine abgehobene Schriftart
font-weigth:"..."	Bestimmt die Schriftstärke
color:"..."	Bestimmt die Schriftfarbe Möglich ist eine Zeichenkette, die eine Farbe im RGB-Format beschreibt

Abstände und Ausrichtungen für Text

Attribut	Beschreibung
letter-spacing:"..."	Bestimmt den Abstand zwischen Buchstaben
line-height:"..."	Bestimmt die Zeilenhöhe
text-align: (left I center I right I justify)	Bestimmt die horizontale Ausrichtung von Text
text-decoration: (underline I overline I line-through I blink I none)	Stellt Text gemeinsam mit Linien dar
text-ident:"..."	Bestimmt die Einrückung von Text
text-transform:"..."	Erzwingt die Groß-/Kleinschreibung von Text
vertical-align: (top I middle I bottom I baseline I sub I super I text-top I text-bottom)	Erzwingt die vertikale Ausrichtung
word-spacing:"..."	Bestimmt den Abstand zwischen Wörtern

Allgemeine Abstände

Attribut	Beschreibung
margin:"..."	Bestimmt den allgemeinen Abstand zum nächsten Element
margin-bottom:"..."	Bestimmt den unteren Abstand zum nächsten Element
margin-left:"..."	Bestimmt den linken Abstand zum nächsten Element
margin-right:"..."	Bestimmt den rechten Abstand zum nächsten Element
margin-top:"..."	Bestimmt den oberen Abstand zum nächsten Element

Rahmen

Attribut	Beschreibung
border-bottom-width:"..."	Bestimmt die untere Rahmenbreite
bordercolor:"..."	Bestimmt die Rahmenfarbe Möglich ist eine Zeichenkette, die eine Farbe im RGB-Format beschreibt
border-left-width:"..."	Bestimmt die linke obere Rahmenbreite
border-right-width:"..."	Bestimmt die rechte obere Rahmenbreite
border-style:(none | dotted | dashed | solid | double | groove | ridge | inset | outset)	Bestimmt den Rahmenstil
border-top-width:"..."	Bestimmt die obere Rahmenbreite
border-width:"..."	Bestimmt die allgemeine Rahmenhöhe
padding:"..."	Bestimmt den allgemeinen Innenabstand
padding-bottom:"..."	Bestimmt den allgemeinen unteren Innenabstand
padding-left:"..."	Bestimmt den allgemeinen linken Innenabstand

Attribut	Beschreibung
padding-right:"..."	Bestimmt den allgemeinen rechten Innenabstand
padding-top:"..."	Bestimmt den allgemeinen oberen Innenabstand

Listen

Attribut	Beschreibung
list-style:"..."	Bestimmt den Listenstil
list-style-image:"..."	Legt ein benutzerdefiniertes Listenzeichen fest
list-style-position:(inside I outside)	Bestimmt das Verhältnis von Einträgen und Listenzeichen
list-style-type: (decimal I lower-roman I upper-roman I lower-alpha I upper-alpha I disc I circle I square I none)	Bestimmt den Typ der Listenzeichen

Hintergründe und Farben

Attribut	Beschreibung
background-attachement: (scroll I fixed)	Bestimmt das Verhalten des Hintergrundes beim Rollen
Background-color:"..."	Bestimmt die Hintergrundfarbe Möglich ist eine Zeichenkette, die eine Farbe im RGB-Format beschreibt
background-image:"..."	Legt ein Hintergrundbild fest

Attribut	Beschreibung
background-position: (top I center I middle I bottom I left I right)	Bestimmt die Hintergrundposition
background-repeat: (repeat I repeat-x I repeat-y I no-repeat)	Bestimmt die Wiederholung des Hintergrundes

Filter

Filter/Parameter	Beschreibung
alpha:"..."	Bestimmt den Grad der Verschmelzung zwischen Objekten
enabled	Bestimmt oder ermittelt, ob der Filter aktiviert ist true = der Filter ist aktiviert, false = der Filter ist nicht aktiviert
finishOpacity	Bestimmt oder ermittelt den Grad der Verschmelzung am Endpunkt Möglich ist ein Wert von 0 – 100
finishX	Bestimmt oder ermittelt die X-Koordinate, an der die Verschmelzung endet Möglich ist ein Zahlenwert in Pixel für die X-Koordinate, an der die Verschmelzung endet
finishY	Bestimmt oder ermittelt die Y-Koordinate, an der die Verschmelzung endet Möglich ist ein Zahlenwert in Pixel für die Y-Koordinate, an der die Verschmelzung endet
opacity	Bestimmt oder ermittelt den Grad der Verschmelzung am Startpunkt Möglich ist ein Wert von 0 – 100
startX	Bestimmt oder ermittelt die X-Koordinate, an der die Verschmelzung beginnt
startY	Bestimmt oder ermittelt die Y-Koordinate, an der die Verschmelzung beginnt

Filter/Parameter	Beschreibung
style	Bestimmt oder ermittelt die Art der Verschmelzung
	0 = gleichmäßig, 1 = linear, 2 = kreisförmig, 3 = rechteckig

Filter/Parameter	Beschreibung
blendTrans	Blendet ein Objekt visuell ein bzw. aus.
apply	Verknüpft eine Überblendung mit einem Objekt
duration	Bestimmt oder ermittelt die Dauer der Überblendung
	Möglich ist eine Wertangabe in Sekunden
enabled	Bestimmt oder ermittelt, ob der Filter aktiviert ist
play	Startet die Überblendung
status	Ermittelt den aktuellen Zustand der Überblendung
stop	Beendet den Überblendungsvorgang
	0 = Stop, 1 = Start, 2 = der Vorgang läuft

Filter/Parameter	Beschreibung
blur	Versieht ein Objekt mit einem Bewegungsschatten
add	Bestimmt oder ermittelt, wie intensiv das Objekt sichtbar ist
	true = die Grafik wird verwendet, false = die Grafik wird nicht verwendet
direction	Bestimmt oder ermittelt die Richtung der Bewegungsspur in Schritten von je 45°
	0, 45, 90, 135, 180, 225, 270, 315
enabled	Bestimmt oder ermittelt, ob der Filter aktiviert ist
	true = der Filter ist aktiviert, false = der Filter ist nicht aktiviert
strength	Bestimmt oder ermittelt die Intensität des Filters
	Möglich ist ein Zahlenwert für die Intensität des Filters in einem Bereich von 1 – 255

Filter/Parameter	Beschreibung
chroma	Stellt eine Farbe des Objekts transparent dar
color	Bestimmt oder ermittelt eine transparent darzustellende Farbe
	Möglich ist eine Zeichenkette, die eine Farbe im RGB-Format beschreibt
enabled	Bestimmt oder ermittelt ob der Filter aktiviert ist
	true = der Filter ist aktiviert, false = der Filter ist nicht aktiviert

Filter/Parameter	Beschreibung
dropShadow	Versieht alle Seiten des Objekts mit einem Schatten
color	Bestimmt oder ermittelt die Farbe des Schattens
	Möglich ist eine Zeichenkette, die eine Farbe im RGB-Format beschreibt
enabled	Bestimmt oder ermittelt, ob der Filter aktiviert ist
	true = der Filter ist aktiviert, false = der Filter ist nicht aktiviert
offX	Bestimmt oder ermittelt die Größe und X-Richtung des Schattens in Pixeln
	Möglich ist ein Zahlenwert in Pixel. Ein positiver Wert bewirkt die Ausrichtung nach rechts, negativ nach links.
offY	Bestimmt oder ermittelt die Größe und Y-Richtung des Schattens in Pixel
	Möglich ist ein Zahlenwert in Pixel. Ein positiver Wert bewirkt die Ausrichtung nach rechts, negativ nach links.
positive	Bestimmt oder ermittelt, ob transparente Bereiche einen Schatten erhalten
	true = der Schatten beginnt am nicht transparenten Bereich, false = der Schatten beginnt am transparenten Bereich

Filter/Parameter	Beschreibung
flipH	Bewirkt die horizontale Spiegelung des Objjekts
enabled	Bestimmt oder ermittelt, ob der Filter aktiviert ist
	true = der Filter ist aktiviert, false = der Filter ist nicht aktiviert

Filter/Parameter	Beschreibung
flipV	Bewirkt die vertikale Spiegelung des Objekts
enabled	Bestimmt oder ermittelt, ob der Filter aktiviert ist
	true = der Filter ist aktiviert, false = der Filter ist nicht aktiviert

Filter/Parameter	Beschreibung
glow	Bewirkt einen flammenden Schatten um das Objekt
color	Bestimmt oder ermittelt die Farbe des Schattens
	Möglich ist eine Zeichenkette, die eine Farbe im RGB-Format beschreibt
enabled	Bestimmt oder ermittelt ob der Filter aktiviert ist
	true = der Filter ist aktiviert, false = der Filter ist nicht aktiviert
strength	Bestimmt oder ermittelt die Intensität des Filters
	Möglich ist ein Zahlenwert für die Intensität des Filters in einem Bereich von 1 – 255

Filter/Parameter	Beschreibung
gray	Bewirkt die Darstellung des Elements in Graustufen
enabled	Bestimmt oder ermittelt, ob der Filter aktiviert ist
	true = der Filter ist aktiviert, false = der Filter ist nicht aktiviert

Filter/Parameter	Beschreibung
invert	Bewirkt die inverse Darstellung der Farben des Elementes
enabled	Bestimmt oder ermittelt, ob der Filter aktiviert ist
	true = der Filter ist aktiviert, false = der Filter ist nicht aktiviert

Filter/Parameter	Beschreibung
mask	Ersetzt alle transparenten Farben des Objekts gegen nicht transparente Farben und umgekehrt
color	Bestimmt oder ermittelt die vom Filter beeinflußte Farbe
	Möglich ist eine Zeichenkette, die eine Farbe im RGB-Format beschreibt
enabled	Bestimmt oder ermittelt ob der Filter aktiviert ist
	true = der Filter ist aktiviert, false = der Filter ist nicht aktiviert

Filter/Parameter	Beschreibung
revalTrans	Zeigt verschiedene Objekte mit einem Überblendeffekt an
apply	Verknüpft eine Überblendung mit einem Objekt
duration	Bestimmt oder ermittelt die Dauer der Überblendung
	Möglich ist eine Wertangabe in Sekunden
enabled	Bestimmt oder ermittelt, ob der Filter aktiviert ist
play	Startet die Überblendung
status	Ermittelt den aktuellen Zustand der Überblendung
stop	Beendet den Überblendungsvorgang
	0 = Stop, 1 = Start, 2 = der Vorgang läuft

Filter/Parameter	Beschreibung
transition	0 = Box innen, 1 = Box außen, 2 = Kreis innen, 3 = Kreis außen, 4 = aufwärts rollen, 5 = abwärts rollen, 6 = rechts rollen, 7 = links rollen, 8 = vertikale Balken, 9 = horizontale Balken, 10 = Schachbrett seitlich, 11 = Schachbrett abwärts, 12 = zufällige Punkte, 13 = vertikaler Zoom nach außen, 14 = vertikaler Zoom nach innen, 15 = horizontaler Zoom nach innen, 16 = horizontaler Zoom nach außen, 17 = Streifen links unten, 18 = Streifen links oben, 19 = Streifen rechts unten, 20 = Streifen rechts oben, 21 = zufällige Balken horizontal, 22 = zufällige Balken vertikal, 23 = Zufall

Filter/Parameter	Beschreibung
shadow	Bewirkt einen auslaufenden Schatten um ein Objekt
color	Bestimmt oder ermittelt die vom Filter verwendete Farbe
	Möglich ist eine Zeichenkette, die eine Farbe im RGB-Format beschreibt
direction	Bestimmt oder ermittelt die Richtung, in die der Schatten verläuft. Die Richtung kann in 45°-Schritten angegeben werden.
	Mögliche Werte sind 0, 45, 90, 135, 180, 225, 270, 315
enabled	Bestimmt oder ermittelt, ob der Filter aktiviert ist
	true = der Filter ist aktiviert, false = der Filter ist nicht aktiviert

Filter/Parameter	Beschreibung
wave	Bewirkt eine wellenartige Unterbrechung des Objekts
add	Bestimmt oder ermittelt, ob die Grafik in dem unterbrochenen Bereich enthalten ist
	true = die Grafik wird verwendet, false = die Grafik wird nicht verwendet
enabled	Bestimmt oder ermittelt, ob der Filter aktiviert ist
	true = der Filter ist aktiviert, false = der Filter ist nicht aktiviert

Filter/Parameter	Beschreibung
freq	Bestimmt oder ermittelt die Wellenfrequenz
	Möglich ist ein Zahlenwert für die Anzahl der Wellen
lightStrength	Bestimmt oder ermittelt die Intensität der Lichtpunkte an den Wellenspitzen
phase	Bestimmt oder ermittelt den Startpunkt der Wellen in Grad
	Möglich ist ein Zahlenwert für die Intensität der Lichtpunkte im Bereich von 0 – 100. Ein Wert von 25 entspricht dabei 90°, 100 entspricht 360°
strength	Bestimmt oder ermittelt die Intensität des Filters
	Möglich ist ein Zahlenwert für die Intensität des Filters in einem Bereich von 1 – 255

Filter/Parameter	Beschreibung
xray	Stellt eine Grafik in Graustufen invertiert dar (Negativ-Effekt)
enabled	Bestimmt oder ermittelt, ob der Filter aktiviert ist
	true = der Filter ist aktiviert, false = der Filter ist nicht aktiviert

ANHANG

JavaScript

D

JavaScript

Anweisungen

Bedingte Anweisungen

if...else	Beschreibung

`if (Bedingung)`
`{ Anweisungen1`
`}`
`else`
`{ Anweisungen2`
`{`
	Führt einen oder zwei Anweisungsblöcke in Abhängigkeit von einer Bedingung aus.

Fallunterscheidung

switch	Beschreibung

`switch(Auswertung)`
`{ case "Fall1":`
`Anweisung1`
`break;`
`case "Fall2":`
`Anweisung2`
`break;`
`case "Fall3":`
`Anweisung3`
`break;`
`default: Anweisung4`
`break;`
`}`
	Führt eine beliebige Anzahl von Anweisungsblöcken in Abhängigkeit von dem Ergebnis einer Auswertung aus.

Schleifen

while	Beschreibung

`while(Bedingung)`
`{ Anweisungen`
`}`
	Führt einen Anweisungsblock aus, solange eine Bedingung erfüllt ist. Die Überprüfung der Bedingung erfolgt vor jedem Ausführen des Anweisungsblocks.

for	Beschreibung

`for (Start; Bedingung; Wert)`
`{ Anweisungen`
`}`
	Führt Anweisungen in Abhängigkeit einer Zählvariablen aus. Der Zustand der Zählvariablen wird vor jedem Durchlauf überprüft.

do...while	Beschreibung

`do`
`{ Anweisungen`
`}`
`while(Bedingung)`
	Führt einen Anweisungsblock aus, solange eine Bedingung erfüllt ist. Die Überprüfung der Bedingung erfolgt nach jedem Ausführen des Anweisungsblocks.

Operatoren

Vergleiche

Operator	Beschreibung
==	gleich
!=	ungleich
<	kleiner
<=	kleiner gleich
>	größer
>=	größer gleich

Mathematische Operatoren

Operator	Beschreibung
+	Addition
-	Subtraktion
*	Multiplikation
/	Division
%	Modulo
++	Auto-Inkrement
--	Auto-Dekrement

Logische Operatoren

Operator	Beschreibung
II	Logisches UND
&&	Logisches ODER

Ereignis-Handler

Ereignis	Verwendbar bei	Beschreibung
onAbort	Grafiken	Tritt ein, wenn das Laden einer Grafik unterbrochen wird
onBlur	Fenster, Frames, Formulare	Tritt ein, wenn der Benutzer ein aktiviertes Element verläßt
onChange	Eingabefelder	Tritt ein, wenn ein Eingabefeld einen neuen Wert erhält
onClick	Auswahlfelder, Schaltflächen, Elemente eines Dokuments	Tritt ein, wenn der Benutzer mit der Maus auf ein Element klickt
onDblClick	Auswahlfelder, Schaltflächen, Elemente eines Dokuments	Tritt ein, wenn der Benutzer mit der Maus auf ein Element einen Doppelklick ausführt
onDragdrop	Fenster	Tritt bei einer Drag & Drop-Aktion ein
onError	Grafiken, Fenster	Tritt ein, wenn beim Ladevorgang ein Fehler auftritt
onFokus	Fenster, Frames, Formulare	Tritt ein, wenn der Benutzer ein Element aktiviert
onKeydown	Grafiken, Verweise, Eingabefelder	Tritt beim Niederdrücken einer Taste ein
onKeypress	Grafiken, Verweise, Eingabefelder	Tritt ein, während eine Taste betätigt bleibt
onKeyup	Grafiken, Verweise, Eingabefelder	Tritt ein, wenn eine betätigte Taste losgelassen wird
onLoad	Dokument	Tritt beim Laden der HTML-Datei ein
onMousedown	Schaltflächen, Verweise, Dokumente	Tritt beim Betätigen der Maustaste ein
onMousemove	Verweise	Tritt ein, wenn sich der Mauszeiger über ein Element bewegt

Ereignis	Verwendbar bei	Beschreibung
onMouseout	Verweise	Tritt ein wenn die Maus ein Element verläßt
onMouseover	Verweise	Tritt ein, während sich der Mauszeiger über einem Element befindet
onMouseup	Schaltflächen, Verweise	Tritt ein, wenn eine betätigte Maustaste losgelassen wird
onReset	Formulare	Tritt beim Zurücksetzen einer Formulareingabe ein
onSelect	Eingabefelder, Dokumente	Tritt beim Markieren von Text ein
onSubmit	Formulare	Tritt beim Absenden der Formulardaten ein
onUnload	Dokument, Frame	Tritt beim Verlassen einer HTML-Datei ein
onResize	Fenster, Frames	Tritt bei einer Größenänderung ein

Objekte

Eigenschaften und Methoden des Window-Objekts

Eigenschaften	Beschreibung
closed	Ermittelt, ob ein Fenster geschlossen ist
defaultStatus	Ermittelt/bestimmt den Standardtext der Statuszeile
innerHeight	Ermittelt/bestimmt die Höhe des sichtbaren Anzeigebereichs
innerWidth	Ermittelt/bestimmt die Breite des sichtbaren Anzeigebereichs
locationbar	Ermittelt, ob eine URL-Adreßzeile vorhanden ist
menubar	Ermittelt, ob eine Menüleiste vorhanden ist
name	Ermittelt/bestimmt den Namen des Fensters
opener	Ermittelt/bestimmt das Fenster des aktuellen Dokuments
outerHeight	Ermittelt/bestimmt die Höhe des Fensters
outerWidth	Ermittelt/bestimmt die Breite des Fensters

Eigenschaften	Beschreibung
pageXOffset	Ermittelt die X-Position des Dokuments innerhalb des Fensters
pageYOffset	Ermittelt die Y-Position des Dokuments innerhalb des Fensters
personalbar	Ermittelt, ob eine Personalbar-Leiste vorhanden ist
scrollbars	Ermittelt, ob Rollbalken vorhanden sind
status	Ermittelt/bestimmt den Inhalt der Statuszeile
statusbar	Ermittelt, ob eine Statuszeile vorhanden ist
toolbar	Ermittelt, ob eine Werkzeugleiste vorhanden ist

Methoden	Beschreibung
alert	Gibt ein Meldungsfenster aus
blur	Nimmt den Fokus von einem Fenster
captureEvents	Lenkt die Ereignisse im aktuellen Fenster um
clearInterval	Beendet eine zeitliche Anweisungsfolge
clearTimeout	Timeout abbrechen
close	Schließt ein Fenster
confirm	Gibt ein Dialogfenster mit zwei Schaltflächen aus
find	Sucht Text im aktuellen Fenster
focus	Setzt den Fokus auf ein Fenster
handleEvent	Übergibt ein Ereignis an ein Element
home	Ruft die Startseite auf
moveBy	Verschiebt ein Fenster von einer Position
moveTo	Verschiebt ein Fenster zu einer Position
open	Öffnet ein neues Fenster
print	Druckt den Inhalt des Fensters aus
prompt	Gibt ein Eingabefenster aus
releaseEvents	Beendet die Überwachung eines Ereignisses
resizeBy	Verändert die Größe eines Fensters um einen Wert
resizeTo	Verändert die Größe eines Fensters auf einen Wert
routeEvent	Gibt ein Ereignis weiter
scrollBy	Rollt das Dokument im Fenster um einen Wert
scrollTo	Rollt das Dokument im Fenster zu einer Position

Methoden	Beschreibung
setInterval	Beginnt eine zeitliche Anweisungsfolge
setTimeout	Führt eine Anweisung zeitlich verzögert aus
stop	Beendet den Ladevorgang einer Seite

Eigenschaften und Methoden des Document-Objekts

Eigenschaften	Beschreibung
alinkColor	Ermittelt/bestimmt die Farbe für aktive Verweise
bgColor	Ermittelt/bestimmt die Hintergrundfarbe des Dokuments
charset	Ermittelt/bestimmt den verwendeten Zeichensatz
cookie	Ermittelt/bestimmt eine beim Benutzer gespeicherte Information
applets	Ermittelt die in dem Dokument enthaltenen Applets
forms	Ermittelt die in dem Dokument enthaltenen Grafiken
images	Ermittelt die in dem Dokument enthaltenen Formulare
defaultCharset	Ermittelt/bestimmt den verwendeten Zeichensatz
fgColor	Ermittelt/bestimmt die verwendete Textfarbe
lastModified	Ermittelt den Zeitpunkt der letzten Änderung am Dokument
linkColor	Ermittelt/bestimmt die Farbe für Verweise
referrer	Ermittelt die zuletzt besuchte Seite
title	Ermittelt den Titel der Datei
URL	Ermittelt die URL der Datei
vlinkColor	Ermittelt/bestimmt die Farbe für besuchte Verweise

Methoden	Beschreibung
captureEvents	Lenkt die Ereignisse im Dokument um
close	Schließt das Dokument
getSelection	Ermittelt den vom Benutzer selektierten Text
handleEvent	Übergibt ein Ereignis an ein Element

Methoden	Beschreibung
open	Öffnet ein Dokument
releaseEvents	Beendet ein Ereignis
routeEvent	Gibt ein Ereignis weiter
write	Gibt Text im Dokument aus
writeln	Gibt Text zeilenweise im Dokument aus

Eigenschaften und Methoden des History-Objekts

Eigenschaften	Beschreibung
current	Ermittelt die aktuelle URL
length	Ermittelt die Anzahl der History-Einträge
next	Ermittelt den nächsten Eintrag der History-Liste
previous	Ermittelt den vorherigen Eintrag der History-Liste

Methoden	Beschreibung
back	Führt einen Sprung zum vorherigen Eintrag der History-Liste aus
forward	Führt einen Sprung zum nächsten Eintrag der History-Liste aus
go	Führt einen Sprung zu einemEintrag der History-Liste aus

Eigenschaften und Methoden des Location-Objektes

Eigenschaft	Beschreibung
hash	Ermittelt/bestimmt den Ankernamen einer URL
host	Ermittelt/bestimmt den Server- und Domain-Namen oder die IP-Adresse
hostname	Ermittelt/bestimmt den Server-Name und die Port-Nummer
href	Ermittelt/bestimmt die URL
pathname	Ermittelt/bestimmt den Pfadnamen innerhalb der URL
port	Ermittelt/bestimmt die Port-Nummer
protocol	Ermittelt/bestimmt das verwendete Protokoll

Methode	Beschreibung
reload	Erzwingt das erneute Laden einer URL
replace	Überschreibt eine URL der History-Liste

Eigenschaften des Image-Objektes

Eigenschaften	Beschreibung
border	Ermittelt, ob die Grafik einen Rahmen enthält
complete	Ermittelt, ob die Grafik geladen wurde
height	Ermittelt die Höhe einer Grafik
hspace	Ermittelt, den horizontalen Abstand einer Grafik zum nächsten Element
length	Ermittelt die Anzahl der Grafiken im Dokument
name	Ermittelt den Namen einer Grafik
src	Ermittelt/bestimmt den Pfad einer Grafik
vspace	Ermittelt den vertikalen Abstand einer Grafik zum nächsten Element
width	Ermittelt die Breite einer Grafik

Methoden des Date-Objekts

Methoden	Beschreibung
getDate	Ermittelt den aktuellen Monatstag
getDay	Ermittelt den aktuellen Wochentag
getHours	Ermittelt die Stunde der aktuellen Uhrzeit
getMinutes	Ermittelt die Minute der aktuellen Uhrzeit
getMonth	Ermittelt den aktuellen Monat
getSeconds	Ermittelt die Sekunde der aktuellen Uhrzeit
getTime	Ermittelt die aktuellen Uhrzeit
getYear	Ermittelt das aktuelle Jahr
parse	Ermittelt die seit dem 1.1.1970 verstrichenen Millisekunden
setDate	Bestimmt den aktuellen Monatstag
setHours	Bestimmt die aktuelle Stunde
setMinutes	Bestimmt die aktuelle Minute

Methoden	Beschreibung
setSeconds	Bestimmt die aktuelle Sekunde
setTime	Bestimmt die aktuelle Zeit
setYear	Bestimmt das aktuelle Jahr
UTC	Ermittelt die seit dem 1.1.1970 vergangene GMT-Zeit

Methoden und Eigenschaften des Navigator-Objekts

Eigenschaften	Beschreibung
appCodeName	Ermittelt den Codenamen des Browsers
appName	Ermittelt den Namen des Browsers
appVersion	Ermittelt die Version des Browsers
language	Ermittelt die unterstützte Landessprache des Browsers
platform	Ermittelt die Plattform, auf der der Browser läuft
userAgent	Ermittelt die HTTP-Kennung des Browsers

Methode	Beschreibung
javaEnabled	Ermittelt, ob der Browser Java unterstützt

Eigenschaften des Screen-Objekts

Eigenschaften	Beschreibung
availHeight	Ermittelt die verfügbare Bildschirmhöhe
availWidth	Ermittelt die verfügbare Bildschirmbreite
height	Ermittelt die Bildschirmhöhe
width	Ermittelt die Bildschirmbreite
pixelDepth	Ermittelt die aktuelle Anzahl von Pixeln zur Darstellung einer Farbe
colorDepht	Ermittelt die aktuelle Farbtiefe

Eigenschaften und Methoden des String-Objekts

Eigenschaften	Beschreibung
length	Ermittelt die Länge einer Zeichenkette

Methoden	Beschreibung
anchor	Stellt eine Zeichenkette als Verweis dar
big	Stellt eine Zeichenkette als größeren Text dar
blink	Stellt eine Zeichenkette als blinkenden Text dar
bold	Stellt eine Zeichenkette als fetten Text dar
charAt	Ermittelt ein Zeichen an einer bestimmten Position einer Zeichenkette
fixed	Stellt eine Zeichenkette als Teletyper-Text dar
fontcolor	Stellt eine Zeichenkette mit einer bestimmten Schriftfarbe dar
font-size	Stellt eine Zeichenkette mit einer bestimmten Schriftgröße dar
fromCharCode	Stellt eine Zeichenkette als Latin-1-Zeichenkette dar
indexOf	Ermittelt ein Zeichen an einer Position einer Zeichenkette
italics	Stellt eine Zeichenkette mit kursivem Text dar
lastIndexOf	Ermittelt die letzte Position eines Zeichens in einer Zeichenkette
small	Stellt eine Zeichenkette mit kleinem Text dar
split	Teilt eine Zeichenkette in mehrere Bestandteile auf
strike	Stellt eine Zeichenkette mit durchgestrichenem Text dar
sub	Stellt eine Zeichenkette mit tiefgestelltem Text dar
substr	Ermittelt einen Bereich einer Zeichenkette ab einer bestimmten Position
substring	Ermittelt einen Teil einer Zeichenkette
sup	Stellt eine Zeichenkette mit hochgestelltem Text dar

Methoden	Beschreibung
toLowerCase	Stellt eine Zeichenkette mit ausschließlich kleinen Zeichen dar
toUpperCase	Stellt eine Zeichenkette mit ausschließlich großen Zeichen dar

Eigenschaften und Methoden des Math-Objekts

Eigenschaften	Beschreibung
E	Ermittelt die Eulersche Konstante
LN2	Ermittelt den natürlichen Logarithmus von 2
LN10	Ermittelt den natürlichen Logarithmus von 10
LOG2E	Ermittelt den Logarithmus von 2
LOG10E	Ermittelt den Logarithmus von 10
PI	Ermittelt die Konstante PI
SQRT1_2	Ermittelt die Quadratwurzel aus 0,5
SQRT2	Ermittelt die Quadratwurzel aus 2

Methoden	Beschreibung
abs	Ermittelt den positiven Wert
acos	Ermittelt den Arcus Cosinus
asin	Ermittelt den Arcus Sinus
atan	Ermittelt den Arcus Tangens
ceil	Ermittelt die nächsthöhere ganze Zahl
cos	Ermittelt den Cosinus
exp	Ermittelt den Exponentialwert
floor	Ermittelt die nächstniedrigere ganze Zahl
log	Ermittelt den natürlichen Logarithmus
max	Ermittelt die größere von zwei Zahlen
min	Ermittelt die kleinere von zwei Zahlen
pow	Ermittelt den Exponenten
random	Ermittelt eine Zufallszahl zwischen 0 oder 1
round	Rundet eine Zahl
sin	Ermittelt den Sinus

Methoden	Beschreibung
sqrt	Ermittelt die Quadratwurzel
tan	Ermittelt den Tangens

Index

DAS EINSTEIGERSEMINAR

XHTML 1.0

Thomas Kobert

**Der methodische und
ausführliche Einstieg
384 Seiten
Einsteiger-Know-how**

XHTML, die e**X**tensible **H**yper**T**ext **M**arkup Language, ist die Weiterentwicklung von HTML auf der Basis von XML. In diesem Einsteigerseminar erfahren Sie alles Wissenswerte rund um XHTML – von den Grundlagen bis zur Definition eigener Tags. Lernen Sie Schritt für Schritt XHTML zu verstehen sowie ansprechende Webseiten zu erstellen und zu gestalten. Das Buch wendet sich insbesondere an Einsteiger in die Programmierung von XHTML-/ HTML-Dokumenten, die über kein oder nur geringes Wissen in diesem Bereich verfügen. Dabei hat sich der Autor eng an das bewährte Konzept seines erfolgreichen Buchs *Das Einsteigerseminar HTML 4* gehalten.

ISBN 3-8287-1109-X

DM	19,80
öS	145,00
sFr	19,00

bhv Verlags GmbH • Novesiastraße 60 • 41564 Kaarst • Fax: 0 21 31 / 765-101 • http://www.bhv.net

DAS EINSTEIGERSEMINAR

XML

Michael Seeboerger-Weichselbaum

**Der methodische und
ausführliche Einstieg
416 Seiten
Einsteiger-Know-how**

Dieses Buch vereint die Erfahrung des Autors und Seminarleiters Michael Seeboerger-Weichselbaum mit dem didaktisch fundierten Konzept der Seminarunterlagenreihe *Das Einsteigerseminar*. XML ist der Standard im Internet, der neue Wege eröffnet. Es stellt eine immense Erweiterung und Verbesserung der Möglichkeiten von HTML dar und bietet mit der Fähigkeit, eigene Tags und Attribute zu erstellen, eine neue Form von Web-Sites, die mit herkömmlichen Methoden nicht mehr zu verwirklichen sind. Das Buch richtet sich an Leserinnen und Leser, die erste praktische Schritte mit XML unternehmen möchten, aber bereits Erfahrungen im Umgang mit HTML besitzen.

ISBN 3-8287-1018-2

DM	19,80
öS	145,00
sFr	19,00

bhv Verlags GmbH • Novesiastraße 60 • 41564 Kaarst • Fax: 0 21 31 / 765-101 • http://www.bhv.net

DAS EINSTEIGERSEMINAR

JavaScript

Michael Seeboerger-Weichselbaum

**Der methodische und
ausführliche Einstieg
456 Seiten
Einsteiger-Know-how**

Der vorliegende Titel bietet Ihnen einen didaktisch fundierten und spannend formulierten Einstieg in ein mehr und mehr verbreitetes Thema – und das zu einem unschlagbaren Preis. JavaScript ist ein effektiver Programmcode, der direkt in den HTML-Code einer Internet-Seite geschrieben wird. Sie benötigen einen Web-Browser und einen ASCII-Editor sowie dieses Buch – und schon kann es losgehen. Bekannt als "abgespecktes" Java stellt JavaScript, wie auch HTML und natürlich Java selbst, eine Säule des WWW dar. Es ist jedoch weitaus einfacher zu erlernen, leichter zu analysieren und bequemer zu handhaben als seine „großen Geschwister".

ISBN 3-8287-1008-5

DM	19,80
öS	145,00
sFr	19,00

bhv Verlags GmbH • Novesiastraße 60 • 41564 Kaarst • Fax: 0 21 31 / 765-101 • http://www.bhv.net

DAS EINSTEIGERSEMINAR

CGI-
Scriptprogrammierung

Arno Lindhorst

**Der methodische und
ausführliche Einstieg
288 Seiten
Einsteiger-Know-how**

Das Internet entwickelt sich immer rasanter, und immer mehr Anwender möchten mit ihrer eigenen Homepage im Internet präsent sein. Bei der Erstellung von Internet-Projekten spielt die CGI-Scriptprogrammierung eine wichtige Rolle. Die Auseinandersetzung mit CGI ist vor allem für diejenigen Anwender unumgänglich, die nicht nur statische Seiten ins Web stellen möchten, sondern ihre Homepage mit interaktiven Elementen ausstatten wollen. CGI erlaubt die Verarbeitung von Benutzereingaben und die Reaktion auf Benutzeranfragen. Anwendung findet CGI beispielsweise bei der Erstellung von Suchdatenbanken, Gästebüchern, Zugriffszählern sowie elektronischen Warenkörben bzw. Bestellsystemen. Dieses Einsteigerseminar richtet sich an Leser, die bisher nur wenige oder keine Erfahrungen mit CGI gemacht haben und einen ersten Einblick in dieses Thema erhalten möchten.

ISBN 3-8287-1084-0

DM	19,80
öS	145,00
sFr	19,00

bhv Verlags GmbH • 41564 Kaarst • Fax: 0 21 31 / 765-101 • http://www.bhv.net

DAS EINSTEIGERSEMINAR

Adobe®
Acrobat® 4.x

Beate Bulla

**Der methodische und
ausführliche Einstieg
320 Seiten
Einsteiger-Know-how**

Bereits in der Vergangenheit war es mit Hilfe von Adobe® Acrobat® möglich, plattform-übergreifend Dokumente auszutauschen, bei denen das einmal erstellte Layout übernommen wird. Mit der neuen Version können Sie zum ersten Mal auch von Webseiten PDF-Dateien erstellen. Dabei bleiben auch Links erhalten. Neue Funktionen für die Sicherheit des Dokuments (digitale Signatur), für die Eingabe von Anmerkungen in der PDF-Datei und eine vereinfachte Handhabung lassen dieses Programm noch universeller werden. Da sich immer mehr PDF-Dateien auf Homepages finden, werden zunehmend auch private Anwender Acrobat® 4.x nutzen. In diesem Buch zeigt Ihnen die Autorin, wie Sie Acrobat® optimal einsetzen. Das ideale Buch, um in die Welt von Acrobat® 4.x mit all seinen Möglichkeiten einzusteigen – leicht verständlich, praxisorientiert und mit zahlreichen Fragen, Übungen und Lösungen.

ISBN 3-8287-1076-X

DM	19,80
öS	145,00
sFr	19,00

bhv Verlags GmbH • 41564 Kaarst • Fax: 0 21 31 / 765-101 • http://www.bhv.net

DAS EINSTEIGERSEMINAR

Macromedia
Flash 4

Norbert Busche

**Der methodische und
ausführliche Einstieg
352 Seiten
Einsteiger-Know-how**

Das i-Tüpfelchen einer jeden Web-Site stellen interaktive, vertonte Animationen und Benutzermenüs dar. Mit Flash von Macromedia lässt sich das ohne viel Mühe realisieren. Von der sanften Hintergrundmusik bis zum Fisch, der als Schaltfläche über den Bildschirm schwimmt, lässt sich nahezu alles verwirklichen, ohne viel Speicherplatz zu belegen und damit Internet-Kosten zu verursachen.

Norbert Busche ist freiberuflicher Multimedia-Produzent in den Bereichen CD-ROM-Entwicklung und Internet-Publishing, unterrichtet als Dozent an Multimedia-Schulen und bringt Ihnen mit diesem Buch auf einfache Art und Weise das Programm Flash näher.

ISBN 3-8287-1090-5

DM	19,80
öS	145,00
sFr	19,00

bhv Verlags GmbH • Novesiastraße 60 • 41564 Kaarst • Fax: 0 21 31 / 765-101 • http://www.bhv.net

DAS bhv TASCHENBUCH: DIE PREISWERTE ALTERNATIVE!

Alexander Koron

Macromedias Flash hat sich in den letzten Jahren zu einem Standard entwickelt, wenn es um Animation auf Internetseiten geht. Animationen können ansprechend gestaltet werden und benötigen weniger Speicherplatz als ein vergleichbares GIF. Aber nicht nur einzelne Animationen, sondern auch komplette Internetseiten samt Schaltflächen, Formularen und Sounds können Sie mit Flash erstellen.

Wie Sie die einzelnen Komponenten des Programms verwenden, um damit einen gelungenen Webauftritt zu gestalten, lernen Sie in diesem Buch. Umfassend wird auf jede Funktion eingegangen und vieles mit Beispielen belegt, die Sie zu einem großen Teil auf der Buch-CD wiederfinden. Suchen Sie nach den Funktionsweisen einzelner Menüpunkte oder Werkzeuge? In diesem Buch werden Sie nahezu jedes auch noch so versteckte Untermenü erklärt finden.

TEIL I: INSTALLATION & ERSTE SCHRITTE
Installation, Registrierung, die Oberfläche, Systemvoraussetzungen, was ist Flash?

TEIL II: TECHNIKEN UND PRAXIS
Werkzeuge, Farben, Malen mit Flash, Bibliotheken, Symbole und Instanzen, Zeitleiste, Ebenen, Bilder, Schlüsselbilder, Zwiebelschichten, Maskierung, Führungsebenen, Inspektoren, Tweenings, Bildrate, GIF-Animationen, Schaltflächen, Menü-Schaltflächen, Menüs

TEIL III: KNOW-HOW FÜR FORTGESCHRITTENE
Sounds, MP3, ADPCE, Veröffentlichen, Exporte, verschiedene Vorschaumodi, Aktionen und Skripte

TEIL IV: TIPPS, TRICKS UND TUNING
Java und Flash, Zusammenarbeit mit anderen Programmen, Layout und Design, eine Internetseite mit Flash erstellen

TEIL V: ANHANG
Tastenkombinationen, Glossar, Index

768 Seiten

ISBN 3-8287-5047-8

inkl. CD-ROM

DM	29,90
öS	218,00
sFr	27,50

bhv Verlags GmbH • Novesiastraße 60 • 41564 Kaarst • Fax: 0 21 31 / 765-101 • http://www.bhv.net

DAS EINSTEIGERSEMINAR

Macromedia
Dreamweaver 3

Achim Beiermann
Volker Hinzen

**Der methodische und
ausführliche Einstieg
432 Seiten
Einsteiger-Know-how**

Für die Gestaltung einer eigenen Homepage muss man kein Programmierprofi sein. Wer sich nicht mit Programmcodes herumschlagen will, aber dennoch professionelle Web-Seiten produzieren möchte, ist mit dem Programm Dreamweaver von Macromedia bestens beraten. Dreamweaver 3 ist ein professionelles Werkzeug, mit dem ansprechende Web-Seiten erstellt werden können. Die Funktionsvielfalt dieser Software stellt alle anderen Programme in den Schatten. Das Einsteigerseminar bietet Ihnen eine ausführliche Einführung in Dreamweaver. Dabei erklären die Autoren nicht einfach nur eine Funktion nach der anderen, sondern vermitteln Ihnen den Leistungsumfang von Dreamweaver anhand eines konkreten, abgeschlossenen Projekts. Sie lernen, welche Vorüberlegungen Sie anstellen sollten, wie Sie mit Dreamweaver eine Homepage erstellen, bereichern und verwalten und wie Sie Ihre fertigen Seiten schließlich im Netz veröffentlichen und bekannt machen.

ISBN 3-8287-1095-6

DM	19,80
öS	145,00
sFr	19,00

bhv Verlags GmbH • Novesiastraße 60 • 41564 Kaarst • Fax: 0 21 31 / 765-101 • http://www.bhv.net

DAS EINSTEIGERSEMINAR

Adobe®
GoLive™ 4.x

Jürgen Schöntauf

**Der methodische und
ausführliche Einstieg
416 Seiten
Einsteiger-Know-how**

Adobe® GoLive™ 4.x ist das führende Tool für die Erstellung professioneller Websites.
Von Paris bis San Francisco und Tokio arbeiten die Top-Designer und Entwickler des
Internets mit Adobe® GoLive™, um Websites zu erstellen und zu verwalten. Die
visuellen Design-Werkzeuge von GoLive™ machen den Web-Workflow so einfach
wie nie zuvor.

Jürgen Schöntauf ist ein erfahrener Schulungsleiter, der sein umfangreiches Wisssen
auch dem unbedarften Einsteiger nahe bringt. So wird es möglich, dass sich auch der
ambitionierte Laie mit den Web-Designern dieser Welt messen lernt.

ISBN 3-8287-1089-1

DM	19,80
öS	145,00
sFr	19,00

bhv Verlags GmbH • Novesiastraße 60 • 41564 Kaarst • Fax: 0 21 31 / 765-101 • http://www.bhv.net

DAS EINSTEIGERSEMINAR

ICQ 2000

Michele Klau
Peter Klau

**Der methodische und
ausführliche Einstieg
432 Seiten
Einsteiger-Know-how**

ICQ ist eines der beliebtesten und bekanntesten Chat-Programme im Internet und gerade in der Version ICQ 2000 erschienen. Mit dieser Software wird Ihnen der Einstieg in die Internetkommunikation nicht schwer fallen, denn sie unterstützt fast alle Kommunikationsmöglichkeiten, die das Internet bietet. ICQ hilft Ihnen, im Internet Gesprächspartner mit gleichen oder ähnlichen Interessen zu finden und mit ihnen in Kontakt zu treten, und stellt dazu eine moderne Chat-Umgebung zur Verfügung. Das Programm unterstützt aber auch das Surfen zu zweit und erleichtert mit einer eigenen Suchmaschine Recherchen jeglicher Art. Natürlich können Sie über ICQ auch Ihren E-Mail-Verkehr abwickeln, Dateien verschicken und Grußkarten erstellen und versenden. Zu guter Letzt haben Sie die Möglichkeit ganz ohne HTML-Kenntnisse eine eigene Homepage zu erstellen und zu veröffentlichen. Die Autoren verstehen es, auf lockere und unterhaltsame Weise die Grundlagen dieses Chat-Programms verständlich und systematisch zu vermitteln, so dass Sie schnell zum Experten in Sachen ICQ werden.

ISBN 3-8287-1108-1

DM	19,80
öS	145,00
sFr	19,00

bhv Verlags GmbH • Novesiastraße 60 • 41564 Kaarst • Fax: 0 21 31 / 765-101 • http://www.bhv.net

DAS EINSTEIGERSEMINAR

VRML

Rolf Däßler

**Der methodische und
ausführliche Einstieg
416 Seiten
Einsteiger-Know-how**

VRML ist die Sprache, die das Internet um die dritte Dimension erweitert. Dreidimensionale Modelle für Produktpräsentationen, begehbare Gebäudekomplexe oder virtuelle Stadtrundfahrten sind nur einige Anwendungsbeispiele für VRML. Die Version VRML97 ist noch leistungsfähiger als ihre Vorgänger-Versionen. Dynamik und Interaktion machen aus statischen Modellen Erlebniswelten.

Der vorliegende Titel bietet Ihnen einen didaktisch fundierten und praxisnahen Einstieg in die 3D-Welt. Er gibt Ihnen das nötige Know-how an die Hand, um faszinierende virtuelle Welten zu gestalten. Anhand von sofort anwendbaren Programmbeispielen werden Ihnen die wichtigsten Funktionen vorgestellt, so dass Sie VRML schon nach kurzer Zeit für Ihre eigenen Zwecke einsetzen können. Alles, was Sie benötigen, sind ein Web-Browser, ein Texteditor sowie dieses Buch.

ISBN 3-8287-1082-4

DM	19,80
öS	145,00
sFr	19,00

bhv Verlags GmbH • 41564 Kaarst • Fax: 0 21 31 / 765-101 • http://www.bhv.net

DAS EINSTEIGERSEMINAR

PHP 4.0

Dr. Susanne Wigard

**Der methodische und
ausführliche Einstieg
384 Seiten
Einsteiger-Know-how**

PHP ist eine in HTML eingebettete Skriptsprache, mit der sich ohne großen Aufwand dynamische Webseiten erstellen lassen. Die vielfältigen Anwendungsbereiche dieser kostenlosen Skriptsprache liegen beispielsweise in der Erstellung von Online-Shops oder Kontaktformularen etc. Im Vergleich zu Konkurrenzprodukten besticht PHP dabei besonders durch seinen großen Umfang an fertigen Funktionen. Weiterhin bietet PHP eine Fülle an Modulen für die Anbindung vieler verschiedener Datenbanken, so dass Sie mit Hilfe von Datenbankabfragen schnell und problemlos Dynamik auf Ihre Website bringen können. Dieses Einsteigerseminar umfasst alle wesentlichen Aspekte der PHP-Programmierung. Anfänger und Umsteiger von anderen Programmiersprachen erfahren anhand anschaulicher Beispiele alles Wissenswerte, um mit PHP eigene anspruchsvolle Webseiten zu erstellen.

ISBN 3-8287-1110-3

DM	19,80
öS	145,00
sFr	19,00

bhv Verlags GmbH • Novesiastraße 60 • 41564 Kaarst • Fax: 0 21 31 / 765-101 • http://www.bhv.net

DAS EINSTEIGERSEMINAR

LINUX

Ralph Göstenmeier
Gudrun Rehn-Göstenmeier

**Der methodische und
ausführliche Einstieg
416 Seiten
Einsteiger-Know-how
3., überarbeitete Auflage**

Linux ist inzwischen mehr als nur die Möglichkeit, einen Einstieg in die schwer zugängliche UNIX-Welt zu finden. Seit Beginn der 90er Jahre hat es sich als eigenständiges Betriebssystem im PC-Bereich etabliert. Immer mehr Software-Firmen bieten ihre Programme auch für Linux an, so dass inzwischen leistungsfähige Textverarbeitungs-, Office- und Kommunikationsprogramme ebenso wie Spiele zur Verfügung stehen. Damit stellt Linux heute eine grundsätzliche Alternative zu anderen grafisch orientierten Betriebssystemen dar.

Das Einsteigerseminar eignet sich besonders für Ein- und Umsteiger. Es setzt keine Linux- oder UNIX-Kenntnisse voraus und hilft mit zahlreichen Beispielen und Übungen, das erworbene Wissen zu vertiefen und zu festigen.

ISBN 3-89360-749-8

DM	19,80
öS	145,00
sFr	19,00

bhv Verlags GmbH • 41564 Kaarst • Fax: 0 21 31 / 765-101 • http://www.bhv.net